ammann

Àngel Crespo

FERNANDO PESSOA

Das vervielfältigte Leben

Eine Biographie

Aus dem Spanischen und Portugiesischen
übersetzt von Frank Henseleit-Lucke

Ammann Verlag

Die Originalausgabe »La Vida plural de Fernando Pessoa« erschien im
März 1988 bei Editorial Seix Barral in Barcelona.

Vides quomodo ille qui putatur unus esse, non est unus, sed tot in eo
personæ videntur esse ...

Origenes, In Librum Regnorum Homiliae I, 4

I

Die Kindheit in Lissabon
1888–1895

Im Geburtsjahr Fernando Pessoas, 1888, war Lissabon weder eine kosmopolitische Weltstadt noch ein provinzieller Seehafen. Die Stadt war eine Persönlichkeit, geprägt von Tradition und Fortschritt. Unter den künftigen Kabinetten von König Luís I., der damals noch glücklich regierte, sollte die portugiesische Hauptstadt pulsierend wachsen und gleichzeitig versuchen, die internationale Bedeutung zurückzuerlangen, die sie während ihrer blühendsten Perioden innegehabt hatte. In den siebenundzwanzig Jahren, während deren dieser König 1888 schon regiert hatte, war das gesellschaftliche Leben, vor allem zugunsten der Mittelschicht und der Geschäftsleute, liberaler geworden. Und seit dem ersten Spatenstich zur Eisenbahnlinie Lissabon–Santarém im Jahre 1856 wurden viele städtebauliche Verbesserungen eingeleitet. Acht Jahre später lief der erste Zug im entfernten Porto ein. 1866 wurde der Regierungspalast eingeweiht, 1879 die Avenida da Liberdade, mit ihren breiten Fahrwegen und Gärten auch heute noch eine der schönsten Verkehrsadern Lissabons, 1885 öffneten sich für die Spaziergänger am Ende dieser Chaussee das erste Mal die Tore jenes Parks, der später nach Eduardo VII. benannt werden sollte.

1888 fand der erste Stierkampf auf der Praça do Campo Pequeno statt, einem monumentalen, mit Zwiebeltürmen umkränzten und mit arabischen Bögen verzierten Bau neoarabischen Stils. Die alten Stadtviertel Estrela, Os Anjos, Campo de Ourique und Lapa wuchsen rasch; dort wie überall traf man bald auf prächtige Bürgerhäuser. Für Arbeiter wurden Wohnungen von eher schlichtem Geschmack errichtet, deren bauliche und sanitäre Bedingungen allerdings dem Standard der Zeit entsprachen. Lissabon hatte kaum mehr als 200 000 Einwohner, eine Zahl, die sich dank der wirtschaftlichen Entwicklung aber schnell verdoppelte und die den Hafen wieder zu einem der meist angelaufenen Europas machte, mit all dem Kommen und Gehen aus den unterschiedlichsten Ländern und der Einfuhr von exotischen Waren und modernen Industrieprodukten. Die Bindungen zwischen dem äußersten Westen der iberischen Halbinsel und dem Rest der Welt wurden enger.

All dies war kein Hindernis, an den traditionellen Lissaboner Bräuchen festzuhalten. Die Gemeinde der Bürger stand selten früh auf, und viele bevorzugten es, während der heißesten Monate auch die Mittagszeit zu verschlafen. Diejenigen aber, die sich früh erhoben, begegneten in den halb verwaisten Straßen den *saloios,* den Bauern, die ihr Gemüse, ihr Federvieh und andere Landerzeugnisse auf die Märkte trugen und ihre Stände auf den Gehsteigen oder freien Plätzen aufbauten, sie begegneten den *varinas,* den Fischhändlerinnen, die ihre Körbe auf dem Kopf balancierten und den soeben entladenen Fang mit lebhafter Ungezwungenheit ausriefen. Oder sie trafen die Faulenzer, die in den volkstümlichen Stadtteilen wohnten, in Alfama, Castelo und Graça, auf den Hügeln im Osten, Bairro Alto und Estrela im Westen oder in Belém gleich am Flußufer. Geweckt durch die Schufterei auf den Straßen, zögerten sie nicht, sich dem öffentlichen Leben auszusetzen, aber es schien, als würde es sich bei ihnen um Rentiers handeln oder um andere Müßiggänger, die durch das Labyrinth der Straßen spazierten. Es fiel ihnen nicht schwer, schnell einen neuen ländlichen Winkel zu finden, wo sie entweder auf einer Bank oder auf der Schwelle einer steilen Straße ihre Glieder streckten. Lissabon hatte niemals – auch nicht zum gegenwärtigen Zeitpunkt – seine gemütlichen Ecken verloren oder sie auf einen Schlag für den Fortschritt zerstört, und in einem dieser Winkel, an der Praça São Carlos, wurde in jenem Jahr 1888 die Hauptperson dieser Geschichte geboren. Auf dem westlichen Hügel von São Francisco, am Fuße des Viertels Chiado und etwas unterhalb der zierlichen Igreja dos Mártires, bildet dieser kleine und abgelegene Platz eine Synthese des kosmopolitischen und des provinziellen, wenn auch nicht dörflichen Lissabons – obwohl unser Held ihn Jahre später »mein Dorf« nennen sollte. Man hatte hier nämlich vor nicht langer Zeit, parallel zum nicht fernen Tejo, das Teatro São Carlos gebaut, in dem sich, neben Königen und Aristokraten, die feinen Leute und Intellektuellen der Stadt und die Mitglieder des diplomatischen Corps einfanden sowie nicht wenige Ausländer und Menschen aus der Provinz, die in die wiedererwachende Hauptstadt kamen.

Durch den Drang von König Dom Luís, das Kolonialreich zu festigen und zu vergrößern, blühte Lissabon nach einer schwierigen Periode, in der es an Bruderkämpfen nicht gefehlt hatte, wieder auf. 1882 war es seit der Gründung durch die Könige des Hauses von Aviz vier Jahrhunderte zuvor mit der Unabhängigkeitserklärung Brasiliens am Tiefpunkt seines Nimbus und seiner Regierbarkeit angekommen. Ein Imperium, mit dessen Existenz unser Protagonist nicht einverstanden sein wird, denn sein Begriff von Imperialismus stammte, um es einfach auszudrücken, nicht von dieser Welt oder war zumindest kein irdisch gebräuchlicher. Im selbigen Jahr 1888 bereisten die Portugiesen António Maria Cardoso, Vítor Cordon und Paiva de Andrade Zentralafrika und suchten nach einer politisch-militärischen Lösung, um sich dem durch die Briten ausgeübten Druck zu widersetzen, welche eine portugiesische Ausdehnung zu bremsen beabsichtigten. Diesem nur mit wenig Kapital aus dem Mutterland unterstützten Vorstoß lag die Absicht zugrunde, die eigenen historischen Ansprüche angesichts des kolonialen Wettlaufs zwischen den europäischen Großmächten zu festigen, der einige Jahre zuvor begonnen hatte und 1885 durch die Berliner Konferenz sanktioniert worden war. Das Ergebnis war noch im gleichen Jahr die Anerkennung der portugiesischen Hoheit über Angola, Moçambique und andere afrikanische Gebiete, was kein Hindernis darstellte für das berühmte *Britische Ultimatum*, das die portugiesische Regierung zwei Jahre darauf demütigen sollte.

Fernando António Nogueira Pessoa wurde in jenem Lissabon am 13. Juni um 3 Uhr 20 nachmittags im vierten Stock des Hauses Nr. 4 an der schon erwähnten Praça São Carlos geboren. Zu dieser Stunde hatte für gewöhnlich der Strom der Gläubigen, die in der kleinen, am westlichen Hang des Schloßhügels gelegenen Igreja do Santo Andacht hielten, um einiges abgenommen, und die *manjerico*-Händler, wie die Portugiesen eine Sorte kleinblättrigen Basilikums nennen, frischten derweil ihren Vorrat an Sträußen und Töpfen auf und dachten an die Straßenfeste, die bei Dämmerung beginnen und bis tief in die Nacht andauern würden, denn der 13. Juni ist der Tag des São António von Lissabon, der außerhalb von Portugal unter dem Namen Antonius von Padua bekannt ist. Später wird Pessoa in einem Fragment über die sebastianistische Dichtung Bandarras – so indirekt wie deutlich – versuchen, eine Aura zu schaffen, gemäß der man seine künftige Geburt und folglich seine plurale Persönlichkeit bereits damals hätte erahnen können: »Im dritten Corpus seiner Prophezeiungen kündigt Bandarra die Rückkehr von Dom Sebastião für die Jahre zwischen 1878 und 1888 an. Nun, im letztmöglichen Jahr erlebte Portugal das bedeutsamste Ereignis seiner nationalen Geschichte seit den Entdeckungen; aber, *und nach der Natur des Ereignisses,* ereignete es sich unbemerkt, ja, es konnte gar nicht anders sein.« 1888 geschah in Portugal nichts, was auf eine Rückkehr von Dom Sebastião I. schließen ließ, der 1578 nach der Schlacht von Alcácer-Quibir verschollen blieb und dessen Rückkehr die sebastianistischen Portugiesen seither erwarten, wobei im übrigen nicht alle seine zukünftige Rückkehr wortwörtlich nehmen. Es bleibt uns daher kein anderer Ausweg als die Schlußfolgerung, das zitierte Ereignis sei die Geburt unseres Autors, eine Vermutung, die im Verlauf dieses Buches zu rechtfertigen sein wird; in direktem Anschluß hierzu schreibt Pessoa: »Nur nach Ablauf dieses Jahres (›nach Erreichen der 40‹, sagt Bandarra) beginnt man die Wichtigkeit und überhaupt seine Beschaffenheit, das, was es ist, zu verstehen. Aber (um eine rein persönliche Meinung zu äußern) ich glaube nicht, daß noch vor Ablauf von ungefähr zehn Jahren, von jetzt an gerechnet, das portugiesische Volk überhaupt erfährt, um was es geht und welche Bedeutung diese Angelegenheit hat. Dann *(und erst dann)* wird man sehen, daß die Prophezeiung Bandarras richtig war.«

»Das Erreichen der 40« deutet an, daß dieser Text von Pessoa 1928, vierzig Jahre nach seiner Geburt, geschrieben wurde. Sein Werk – dessen Sinn wir nach und nach zu enthüllen versuchen – gewann gerade die Bewunderung der jungen Schriftsteller und er selbst war damit beschäftigt, große Teile seiner Dichtung zur Veröffentlichung vorzubereiten, was dann aber schnell scheiterte. Hoffte Pessoa, daß sein dichterisches Werk zehn Jahre später, 1938, eine epochale Erkenntnis einleiten würde, die in der Lage wäre, die portugiesische Intelligenz zu einem neuen kulturellen Horizont zu führen? Oder kündigte er das Einsetzen seines Nachruhms an, den er mit Hilfe der Astrologie, einer Wissenschaft, in der er Experte war, auf jenes Jahr berechnet hatte und den er nicht überleben sollte? Wir werden es nie erfahren. Auch ist uns nicht bekannt, ob Pessoa seinen Geburtstag mit dem Namenstag des heiligen António in Verbindung gebracht hat, aber er verwahrte in der Truhe, in der er seine Originale und persönlichen Papiere sammelte, ein etwas kitschiges und gewöhnliches Heiligenbildchen von ihm auf, wenn auch vielleicht nur, weil ihm, als man ihn taufte, dessen beide Namen gegeben wurden – Fernando de Bulhões wurde der Heilige noch im 19. Jahrhundert genannt. Das scheint merkwürdig, zumal, wie ausreichend bekannt ist, Antonius von Padua Wunder vollbracht hatte und zugleich Gelehrter und eine von Mysterien umwobene Persönlichkeit oder sogar ein Eingeweihter irgendeines esoterischen Ordens gewesen sein soll, der – nach Zeugnissen seiner Zeitgenossen – die magischen Kräfte besaß, Entferntes deutlich zu sehen und seinen Astralleib weit außer sich zu projizieren: Er konnte sich auf spektakuläre Weise teilen, obwohl Pessoas Variante, sich Heteronyme zu schaffen, weit wirkungsvoller sein sollte. Noch merkwürdiger erscheint das Schweigen des Dichters, wenn man bedenkt, daß die Pessoas sich mit den Bulhões in Beziehung sahen und – was den Lissaboner Heiligen betrifft – sogar verwandtschaftlich verbunden nannten.

Ich glaube nicht, daß diese Überlegungen denjenigen überraschen, der weiß, welche Bedeutung Fernando Pessoa den okkulten Wissenschaften und unter ihnen der heiligen Numerologie beimaß, aber auch der damit noch nicht vertraute Leser wird schnell selbst Hinweise darauf finden. Jedenfalls ist es auffällig, daß die Quersumme der Jahreszahl 1195 – das Geburtsjahr Fernando de Bulhões' – gleich der des anderen Fernando ist, nämlich sieben, was, wie wir sehen werden, unschwer mit der Universalität des an verschiedenen Stellen seines Werkes prophezeiten Fünften Reiches in Verbindung zu bringen ist.

Die Eltern unseres Dichters waren Maria Madalena Pinheiro Nogueira und Joaquim de Seabra Pessoa, ein gebildeter Mann, der Französisch und Italienisch sprach, Beamter im Staatssekretariat war und als Redakteur beim *Diário de Notícias* nichtunterzeichnete Chroniken und kleinere Konzertbesprechungen veröffentlichte. Der Vater zählte einen gewissen Sancho Pessoa da Cunha zu seinen Ahnen, der, ein Konvertit gebürtig aus Montemor-o-Velho, 1706 wegen seiner Bekehrung zur Gemeinde der Neuchristen von der Inquisition und einigen berühmten Heerführern verurteilt worden war. Ein Fernando Pessoa wohl bekannter Umstand, bezeichnete er sich doch gelegentlich als eine »Mischung, hervorgegangen aus Adligen und Juden«. Die Mutter stammte aus einer adligen Familie von den Azoren und war für die damalige Zeit eine Frau von außergewöhnlicher Bildung, und dies nicht nur bezogen auf ihre Kultur, denn sie sprach fließend Französisch, Italienisch und Deutsch, las Latein und hatte sich, als sie noch ledig war, damit beschäftigt, Verse zu verfassen. Tatsächlich muß Pessoa das literarische Talent von seiner Familie mütterlicherseits geerbt haben, in der väterlichen Linie war dies nie zutage getreten. Eine Ausnahme stellte Tante Dona Maria Madalena dar, die sich als sehr ernstzunehmende Dichterin von der Familie abgehoben hat und von der später noch die Rede sein wird. Sein Vater vererbte ihm statt dessen eine schwächliche Konstitution und eine Veranlagung zu geistiger Verwirrtheit, gegen die Pessoa zeitlebens ankämpfen sollte.

Am 21. Juni 1888, ein Jahr nach ihrer Eheschließung, fand die Taufe des Erstgeborenen von Joquim und Maria Madalena statt – in der nahen Igreja dos Mártires, die im Jahr 1147 nahe dem Friedhof jener Kreuzritter erbaut worden war, die den Männern von Afonso Henriques – einer der Personen in *Mensagem (Botschaft)*, dem einzigen von Pessoa zu seinen Lebzeiten in portugiesischer Sprache veröffentlichten Gedichtband – zu Hilfe gekommen waren, um die Araber aus der damals lediglich auf dem Schloßhügel gelegenen Stadt zu jagen. Es handelt sich bei der Kirche um einen Wiederaufbau des Gotteshauses, das in Erinnerung an das Erdbeben von 1775 mit patriotischen Motiven verziert worden war.

Die Epoche, in die Fernando Pessoa hineingeboren wurde, war ohne jeden Zweifel eine der drei besten, welche die portugiesische Literatur je gekannt hatte. Die erste, sie begann im 14. Jahrhundert, wurde von der Figur des dichtenden Königs Dom Diniz repräsentiert, während die zweite unter der Regentschaft von Dom Manuel – zur Zeit des *Indien-Epos* – von einem Niedergang eingeholt wurde, der erst im zweiten Viertel des 19. Jahrhunderts mit dem Siegeszug der Romantik und der Werke von Almeida Garret, Alexandre Herculano, Feliciano de Castilho und kurz danach von Camilo Castelho Branco überwunden werden konnte.

Während der Kindheitsjahre Pessoas waren die großen Schriftsteller schon keine reinen Romantiker mehr. Antero de Quental, der 1842 geboren wurde und 1891 Selbstmord begehen sollte, war hauptverantwortlich für den Bruch mit der idealistischen Romantik. Er kam von der Universität Coimbra, wo er eine dem Realismus zugeneigte Bewegung ins Leben gerufen hatte, und vermochte in Lissabon zu Beginn der 70er Jahre des 19. Jahrhunderts eine Plejade von Schriftstellern um sich zu gruppieren, die bald unter dem Namen *Cenáculo* bekannt wurde, was zum einen Abendmahlsaal und zum andern literarischer Zirkel bedeutet. Zu diesem Kreis zählten Teófilo Braga, Eça de Queiroz, Oliveira Martins, Ramalho Ortigão und Guerra Junqueiro. Letzteren, den Pessoa zu Beginn seiner literarischen Laufbahn verehrte oder vorgab zu verehren, werden wir noch zitieren. Neben João de Deus und Gomes Leal, der ein Freund Pessoas wurde, sind Cesário Verde, der Meister des Heteronyms Álvaro de Campos, und António Nobre, der ebenfalls von Pessoa besungen wurde, zu den bedeutendsten zeitgenössischen portugiesischen Schriftstellern zu rechnen. Kurze Zeit später gelangten die Lyriker Eugénio de Castro, einer der Schützlinge Rubén Daríos, den Unamuno bewunderte, José Duro und – schon während der Jugend Pessoas – Teixeira de Pascoaes, der, einige Jahre älter, Pessoa unwillentlich in seiner intellektuellen Ausrichtung beeinflußte, gleichermaßen zu gewissem Ruhm; ebenso Camilo Pessanha, den Pessoa vielleicht am meisten bewunderte und deshalb viel zur Verbreitung von Pessanhas

Werk, dem reinsten und höchsten portugiesischen Symbolismus, tat.

Die Dichter des *Cenáculo* hatten 1871 im Lissaboner Casino eine Vortragsreihe über Demokratie organisiert, um ihr Europa-Programm darzustellen und zu diskutieren. Aber die konservative Presse erreichte, daß die Regierung eine solch fortschrittliche Aktivität unterband – die die Absicht der Zeitschrift *Orpheu* – von der wir noch sprechen werden –, die Uhren Portugals auf die europäische Zeit einzustellen, war demnach bereits ein Ideal des *Cenáculo*. Pessoa sollte von ihm auch sein nie nachlassendes leidenschaftliches Interesse für Politik und die Regeneration seines Landes erben, Oliveira Martins war zum Beispiel – wie zukünftig auch unser Dichter – Iberist und Theoretiker des Sozialismus und wie Antero politischer Aktivist, während Braga bei der Proklamation der Republik das Amt des Übergangspräsidenten bekleidete.

Diese Schriftsteller, die sich, wie später auch Pessoa, so sehr an der Zeitgeschichte ihres Landes inspirierten, die sie mit neuen und kühnen Augen sahen, trugen viel dazu bei, eine unwiderrufliche Veränderung der kulturellen und sozialen Atmosphäre in Lissabon und schließlich im restlichen Portugal in Gang zu setzen. Die intellektuelle Isolation, die es in Hinblick auf die großen internationalen Denkströmungen gemeinsam mit Spanien erdulden mußte, war aber kein Hindernis für die traditionell portugiesische Inspiration des Sebastianismus oder sogar für leicht sebastianistische Sympathien – die eine zweite Verbindungslinie zum noch zu entstehenden Werk Pessoas darstellen. Pessoa sollte an diesen Vorgängen nicht bewußt teilhaben, sondern erst verspätet, wie wir sehen werden, nach 1905. Dann sollten sie unbestreitbar zum Antrieb seiner vielseitigen und mehrgestaltigen Dichtung werden.

In der Wohnung an der Praça São Carlos, die mit nahezu luxuriös gutem Geschmack möbliert und dekoriert war und in der zwei Dienstmädchen den Haushalt besorgten, lebte neben Fernando und seinen Eltern auch seine Großmutter väterlicherseits, Dona Dionísia Estrela, Witwe des Generals Araujo Pessoa, die, als ihr Enkel geboren wurde, bereits sehr verwirrt war. Seine Großmutter Dionísia litt unter intermittierendem Wahnsinn, und zweifellos mußte sich das auf ihn auswirken, sobald er die familiäre Umgebung bewußt wahrnahm und das manchmal seltsame Verhalten dieser Dame kennenlernte, die, wie es schien, Kinder haßte und gelegentlich lange, unverständliche, mit Obszönitäten gespickte Reden spintisierte und gegen jedermann aggressiv wurde. Sehr wahrscheinlich begleitete das Gespenst des Wahnsinns seiner Großmutter Pessoa sein ganzes Leben und ließ ihn zeitweilig ernsthaft Ängste entwickeln, selbst geisteskrank zu werden. Aber daraus kann man nicht schließen, seine Kindheit wäre wegen der Umgangsformen von Dona Dionísia Estrela nur schmerzlich gewesen, denn sie behandelte Fernando und seine Cousins sehr launisch: Gewiß, während eines Anfalls konnte sie die Kinder nicht ertragen, sie behandelte sie aber in ihren friedlichen Phasen liebevoll und mit wohlwollender Nachgiebigkeit.

Pessoa beklagte sich niemals über eine überschattete Kindheit, ganz im Gegenteil, er betrachtete sich gewöhnlich als ein Kind, das ausnahmslos in einer ruhigen und günstigen familiären Umgebung lebte, die es ihm erlaubte, seiner schon schöpferischen Einbildung freien Lauf zu lassen. »Meine Kindheit verlief ruhig, meine Ausbildung war gut. Aber seit ich mir meiner selbst bewußt war, bemerkte ich, daß ich eine angeborene Tendenz zur Mystifikation, zur künstlerischen Lüge hatte. Zu all dem füge man eine große Vorliebe für das Geistige, für das Geheimnisvolle, für das Dunkle hinzu, die letztlich nichts anderes war als eine Form und eine Abwandlung meines anderen Charakteristikums, und damit hat man einen für die Intuition vollständigen Eindruck von meiner Persön-

lichkeit.« Seine Tendenz zur Mystifikation war bereits so weit
fortgeschritten, daß er 1935 dem Dichter Adolfo Casais Monteiro berichten konnte, schon »von klein auf zeigte sich immer
der Drang, die Welt um erfundene Persönlichkeiten zu erwei-
tern. Meine Träume, die ich mit photographischer Deutlichkeit sah, die zu ihrer Seelenwelt gehörten, erfand ich planmä-
ßig. Als Fünfjähriger und in der Kindheit isoliert, wünschte ich
mir nur, so fortzufahren, und schon begleiteten mich einige
Figuren aus meinen Träumen, ein gewisser Kapitän Thibeaut,
ein Chevalier de Pas und noch andere, die mir entfallen sind
und deren Vergessen, gleichsam einem ungenauen nachhän-
genden Gedanken, eine der großen Nostalgien meines Lebens
darstellt.«

All dies – mit Ausnahme der Nostalgie, die ein Gezeiten-
spiel der Natur ist – ist vollkommen gleichlautend mit dem,
was er am 11. November 1935 in einem Brief an João Gaspar
Simões schrieb: »Ich habe niemals Sehnsucht nach der Kindheit empfunden; ich habe in Wahrheit niemals nach irgendwas
Sehnsucht empfunden. Ich bin meinem Wesen nach und im
direkten Sinne des Wortes ein Futurist. [...] Bezüglich der
Vergangenheit empfinde ich nur Sehnsucht nach dahinge-
gangenen Menschen, die ich geliebt habe; aber das ist keine
Sehnsucht nach der Zeit, in der ich sie geliebt habe, sondern
Sehnsucht nach ihnen selbst: ich wollte, sie lebten heute, in
dem Alter, das sie heute haben würden, wenn sie bis heute
gelebt hätten.« Also keine schwermütigen, nicht einmal traurige Kindheitserinnerungen.

Überlieferungen von seiten der Pessoas haben die Erinnerung an Fernandos intellektuelle Frühreife bewahrt, der sich
schon als Fünfjähriger für das Lesen zu begeistern begann.
Etwa zugleich ereignete sich ein Unheil, das unweigerlich auf
seine kulturelle Gestaltwerdung, um nicht zu sagen auf sein
Schicksal, Einfluß nahm und folglich auch auf das des einen
oder anderen seiner zukünftigen Heteronyme. Seinem Vater,

dessen Gesundheit immer sehr heikel gewesen war, wurde im Frühling des Jahres 1893, das heißt, kurz nach der Geburt seines Sohnes Jorge, mitgeteilt, daß er an galoppierender Schwindsucht leide, die ihm aufs Land sich zurückzuziehen gebot, da die Gefahr bestand, daß er die eigene Familie ansteckte, und da es die entfernte Hoffnung auf Besserung in einer gesünderen und belebenderen Umgebung als der von Lissabon gab. Wir wissen, daß seine Frau und sein ältester Sohn ihm einige Besuche abstatteten, aber Joaquim zumindest von da ab endgültig vom familiären Zusammenleben ausgeschlossen blieb, ein Umstand, den er anscheinend resigniert hinnahm. Jedenfalls kam der Tod schnell. Er starb mit 43 Jahren am 13. Juli zu Hause in Lissabon, wohin er tags zuvor gebracht worden war, und hinterließ die Seinen in einer wirtschaftlich schwierigen Situation.

Vier Monate später sah sich Dona Maria Madalena gezwungen, die wertvollsten Dinge des Haushalts zu verkaufen und mit den beiden Söhnen, der Schwiegermutter und den beiden Dienstmädchen in eine Wohnung in die Rua São Marçal umzuziehen, eine Straße, die zur Rua de Palmeira hinausführte, die sich wiederum etwas weiter auf die Praça das Flores hin öffnete, und einer der schönsten und verträumtesten Winkel Lissabons ist. Damit begannen die schon fast sprichwörtlichen Wohnungswechsel Fernandos. Es ist nicht abwegig, daß das Kind, das aus dem bürgerlichen und provinziellen Milieu der Praça São Carlos in die beinahe kleinstädtische und entschieden volkstümlichere Wohngegend verpflanzt worden war, zu diesem entfernten Platz zum Spielen gebracht wurde, wo es mit seinem Dreirad allerneuesten Modells Runden drehte, einem Platz, der mit einem niedrigen Eisengitter umzäunt war und in dessen Mitte ein Quellbrunnen stand, den Holzbänke umgaben, auf denen man saß und den Schatten der Platanen und der Jakarandas, die Vogelgesänge und die zögerliche Freundschaft der Tauben genoß. So ist der Platz heute, und es wird sich hier nach fast einem Jahrhundert wenig geändert haben.

Dort, in jenem Haus in der Rua São Marçal, in dem sein Bruder Jorge im Januar 1894 starb, setzte Fernando seine Freundschaft mit Chevalier de Pas fort, einer Persönlichkeit, von der wir nur den Namen kennen und wissen, daß er ihm an sich selbst gerichtete Briefe diktierte. War dies sein erstes Heteronym? Das ist vielleicht übertrieben, denn es gibt nicht wenige Kinder, die, von Einsamkeit dazu gezwungen oder auch nicht, sich ähnliche Freundschaften erfinden. Jedenfalls handelt es sich um den vielleicht ersten Vorboten der Erfindungskunst des Autors des *drama em gente (Drama in Leuten)*. Und es bezeugt das familiäre Ambiente, das von den literarischen Bemühungen der Dona Maria Madalena und von einer der emsigsten Besucherinnen des Hauses, seiner Tante mütterlicherseits, Maria Xavier, beeinflußt wurde, einer Dame, die von Fernando als – allerdings etwas unzeitgemäßer – Prototyp der gebildeten Frau des 18. Jahrhunderts beschrieben wurde: Skeptikerin in Religionsfragen, die ihren Skeptizismus aber nicht für die unteren Gesellschaften gelten ließ, aristokratisch und monarchistisch. Die Tante Maria Xavier war mit Manuel Gualdino da Cunha verheiratet, einem etwas einfältigen Mann von gutem Geschmack, dessen spärliche Bildung vermuten läßt, daß er Halbanalphabet war. Beide waren habituelle Hausgäste der Pessoas und spielten eine denkwürdige Rolle in der Kindheit von Fernando.

Der zukünftige Dichter war Dona Maria Xaviers Lieblingsneffe, und da sie keine Kinder hatte, hegte sie schließlich für ihn eine fast mütterliche Liebe, die erwidert wurde von dem Kind, das bald ihr poetisches Geschick bewunderte. Eines der Werke seiner Tante, das von ihm sorgsam aufbewahrt wurde, ist dieses in Sprache wie Stil des 18. Jahrhunderts verfaßte Sonett:

Wer seid ihr, die ihr schreibt, was ich ertrage,
Und bei wem ich würd' erkennen mein eigenes Denken?
Ihr beweint Enttäuschungen, die ich beklage,
Und sehnt den Tod, den ich mir schenke.

Ihr gesteht zwar meinem Fühlen einen redlichen Sinn,
Daß ich, was ihr erlitten habt, in meiner Seele leide.
So euer armes Schicksal stets in mir verbleibe
Und auch mich bedrücke in meinem Busen drin.

Als hätte der Kummer mich nicht lohnend angefunden,
Werd' ich, verbitterter noch, im grausamen Leid,
Im grausamen Elend, mit Begleitung geschunden –

Ihr sollt wissen, daß schon seit sehr langer Zeit
Meiner Seele ein Geheimnis entschwunden,
Die ganze Welt sich mir dreht im Wüstenkleid.

Die von der Tante Maria Xavier in diesen Versen bekundete religiöse Abtrünnigkeit, zeichnet sie ein Profil dessen, was auf eine andere Art auch beim heterodoxen Neffen Fernando zutage treten wird? Und die Klarheit des Gedankens, den diese Frau vorgibt, verläuft er nicht parallel zu annähernd allen Werken unseres Dichters? Welche anderen Gedichte von Dona Maria Xavier kannte Fernando wohl? Ohne Zweifel hat ihr Vorbild und gewiß auch das seiner Mutter seine früh erwachende poetische Berufung beschleunigt. Als Beispiel mag uns ein lyrischer Versuch dienen, in dem Pessoas Mutter Dona Maria Madalena ihr Witwendasein beklagt und der vom 27. August 1894 stammt; der Titel läßt sich sowohl mit »Einsame« wie mit »Schutzlose« übersetzen:

Traurig und einsam! Zwei Worte,
Die so viel Schmerz enthalten.
Sich einsam wissen; und in der Seele
Dieses Grabeserkalten.

Sich gefangen zu fühlen
In einem dunklen Gefängnis,
Leere, in der Erinnerung wühlen,
Neue Sprache mit Verhängnis.

Du fehlst mir, und der Atem;
Mir ist kalt, ich spüre dich nicht.
Ohne Wärme, ohne deine Augen,
Alles ist schwarz, ohne Licht.

[...]

Traurig und einsam! Zwei Worte
Vereinen sich in: Einsamkeit!
Zu wissen, die Welt ist groß,
Ohne zu leben in ihrer Unermeßlichkeit.

Aber schon bald, noch im Entstehungsjahr dieses romantischen und wehmütigen, jedoch keinesfalls exzellenten Gedichts, sollte sich die Autorin weniger einsam fühlen.

Man weiß wenig über ihre Verlobungszeit mit dem Kommandanten der Kriegsmarine João Miguel Rosa, der dem
Erscheinen nach eine gute Figur abgab, einen Kaiser-Wil-
helm-Schnauzbart trug und einen gewissen Hang zur Fettlei-
bigkeit hatte. Verbürgt ist aber, daß vor der Beziehung zwischen ihm und Fernandos Mutter die Liebe wie ein »Blitz«
einschlug. Freitas da Costa berichtet, wie der Kommandant, als
er über die Straße ging und Maria Madalena am Geländer
einer wie damals üblich von Maultieren gezogenen Straßen-

bahn stehen sah, von ihrem Anblick überwältigt war und zu dem Freund, der ihn begleitete, sagte: »Siehst du diese blonde Frau? Wenn sie nicht will, heirate ich sie nicht.« Kurze Zeit darauf wurde er in der Wohnung in der Rua São Marçal als der Verlobte der jungen Witwe empfangen.

Die Familie von Maria Madalena, einschließlich der Groß-mutter, nahm die Nachricht von der Verlobung mit Befrie-digung entgegen. Aber es ergab sich das Problem, ob Fernando mit seiner Mutter und dem Kommandanten nach Südafrika gehen sollte, denn dieser war soeben zum stellvertretenden Konsul Portugals in Durban, einer Stadt in der britischen Kolonie Natal, ernannt worden. Der jüngst zurückliegende Tod von Jorge und die schwächliche Konstitution Fernandos, verbunden mit der Befürchtung, daß das subtropische Klima dieser abgelegenen Gegend fatal für seine Gesundheit sein könnte, beeinflußten zweifellos die Angehörigen, die Maria Madalena ans Herz legten, das Kind in Portugal zu lassen, was wohl dem Wunsch von Maria Xavier und Onkel da Cunha entsprach, Fernando möge, nachdem sie die Hoffnung auf eigene Kinder aufgegeben hatten, weiter mit ihnen zusam-menleben.

Möglich, daß diese Fragen offen besprochen wurden und daß das Kind den Gesprächen der Erwachsenen zuhörte und Angst bekam, von der Mutter getrennt zu werden. Wenn es so war, dann benötigen die Worte seiner ersten poetischen Kom-position, die er Dona Maria Madalena vorlas, keine weitere Deutung, so klar und so intelligent ist diese in ihren vier schlichten Versen aufgebaut:

> O portugiesisches Land,
> in dir kam ich zur Welt,
> und wie schön ich dich auch fand,
> Mutter mir am besten gefällt.

Aber so, wie die Dinge lagen, und sowohl ihrem Willen als auch dem ihres künftigen Ehemanns gehorchend, der sich sehr respektvoll gezeigt hatte, war Fernandos Mutter entschlossen, ihn nach Durban mitzunehmen.

Im Frühjahr 1895 schiffte sich der Kommandant Rosa nach Südafrika ein, nachdem er eine Stellvertreterhochzeit geregelt hatte. Seine Verlobte blieb unterdessen in Lissabon, um den Haushalt aufzulösen und die sonstigen Entscheidungen, die ihr die Gründung einer neuen Familie auferlegte, zu treffen. Es blieben ihr einige schwierige Monate in Portugal, denn im Mai mußte die Großmutter in die Irrenanstalt von Rilhafoles eingewiesen werden. Schließlich, am 30. Dezember, fand die Trauung der Witwe Pessoa mit dem Konsul Rosa statt, der durch seinen Bruder, General Henrique Rosa, später ein enger Freund Pessoas, vertreten wurde.

Am 6. Januar schifften sich die Jungvermählte und ihr Sohn in Begleitung von Onkel da Cunha, der es nicht gestattete, daß sie allein reisten, mit dem Ziel Natal auf einem Dampfer ein, der nicht nur durch Kessel angetrieben wurde, sondern auch als Segler schiffbar war, wovon ein paar Segel zeugten, die, ob getakelt oder eingeholt, etwas befremdlich neben den dampfenden Schornsteinen leuchteten.

2

DIE JAHRE IN AFRIKA –
MIT EINEM PORTUGIESISCHEN ZWISCHENAKT
1895–1905

Das Schiff, mit dem Fernando, seine Mutter und Onkel Cunha fuhren, machte in Madeira Halt, und die Passagiere nutzten die Zeit, um die Stadt Funchal und ihre nach Fenchel duftende Umgebung zu besichtigen. Sie dürften auf die Höhen des Monte oder wenigstens zum Terreiro da Luta hinaufgestiegen sein; Simões vermutet, daß dieser Inselrundgang für Maria Madalena verhängnisvoll war, denn »als sie vom Gebirge in einem dieser für den Ort typischen Karren herunterkamen, hatte die arme Frau einen Unfall, bei dem sie ziemliche Quetschungen erlitt«. Diese Karren, auf die sich der erste Biograph Pessoas so ausführlich bezieht, sind so niedrig, daß sie kaum bis zur Hüfte einer mittelgroßen Person reichen, und rutschen den Abhang gleichsam wie Schlitten über eingefettete Holzlatten hinunter, während zwei Männer sie je seitlich abbremsen, damit sie nicht in die Tiefe stürzen. Man sagt, es sei sehr aufregend – aber wie wir sehen, auch etwas gefährlich –, solche außergewöhnlichen Fahrzeuge zu besteigen. Wieder eingeschifft und ohne weitere Zwischenfälle, landeten die drei in Durban an, wo sie Konsul Rosa erwartete.

In der britischen Kolonie Natal, südlich angrenzend an das portugiesische Moçambique, war Durban eine sich gerade im Aufbau befindliche Stadt, die erst 1864 vom gleichnamigen Gouverneur des Kaplandes gegründet worden war. Sie hatte annähernd 30 000 weiße Einwohner und etwa 2000 weitere, zu denen Zulus, Schwarze anderer ethnischer Zugehörigkeit, Menschen mit gelber Hautfarbe und hinduistische Immigranten zählten. Das Schiff, auf dem Fernando und seine Verwandten ankamen, sehr wahrscheinlich die *Athens* mit 492 Bruttoregistertonnen, dürfte keinen großen Tiefgang gehabt haben, denn sie konnte in den damals noch schwer zugänglichen Hafen einfahren, in dem erst nach 1904 die großen Handelsschiffe festmachten. Für die damalige Zeit prosperierte die Stadt zwar enorm und war auf dem Wege, ihre Einwohnerzahl zu verdoppeln, aber im Jahr 1896 mußte ein Schiff sich durch Sümpfe und subtropische Vegetation kämpfen, und die Boote, die die Stadt hauptsächlich anliefen oder unter ihrer Flagge fuhren, waren Walfänger und kleine Frachter.

Die Jungvermählten richteten sich übergangsweise in einem Hotel ein, von dem sie bald schon in ein Haus in der Ridge Road umzogen, die, wie H. D. Jennings erzählt, »für jüngst in Afrika Angekommene eine ziemliche Wildnis war«. Es dauerte hingegen nicht lange, bis die Familie Rosa in das Geschäftsviertel umzog, das lediglich aus vier relativ großen Straßen bestand, die von einigen wie bescheidene Sehenswürdigkeiten anmutenden Backsteinhäusern gesäumt wurden, in der Mehrzahl Bauten, deren Hauptmerkmale der schlechte architektonische Geschmack und ein eher provisorisches Erscheinungsbild darstellten, beides typisch für die Gründerzeit kolonialer Besiedelung.

Die Einwohner von Durban wurden regelmäßig von spektakulären tropischen Stürmen überrascht, die sehr gut die Ursache der Panik sein könnten, die Stürme bei Pessoa im Verlauf seines ganzen Lebens auslösten. Einige sollte er später so detailreich im *Buch der Unruhe* beschreiben.

In dieser polyethnischen Stadt, in der man europäische, afrikanische und asiatische Sprachen hören konnte, sollte Fernando eine ausschließlich britische Erziehung erhalten. Er erlernte dort perfekt die englische und französische Sprache und eignete sich die Disziplin und die Umgangsformen an, die in einer von einem mehr oder weniger arglosen Puritanismus geprägten Gesellschaft anzutreffen sind. Trotzdem, und wohl wegen des Nachdrucks, den seine Mutter und sein Stiefvater darauf legten, blieb seine Heimat, wie er Jahre später schreiben sollte, immer »die portugiesische Sprache«; und diese Heimat war es, in der sich das Familienleben während der afrikanischen Jahre entfaltete. Auffällig ist, daß es in dem uns bis zum heutigen Zeitpunkt bekannten Werk von Pessoa weder ein einziges Zeugnis der Nostalgie noch eine Erinnerung an jene Zeit des Exils und der Schuljahre gibt. Es wäre vergebens, darin Referenzen auf die Bräuche der Einheimischen und das bewegte politische Leben der Kolonie Natal, die eine der Speerspitzen des Britischen Empires war, finden zu wollen oder sogar Anspielungen auf die Flora oder Fauna des südlichen Afrikas oder auf die Lehreinrichtungen, in denen Pessoa ausgebildet wurde. In der *Meeres-Ode* von Álvaro de Campos werden mehrere Häfen erwähnt, aber nicht der von Durban, den Fernando sehr gut gekannt haben muß, denn er begeisterte sich an Themen des Meeres; einzig ein Vers, »Der Indische, der geheimnisreichste der Ozeane!«, läßt sich auf Durban beziehen. Aber handelt es sich hier nicht bloß um eine Reminiszenz der Seereise des Ingenieurs Álvaro de Campos, die ihn nicht so weit in den Süden geführt haben dürfte?

Die Erforschung von Pessoas Alltag in Durban ist von Simões skizziert, von Alexandrino Severino ausgeweitet und von Jennings beinahe zu Ende geführt worden. Armand Guibert befaßte sich ebenfalls mit dem Thema, so daß er, in der Absicht, Dokumente aufzustöbern, dorthin reiste. Aber das einzige, was er nach vielem Fragenstellen zutage brachte, war, daß der junge Pessoa nicht gut in Sport gewesen sei, was uns letztlich nicht verwundern kann, wenn wir uns vergegenwärtigen, was Pessoa selbst einige Jahre später über diese Periode seines Lebens schrieb: »Die älteste literarische Nahrung meiner Kindheit fand ich in den zahlreichen Romanen von Geheimnis und schrecklichem Abenteuer. Für die Bücher für Knaben, die mit erregenden Erfahrungen zu tun haben, interessierte ich mich wenig. Da ich ein gesundes, natürliches Leben führte, weckten sie bei mir keine Sympathie. Mein Interesse galt nicht dem Wahrscheinlichen, sondern dem Unglaubwürdigen, nicht einmal dem Unmöglichen wegen dessen Schwierigkeitsgrades, sondern dem von Natur aus Unmöglichen.«

Schon im Jahr seiner Ankunft in Durban nahm Fernando am Unterricht der Convent School teil, die in der West Street, einer der vier Hauptverkehrsstraßen der Stadt, lag und die von einem Orden irischer Nonnen geführt wurde. Die Schule hatte ein bescheidenes, aber angemessenes Gebäude, an dessen Seite eine kleine Kirche mit Glockenturm stand und das dank der Fenster in den seitlichen Gemäuern gut belüftet war. In dieser Einrichtung, die nicht fern von seinem Zuhause lag, begann Pessoa Englisch zu lernen und erlebte dort am 13. Juni, am Tag seines achten Geburtstages, seine erste Kommunion. Er besuchte den Unterricht vom Februar 1896 an bis zum April 1899, doch sind, obwohl sie unschwer zu vermuten sind, seine Unterrichtsfächer unbekannt. Gesichert ist aber, daß er mit Eintritt in die Oberschule ausreichend Englisch konnte, um dem Unterricht ohne Schwierigkeiten zu folgen.

Im April 1899, dem Jahr, in dem der Krieg der *boers* begann, und drei Jahre nach seiner Ankunft in Natal, wurde Fernando an der Durban High School angemeldet, die im britischen Erziehungssystem einer Mittelschule entspricht. Es handelte sich um ein Gebäude mit roten Holzlatten an den Fassaden und Bögen im englischen Stil, und war fünf Jahre zuvor in der Thomas Street auf den Hügeln von Berea erbaut worden. Viele der Bäume, die man zur Verschönerung des soeben fertiggestellten Gebäudes gepflanzt hatte, waren mit der für diese tropischen Zonen nicht erstaunlichen Geschwindigkeit schon hoch gewachsen, als Pessoa zum erstenmal eintrat. Die Schule hatte im Obergeschoß ein Internat, die Unterrichtsräume lagen zu ebener Erde. Jennings, dem ich die meisten der Informationen über den Aufenthalt unseres Dichters in Afrika schulde, schreibt, daß Berea heute ein wichtiges Stadtviertel sei und daß die High School 1973 abgerissen wurde. Vom Tag seiner dortigen Einschulung bis zum Juni 1901 schloß Fernando vier Kurse ab und stand im Ruf, der beste Schüler der Schule zu sein, obwohl er zwei Jahre jünger als die jüngsten seiner Mitschüler war. Zwei von ihnen waren die älteren Brüder des hispanophilen Dichters Roy Campbell, der einmal Pessoas Gedichte ins Englische übersetzen sollte.

Diese Lehranstalt gab eine vierteljährlich erscheinende Zeitschrift mit dem Namen *The Durban High School Magazine* heraus, in der Fernando 1904 einen Artikel über das literarische Werk von Macaulay veröffentlichte, was ungewöhnlich ist, weil sie sonst hauptsächlich von den *cricket-* und *rugby*-Spielen der Schüler berichtete. Als weitere außerschulische Aktivitäten fanden militärische Unterweisungen durch das Heer und die Marine, Konzerte und Darbietungen literarischer Werke statt. In der Tat war die High School, betrachtet man das Verlangen nach Kultur und den Bildungsgrad der Einwohner von Durban, eine außergewöhnliche Lehranstalt, und dies vor allem wegen der Persönlichkeit ihres Direktors, Headmaster W. H. Nicholas, dessen Einfluß auf die intellektuelle Ausbildung Pessoas entscheidend war.

Der Lehrer Nicholas könnte, einer Andeutung von Jennings zufolge, das Vorbild für das Heteronym Ricardo Reis sein, was, anders gesagt, bedeutet, daß er schließlich vermittels der magischen Transformationen der Poesie an der pluralen Persönlichkeit unseres Dichters teilnahm. Nicholas war Lateinlehrer, und wie bei Reis zeichnete seine Hautfarbe »ein verschwommenes Mattbraun« aus. Er war spanisch-irischer Herkunft, und einer seiner Vorfahren hatte als Seemann in der siegreichen Armada gedient. Dem Latein leidenschaftlich verbunden, schätzte er jene Schüler gering, die es nur mit Mühe erlernten.

Man erinnert sich noch heute in Durban an ihn als einen sympathischen und gesprächigen Menschen, dessen Kenntnis der klassischen englischen Literatur außerordentlich war. Er wollte aus seinen Studenten »Victorian gentlemen« machen, und ohne Zweifel ging die Rechnung – sowohl was das Latein und die klassische Literatur als auch die Umgangsformen betraf –, bei Fernando Pessoa auf.

Nicholas war Direktor der High School von 1896 bis 1909 und starb im Jahr 1918, als Ricardo Reis bereits viele seiner besten Oden geschrieben hatte. In seiner Abschiedsrede sagte er, daß sich die Erziehung auf die Kenntnis der klassischen Griechen, Engländer und Franzosen zu stützen hätte, genau auf diejenigen, die Pessoa später am besten kannte. Dies würde einem derart Erzogenen erlauben, »sich von seinesgleichen zu unterscheiden und sich schließlich dem Unvermeidbaren zu fügen«, Worte, mit denen er nicht nur das Erkennungszeichen unseres Dichters zu prophezeien scheint, sondern ebenfalls umreißt, wie der Gemütszustand seines Schülers während dieser Epoche seines Lebens gewesen sein muß.

Pessaos Lehrmeister in Französisch war O'Grady, gegen den er ein satirisches *rondeau* schrieb, das möglicherweise das erste seiner in dieser Sprache sehr seltenen Gedichte ist. Der Lehrer Gorts unterrichtete ihn in Naturwissenschaften und Belcher in Englisch, der Sprache, die Pessoa nach Portugiesisch am meisten pflegte. Belcher, dickleibig und kahlköpfig, war der älteste unter den Lehrern und derjenige, der Pessoa ermutigte, den erwähnten Essay über Macaulay zu schreiben, den der Lehrer als den größten lebendigen englischen Stilisten betrachtete. Er leitete die Zeitschrift jener Schule, an der unser Dichter später einer der Subdirektoren werden sollte. Das Schicksal dieses gutmütigen und in keiner Weise außergewöhnlichen Mannes war in der Tat einzigartig, denn er endete während des Ersten Weltkrieges als Fleischbeschauer in England.

Damit wir uns eine Vorstellung von der schulischen Ausbildung Pessoas machen können, sollten wir wissen, daß die in dieser Anstalt obligatorischen Unterrichtsfächer Englisch, Latein, Mathematik und eine physikalische oder beschreibende Naturwissenschaft waren und daß sich Fernando zugunsten der physikalischen entschied, in der er zufriedenstellende Ergebnisse erzielte. Als Wahlfächer standen Geschichte und Französisch zur Verfügung. Im allgemeinen, und in dieser Reihenfolge, erhielt Pessoa die besten Zensuren in Englisch, Physik, Latein, Geschichte und Französisch. Weniger brillant fielen die Noten in Algebra und Geometrie aus, und dies trotz der Klarheit und der Disziplin, die für sein Denken typisch waren. Bekannt ist, daß er in Mathematik stets etwas im Rückstand war, eventuell, wie man in Durban sehr gut wußte, weil sein Lehrer in diesem Fach, V. V. Stutfield, zwar sehr kompetent schien, aber nicht zu unterrichten wußte. Und ohne Zweifel war sein Interesse für andere Disziplinen in dieser Hinsicht mit entscheidend, denn es scheint, daß dieser junge Student von der elisabethanischen Periode der englischen Literatur, also der Zeit zwischen 1580 und 1660, mehr wußte als irgendeiner seiner Mitschüler. Wie Pessoa selbst bestätigt hat, las er Milton noch vor Camões, und, wie wir noch sehen werden, war seine sonstige englische Lektüre während der afrikanischen Zeit so vielfältig wie ausgedehnt. Eine der bevorzugten Lektüren dieser Zeit waren die *Pickwick Papers* von Dickens, über die er nachher ein paar sowohl bewundernde wie ergriffene Seiten verfassen sollte. In einem Brief an José Osório de Oliveira schrieb er 1932: »In meiner Kindheit und ersten Jugend gab es für mich, der auf englischsprachigem Gebiet lebte und erzogen wurde, ein allerhöchstes, umfassendes Buch – die *Pickwick Papers* von Dickens; noch heute und eben deshalb lese ich es immer von neuem, als ob ich nichts anderes täte, als mich zu erinnern.« Einer der unzähligen Aufzeichnungen seiner literarischen Hinterlassenschaft ist zu entnehmen: »Mr. Pickwick zählt zu den heiligen Figuren der Weltgeschichte. Bitte, behaupten Sie nicht, er hätte nie existiert: Das gleiche geschieht den meisten heiligen Figuren der Welt, die lebende Beispiele für eine Anzahl sich tröstender Kirchenbesucher gewesen sind.« Nein, Pessoa glaubte nicht, daß die *Pickwick Papers* ein geniales Buch waren, sondern er behauptete in einer anderen seiner Notizen, daß sie »ein für das Genie des 19. Jahrhunderts repräsentatives Werk sind«. In einer – wahrscheinlich während der Zeit seiner neu-heidnischen Theoriebildung verfaßten – dritten Aufzeichnung schreibt er, zweifelsohne um seine intimen Widersprüche aufzulösen, die Anlaß und Antrieb für seine Heteronyme und sein von daher plurales Leben sind, daß Dickens' Vision in diesem Werk, entgegen seiner Selbstproklamation zum Christen, »nichts mit der christlichen Vision dieser Welt zu tun hat«. Schließlich entdeckt er darin noch einige diskussionswürdige hellenistische Züge, die sich gut mit dem Heidentum einiger seiner Heteronyme in Einklang bringen lassen.

Aber kehren wir nach Durban zurück, um sogleich in Richtung Portugal weiterzureisen. Nachdem die Studien von Pessoa im Juni 1901 als absolviert betrachtet wurden und sein Stiefvater, der soeben zum Konsul Erster Klasse befördert worden war, einen einjährigen Sonderurlaub erhalten hatte, schiffte sich die Familie, die um die zwei Kinder Henriqueta Madalena und Luís Manuel angewachsen war – 1896, respektive 1900 geboren –, mit dem Ziel Lissabon ein, das sie im August erreichen sollte. Mit auf dem Schiff reiste ebenfalls der Leichnam des Mädchens Madalena Henriqueta, das 1897 geboren worden und im Juni des Jahres der ungewöhnlichen Reise gestorben war. Damit war die erste und entscheidende Etappe von Pessoas englischer Ausbildung abgeschlossen, die er mit großem Gewinn durchlaufen hatte, wie es die Noten in seiner aufbewahrten Schulakte und die zwei erhaltenen Auszeichnungen belegen: der Preis für allgemein vorzügliche Leistungen in der zweiten Stufe A, verliehen 1899, und der für Französisch, der ihm im Jahr 1900 zuerkannt worden war.

In Portugal angekommen und nach einem Aufenthalt in Pedrouços im Hause der Tanten Rita Xavier und Maria Xavier, der Dichterin – letztere mittlerweile Witwe des Onkels Cunha –, lebte er in Gesellschaft der kurz zuvor aus dem Irrenhaus entlassenen Großmutter Dionísia, bis die Familie Rosa nahe dem Palácio São Bento eine Wohnung in der Avenida de Dom Carlos bezog, also in dem Bereich der Stadt, in dem sich die letzte Phase von Pessoas Lissaboner Kindheit abgespielt hatte. Obwohl bekannt ist, daß er zusammen mit seiner Mutter an die Algarve fuhr, kennen wir das Datum dieser zweifelsohne kurzen Reise nicht.

Im Mai 1902 und vor dem Hintergrund der Aufteilung der Hinterlassenschaft der Großmutter mütterlicherseits, Dona Madalena Xavier, die im Jahre 1897 verstorben war, schiffte sich die Familie nach der Azoreninsel Terceira ein. Simões scheint recht zu haben, wenn er schreibt, daß Pessoa dort eines der wenigen Gedichte auf portugiesisch schrieb, die aus der Zeit vor seiner definitiven Rückkehr nach Portugal erhalten sind. Es handelt sich um *Quando ela passa (Ihr Vorübergehen),* dessen elegischer Charakter teilweise durch den Tod seiner Schwester Madalena Henriqueta inspiriert sein könnte. Aber das ist nicht mehr als eine Vermutung, denn es ist schwer, über die inspirierenden Motive von Gedichten zu urteilen, vor allem, wenn es sich um unreife Werke handelt.

Immerhin weiß man doch, daß Fernando während seiner Zeit in Angra do Heroísmo, der Hauptstadt dieser Insel, mehrere Nummern einer handschriftlichen Zeitung zusammenstellte, der er den Namen *A Palavra (Das Wort)* gab, in der er Direktor und M. N. Freitas, einer seiner Cousins, Redakteur war. Er veröffentlichte hierin in der Tat ein Fragment von *Quando ela passa,* einer Elegie auf den Tod einer Frau. Und obwohl sicher ist, daß sich der Autor auf topische Weise mit dem Gedanken tröstet, daß es nach ihrem Verschwinden »Ein Leben weniger auf der Welt / Und einen Engel mehr im Himmel« gibt – was an ein Mädchen denken lassen könnte –, deuten die vorangehenden Verse nicht darauf hin und noch weniger der *Epitaph,* der diese kindliche Komposition abschließt und ausführt, daß sie »jung« sei, was wahrscheinlich macht, daß es sich um eine der Familie fernstehende Frau handelte, eventuell sogar um ein rein erfundenes Wesen: »Wenn ich mich in das Fenster setze, / Durch die Scheiben, die der Schnee beschlägt, / Glaube ich ihr Bild zu sehen, / Das nicht mehr vorübergeht ... nicht vorübergeht ...« Das niedliche Gedicht ist mit Doktor Pancrácio unterzeichnet, was in keinem Fall – etwa einer unverbesserlichen Gewohnheit der Kritiker folgend – als ein frühes pessoanisches Heteronym aufgefaßt werden sollte, denn wenn man in diesem naiven Dokument blättert, wird klar, daß es sich um ein Pseudonym handelt, hinter dem der Wunsch steckt, in dieser lustigen Zeitungsparodie an keiner Stelle den Namen des Direktors zu erwähnen. Die Ausgabe der *A Palavra,* auf die ich mich hier beziehe, ist die Nummer 2 vom 15. Mai 1902. Diese Ausgabe und ihr Supplement, das in Angra do Heroismo datiert wurde, werden im Nachlaß Pessoas aufbewahrt und sind die Vorgeschichte einer anderen handschriftlichen Zeitung, die uns noch beschäftigen wird.

Darüber hinaus habe ich nichts, nicht einmal die Dauer von Pessoas Aufenthalt auf den Azoren, ermitteln können. Sehr wahrscheinlich hatte der Junge genügend Zeit, sich über die archaischen Züge des azorischen Akzents zu wundern. Sicher hatte man ihn aufgefordert, die spektakulären Fumarolen zu besuchen, und sehr wahrscheinlich hatte er dort in Erfahrung gebracht, daß einer der ersten Siedler auf der Ilha Terceira – und überdies Entdecker der Inseln Flores und Corvo im Jahre 1492 – ein Diogo de Teive war, dessen Name sehr wohl den des späteren Heteronyms Barão de Teive, einer sekundären und fast unbekannten Persönlichkeit dieser pluralen Biographie, angeregt haben könnte. Glaubte er, daß seine Familie mütterlicherseits von diesem berühmten Mann abstammte?

Im Juni war die Familie, die sich erneut durch einen auf den Namen João Maria getauften Jungen vergrößert hatte, an Bord eines Schiffes in Richtung Durban gegangen, jedoch ohne Fernando, der bei seinen Tanten blieb und sich erst im September auf dem deutschen Dampfer *Herzog* nach Natal einschiffte. Er war damals 14 Jahre alt, und durch die Aufrichtigkeit seines Charakters mußte er das Vertrauen seiner Eltern so sehr gewonnen haben, daß sie ihm dieses außergewöhnliche Abenteuer erlaubten.

In Durban beginnt dann die Periode seiner Schulzeit – sie umfaßt die Zeit vom Oktober 1902 bis zum November 1903 –, welche am schlechtesten dokumentiert ist. Er meldete sich nicht an der High School an; und wir wissen weder, ab wann er die Klassen der Commercial School dieser Stadt besuchte, noch welche Motive ihn bewogen, damals nicht an die High School zurückzukehren. Jennings stellte die Hypothese auf, daß er dort schlecht behandelt worden wäre, aber die Angelegenheit wird möglicherweise niemals aufgeklärt werden. Uns sind dagegen zwei augenscheinlich widersprüchliche Angaben bekannt: daß seine Noten an der Commercial School, obschon ausreichend, alles andere als brillant waren, denn es gelang ihm lediglich, sich für die dritte und unterste Stufe zu qualifizieren, und daß er als Schüler der besagten Institution den Queen Victoria Memorial Prize erhielt, eine literarische Ehrung, auf die er zeitlebens stolz war.

Aber die eigentliche Ursache, die diesen und die sich anschließenden Orientierungswechsel der Studien Pessoas erklären kann, liegt in der Familienplanung des Kommandanten Rosa begründet. Alfredo Margarido argumentiert meinem Verständnis nach überzeugend: Der Kommandant Rosa wollte nicht nach Portugal zurück und hatte entschieden, daß er und seine Familie sich in die koloniale Gesellschaft von Südafrika integrieren sollten. Nun war Fernando, im Gegensatz zu seinen Halbgeschwistern, nicht dort geboren und kein britischer Staatsbürger, was seine beruflichen Aussichten verringerte. »Es gab für die jungen Mitglieder der ansässigen Bourgeoisie nur drei gangbare Wege: entweder das öffentliche Amt, die Handelsberufe oder, wenn nicht diese, die freien Berufe, die eine Universitätsausbildung verlangten, die in Südafrika, wo es noch keine Universitäten gab, nicht zu erlangen war. [...] Demnach, wenn Pessoa schon nicht Beamter werden konnte [weil er kein britischer Staatsbürger war], verfügte er aber auch nicht über ausreichende Grundlagen, um sich an einer britischen Universität einzuschreiben.« Deshalb erscheint es natürlich, daß seine Familie entschied, er müsse sich auf eine Tätigkeit im Handelswesen vorbereiten, was vernünftig schien, wenn man den stetig zunehmenden Umfang an Geschäftstätigkeiten in Durban und seinem Hafen bedenkt.

Andererseits konnte Pessoa meinen, daß er, der kein Untertan der britischen Krone war, sich vielleicht mit Erreichen seiner Volljährigkeit einbürgern und dann ein Stipendium erhalten könnte, das ihm erlaubte, zum Studium nach England zu gehen – eine Hypothese, die mir nicht zu gewagt scheint. Von da ab, wie wir noch sehen werden, versuchte er ernsthaft, sich in privaten voruniversitären Studien auszuzeichnen.

Die Commercial School in Durban war ein Schulinstitut, das man, bezogen auf die Qualität des in ihr vermittelten Unterrichts, nicht im entferntesten mit der High School des Direktors Nicholas vergleichen konnte; und nicht allein aufgrund der Stoffgebiete ihrer Kurse, sondern wegen der mangelhaften Qualifikation ihres Lehrkörpers, denn was kann man erwarten, wenn Direktor C.H. Haggar als Lehrer für Philosophie und Theologie Handelsunterricht gab? Sein Fall ist typisch für die Gesellschaften mit fehlender kultureller Tradition, in denen sich nur wenige darüber befremdeten, daß improvisierende Schulmeister in den unterschiedlichsten Fächern unterrichten.

Als gesichert kann gelten, daß Fernando sich während der Tagesstunden zu Hause auf die Aufnahmeprüfung der University of The Cape of Good Hope vorbereitete und die Abendklassen der Commercial School besuchte. Im November 1903 unterzog er sich dann den Aufnahmeprüfungen der besagten Universität, die keine Gebäude besaß, sondern nur die Aufgabe hatte, südafrikanische Schüler dort, wo sie die Schule besucht hatten, für die Immatrikulation in einer der großen Universitäten Englands vorzubereiten.

Da einige der Stoffgebiete dieser Prüfung wählbar waren, entschied Pessoa sich in Englisch, Französisch, Latein, Algebra, Geometrie und Physik prüfen zu lassen. Er hatte das Glück, daß die in der letzten Disziplin erzielte Punktzahl, die sehr niedrig ausfiel, den Koeffizienten nicht negativ beeinflußte, so daß man die allgemeine Zulassung aussprach, die nicht die beste dieses Jahres war. Ein Umstand, der nicht verwundern kann, wenn wir die doppelte Anstrengung, der er sich unterzogen hatte, bedenken und den Gemütszustand, der in ihm das Gefühl verursachte, praktisch mit schlechteren Voraussetzungen als die Mehrheit der Prüflinge zu starten, die selbstverständlich britische Untertanen waren. Englisch wurde anhand zweier Lektüretitel geprüft, *Henry IV* von Shakespeare und eine Auswahl von Beiträgen im *The Spectator*, die von Joseph Addison und Richard Steele stammen. Was Latein betraf, so mußte er eine Übersetzung aus dem *Bellum civile* machen und eine weitere aus dem Englischen ins Lateinische.

Ein denkwürdiges Ergebnis erzielte Pessoa in einer Prüfung, die darin bestand, innerhalb einer Stunde einen Essay – selbstverständlich in Englisch – zu schreiben. Die vorgeschlagenen Themen waren die folgenden: »Meine Auffassung vom gebildeten Mann und von der gebildeten Frau«, »Die allgemeinen Ansichten über den Aberglauben« und »Die Gartenbaukunst *(gardening)* in Südafrika«. Pessoa wählte das zweite, auf diese Weise sein Interesse für das Ungewöhnliche und Mysteriöse bekundend. Die Young Jewish Guild of South Africa hatte soeben den Queen Victoria Memorial Prize eingerichtet und für den besten der bei diesen Prüfungen geschriebenen Essay sieben Pfund Sterling ausgelobt, die in vom prämierten Autor auszuwählende Bücher investiert werden mußten. Unter 899 Essays von Studenten aus ganz Südafrika, deren überwältigende Mehrzahl Englisch als Muttersprache hatte, wurde der Preis Pessoa zuerkannt, der mit den Dichtungen von Keats, Tennyson, Ben Jonson und den Erzählungen von Edgar Allan Poe beschenkt werden wollte. Die Nachricht von dieser Auszeichnung wurde ihm im Februar 1904 mitgeteilt.

Das Ergebnis der Prüfung war für sich allein genommen vollkommen zufriedenstellend für den werdenden Dichter Fernando Pessoa, der nun unermüdlich und leidenschaftlich neben anderen Schriftstellern die Klassiker und Zeitgenossen der englischen Literatur las.

Das Schulsystem von Südafrika stellte keine Universitätsdiplome aus, doch gab es denjenigen, die sich anschickten, an einer englischen Universität zu studieren, die Möglichkeit, den besten Kurs eines gewählten Spezialfaches in einer Institution des Bezirks zu absolvieren. Darum schrieb sich Fernando, animiert durch die Stärkung, die der soeben gewonnene Preis bedeutet hatte, in *Arts,* das heißt in Geisteswissenschaften, an der High School in Durban ein, an der er während der ersten Phase seiner Schulzeit so gute Noten erhalten hatte. Er war entschlossen, seine Pläne voranzubringen, und erhielt bei den im Dezember 1904 abgehaltenen Prüfungen die beste Beurteilung aller Studenten der Kolonie Natal. Jennings wundert sich darüber, daß Pessoa trotzdem nicht mit dem Natal Exhibition prämiert wurde: »Das Direktorium der University of the Cape findet keine Erklärung, wie man anhand des Briefes sehen kann, der uns zugeschickt wurde«, einem Brief, in dem der

Registerbeamte dieser Einrichtung dem Forscher erklärt, daß der Prämierte, C. E. Geerdts, in dieser Prüfung nur 930 Punkte erhielt, »Mr. Pessoa« hingegen 1089. Die Erklärung wird sein, daß Fernando Pessoa kein britischer Staatsbürger war.

Obwohl es als sicher gilt, wie sein Cousin Eduardo Freitas da Costa geschrieben hat, daß der junge Dichter das afrikanische Milieu eher schwer ertrug, steht außer Frage, daß er sich gut daran anzupassen wußte – und dem Anschein nach ohne ungünstigen Einfluß auf seine Studien –, bis er sich als Opfer der Ungerechtigkeit fühlte, die nicht mehr war als eine der vielen Widersinnigkeiten, die der aufgestachelte Nationalismus oder eher noch der Stammesdünkel der gerade entstehenden kolonialen Gesellschaften hervorzubringen pflegte. Aushalten hin oder her, Fernando schrieb sich weder erneut in der High School ein, noch trafen er und seine Eltern eine eilige Entscheidung, was seine unmittelbar bevorstehende Zukunft betraf. Es scheint, daß es, bevor Pessoa im August 1905 endgültig Südafrika verließ, Streitigkeiten wegen dieser Angelegenheit gab, wie mehrere seiner Familienangehörigen angedeutet haben.

Doch bevor wir ihm nach Lissabon folgen, sollten wir die Meinung kennenlernen, die er bei seinen Mitschülern in Durban hinterließ, und erfahren, welcher Art seine literarischen Aktivitäten gewesen waren, um uns von Pessoa ein Charakterbild aus dieser frühen und entscheidenden Epoche seines Lebens zu machen. Clifford Geerdts, sein wichtigster Nebenbuhler an der High School, der, wie wir gerade gesehen haben, ihn um das Stipendium brachte, das ihm erlaubt hätte, in Oxford zu studieren, antwortete Jennings, als dieser ihn 1963 besuchte und fragte, ob er Fernando Pessoa gekannt habe: »Ja, sehr gut. Unsere Pulte standen nebeneinander. Ein kleiner Junge mit einem großen Kopf. Er war von brillanter Intelligenz, aber ein bißchen verrückt.« Geerdts war, als er interviewt wurde, 75 Jahre alt, und obwohl sein Erinnerungsvermögen gut war, dürfte er einige Dinge vergessen haben. Als ihn Jennings fragte, warum er und nicht Pessoa das Stipendium gewonnen hatte, antwortete er, daß »er daran nicht teilnehmen konnte, und wenn er gekonnt hätte, würde er es bekommen haben. Er war viel intelligenter als ich.« Auf Geerdts werden wir im folgenden Kapitel noch einmal zurückkommen.

Unter Fernandos Mitschülern befand sich ein Augustine Ormond, der Simões mitteilte, Pessoa sei »ein schüchterner und liebenswürdiger junger Mann von zartem Charakter gewesen, enorm intelligent und von der Sorge befallen, Englisch auf die akademischste Art zu sprechen und zu schreiben«, und er besaß darüber hinaus »einen für sein Alter außergewöhnlichen Menschenverstand«. Als man Ormond sagte, daß man Pessoa für einen großen portugiesischen Dichter halte, kommentierte er das mit: »Ich erinnere mich, daß, obwohl er zu dieser Zeit sehr jung war, sich in ihm etwas ankündigte, was, jetzt verstehe ich es, Genie war«, um hinzuzufügen, »daß er damals ein quirliger, lustiger Junge mit angenehmem Humor und anziehendem Charakter war; ich fühlte mich von ihm angezogen wie ein Stück Eisen von einem Magneten«. Ormond, der in seiner Jugend Schriftsteller werden wollte, war katholisch und ein Freund von Roy Campbell und dem als südafrikanischer Schriftsteller bekanntgewordenen Uys Krige. Er korrespondierte mit Pessoa, bis er kurz nach dem Ende des Ersten Weltkrieges nach Australien ging.

Welcher von diesen Wegbegleitern war der bessere Beobachter? Wahrscheinlich Geerdts, denn er stimmte – und wir werden sehen, bis zu welchem Grad – mit Pessoas Selbsteinschätzung, die es hinsichtlich des »ein bißchen verrückt« bei ihm gegeben haben könnte, überein. Dennoch, was dachte unser Dichter in reiferem Alter über diesen Abschnitt seines Lebens? In einer seiner Aufzeichnungen sagt er: »Aufgrund meiner natürlichen Neigungen, aufgrund der Umstände, welche die Morgenröte meines Lebens umgaben, aufgrund des

Einflusses der unter diesem Antrieb (eben dieser Neigungen) absolvierten Studien, wegen all dem ist mein Charakter inneren, autozentrischen, stummen Ursprungs, nicht selbstzufrieden, sondern in sich selbst vergessen.« Demnach ist es schwierig, das zu optimistisch gezeichnete Portrait von Ormond in allen seinen Einzelheiten zu übernehmen.

Obwohl einige Biographen Pessoas meinen, daß die heimische Bibliothek ihn während dieser Jahre mit guter Lektüre in seiner Muttersprache versorgte, entspricht es der Wahrheit, daß der Jugendliche bis zu seiner endgültigen Niederlassung in Lissabon keine Anzeichen großen Interesses für die portugiesische Literatur zeigte. Englisch war seine Kultursprache, und infolgedessen ist es nicht verwunderlich, daß, bevor er sich in einen portugiesischen Schriftsteller verwandelte, er es in der Sprache sein wollte, in der er erzogen worden war – selbst wenn sie nicht seinen Charakter geformt haben sollte. Die Zeit und die Erfahrung sollten ihn jedoch lehren, daß dies unmöglich war.

Die Durchsicht seiner Bibliothek in Lissabon ergibt, daß Pessoa während seines Aufenthalts in Afrika überwiegend englische Literatur las. Neben Dickens bewunderte er Carlyle so sehr, daß Belcher, sein Englischlehrer, wenige Jahre später in einem einzigartigen Brief, auf den wir später noch zurückkommen, schrieb: »Seine englischen Aufsätze waren im allgemeinen beachtlich, und manchmal reichten sie ins Geniale. Er war ein großer Bewunderer Carlyles und hatte gewisse Schwierigkeiten, eine bei ihm anzutreffende Empfänglichkeit, den Stil Carlyles zu sehr zu imitieren, in Schranken zu halten.« Pessoa hätte sehen müssen, daß Carlyle der letzte von einem Jungen, dessen Aufsätze überdies noch unreif sind, nachzuahmende Mann ist. Zweifelsohne mußte die mystische Komposition des Carlyleschen Helden ihn stark hinsichtlich seiner Bewunderung für Dom Sebastião de Portugal beeinflussen, und er modellierte, der Linienführung des britischen Schriftstellers folgend, sogar das Bild von Alberto Caeiro – den Meister der anderen Heteronyme – nach ihm.

Nach einer ausführlichen Notiz aus seinem Archiv las Pessoa von April bis November 1903 – das heißt, während er die Abendklassen der Commercial School besuchte – Thackeray, Byron, Shelley, Chesterton, Laing, Allan Poe, Hudson, Shakespeare und Jonson. Auf Französisch studierte er Verne, Grasset, Voltaire, Fernay, Fontenelle, Fouillé und einige mehr; auch las er Espronceda, Lombroso, Tolstoi und Schopenhauer. Unter den Portugiesen Guerra Junqueiro, Forjais de Sampaio und Silva Passos – eine nicht übermäßig signifikante Liste, unbeschadet der Abwesenheit von Camões, den er vielleicht schon vorher gelesen hatte. Dort las er nicht nur literarische Werke, sondern auch die *History of European Philosophy* von Weber, auf die *Philosophie de Platon* von Fouillé, auf die *Histoire des oracles* von Fontenelle und auf die *Psychologie allemande contemporaine* von Ribot – Bücher, die für die Richtung seines späteren Denkens bezeichnend sind.

Aber Pessoa beschränkte sich in dieser Zeit nicht darauf, zu lesen. Aus dem Jahr 1901 stammen zwei Gedichte, von denen eines, dem Stil nach eher artifiziell als unschlüssig, bei einem Knaben von kaum zwölf Jahren Staunen hervorruft, auch wenn man annimmt, daß es nicht mehr als die Synthese von etwas Angelesenem und nicht etwas von ihm Experimentiertes ist.

ANAMNESIS

Somewhere where I shall never live
　　A palace garden bowers
Such beauty that dreams of it grieve.

There, lining walks immemorial,
　　Great antenatal flowers
My lost life, before soul, recall.

There I Was Happy and the child
That had cool shadows
Wherein to feel sweetly exiled.

They took all these true things away.
O my lost meadows!
My childwood* before Night and Day!

Anspruchslos übersetzt: »ANAMNESE / An einem Ort, wo ich niemals leben soll, / Schläft der Garten eines Palastes / So viel Schönheit, daß von ihm träumen kränken soll. // Dort unvergessen Wege lenken, / Große vorgebor'ne Blumen / Mein verlor'nes Leben, vor der Seele, eingedenken. // Dort war ich glücklich und das Kind, / Das kalte Schatten warf, / Wo das Exil ich süßlich spüren darf. // Sie trugen alle diese wahren Dinge fort. / Oh, meine verlorenen Wiesen! / Vor Nacht und Tag den Hain*, meiner Kindheit Ort!«

Dieser Bezug auf ein früheres Leben in einer besseren Welt der platonischen Ideen, die Atmosphäre des Mysteriösen, die die gesamte Komposition umhüllt – und die nach meiner Ansicht auch an das Lissabon seiner Geburt denken lassen könnte – und ganz besonders das Fehlen der Zeit, wie aus dem letzten Vers hervorgeht, stellen dieses Gedicht des jungen Pessoa an den Beginn einer Linie, der esoterischen, an der er während seines ganzen Lebens treu festhalten sollte. Es kann uns infolgedessen nicht verwundern, wenn er Jahre später erklärte, daß er sich niemals geändert hätte, daß er von Anbeginn an immer derselbe gewesen wäre. Es scheint, als müßte man den Ausdruck von trauriger, mitunter beinahe melancholischer Ernsthaftigkeit auf eine Mißstimmung im Herzen der Familie zurückführen, ein Ausdruck, die man auf den Photos aus seiner afrikanischen Kindheit und Jugend bemerkt. Fer-

---

* In der Werkausgabe falsch mit »childhood« transkribiert.

nando sah sich bereits von verschiedenen Ängsten und Unruhen beherrscht, die später der Antrieb seines reifen schriftstellerischen Werkes sein sollten, einer spirituellen Last, die auf seine zurückgezogene Haltung und auf sein soziales Verhalten Einfluß nehmen mußte, das von einigen seiner Freunde an der High School als dem Verrücktsein ähnlich verstanden werden konnte.

Aus dem Jahr 1903 sind ein paar wenige Gedichte auf portugiesisch überliefert, die uns wie Schulübungen anmuten, was nicht sein kann, weil in der High School diese Sprache nicht unterrichtet wurde. Ebenso ist ein Schreibheft erhalten, in dem er seit dem Juli handschriftlich eine bald aufgegebene Zeitung herauszugeben begann, der er den Namen *O Palrador (Das Plappermaul)* gab. Aber es war die englische Sprache, in der er, unmittelbar nach seiner Rückkehr nach Portugal, eine bemerkenswerte literarische Anstrengung in Lyrik wie in Prosa unternahm.

In seinen jugendlichen Versdichtungen sind Einflüsse von Byron, Keats, Milton – sein so sehr bewunderter Milton – und natürlich von Shakespeare zu beobachten und von der Kritik bereits eingekreist; gleichermaßen läßt seine Prosa die Einflüsse von Dickens, Macaulay, Carlyle und von Edgar Allan Poe erkennen. Aber die Problematik des jungen Schriftstellers trägt seit jener Zeit schon charakteristisch pessoanische Züge. Eines dieser Gedichte aus jenen Tagen mit dem Titel *The Atheist (Der Atheist),* dessen Attacken auf die katholische Kirche die des Heteronyms António Mora – antizipieren – der nicht Atheist, sondern Heide ist, sagt, daß Rom »die gottbenannte Stadt [ist], aber im Besitz des Teufels«, was er durchaus unter dem Eindruck der Lektüre Guerra Junqueiros geschrieben haben könnte.

Ebenso bezeichnend ist seine Ratlosigkeit angesichts der verschiedenen philosophischen Lehren von Pythagoras, Platon, Sokrates, Cicero »and many more«. In einem Gedicht aus dem Jahre 1904 drückt er diese Ratlosigkeit in Versen aus, deren Ernsthaftigkeit zumindest verwirrend frühreif erscheint: »Sprachen mir die Weisen nicht / Von ihren feierlichen, schmerzdurchwobenen Seiten? / Und dennoch weiß ich nichts; um so mehr ich lese, / Desto verwirrter und taumeliger ich mich fühle ...« Verwirrung und Taumel, denen er später, als er seine philosophische Lektüre vertiefte, gegensteuern sollte, indem er sie in seine Heteronyme in Form unterschiedlicher Denk- und Empfindungsweisen transferierte. Wenn sie in seiner Jugend noch sein Gemüt belasteten, führte dies schließlich, und nicht allein über die widerspruchslose Akzeptanz, sondern einschließlich der Billigung ihrer unvermeidlichen Widersprüche, zur Sublimierung. Zu diesem Moment setzte das, was die Pluralität seines Lebens werden sollte, bereits eine Dualität voraus: einerseits den liebenswürdigen und gelehrsamen Studenten, der sehr daran interessiert war, seine Studien in der Schule mit einem über dem Normalen liegenden Fortschritt zu Ende zu führen, der sich zu Hause wie ein guter Sohn benahm und sich, um seine Geschwister zu unterhalten, lustige Geschichten einfallen ließ, die sie niemals mehr vergessen sollten, und andererseits den vorzeitig mit Fragen ohne offensichtliche Antwort beladenen und seiner Berufung – sie zu lösen – ausgelieferten Heranwachsenden, der sich dazu hingezogen fühlte, in einer für die übrigen vollkommen geheimen Welt zu leben.

Eine dieser Fragen, die sich auf die Natur des Denkens bezieht, ist in einem unvollendeten Drama Shakespeareschen Zuschnitts vorherrschend, das anscheinend *Vincenzo* oder *Marino* heißen sollte und eine Vorzeichnung zu seinem *Fausto (Faust)* darstellt. In ihm finden sich Hinweise auf das »Geheimnis aller Dinge« und auf eine Welt, die wie ein symbolischer Text gesehen wird, dessen Interpretation seinen Protagonisten, das heißt Marino, beunruhigt.

Neben ein paar narrativen Gedichten, die er ebenso unvollendet ließ, schrieb Pessoa damals einige Epigramme, in denen er sich bereits nach seinem fünfzehnten Lebensjahr zu einem seiner umstrittensten und vorherrschendsten Interessensgebiete äußerte, das der Politik. In einem Gedicht aus dem Jahre 1905 bezichtigt er Chamberlain, für die Entfesselung des Burenkrieges verantwortlich zu sein, und in einem Sonett aus dem gleichen Jahr reflektiert er über den russisch-japanischen Krieg. Diese Facette der englischen Dichtung Pessoas zeigt bereits das Entsetzen vor dem Krieg, das er in seiner Reife mit Álvaro de Campos teilen und das sich in den Gedichten beider widerspiegeln sollte.

Ebenfalls auf englisch schreibt er drei *stories* oder Erzählungen, von denen eine ohne Titel und unvollendet mit der Beschreibung einer portugiesischen Burg beginnt. Dagegen brachte er die Erzählung *The Innovator (Der Erfinder)* zu Ende, die einen Jugendlichen zum Helden hat, dessen Erfindungen mit absoluter Sicherheit seiner Familie und seinen Freunden Schaden zufügen. Die dritte, ebenso vollendet und mit dem Titel *The Portable House (Das tragbare Haus)*, verrät den merklichen Einfluß von Dickens. 1902 oder 1903 beginnt er einen von den *Tales of Mystery* Edgar Allan Poes beeinflußten Kriminalroman. Er wollte oder konnte ihn nicht zu Ende bringen, möglicherweise aufgrund der Absicht, den Exzeß von gedanklichen Schlußfolgerungen bis zum Äußersten zu treiben, der viele seiner unvollendeten Werke charakterisiert.

Jennings glaubt, und ich pflichte ihm bei, daß die Untersuchung über Macaulay, die Fernando mit 16 schrieb und veröffentlichte, das reifste Werk des literarischen Beginns ist und einige Umsicht verrät. Denn der junge Kritiker analysierte trotz der starken Bewunderung, die er damals für diesen Schriftsteller empfand – vorausgegangen war die Betonung der Verneinung jeglicher Transzendenz in dessen poetischem Werk – mit gebildeter und eleganter Ironie die Tugenden und Mängel seiner Prosa.

Unter dem Pseudonym C. R. Anon – also der üblichen englischen Abkürzung für »anonym« – meldete er sich aus Anlaß einer hitzigen Polemik über die Übersetzung einer Ode von Horaz, die von einem ehemaligen, mittelmäßigen Schüler der High School von Durban vorgelegt worden war, im *Natal Mercury* vom 18. Juni 1904 zu Wort. Das ist wahrscheinlich sein erstes Auftreten in der Tagespresse. Unter dem Pseudonym Tagus (Tejo) Teilnehmer am »puzzle corner« derselben Zeitung wurde er für seine genialen Einfälle zu Scharaden und Rätseln ausgezeichnet, eine Begeisterung, die zu seinen beständigsten und eigentümlichsten Passionen gehörte. Diese Passion reichte bis zum Lissaboner Mr. Cross, der in den Scharaden-Wettbewerben der englischen Tagespresse eine ausreichende Summe Geld zu gewinnen erhoffte, damit dessen Freund Fernando seine Verlobte Ophélia Queiroz heiraten konnte.

Im August 1905 fuhr Pessoa an Bord des deutschen Dampfers *Herzog* nach Lissabon, der Stadt, in der er fortan leben sollte. Er verließ endgültig das Haus seines Stiefvaters, des Konsuls Rosa, der, gemäß einhelliger Aussage seiner Familienangehörigen und von Pessoa niemals bestritten, die Haltung eines verständigen Vaters übernommen hatte, der sich nicht nur um Fernandos Erziehung, sondern auch um die Besonderheiten seines Charakters kümmerte. Seine Schulzeit war mit 16 Jahren praktisch beendet. Zukünftig sollte sich in ihm, wie er es später seinem Freund Côrtes-Rodrigues anvertraute, »aufs Geratewohl, ohne bestimmte Orientierung der Studien«, aber mit tiefgehender und stark persönlicher Durchdringung, der Autodidakt bestätigen, der er im Grunde bis dahin gewesen war. Übrigens deutet alles, seine eigenen Erklärungen eingeschlossen, darauf hin, daß er nie ein hartnäckiger Leser gewesen war und daß seine Bildung hauptsächlich dank den Reflexionen und der Schriftstellerei wuchs und sich behauptete, was bei genauer Betrachtung der Dinge auf dasselbe hinauskommt.

Seine Schulbildung war ausschließlich englisch gewesen, und ohne Zweifel sollte dieser Umstand ihn für den Rest seines Lebens prägen. Aber bis zu welchem Grad? In der Tat waren die meisten Bücher in seiner Bibliothek auf englisch geschrieben, und manchmal tauschte er die portugiesischen, die man ihm schenkte, für englische ein. Dennoch schrieb er die Mehrzahl seiner Werke – und die besten – auf portugiesisch, und wenn er sich weiterhin seiner zweiten Sprache sowohl im Vers wie in der Prosa bediente, so auf eine Weise, die, mit Blick auf das Zusammenspiel der beiden Sprachen und besonders mit Blick auf die damit verbundenen Intentionen, nicht anders als untergeordnet genannt werden kann. Einmal bediente er sich ihrer sogar, um eine der hervorstechendsten Eigenschaften zu bespötteln, die die britische Pädagogik ihren Zöglingen einzuflößen versucht, nämlich den Menschenverstand, wie es dieses Epigramm belegt, das unter seinen Papieren gefunden wurde:

> Spirit of Love and Excellence,
> Hear my prayer, in faith intense,
> Deliver my from commonsense!

»Geist der Liebe und der Exzellenz, / Hör mein Gebet, im vollen Vertrauen, / Befreie mich vom commonsense!« Ob dieses Gebet erhört wurde, wird sich der Leser etwas später selbst beantworten können. Jahre nachdem er Durban verlassen hatte, schrieb Pessoa: »Bis zum fünfzehnten Lebensjahr war es für mich und die Meinen gut, daß ich immer im Hause und, nach meinem veralteten Dafürhalten, einer Reserviertheit ausgeliefert war. Aber in diesem Alter wurde ich weit von zu Hause fortgeschickt, und dort begann das neue Sein, vor dem ich mich so sehr fürchtete, und nahm menschliches Leben an.« In Wirklichkeit war Pessoa aber, als er zum Studium nach Lissabon ging – an eine Universität und nicht an eine Schule –, volle 16 Jahre alt. Oder stammen die zitierten Worte vielleicht vom Ingenieur Álvaro de Campos, der seinerseits an eine Ingenieursschule nach Glasgow geschickt wurde? In diesem Fall könnte der extrovertierte Charakter seiner Jugend und seines reifen Alters eine Reaktion auf die schottischen Nebel sein.

3

Die Rückkehr nach Lissabon
und der Beginn des Geschäftslebens
1905–1910

Nach Lissabon zurückgekehrt, und zwar für immer, lebte Fernando bis zur Ankunft seiner Familie aus Durban ungefähr einen Monat lang bei seinen beiden Tanten Xavier und der Großmutter Dionísia im Viertel Lapa. Der Konsul Rosa nutzte eine erneute dienstliche Befreiung und richtete sich mit all den Seinen, inklusive Stiefsohn, in einer Wohnung im ersten Stock der Calçada da Estrela ein. In diesem hochgelegenen Viertel nahe bei einem der schönsten Gärten der Stadt lebte Pessoa bis Oktober des folgenden Jahres, um nach der Abreise seiner Familie nach Natal in die Wohnung der Tanten und seiner Großmutter zurückzukehren.

Bemerkenswert ist, daß Fernando einige Wochen vor seinen Eltern und seinen Geschwistern nach Portugal kam, woraus sich mutmaßen läßt, daß er vorausfuhr, um sich im *Curso Superior de Letras* einzuschreiben, der im Oktober beginnen sollte. Er tat es letztlich jedoch nicht bis zum nächsten Jahr, eventuell, weil er nicht alle für die Einschreibung notwendigen Papiere zusammenhatte, oder einfach, weil sie nicht übersetzt und beglaubigt waren. Während dieser langen Ferien verlor er aber keine Zeit, denn er spürte neben seiner ausgedehnten Lektüre portugiesischer Werke jetzt den Einfluß der französischen Postromantik, wie er einige Jahre später in einem Brief an seinen Freund Côrtes-Rodrigues gestehen sollte. Von den Portugiesen las er, wie uns diese autobiographische Quelle berichtet, Antero de Quental, Guerra Junqueiro, Cesário Verde – dessen 1901 postum veröffentlichtes Werk die

Dichtungen Álvaro de Campos' entscheidend beeinflußt haben dürfte –, José Duro … und Henrique Rosa, den Bruder seines Stiefvaters, der eher Reimeschmied denn Poet war. Von den Franzosen nennt Pessoa Baudelaire und Rollinat und fügt hinzu, daß er sich von 1909 an generell durch den französischen Symbolismus beeinflußt fühlte.

In einem auf englisch verfaßten Fragment Pessoas ohne Datierung, das aber in diese Zeit zu gehören scheint, ist zu lesen: »Eine meiner geistigen Komplikationen – schrecklicher als alle Worte – ist die Furcht vor der Geisteskrankheit, die schon als solche Geisteskrankheit ist. Ich bin teilweise in einem Zustand, den Rollinat im Eingangsgedicht seiner *Névroses* (wenn ich mich nicht irre) als seinen eigenen einbekennt. Impulse, einige verbrecherisch, andere wahnwitzig, die mitten in meiner Agonie die schreckliche Tendenz zur Aktion, eine schreckliche *Muskularität* erreichen, ich will sagen, in den Muskeln fühlbar werden, sie sind mir ganz geläufig, und das Entsetzen vor ihnen und vor ihrer Intensität – größer denn je in Quantität und Heftigkeit – ist unbeschreiblich.« Diese Furcht vor der Geisteskrankheit wird ihn nie mehr verlassen und wird einer der Gründe für seine reservierte Haltung gegenüber anderen – einschließlich seiner besten Freunde – sein und ihn trotzdem zu unvermittelten und unerwarteten Bekenntnissen über seine sowohl realen als auch eingebildeten psychischen Verwirrungen veranlassen.

Maurice Rollinat war nach eigener Aussage ein Dichter »der Ängste und des bewußten Wahnsinns«. Das Gedicht, auf das sich Pessoa zu beziehen scheint, heißt *Les frissons*. Er reißt darin Themen an, die der portugiesische Dichter zu seinen eigenen machen wird, wie das des »schwarzen Schauderns des Denkens« und des »Schauderns des Unendlichen«. War Pessoa damals schon bekannt, daß Rollinat 1903 in einem Irrenhaus in Ivry gestorben ist?

Hingegen wissen wir, daß sich Fernando im Oktober 1906

als Hörer am Lehrstuhl für Philosophie des *Curso Superior de Letras* einschrieb, wo er es nicht bis zu den Prüfungen aushielt und seine Studien angeblich wegen der Studentenproteste gegen die Diktatur von João Franco wieder fallenließ. Obwohl darüber viel spekuliert wurde, ist unbekannt, inwieweit der Dichter an diesen Ereignissen Anteil hatte. Möglicherweise lieferten sie ihm den Vorwand, seinen Plan, der schon zarte Gestalt angenommen hatte – sich gänzlich der Literatur zu widmen –, in die Tat umzusetzen und seinen Lebensunterhalt durch eine Nebenbeschäftigung als kleiner Geschäftsmann im Import- und Exportgeschäft zu bestreiten, einer Branche, die im Lissaboner Hafen trotz der politischen und sozialen Unsicherheit im Lande noch expandierte. Diese Entscheidung bedeutete das Ende seiner Universitätslaufbahn.

An der Universität galt er als *rara avis,* ein seltener Vogel, als wenig kommunikationsfreudig, fast als ein Fremdling, der sich lediglich gerne mit Studenten unterhielt, die englisch sprachen; auch nahm er an den Unternehmungen seiner Kommilitonen nicht teil, zum einen wegen der Hektik, die sie produzierten, zum anderen, weil es ihnen an Respekt für seine Zurückgezogenheit fehlte und auch an Respekt im Umgang mit den von ihnen aufgesuchten Frauen. In der Zeit, in der er Vorlesungen besuchte, machte er nicht nur Mitschriften der Ausführungen des Professors Silva Cordeiro, von denen man viele unter seinen Papieren gefunden hat, sondern er begann auch im Umfeld philosophischer Themen, die ihn mehr interessierten, Spekulationen anzustellen – eine Vorliebe, an der er künftig treu festhalten sollte. Er hegte von da ab den Wunsch, Philosoph zu werden; aber lassen wir uns nicht an der Nase herumführen, die Philosophie interessierte ihn nur als Kunst und nicht als vermeintliche Entdeckerin einer Wahrheit – nicht einmal einer rationalen Wahrheit –, an die er nie glaubte. Javier Urbanibia erklärte das mit erhellenden Worten: »Trotz seiner ausgiebigen Lektüre klassischer Philosophen wird man sagen können, daß die philosophischen Fragmente [...] alle sehr frühen Datums sind, um 1906, als der Dichter 18 Jahre alt war und sich im *Curso Superior de Letras* einschrieb. Mit Sicherheit war er damals mit Blick auf seine Studien durch philosophische Lektüre und Reflexionen wie umgestülpt. Später, in den Jahren 1915 und 1916, erkennen wir eine Wiederbelebung der philosophischen Niederschriften genau in der zweiten Welle seiner Produktivität, als Pessoa fast alle Texte seiner philosophischen Heteronymen António Mora und Rafael Baldaya niederschrieb.« Es handelte sich um die Jahre intensiven Schaffens, die Jahre der *Orpheu* und des Selbstmords von Sá-Carneiro, und die heteronymische Praxis brachte Pessoa zur Abfassung philosophischer Notizen. Aber dies ist nicht entscheidend, noch kann man daraus eine Streitfrage zwischen Literatur und Philosophie ableiten. Entscheidend ist: *in welcher Weise die Philosophie das poetische Schaffen animierte*«, wie zum Beispiel bei Dante und Petrarca, um die zwei bekanntesten zu erwähnen. Diese Zusammenhänge ignorierte Pessoa nicht, als er, vermutlich im Jahr 1910, eine lange Notiz schrieb, deren erste Worte lauten: »Ich war ein Dichter, der von der Philosophie angeregt wurde, nicht ein Philosoph mit dichterischen Fähigkeiten.«

Um diese Zeit begann er auch, sich das Trinken anzugewöhnen, eventuell unter dem Einfluß des Generals Henrique Rosa, der sich zur Ruhe gesetzt hatte. Mit Rosa, einem großen Leser, Junggesellen, gewohnheitsmäßigem Griesgram, der ganze Jahre, im Bett zu verbringen pflegte ohne wirklich krank zu sein, verkehrte Fernando vor allem während der unmittelbar auf seine Rückkehr nach Lissabon folgenden Jahre. Wie wir schon wissen, verfaßte der General Rosa auch Verse, und ich glaube – vergeben sei ihm ihre wankelmütige, aber niemals exzellente Qualität –, daß sein Einfluß, zu dem Pessoa sich bekannte, mehr das Ergebnis der Bewunderung für

dessen gewaltiges Wissen war denn eine schwer nachzuvoll-
ziehende Bewunderung für dessen Verse.

Die Verse, die Pessoa damals noch auf englisch schrieb, unterzeichnete er mit Alexander Search, einem Pseudonym, das
er bereits in Durban verwendet hatte. Ich sage Pseudonym
und nicht Heteronym, wie es einige Kritiker gerne hätten,
weil in der von Teresa Rita Lopes veröffentlichten biographischen Notiz zu Alexander Search – zu deutsch »Suche« – zu
lesen ist, daß er in Lissabon am 13. Juni 1888 geboren wurde,
also am gleichen Tag wie Pessoa, während die wirklichen
Heteronyme Biographien aufweisen, die in keiner Weise mit
der seinen übereinstimmen. Hingegen erscheint auf einer
Visitenkarte, die Pessoa drucken ließ, als Wohnort dieses
Alexander Search die Rua Bela Vista (Lapa), 17, I.º, das heißt,
die Adresse der Tanten, bei denen er wohnte. Es ergibt sich
daher keine neue Persönlichkeit, sondern eine simple Verschleierung des wirklichen Namens, und ich glaube nicht, daß
man infolgedessen von einem Heteronym sprechen kann.
Meinem Verständnis nach verrät allein schon der Nachname
Search deutlich seine pseudonymische Natur: Der Schriftstel-
lerneuling hat berechtigte Zweifel an der Qualität seiner
ersten literarischen Versuche – die in der Tat nicht außergewöhnlich sind, vorbehaltlich derer, die sich größtenteils auf
das Denken beziehen – und verbirgt, solange er seinen Stil
sucht, seinen wirklichen Namen. In dieser Hinsicht sind die
Heteronyme an sich ein Beweis einer besonderen stilistischen
Reife, von welcher der jugendliche unreife Dichter seinerzeit
weit entfernt war.

1905 oder kurz zuvor dachte er sich ein ebenso sprechendes
Pseudonym aus, Charles Robert Anon, das ich schon erwähnt
habe. Daß Anon eine im Englischen übliche Abkürzung für
anonymous ist, mußte das ihm nicht wie gerufen kommen, ihm,
der eine Beklemmung spüren konnte über den Entschluß,
als vollkommen Unbekannter nach Portugal zu ziehen, ohne

Freunde seines Alters noch aus anderen Generationen – ein Namenloser, nicht nur als Literat, sondern auch als Mensch? Ein Anonymer, der *sucht,* ist das nicht Pessoa *selbst*? Nach meinem Dafürhalten ist es augenscheinlich, daß der Weg zu den Heteronymen die pseudonymische Dichtung ist; sie ist der Weg, der weiterführt.

Die Tatsache, daß Pessoa für Alexander einen Bruder ersann, der Übersetzer gewesen sein soll und Charles hieß, von dem uns aber nichts bekannt ist, erlaubt uns höchstens zu vermuten, es handle sich hierbei um ein Protoheteronym. Vergessen wir nicht, Pessoa war ein literarischer Anfänger, der damals noch nicht einmal entschieden hatte, welches seine literarische Sprache sein sollte. Die Erschaffung der Heteronyme setzte diese Entscheidung voraus, die bald zugunsten des Portugiesischen ausfallen sollte, der Sprache seiner ersten Heteronyme.

Mit den Pseudonymen unterzeichnete Pessoa Prosa und Gedichte in englischer Sprache. Mit Blick auf diese Werke hat Stephen Reckert geschrieben, daß »eine Sprache, die man nicht *lebt* [obwohl man sie fortwährend schreibt und spricht] wie ein vertagter Kadaver ist, der – fast immer – literarische Mißgeburten zeugt [ein Ausdruck, der aus einem Vers Pessoas stammt], und die englischen Verse von Fernando Pessoa sind fast immer mißlungen [und *a fortiori* die von Alexander Search], weil genau die unerläßlich zu lebende Verschmelzung der Idee mit dem Begriff fehlt«, weshalb er schlußfolgert, »die Bedeutung dieser Verse ist hauptsächlich *psychologisch* und *ideologisch*«. In ihnen spiegeln sich Unruhen und Ängste, die wir schon kennengelernt haben, und mischen sich mit dazugehörigen Klagen der ersten Jugend und des Heranwachsens, die oftmals verräterisch sind, wie das Reden über »ein mystisches und berauschendes Brennen, das eine Unruhe erzeugt« oder die Versicherung, »in mir waltet etwas dem Wahnsinn Gleiches«, oder daß er »immer und überall ein Fremder« sein wird – alles Themen, die zu den wichtigsten des *Buches der Unruhe* gehören.

Ebenso erscheint Searchs Unterschrift unter der Erzählung *A Very Original Dinner (Ein ganz ausgefallenes Abendessen)* aus dem Jahre 1907. Es handelt sich dabei um eine in Wirklichkeit sehr wenig ausgefallene »Schauer-«Geschichte, deren Thema der Kannibalismus ist; noch uninteressanter ist die Erzählung *The Door (Die Tür)* aus gleicher Zeit. Im Vergleich zu diesem Werkchen stellen eine Anzahl in portugiesisch geschriebener Vierzeiler den Versuch eines Eintauchens in die folkloristische Tradition des Landes dar, den Pessoa – und dann mit großer Eleganz – in den letzten Jahren seines Lebens wiederholen wird. Aus dem Jahr 1907 stammt auch das folgende, auf englisch verfaßte Dokument:

Pakt zwischen Alexander Search aus der Hölle, Nirgendwo, und Jacob Satan, Meister, wenngleich nicht König, des gleichen Ortes:

1. Niemals von der Absicht ablassen oder abweichen, der Menschheit Gutes zu erweisen.

2. Niemals sinnliche oder in anderer Form üble Dinge schreiben, die die Leser schädigen oder ihnen Böses zufügen könnten.

3. Niemals vergessen, wenn man im Namen der Wahrheit die Religion angreift, daß die Religion nur schwer ersetzt werden kann und daß der arme Mensch in der Dunkelheit weint.

4. Niemals Leiden und Schmerz der Menschen vergessen.

† Satan   2. Oktober 1907
sein Zeichen   Alexander Search

»Die [christliche] Religion im Namen der Wahrheit« anzugreifen ist genau das, was aus seinem Heidentum heraus das Heteronym António Mora einige Jahre später machen wird.

Dieses Dokument fordert unsere Aufmerksamkeit jedoch mehr, denn Satan stellt sich auf die Seite des Guten, der Wahrheit und der Moral, was nur aus einem gnostischen Blickwinkel zu verstehen ist, demzufolge Jehova, der über weite Strecken der Gnosis Ialdaboath heißt und der hochmütige und nichtwissende Demiurg ist, eine unvollkommene Welt geschaffen hat, in der die Ungerechtigkeit regiert. Satan, die Schlange der *Genesis,* erhebt sich gegen ihn und rät dem Mann und der Frau, die Früchte vom Baum der Erkenntnis zu essen, um »gottgleich zu werden«, das heißt, wie die Archonten, die in Ialdaboaths Namen tyrannisch die Welt regieren. Gewisse gnostische Sekten machen aus dem Sohn Gottes einen Bruder und Verbündeten Satans oder identifizieren ihn sogar mit jenem oder mit der Schlange, woher im übrigen das Zeichen des Kreuzes stammt, das das Siegelzeichen des Paktes ist. Wie es scheint – und ich sehe keine Möglichkeit, diesen Vertrag anders zu deuten –, treffen wir bereits hier auf einen Pessoa, der schon von Beginn seines literarischen Schaffens an in heterodoxe Lyrik versunken ist. Dies erklärt vieles, was wir im weiteren Verlauf noch kennenlernen werden, obwohl festzuhalten ist, daß sich Pessoa nie an eine Doktrin oder an ein starr festgelegtes Denken band und sein gesamtes Leben eine Suche nach einer Wahrheit war, an deren Existenz er häufiger als bei nur einer Gelegenheit zweifelte.

Übrigens – wie verschiedene Abschnitte in *Die Rückkehr der Götter* und in *Das Buch der Unruhe,* aber auch nicht wenige seiner politischen und soziologischen Schriften zeigen – wird er sich später und mit der Zeit weniger gefühlsbetont an die Humanität und zumindest gegen bestimmte ihrer Aspekte wenden. Denn es ist nicht zu bezweifeln, daß die religiöse Ruhelosigkeit ein wirkliches Motiv in seinem Werk ist, wie eine seiner vermutlich 1912 auf englisch abgefaßten Notizen beweist, also in dem Jahr, in dem er als Schriftsteller debütierte. Darin bittet er den Herrn, »daß der Himmel und die Erde, daß das Leben und der Tod« ihn beseelen mögen, ihm zu dienen und ihn zu lieben, daß die Pfade seines Denkens nicht morastig sein mögen, daß er ihn einst wie das Wasser so rein und wie der Himmel so groß zurücknehmen möge … um mit einem verängstigten »Erlöse mich von mir« zu enden, was wie ein Echo auf »*ab ocultis meis libera me Domine*« klingt. Eine Quelle, die vor gnostischen Ausdrücken sprudelt, die an einen allerhöchsten und unbekannten Gott gerichtet sind, der nach der Gnosis in nichts den schlechten Taten Ialdaboaths ähnelt.

Aus seinem zwanzigsten Lebensjahr, nach 1907, stammt ein Text, in dem Pessoa seiner Angst, die ihn beherrscht, während er sich an die neuen Lebensbedingungen gewöhnt, freien Lauf läßt. »Ein enger Freund gehört zu meinen Idealen, ist einer meiner täglichen Träume, obwohl es sicher ist, daß ich niemals einen wahren, engen Freund haben werde. Kein Temperament paßt zu meinem. Es gibt keinen Ausnahmecharakter in dieser Welt, der vielleicht annähernd Merkmale dessen trüge, den ich mir als engen Freund vorstelle. Hören wir jetzt damit auf! Liebhaberinnen oder Freundinnen sind etwas, was ich nicht habe; und es ist ein anderes meiner Ideale, daß, je mehr ich suche, ich in der Vertrautheit dieses Ideals nur Leere und nichts anderes finde. Wie ich es erträumte, ist es unmöglich, weh mir! Armer Alastor! O Shelley, wie sehr ich dich verstehe! Werde ich mich meiner Mutter anvertrauen können? Auch ihr kann ich mich nicht offenbaren. Aber ihre Anwesenheit hätte meine Schmerzen gemildert. Ich fühle mich verlassen wie ein Schiffbrüchiger in der Mitte des Meeres. Und was bin ich schließlich anderes als ein Schiffbrüchiger? Deshalb kann ich mich nur mir selbst anvertrauen. Sich selbst anvertrauen? Welches Vertrauen werde ich schon in diese Zeilen haben? Keines. Wenn ich sie wieder lese, leidet mein Geist beim Gewahrwerden, wie prätentiös sie sich zeigen – in einigen Fällen bis zur Stilisierung – und wie organisiert ein literarisches Tagebuch ist.

Die Wahrheit ist dennoch, daß ich leide. Ein Mann, der im Seidenanzug genauso leiden kann wie in Sack gekleidet oder in eine Lumpendecke eingewickelt. Kein Wort mehr!«

Von Lissabon aus stand Fernando Pessoa mit einigen seiner Freunde aus Durban im Briefwechsel, das heißt, wenigstens mit Ormond und Clifford Geerdts. Letzterer berichtete Jennings, daß er in Oxford, wo er sich aufhielt, einen Brief erhalten habe, der vorgab, von einem Lissaboner Arzt zu stammen, aber ohne jeglichen Zweifel von Pessoa kam und in dem es hieß, jener hätte sich ihm anvertraut, um sich einer psychiatrischen Behandlung zu unterziehen. Geerdts, der die Posse erriet, schrieb eine ausweichende Antwort auf die Fragen nach dem Verhalten Fernandos in Durban und nach seiner Meinung über ihn; dieser Brief ist allerdings bis heute nicht gefunden worden. Dafür hat Jennings zwei mit demselben Fall in Verbindung stehende Dokumente entdeckt, die von größtem Interesse sind. Das erste ist eine Notiz auf französisch, ein vermeintliches Gutachten über einen »P« genannten Patienten, das aber ohne jeden Zweifel von der Hand Pessoas stammt; das zweite Dokument ist eine Antwort des Lehrers Belcher aus Durban auf eine Bitte um gutachterliche Auskunft von seiten des angeblichen Lissaboner Arztes, die dem Schreiben an Geerdts nicht unähnlich ist. Im ersten wird der Patient als ein »wahnsinniger Neurastheniker« bezeichnet und versichert, daß er im Alter von sieben Jahren, als er nach Natal gebracht wurde, eine Art Neurasthenie erlitten hätte, die vollständig ausgeprägt gewesen sei. Daher hätte er einen zurückhaltenden Charakter und eine melancholische und intellektuelle Ausgeglichenheit gezeigt, die für sein Alter ungewöhnlich wäre und zu der der konstante Wunsch nach Einsamkeit in Verbindung mit triebhafter Wut und mit großer Angst hinzugekommen sei. Diese Notiz könnte gut ein verworfener Entwurf des an Belcher gesandten und von diesem am 14. Juni 1907 beantworteten Briefs sein. Mit einigen für den wirklichen Bittsteller schmeichelhaften Worten schrieb Belcher zusammen mit anderen Auskünften – in denen er sich unter anderem auf dessen Enthusiasmus für Carlyle bezieht –, daß Fernando ein »junger Mann von außergewöhnlicher Originalität im Denken« sei, »der mit einer klugen Orientierung eine vielversprechende, wenn nicht gar glänzende Zukunft vor sich hätte«; er machte jedoch keine Anspielungen auf eventuelle psychische Verwirrungen seines ehemaligen Schülers.

Wenn Pessoa diese Befragung unter zwei ihm noch aus Durban Bekannten durchführte, wurde er, scheint es, dazu nicht allein aus spielerischem Antrieb verleitet, der mit der Neugier zu wissen, was andere von ihm dachten, gepaart war, sondern auch, weil er gerade ein paar schwierige Jahre durchlebte und glaubte, am Rande des Wahnsinns zu stehen.

Noch im Sommer des Jahres 1907 starb die Großmutter Dionísia, und in der Folge bezog Fernando, nachdem er seinen Teil der Erbschaft in Empfang genommen hatte, allein eine Wohnung unterhalb der Rua da Glória. Er hatte entschieden, ein unabhängiges Leben zu beginnen, das er mit seinen Geschäftseinnahmen bestreiten wollte. Schließlich hatte er bereits im Jahr 1906 beabsichtigt, sich in Lissabon als Repräsentant des französischen Handelshauses Entreprise Générale aus Jurisy zu betätigen, das im *Diário de Notícias* eine Stellenanzeige veröffentlicht hatte. Am 9. Juni reagierte Pessoa mit einem Brief, aber diese Angelegenheit verlief im Sande, vielleicht weil er sich nicht entschließen konnte, den Brief auch abzuschicken, da er keine zufriedenstellende Antwort zu erhalten glaubte. Möglicherweise schrieb er sich aus diesem Grund, obwohl auch hier ohne große Illusionen, für den *Curso Superior de Letras* ein.

Zu dieser Zeit entschloß er sich als angehender Geschäftsmann zum Kauf einer Setzmaschine und verbrachte dafür einige Tage in Portalegre, wo sie angeboten worden war, um auch zu überwachen, wie seine Maschine demontiert und bedient wurde. Weitere Maschinen kamen aus Spanien und wurden von Pessoa über Don Niceto y Doménec bezogen, der mit einer seiner Cousinen verheiratet war. Gegen Ende des Jahres waren die Maschinen in der Rua de Conceição da Glória 38–40 unter dem Geschäftsnamen »Empreza Ybis, Typographica e Editora, Officinas a Vapor« bereits aufgestellt. Es ist nicht sicher – wie andernorts geschrieben wurde –, ob der Vogel, der auf seinem gestempelten Geschäftspapier erschien, einem Storch ähnelte oder vielmehr einem Ibis, dem in Ägypten als heilig verehrten Vogel, mit dem er sich gerne zu vergleichen pflegte, wenn er, mit angezogenem Bein auf einem Fuß stehend, die Kinder seiner Familie belustigte. Pessoa war eben kein Bewohner – wie dieses Zeugnis und andere es wollen – einer nichtexistierenden Welt, sondern der Bewohner einer Welt, mit der er sich nicht konform fühlte, vielleicht weil er sie mit einer unendlichen Genauigkeit analysierte.

Das Unternehmen Ybis war ein finanzieller Flop und machte nur wenige Monate nach der Eröffnung wieder zu. Fernando arbeitete weiterhin als Fremdsprachenkorrespondent für verschiedene Import- und Exportgeschäfte – und dies mit der leisen Hoffnung, daß es nur vorläufig sei. Es kam das Jahr 1908, in dessen Verlauf er seinen zwanzigsten Geburtstag erleben sollte. Erneut ertappen wir uns bei einer die Tatsachen und ihre Umstände vorwegnehmenden Deutung, denn in Wirklichkeit war Pessoa entgegen zahlreicher schriftlicher Äußerungen kein Proletarier der Angestelltenklasse, etwa in der Art von Bernardo Soares, der eine von Pessoa entsprechend geformte Maske trägt. Denn wie Alfredo Margarido in einer erwähnenswerten Arbeit gezeigt hat, war Fremdsprachenkorrespondent zu sein gleichbedeutend mit der Zugehörigkeit zur Aristokratie der dem Handel angeschlossenen Berufe, zumal man erwähnen muß, daß es nur wenige im damaligen Lissabon gab, die zu ähnlicher Arbeit überhaupt fähig waren.

Mehr noch, Pessoa unterwarf sich nie einer fest geregelten Arbeitszeit, noch ließ er jemanden seine Kenntnisse und seine Geschäftsbeziehungen nutzen, die er während dieser Tätigkeit zunehmend ansammelte und mit denen er haushaltete, um, wie er es später auch erreichte, sukzessive ein Unternehmen aufzubauen, dessen Chef er selbst sein sollte. Wenn sein Leben also plural war, so nicht ausschließlich aufgrund der Heteronyme, die ihr intensives Leben im Reich des Imaginären führten, sondern auch weil der Dichter zur selben Zeit – und, was absurd klingen mag, ohne eine sichere Zukunft – das Leben des orthonymen Schriftstellers lebte, der seinen eigenen Namen trug, und darüber hinaus das Leben des klugen, wenn auch wegen fehlender materieller Polster scheiternden Geschäftsmannes führte.

Edoardo Freitas da Costa, ein Vetter von Pessoa, berichtete bereits 1951, wie ein anderer Vetter, als sich der Zusammenbruch der Firma Ybis bereits ankündigte, ihm eine sehr gut bezahlte Stellung besorgte, die Fernando ablehnte, weil er sich einer geregelten Arbeitszeit hätte unterwerfen müssen. Und ein paar Jahre später lehnte er eine sogar noch besser bezahlte Anstellung aus genau dem gleichen Grunde ab, so wie er auch nicht die Auslandsabteilung einer großen Firma leiten wollte, die ihm ein für die damalige Zeit phantastisches Gehalt angeboten hatte, allerdings für die Gegenleistung eines geregelten Arbeitstages. Aus der gleichen Quelle stammt die ebenso wenig bekannte Tatsache, daß Fernando wiederholt die Offerte des Dr. Coelho de Carvalho, damals Rektor der Universidad de Coimbra, ablehnte, einen Lehrstuhl für Englische Sprache und Literatur an der geisteswissenschaftlichen Fakultät zu besetzen. Bei dieser Gelegenheit gab Fernando vor, einen Lehrstuhl nicht akzeptieren zu können, weil er seine Verpflichtungen als Futurist nicht vergessen könne wie Marinetti, der sich in einen Akademiker verwandelt hatte. Er wollte sich schließlich nicht dem Spott Álvaro de Campos' aussetzen, der sich bereits über den Gründer des Futurismus lustig gemacht hatte, und zwar genau über diesen Ausverkauf. Pessoa verteidigte hartnäckig, obwohl er es wenige Jahre vor seinem Tod bereuen sollte, die Freiheit, die er als unerläßlich für eine Schriftstellerexistenz betrachtete.

Verständlicherweise hatte Pessoa infolge dieser unabhängigen Haltung gelegentlich finanzielle Engpässe, die allerdings nicht so gravierend oder zahlreich waren, daß man von einem dadurch erdrückten Menschen sprechen könnte. Sein enger Freund Augusto Ferreira Gomes bestätigte in mehrfachen Erklärungen gegenüber dem *Diário de Manhã,* die am 28. August 1950 erschienen: »Fernando hat immer ein anspruchsloses Leben geführt, ausgenommen den einen oder anderen Monat (wenn die Rechnung der Englischen Buchhandlung höher ausfiel), wenn es etwas beengter zuging, weil der Herr Tabuada, der Geschäftsführer, in Rechnungsangelegenheiten unerbittlich war. Aber von da bis zum Elend, welch ein Abstand, mein Gott! …«

Das Jahr 1908 war für Fernando ein Jahr der Entscheidungen, nicht nur, weil er in dessen Verlauf den Beruf auszuüben begann, der ihn zeitlebens ernähren sollte, nein, im September begann er, laut eigenen Worten, auch »den heftigen Drang zu verspüren, auf portugiesisch zu schreiben«. Eine *Dolora* von eher unbedeutendem Inhalt mit einem Entstehungsdatum aus dem November desselben Jahres ist bekannt; wie an der Überschrift zu erkennen ist, schrieb er sie im Stile des *Campoamor,* aber ein Jahr später verfaßte er schon Gedichte von so großer Qualität wie die des folgenden, in dem er seine vielgestaltige Unruhe und Aspiration auf weniger radikale Art und Weise ausdrückt, wenn auch nicht weniger emotiv als in den zuvor von mir zitierten Gedichten:

Hin und wieder, doch der Traum ist traurig,
Existiert in meinen Wünschen
In der Ferne ein Land,
Wo glücklich sein aus
Glücklichsein nur besteht.

Man lebt, wie man geboren,
Ohne Wollen und Verstehen.
In dieser Illusion des Seins
Stirbt und wiederaufersteht die Zeit,
Ohne daß man meint zu eilen.

Das Fühlen und das Begehren
Kommen nicht vor in diesem Land.
Und es ist nicht Liebe, zu lieben
In diesem Land, wohin mein
Abschweifen in die Ferne sich verirrt.

Weder träumt man noch wird gelebt:
Einfach eine Kindheit ohne Ende.
Und es scheint, als wiederauferlebte
Dieser unwahrscheinliche Garten,
Der mit Zartheit alle empfängt.

Hier haben wir bereits die ganze Gestalt des orthonymen Pessoa, den Bewohner seiner Träume, des gefundenen Paradieses, das so sehr seiner Geistesverwirrung ähnelt, die sich gerade in jener Zeit zu manifestieren beginnt, in der er – auf portugiesisch – mit seinem dramatischen Poem, dem *Faust*, aufbricht. Von 1908 bis 1933 arbeitete er mit Unterbrechungen an diesem Werk, das er fast vollendet, doch ohne letzte Durchsicht hinterließ, im Gegensatz zu mehreren anderen dramatischen Dichtungen in Prosa oder in Versen, die allesamt unvollendet blieben und deren bedeutendste Fragmente von

Teresa Rita Lopes der Öffentlichkeit zugänglich gemacht wurden. Unter ihnen befinden sich die *Briareu, Lygeia, A Morte do Príncipe* und *Calvário* betitelten Stücke, die im Gegensatz zum *Faust* wahrscheinlich den für die damalige Epoche unvermeidbaren und ansteckenden Kontakt mit der Dichtung der Dekadenz deutlich erkennen ließen, warum er sich entschied, sie nicht zu vollenden: sie hinkten schon weit hinter seiner rapiden stilistischen Entwicklung her.

Jahre später sagte Pessoa, Patriotismus hätte ihn veranlaßt, auf portugiesisch zu schreiben, auch wäre er von den Ereignissen des zur damaligen Zeit sehr bewegten politischen Lebens Portugals mitgenommen gewesen. Wir werden gleich verstehen, wie und warum; er fühlte sich verpflichtet – obwohl seiner Ideologie nach eigentlich ein Monarchist – zwei Jahre später ohne Protest eine Republik zu akzeptieren, die ihn schon bald enttäuschen sollte. »Poesie ist«, schrieb er und antizipierte damit früh die zukünftige Poetik Álvaro de Campos', »in allem – auf dem Lande und im Meer, an Seen und an Flußufern. Sie ist auch in der Stadt – leugne es nicht –, das erscheint mir als evident hier, wo ich sitze: Poesie ist in diesem Tisch, in diesem Papier, in diesem Tintenfaß; Poesie ist in dem Rattern der Wagen auf den Straßen, in jeder winzigen, alltäglichen, lächerlichen Bewegung eines Arbeiters, der auf der anderen Straßenseite das Aushängeschild eines Fleischerladens malt«, denn »Dichtung ist Erstaunen, Bewunderung, wie die eines Wesens, das vom Himmel gefallen ist, in vollem Bewußtsein seines Sturzes, und sich verwundert über die Dinge. Wie bei jemandem, der die Seelen der Dinge kannte und sich bemühte, sich an diese Kenntnisse zu erinnern, sich entsinnend, daß er sie nicht auf diese Weise gekannt hat, nicht unter diesen Formen und diesen Bedingungen, doch sich an weiter nichts erinnern kann«, was uns das Gedicht aus seiner Kindheit mit dem Titel *Anamnesis* ins Gedächtnis ruft. Weil darüber hinaus »alles ein Mysterium ist und alles in Bedeutung verstellt wird.

Alle Dinge sind ›unerkannt‹, nur Symbole des Unerkannten. Das Resultat ist ein Grauen, Mysterium, eine Angst vor der jenseitigen Intelligenz.«

Pessoa erklärte, damals seine Lektüre eingeschränkt zu haben: »Ich habe aufgehört, irgend etwas zu lesen, ausgenommen gelegentlich Zeitungen, leichte Literatur und zufällige Spezialliteratur über Themen, die mich gerade beschäftigen und bei denen einfaches Nachdenken unzulänglich sein mag. Die Literatur als solche habe ich beinahe fallenlassen. Ich könnte sie lesen, um zu lernen oder zum Vergnügen. Aber ich habe nichts mehr zu lernen, und das Vergnügen, das man aus Büchern ziehen kann, ist von einer Art, daß es mit Nutzen durch ein solches ersetzt werden kann, die Berührung mit der Natur und die Beobachtungen des Lebens mir unmittelbar verschaffen können. Ich bin nunmehr im vollen Besitz der grundlegenden Gesetze der literarischen Kunst. Shakespeare kann nicht länger lehren, subtil, und Milton nicht, vollkommen zu sein. [...] Alle meine Bücher sind Diskussionsmaterialien. Shakespeare lese ich nur noch in bezug auf das ›Shakespeare-Problem‹: den Rest kenne ich schon. Ich habe entdeckt, daß Lesen eine sklavische Art zu träumen ist. Wenn ich träumen muß, warum nicht meine eigenen Träume?«

Einer seiner entscheidensten Träume offenbart sich bereits in folgenden Worten: »Meine starke patriotische Sorge, mein heftiger Wunsch, Portugal zu verbessern, rufen in mir – wie soll ich es ausdrücken, mit welchem Brennen, mit welcher Aufrichtigkeit? – tausend Vorhaben auf den Plan, die, angenommen sie wären durch nur einen Menschen zu verwirklichen, von ihm eine Charaktereigenschaft verlangten, die mir nur äußerst negativ eigen ist: Willensstärke. Es ist ein grauenerregendes Sehnen, das, soviel will ich behaupten, mich konstant innerhalb der Grenzen des Wahnsinns festhält.« Das war zu der Zeit, als er ein Buch unter dem Titel *República de Portugal* zu schreiben plante, für das er schnell eine große Anzahl

Notizen zusammenhatte. In der Tat ließ Pessoa nicht viel Zeit verstreichen, bis er sich, endgültig aus Afrika zurückgekehrt, auf seine Art in das Leben Portugals integrierte. Sein wiederholtes Scheitern wäre demnach also keine Frage der Integration, sondern eine der Realisation und anderer Motive, die ihm selbst leidlich bekannt waren. Von anderen weitestgehend unerkannt, weiß er schon jetzt bestens über sich Bescheid und ist sein engster Bekannter.

Im Jahr 1910 unterzeichnete er ein Gedicht mit dem Pseudonym Vicente Guedes, in dessen Namen er, noch bevor er Bernardo Soares erfand, das *Buch der Unruhe* zu schreiben gedachte, ein Werk, dessen erste datierte Fragmente zwei Jahre später entstanden. Das ist praktisch alles, was man von Guedes weiß, und in Anbetracht seiner engen Beziehung zu Soares scheint es übertrieben, Guedes als eines der frühesten Heteronyme unseres Dichters anzusehen. Die Zeit der Heteronyme war noch nicht gekommen, und es gibt keinen stichhaltigeren Beweis dafür als die Tatsache, daß und wie Alberto Caeiro Pessoa überraschte. Wir wissen, daß Pessoa 1910 unter den Einfluß der französischen symbolistischen Schule geriet und auf diesen Einfluß genau so heftig reagierte, wie er sich zur gleichen Zeit auch gegen den *Saudosismus* Teixeira de Pascoaes' und seiner ebenfalls stark vom Symbolismus befangenen Anhänger aussprach, als er 1911 eine Reihe von Gedichten verfaßte, die er 1914 Alberto Caeiro, seinem ersten Heteronym, zusprechen sollte. Im Moment bewahrte er sie auf, und es scheint, als hätte er niemandem davon erzählt. Wenn er Casais Monteiro später mitteilte, er habe sie zu Beginn des Jahres 1914 geschrieben, so weicht das davon stark ab; gegenwärtig erschien Caeiro – und zwar häufig –, ohne daß Pessoa sich auch nur ansatzweise seiner bewußt wurde, so als ob er ein unsichtbarer Dichter wäre. Pessoa artikulierte nichts gegen Caeiros antisaudosistische Tendenzen, obwohl er sich zugleich mittels seiner Bei-

träge in der Zeitschrift *A Águia* im Jahre 1912 und seines saudosistischen Feldzuges, den er zweifelsohne unter seinen Freunden in Lissabon noch führte, mit Teixeira und seiner Gruppe
solidarisierte, deren Ideale er im Verlauf seines gesamten Lebens teilen sollte. In der Tat erschien Caeiro, obwohl Pessoa es
nicht wahrnahm, genau im günstigsten Moment, in dem er mit
einer – wenigstens dem Anschein nach – nicht ihm eigenen
Dichtung nicht nur das Mysterium und jede Art von Mystizismus, sondern zugleich die Idee des Patriotismus entdeckte,
um sich von seinen Ängsten, von seinen Beklemmungen und
seiner nationalistischen Begeisterung zu befreien oder sie
in jedem Fall auf ein erträgliches Maß herunterzuschrauben.
Aber in der Dichtung dieses damals unerkannten Heteronyms
Caeiro verbargen sich viele weitere Aspekte, die Pessoa nach
und nach enthüllen sollte, genauso wie sie ihn mit Erstaunen
und Vertrauen zu seiner konzentrischen Meisterrolle führen
sollten – in die Meisterrolle des Alberto Caeiro.

4

Die Umfrage der Zeitschrift *Repúblicabla* und die Artikel in *A Águia* 1912

Zwischen 1908 und 1911 hatten sich in Portugal große politische Veränderungen zugetragen: In der Amtszeit des bereits erwähnten Diktators João Franco wurden am 1. Februar 1908, die königliche Familie kehrte gerade aus Vila Viçosa nach Lissabon zurück, Carlos I. und der Thronfolger Luís Felipe an der Ecke Terreiro da Paço und Arsenal erschossen. Die Diktatur endete mit der Inthronisation von Manuel II., der aber keineswegs in der Lage war, das staatliche Leben zu normalisieren. Die Kabinette lösten sich in Windeseile ab, und angesichts der Erfolglosigkeit der monarchistischen Herrschaft wurde die republikanische Idee beliebter, die seit einiger Zeit schon den Reihen der Intellektuellen und der Bourgeoisie Hoffnungen einflößte. Am 4. Oktober 1910 gingen mehrere revolutionäre Gruppen, unterstützt von wichtigen Einheiten des Militärs und der Kriegsmarine, in Lissabon und in anderen Landesteilen auf die Straße. Der König, allein und vom Volk isoliert, ging, ohne daß jemand davon erfuhr, per Schiff ins Exil. Nach der Proklamation der Republik vom Balkon der Paços do Conselho aus, nur wenige Schritte von der Stelle entfernt, wo der vorletzte portugiesische König gestürzt worden war, bemächtigte sich eine provisorische Regierung unter dem Vorsitz des Schriftstellers Teófilo Braga der Amtsgeschäfte. Die neue Herrschaft brachte Portugal keinen sozialen Frieden, und Pessoa, der sich nur mit Zähneknirschen als Anhänger der Republik hatte bezeichnen können, sollte Jahre darauf erkennen, daß die Republik den gleichen Irrtümern wie die Monarchie verfallen war und diese nur fortsetzte.

Pessoa hatte seine – in Qualität und Vielfalt – vielversprechende literarische Aktivität bereits begonnen und sollte 1912
sein Debüt als Schriftsteller geben. Von April bis September
veröffentlichte er eine Artikelreihe – oder besser gesagt, eine
Essayserie – über die neue Poesie seines Landes in der Zeitschrift *A Águia (Der Adler)*, die in Porto erschien und sich
soeben in das Organ der jüngst gegründeten Gesellschaft der
Renascença Portuguesa verwandelt hatte. Er debütierte demnach
als Kritiker, was insofern zeitlich äußerst günstig war, da während der Monate von September bis Dezember desselben Jahres der ambitionierte Journalist Boavida Portugal in der Lissaboner Tageszeitung *República* die Ergebnisse einer Umfrage
über die portugiesische Literatur veröffentlichte, die wie ein
Erdbeben das geistige Armenhaus der Intellektualität jener
Tage aufrüttelte.

Um sich ein Bild zu verschaffen von der Bedeutung jener
Umfrage und der erwähnten Essays von Pessoa, die 1912 zu
einem Jahr der Weichenstellung für die portugiesische Kultur
der Gegenwart machten, wird es nötig sein, sich – wenn auch
nur kurz – mit dem Zustand dieser Kultur zu befassen und die
konkreten Inhalte der Umfrage zu resümieren. In beiden Fällen – dem der Umfrage in der *República* und dem Artikel in
A Águia – ging es darum, dem Leser Meinungen über den
Zustand der lusitanischen Dichtung näherzubringen, und Pessoa wagte es, wie wir sehen werden, dieser eine große Zukunft
zu prophezeien.

Die wichtigsten Fragen Boavidas – und zugleich die am
einhelligsten beantworteten – lauteten: »Wird es eine literarische Renaissance in Portugal geben? Was wären ihre Ideale,
respektive ihre Tendenzen? Wer repräsentiert sie (schon)?«
Dies war nicht so harmlos formuliert, wie es scheint, denn aller
Wahrscheinlichkeit nach zielte es auf die *Renascença Portuguesa*,
die im Brennpunkt der Nachforschungen und der mit ihnen
befaßten Personen, die willkürlich ausgewählt worden waren,

lag – der junge Pessoa war natürlich keiner der Aufgerufenen, obwohl er am Ende als einer der Diskurspartner daraus hervorging. Dieser enge Fokus scheint zu begründen, warum eine so bescheidene und höfliche Person wie Teixeira de Pascoaes, der ein wesentlicher Initiator der neuen kulturellen Bewegung war, schließlich ohne Rückendeckung zurückblieb.

Júlio de Matos, der soeben ernannte Rektor der Universidade de Lisboa, war der erste Befragte, und es kam zu dem fragwürdigen Vorfall, daß er nicht schriftlich antwortete, sondern daß ein Gespräch wiedergegeben wurde, das Boavida mit ihm geführt hatte. Matos nannte die Zeitschrift *A Águia* »mittelmäßig«, warf ihren Dichtern vor, Individualisten zu sein, behauptete, sie hingen einer kulturellen Germanophilie an, was er, da diese ein Import aus Spanien war, gegen sie richtete, und hielt ihnen »ihre falsche Treue zur portugiesischen Republik« vor. Ein Desaster! Seine Intervention verwandelte sich sofort in einen handfesten Skandal für die sukzessive zu Interviewenden beziehungsweise für einige der späteren spontanen Gesprächspartner. Und Boavida versuchte, mehr schlecht als recht, Matos zu verteidigen.

Was daraufhin stattfand – und deshalb sollten wir uns mit den nur spärlich untersuchten Dokumenten eingehender befassen –, war der Beginn einer wichtigen Bewegung, des *saudosismo,* die sich nun zu Wort meldete, allerdings fast ausschließlich in *A Águia,* die faktisch unter dem Patronat der *Renascença Portuguesa* stand, einem in diesem Jahr gegründeten Verein der Erneuerung, der bald schon, aus der Sicht der wenigen begeisterten Mitglieder der südlichen Fraktion, in die Hände seiner Mitglieder aus dem Norden übergegangen war. So schilderte es Raul Proença in einer Entgegnung auf die Erklärungen von Matos. Teixeira de Pascoaes definierte *saudade* als einen gleichermaßen vom römischen Paganismus wie vom Monotheismus der Hebräer beeinflußten nostalgischen Seelenzustand, er führte also die beiden Kulturen an, die maßgeblich zur

Entstehung der portugiesischen Kultur beigetragen hatten. Und es war selbstverständlich kein weitläufig überliefertes Gefühl, sondern im Gegenteil der Ausgangspunkt einer nationalen Regeneration. Aus dem Blickwinkel der Ästhetik hatte der *saudosismo* viel gemein mit dem im Europa des ausgehenden 19. Jahrhunderts überall anzutreffenden Symbolismus – ohne damit dessen dekadente Abzweigungen mit einzuschließen –, aber es spiegelten sich darin auch, und nicht in geringem Maße, die Traditionen der galicisch-portugiesischen *Cancioneiros* (Lieddichtungen) mit ihrer Verherrlichung des eigenen Herkunftslandes, wie wir es aus der Romantik kennen. Der *saudosismo* fiel zusammen mit dem begrüßten Impulsverlust des *Cenáculo* und seiner ihm nahestehenden Trabanten, deren Mittelmäßigkeit sich des intellektuellen Lebens Portugals zu bemächtigen drohte. Vorübergehenden Charakter sollte aber auch der Aufschwung des *saudosismo* haben. Dauerhafter waren nur seine indirekten Auswirkungen auf die portugiesische Kultur, denn obzwar verschiedene Bewegungen anfänglich die Zustimmung Pessoas fanden, kündigte dieser dennoch sein Erscheinen im literarischen Panorama – wie die Artikel in *A Águia* beweisen – als Anhänger und Verteidiger des *saudosismo* an.

Wenn man sich mit Pessoa und zudem noch mit dem *saudosismo* beschäftigt, muß man stets die feinen Abstufungen oder die Widersprüchlichkeiten beachten, die auf den ersten Blick verblüffend erscheinen. So gibt es aus der Sicht Teixeira de Pascoaes' nichts, was seiner Ästhetik respektive seinem Denken diametraler entgegenstehen würde als eben Pessoas Ästhetik und Denken, obwohl bei beiden gleichermaßen ein Mystizismus *sui generis* zu konstatieren ist. Man denke nur an die Gedichte, die Fernando von 1911 bis 1913 geschrieben hatte und später, 1914, Alberto Caeiro zurechnen wird und die von jenem Zeitraum im verborgenen schlummerten, bis sie 1925 endlich ediert werden sollten. Caeiro-Pessoa hatte bereits begonnen –

obwohl sein erstes Heteronym noch nicht einmal einen Namen besaß – dagegen anzuschreiben, was Pessoa selbst *coram populi* unterstützte. Die Dialektik der Heteronyme bestand also schon in dem Moment, als Pessoa gerade seine erste orthonyme Veröffentlichung vorlegte. Verständlich ist daher, daß er selbst in jenen Tagen – mit Ausnahme von lediglich einer Handvoll anderer Personen – der einzige gewesen war, der das *drama em gente*, das *Drame in Leuten*, überschauen konnte. Wenn Pessoa in der Zukunft vor seinen Lesern scheitern wird, so liegt es daran, daß er ihnen weder von Anfang an noch später, als er ein bekannter, aber unerkannter Dichter war, Einblick in das Blatt seines Heteronym-Kartenspiels oder auch nur in die Spielregeln gewährte, die er eigens dafür erfunden hatte. Man mußte die postume Veröffentlichung des größten Teils seiner Originale – davon viele lückenhaft – abwarten, um die große Bedeutung seines Werkes richtig verstehen zu können.

In seinen Antworten auf die Umfrage von Boavida vertritt der modische Theaterautor Lopes de Mendonça die Ansicht, die peninsulären Völker seien von Natur aus romantisch und ihre Verirrung in die Romantik würde dazu führen, daß Portugal seinen literarischen Norden verliere. Er wendet sich gegen die Neuheiten aus dem Ausland und insbesondere gegen den französischen Einfluß. Dementgegen scheint er mit Sympathie auf den *saudosismo* zu schauen, weil jene neue Tendenz einen zur romantischen Literatur analogen Idealismus bezeugte. Der von diesem Autor verstoßene französische Einfluß bezieht sich ohne Zweifel nur auf den Symbolismus und seine dekadenten Anhängsel, denn in der Dialektik der portugiesischen Kultur von damals nahm man aufgrund viel zu geringer Informationen keine avantgardistischen Bewegungen wie den Kubismus oder den Futurismus wahr. An dieser Stelle scheint es angebracht zu betonen, daß auch Pessoa bezüglich dieser Neuerungen nicht auf dem laufenden war, obwohl ihm die Informationen nicht fehlten, wie es die von ihm veröffentlichten Artikel belegen, in denen er sich zwar der europäischen Literatur öffnet, nicht aber ihrer Aktualität. Seine englische und portugiesische Lektüre, die noch nicht von den Avantgarde-Bewegungen des Kontinents berührt worden war, läßt keinen anderen Schluß zu, zumal er selbst in einem Brief aus dem Jahre 1913 an seinen Freund Côrtes-Rodrigues erklärt hat, welche literarischen Kenntnisse er zu dieser Epoche besaß. In diesem Brief spricht er von seiner Lektüre der Futuristen, die er in jenem Jahr auf Empfehlung von Sá-Carneiro begonnen haben dürfte, als dieser sich in Paris aufhielt, die aber in seiner Schreibtechnik damals noch keine Spuren hinterlassen hatte. Was er später die futuristische Dichtung Álvaro de Campos' nennen wird, ist deutlicher gekennzeichnet vom Einfluß Walt Whitmans und Verhaerens, deren Fortschrittsbegeisterung zwar vom Futurismus geteilt wurde, die aber dem Futurismus genau entgegengesetzte Ziele verfolgten.

Teixeira de Pascoaes griff nur sehr zurückhaltend, beinahe in einer gräulichen Tonlage, in die Umfrage der *República* ein. Er sagte, als er von spanischen Schriftstellern warmherzig empfangen wurde, und dies ohne Zweifel *pro domo sua*, die Poesie wäre der wichtigste Belang der portugiesischen Literatur, und schloß darauf mit einer Erklärung, die sein späteres Auftreten nicht begünstigen sollte: »Die Erde von Portugal ist elegisch und göttlich und daher der Erde Spaniens feindlich.« Viel interessanter sind die Äußerungen von Augusto de Castro, der ganz trefflich erkannte, daß Portugal sich in einer Phase des Her- und Hinschwankens befand, noch ohne dominante Strömung, was auf die faktische Trennung von Gesellschaft und Literatur zurückführbar sein könnte. Dabei berücksichtigte er aber, inwieweit die damals aktuelle Dekadenz als eine Phase der möglichen Erneuerung der geistigen Grundlagen verstanden werden könnte – eine Einschätzung, die sich durch Pessoa und die Gruppe um die Zeitschrift *Orpheu* in kürzerer Zeit bewahrheiten würde. Augusto de Castro verspürte die Notwendigkeit einer weniger kosmopolitischen portugiesischen Literatur, die den Geist der Nationalzugehörigkeit stärken sollte, und schlug schließlich als Beispiel den spanischen »Nationalismus« von Pérez Galdós, Blasco Ibáñez, Felipe Trigo, Jacinto Benavente, Joaquín Dicenta, los Quintero »und vielen anderer« vor. Dieser Position stand Pessoa sehr nahe, wenn er auch die Notwendigkeit eines Kosmopolitismus, dem des *Quinto Império (Fünften Reiches)*, das hauptsächlich mit iberischer Literatur angereichert werden sollte, später unterstreichen sollte.

Für Gomes Leal, einen großen Dichter, den Pessoa sehr verehrte und liebte, lief die Umfrage nicht sehr gut. Seine Äußerungen wurden falsch interpretiert und erschienen stark entstellt. In einem Interview mit Boavida, das ihm die Möglichkeit zu einigen Richtigstellungen gab, »erklärte er«, von einem Mystizismus, wie er ihn in seiner Stellungnahme verstanden wissen wollte, werde eine literarische Renaissance ausgehen, die, wenn sie erst über die Grenzen des Landes hinausginge, weltweite Ausmaße annehmen würde. Kurz gesagt, Spanien würde in Kürze Portugal imitieren. Bis hierhin lassen sich ohne großen Zweifel Übereinstimmungen mit den pessoanischen Gedankengängen in den Artikeln von *A Águia* ausmachen, die wir auf den nächsten Seiten kennenlernen werden. Übereinstimmungen gibt es aber nicht zu seinen späteren Reflexionen, in denen die heterodoxe Religiosität – und sein *Mystizismus* wäre hier durch Religiosität zu ersetzen – die Achse seiner literarischen und politischen Theorien werden wird, denn Gomes Leal erwies sich, da jüngst zum Judentum konvertiert, als bloß antikatholisch und antiklerikal. Aber der Skandal, den eben diese Worte auslösten, war eine Attacke auf die Zeitschrift *A Águia*, die er mit Worten wie *blague* und *épater les bourgeois* herabqualifizierte.

In der Absicht, die Angelegenheiten klarzustellen, richtete

Gomes Leal einen höflichen Brief an den Initiator der Umfrage und sprach darin, *verba volant, sed scripta manent,* seine Bewunderung für die Dichter der *A Águia* aus, »deren Traum poetisch und groß ist und die, gerade und nur deswegen, weil sie ihn gespürt, die äußerst noble Intention proklamieren, um dem demütigenden und mittelmäßigen Ideal dieses Jahrhunderts neue Flügel zu verleihen und ihn aus seinem stumpfen *naturalistisch-pornographischen* Morast zu befreien« (das mit der Pornographie sollte eine Invektive gegen das Theater seiner Tage sein). Unter diesen Dichtern befand sich, wenigstens als Kritiker, Pessoa, dem, wenn ihm auch nicht persönlich gesagt, dennoch in hypothetischen Verklausulierungen angedeutet, eine glückliche literarische Zukunft prophezeit wurde. Gomes Leal schrieb: »Ich werde nicht, und zwar nur weil der Satz nicht präzise genug wäre, bestätigen oder behaupten, daß die *novos* [Neulinge] nicht sogar die größten unter uns *mestres* überragen könnten«, was genau dem entspricht, was Pessoa in *A Águia* mit seiner Prophezeiung der Super-Camões zu verteidigen beabsichtigte.

Gut oder schlecht gewählt, die Teilnehmer der Umfrage waren dabei, das portugiesische literarische Terrain gründlich umzugraben, aber der junge Pessoa, der eben zum erstenmal veröffentlichte, hatte, wie João Grave trefflich bemerkte, noch keine Synthese seiner einzelnen Ideen gefunden. Trotzdem war schon eine mystische und heidnische Ambition festzustellen, aus der heraus Pessoa, ohne das Heidentum direkt zu nennen, auf die neue Religion der Saudosisten wie auch auf die Alberto Caeiros anspielen konnte, was Pessoa aber trotz dieses prophetischen Gestus nicht glauben ließ, dieser hätte sie ihm diktiert.

Gonçalves Viana schrieb in der *República,* um Portugal würde es noch schlechter stehen als in den 70er und 80er Jahren des 19. Jahrhunderts; Frankreichs Einfluß auf die portugiesische Literatur würde geradezu übertrieben. Allenfalls António

Nobre gestand er eine Überlegenheit über die französischen Dichter des ausgehenden Jahrhunderts zu und ergänzte, eine portugiesische Renaissance hätte es nur in der Lyrik gegeben und diese wäre zudem noch sehr unvollständig entworfen worden, was aus heutiger Sicht wie die reine Wahrheit scheint. Auch Pessoa war der französischen Dichtung abgeneigt, aber er vertraute dem Beispiel von Nobre und glaubte an eine baldige literarische Renaissance.

Der erste, der ein Echo auf die Artikel von Pessoa in *A Águia* gab, war der Universitätsprofessor Adolfo Coelho, der glaubte, die notwendigen Voraussetzungen für eine literarische Erneuerung würden noch fehlen, die grundsätzliche Möglichkeit hierzu, vielleicht schon in naher Zukunft, wollte er aber nicht verneinen. Vielleicht sei sogar ein Super-Camões möglich – und warum nicht gleich ein Super-Shakespeare, fragte er sich –, was ihn nur an den ingeniösen Größenwahn, vergleichbar mit dem der Schriftsteller des *Cenáculo,* erinnerte. Mit *A Águia* und seinen Dichtern verfährt er in seiner Antwort ungnädig und sagt schließlich sarkastisch von diesem Adler, »er kann leider nur fiepen und findet dabei noch die Bewunderung eines Kritikers aus der Gruppe, wie die folgenden Proben zeigen«, und zitiert dann einige der von Pessoa in einem seiner Artikel gelobten Verse.

Die Umfrage hatte sich in eine Polemik rund um den *saudosismo* verwandelt. Veiga Simões merkt, nachdem er den Einfluß der französischen Literatur denunziert hat, an, daß *A Águia* bezwecke, das Land nur dafür zu interessieren, und weiter, Pascoaes sei der Prophet dieser jungen Leute. Weniger elegant ist die Aussage von Júlio Brandão, einem poetischen Einfaltspinsel im Schlafrock, der nach Cabral do Nascimento »ein Sucher nach güldenem Schimmer und neuen formalen Veredelungsverfahren« ist. Dieser Brandão nennt Pascoaes, im gleichen Atemzug, mit dem er die *Renascença Portuguesa* veralbert und den Individualismus der Dichter attackiert, eine

79

»Schweinsblase, die vor Eitelkeit platzt«, einen »Tartüff«, »Buddhisten« und »Ignoranten«, der »Blödsinn in leicht verdaulicher Prosa« schreibt. Warum sollte Boavida Portugal ein solches Pamphlet veröffentlichen, wenn er nicht von Beginn an gegen den *saudosismo* gewesen war? An Befremdlichkeit nicht zu übertreffen ist aber seine Ablehnung, eine *ad hoc* verfaßte – und schließlich auch seiner Feder unwürdige – Antwort des Angegriffenen zu veröffentlichen, der für sie dann noch einen Abdruck in *Mundo* erreichte. Darin erklärt Pascoaes neben anderen Nettigkeiten, Brandão »verdient einen schmutzigen Ort am Schweinetrog«.

Aber es ist nicht der Moment, mit den Repliken und Duplikaten dieses bedauerlichen Zwischenfalls fortzufahren, die Boavida – Jahre später sollte er mit Pessoa ähnlich verfahren – aus fehlendem Taktgefühl provozierte. Statt dessen werde ich mich auf die moderateste Erwiderung gegen den Provokateur und andere von ihm Befragte beziehen, die von Pascoaes verfaßt und in der *República* veröffentlicht wurde, in der er Pessoas Adler-Artikel bewunderungswürdig nennt und vom *saudosismo* als »einer neuen Religion« spricht.

Pessoa griff spontan in die Meinungsumfrage ein, indem er, ohne von Boavida dazu aufgefordert worden zu sein, auf die Erklärungen Adolfo Coelhos antwortete. In seiner Erwiderung kündigt er die Absicht an, eine Verteidigungsschrift für die *Renascença* aufzusetzen, und ergeht sich in Betrachtungen, die eher verstiegen sind als überzeugend, die aber dennoch, wie nicht anders zu erwarten und wie wir heute wissen, direkt ins Ziel trafen. Jedenfalls waren seine Worte nicht vergebens, denn Hernani Cidade – selbst noch ein junger Student – hob in einer anderen, ebenso spontanen Stellungnahme, abgesehen von der Feststellung, daß es in Portugal keine wirkliche Literaturkritik gebe, die Äußerungen Pessoas gerade in dem Moment hervor, als die Polemik voll entbrannt war. Dies stellte eine Anerkennung seiner Begabung als Kritiker dar, die Pessoa vielleicht befremdet hatte: »Hören wir bei dieser Gruppe [von Kritikern] auf Herrn Pessoa. Denn seine Mitläufer sind es nicht wert. [...] Er ist ein intelligenter und studierter junger Mann, der diese so seltenen Eigenschaften mit der noch selteneren Eigenschaft, nämlich den Widersachern mit Ideen und Scharfzüngigkeit antworten zu können, in sich vereint. Ich betrachte die Umfrage als bereits resümiert in der Antwort Professor Coelhos und in der Replik Fernando Pessoas an diesen lehrreichen Professor der geisteswissenschaftlichen Fakultät. Diese beiden waren die Kritiker, die am scharfsinnigsten und am besten unterrichtet die Ideen verwertet haben, die über die moderne Literatur kursieren.« Cidade analysiert dann die Ideen Pessoas und macht einige seiner Mängel augenscheinlich, wobei der wesentlichste ist, daß Pessoa die deutliche Vorläuferschaft der als gänzlich neu apostrophierten saudosistischen Verse in der französischen symbolistischen Dichtung übersehe.

Wenn ich mich so lange mit dieser zwar sehr oft erwähnten, aber doch wenig untersuchten Umfrage aufgehalten habe, so deshalb, weil die Einordnung der Artikel, die Pessoas Schriftstellerlaufbahn in der Öffentlichkeit einleiteten, den historischen und biographischen Kontext zurechtzurücken und zu begreifen hilft. Die Tatsache, daß er seine Laufbahn in einer von einem mystischen Nationalismus durchtränkten Zeitschrift begann – einem Nationalismus, der nicht so hintergründig gemeint war, sondern eher ein Beweis der Unzufriedenheit angesichts des Zustands der portugiesischen Kultur –, ist äußerst wichtig. *A Águia* favorisierte keinen revolutionären Reformismus – und revolutionär sollte Pessoa zeitlebens nie sein. Nicht einmal, als er begonnen hatte, in *A Águia* zu veröffentlichen, hatte er grundsätzliche Ideen oder Thesen formuliert, die den Ausgangspunkt für eine Offensive gegen den Zustand der in Portugal vorherrschenden Literatur hätten bilden können. Trotzdem kündigte er – obgleich mit Ironie oder, besser gesagt, dank dieser – in seinen Artikeln, »das Erscheinen des größten Dichters unseres Geschlechts« an, »des größten Dichters aller Zeiten«, und versicherte, von zweifelhaft verschwenderischen Überlegungen getrieben, daß »die portugiesische Seele einst in der Poesie den entsprechenden Rang erreichen wird, der ihr in der Philosophie schon heute zukommt«, was auf das Erscheinen »eines Super-Camões in unserem Land« hinauslaufe.

»Die Doktrin dieser Bewegung«, so hat es Álvaro Ribeiro mit Blick auf die *Renascença Portuguesa* geschrieben, »war nicht das isolierte Werk von Teixeira de Pascoaes, der zu erwähnenswerten Vorträgen einlud, die einige Aspekte der neuen Dichtung erhellten; weil er aber zu sehr auf der romantischen Theorie der *saudade* beharrte – die als Empfindung nicht in die historische, sondern in die mystische Vergangenheit projizierbar ist –, wurde seine Belehrung gelegentlich mißverstanden. Der neuen Bewegung wurde eine regressive oder sogar retardierende Haltung bescheinigt, deren implizite politische Drohung das Vertrauen des Volkes ankratzte, das doch in eine Epoche des heroischen Optimismus einzutreten hoffte.« Ich weiß nicht, wie viele Portugiesen diese Hoffnung letztendlich hegten, aber es ist wahr, daß Pessoa ihnen mehr in der Absicht, sie vom Phantom der Vergangenheit zu befreien, mit seinen Artikeln in *A Águia* ein Ziel anbot, welches – wenn meine Interpretation nicht ganz irregeht –, hypothetisch und ironisch erdacht, so überschwenglich wie unsicher, dazu führte, daß man sich aufgerufen fühlte, sich der wirklichen und objektiven Gegenwart Portugals realistisch zu stellen. Es hat nicht den Anschein, als wäre er so verstanden worden, weshalb die Prophezeiung des Super-Camões für Pessoa lediglich eine Hilfestellung für die Interpretationen der klassischen portugiesischen Poesie war, an der er seit dem Erscheinen seiner Polemiken schrieb und die er fortsetzen sollte.

Im ersten jener Artikel mit dem Titel *Die neue portugiesische Poesie soziologisch betrachtet* beobachtet Pessoa, nachdem er die Literaturgeschichten Englands und Frankreichs parallelisiert hat, daß die weniger schöpferischen Perioden in beiden Ländern zeitlich mit der Entnationalisierung der jeweiligen Literaturen zusammenfallen, während die schöpferischen Perioden gleichbedeutend mit »dem verdeckten und dominierenden Nationalgeist« sind. Indem er sich auf den *saudosismo* beruft, unterstreicht er, wie »vollkommen national« die aktuelle portugiesische Literatur ist; er nennt spezielle Ideen und spezifische Gefühle sowie besondere und verschiedene Ausdrucksweisen, die sie als eine Bewegung charakterisieren, die rein portugiesisch ist; sie verfügt dabei über nennenswerte Persönlichkeiten und scheint doch in eine verarmte und enttäuschungsreiche Periode zu gehören, in eine Zeit der Armseligkeit, der Schwierigkeiten, der Hürden in jedem Bereich des individuellen und gesellschaftlichen Alltags und des äußerst geringen Vertrauens in oder auf eine Zukunft. Mit Blick auf das Evolutionsmodell in Frankreich und England erscheint das – was allerdings, wenn man es rein rationalistisch betrachtet, fatal ist – in den Augen Pessoas günstig und hoffnungsvoll; er bestätigt aus einer soziologischen Einstellung heraus, was Teixeira de Pascoaes intuitiv als glorreiche Zukunft der lusitanischen Zivilisation erkannte. In Portugal sei noch kein Shakespeare vorgekommen und schon gar kein Victor Hugo, aber bald schon – und dann schicksalhaft – wird ein »großer Dichter« erscheinen, der, hervorgebracht von der gegenwärtigen Bewegung, die bis heute an der ersten Stelle stehende Figur Camões' auf die zweite Stufe verdrängen wird. »Wer weiß«, fragt er sich, »ob nicht schon in einer sehr nahen Zukunft die *aufsehenerregende* [Hervorhebung vom Autor] Bestätigung dieser sehr gewagten Schlußfolgerung gegeben wird«, um unverzüglich »das bevorstehende Erscheinen eines Super-Camões in unserem Land« anzukündigen. Daher bahnt sich in Portugal eine »außergewöhnliche Renaissance, eine erstaunliche Wiederauferstehung« an. Es bleibt kein Zweifel, daß sich der junge Kritiker – oder vielmehr Kulturphilosoph – entschieden in die Reihe der Anhänger der *Renascença* stellt, aber er macht dies mit einer Kühnheit, die Pascoaes und seine Anhänger niemals gewagt hätten, deren Argwohn gegen den jungen Lissaboner mit der zunehmenden Verbreitung seiner Gedanken auf einen unvermeidbaren Bruch hinauslaufen mußte.

Der Artikel, dessen für uns wichtige Aussagen wir soeben kennengelernt haben, erregte unter den Intellektuellen mehr Bewunderung und Befremdung als Enthusiasmus, und wir haben ja bereits gesehen, wie die Interviewpartner von Boavida auf diesen und die anderen Artikel der Serie reagierten. Pessoa schien das zu erwarten, und in der Tat gab ihm das Gelegenheit, auf seinen Thesen zu insistieren, was er mit dem Artikel *Rückfällig werden* auch tat. Er erschien in einer weiteren Ausgabe von *A Águia*, und Pessoa entschloß sich darin, alles »den Super-Camões« Betreffende »und alle weiteren Allegorien« zu erhellen. Zusammengefaßt erläuterte er in diesem zweiten Artikel, daß die Ankündigungen des schon nahe bevorstehenden literarischen Wiedererwachens mit dem Buch *Só (Einsam)* von António Nobre, erschienen 1892, belegt werden könnten; des weiteren in dem Teil des Werkes von Eugénio de Castro, der Aspekte des 16. Jahrhunderts aufweist – also Merkmale der Epoche von Camões – sowie auch durch *Os Simples (Die Einfachen)* von Guerra Junqueiro, einem Buch, das ebenfalls 1892 erschien, also offensichtlich alles Titel aus der letzten Dekade des 19. Jahrhunderts. Der Vorläufer dieser drei Dichter war Antero de Quental, dessen Werk man noch kaum national nennen kann, was aber für das Werk von Nobre bereits zutrifft. Nobre ist ein Dichter mit »ausgeprägter Geistigkeit, was nicht heißen soll [...], inspiriert durch irgendeinen in poetischer Hinsicht fremden Einfluß«. Das ist eine zumindest umstrittene Erklärung, zumal der größere Teil von *Só* in

Paris unter dem Einfluß des dekadenten Symbolismus geschrieben wurde, was dem Dichter zwar keinen Abbruch tut, doch dem radikalen Lusitanismus widerspricht, den ihm der Verfasser des Artikels andichtet, und daß, obwohl – was Pessoa eventuell aus Unkenntnis verschweigt – Nobre erwähnenswerte sebastianistische Verse verfaßt hat. Wahr bleibt, daß Pessoa in der Zukunft seiner frühen Bewunderung für Antero und Nobre treu bleiben wird, sich schließlich Guerra Junqueiro gegenüber gespalten zeigen und Eugénio de Castro scheinbar sogar vergessen sollte.

Pessoa bekräftigte zudem, daß die zweite Etappe der Entwicklung, die für das exemplarische Werk des Super-Camões durchlaufen werden muß, von Pascoaes eingeleitet worden war, und zwar mit *Vida Etéra* (etwa: *Ätherisches Leben*) von 1906, einem Buch, in dem sich speziell der geistige Inhalt verdichtet, während der Gefühls- und Wissensinhalt sich bis an die Grenzen des Bewußtseins und der Intuition ausdehnt. Bleibt nur noch, die letzte Etappe abzuschließen, die identisch mit dem Erscheinen des großen Dichters wäre.

Betrachtet man das Ganze aus soziologischer Perspektive, so ist die erste Periode vorrevolutionär, in der zweiten fällt die politische Agitation mit dem Erscheinen des Verfassungstextes zusammen. Sie ist die eigentliche revolutionäre Periode, dauert von 1891 bis 1910 und umfaßt praktisch auch noch die Zeit, in der die besagten Artikel erscheinen. Die dritte Periode steht noch bevor, und sie wird schließlich das werden, was der Theoretiker eine der »großartigsten literarischen Epochen« nennt. Von dieser Sicht ausgehend – mit Hilfe rationaler Schlußfolgerung und der Induktion des hermetischen Trias-Modells –, lassen sich die eigentlichen Merkmale jeder einzelnen Periode bestimmen, auch inwieweit sie auf das Wesenhafte der Völker zurückzuführen sind, in denen sie sich vollziehen. Das erste Merkmal des Wesenhaften, also der Seele der Strömungen, ist seine *Unpopularität,* das zweite eine Einstellung der *Antitraditio-*

nalität und das dritte Merkmal, zugleich das ursprünglichste und zentralste, die *Nationalität*.

Nachdem Pessoa diese drei Merkmale herausgearbeitet hat, beschäftigt er sich von neuem mit dem Super-Camões und kommt zu der Schlußfolgerung, Portugal bereite sich auf »eine erstaunliche Wiederauferstehung, eine Periode der literarischen und sozialen Kreativität vor, wie es derer wenige in der Welt gegeben hat. [...] Gleichzeitig bewahrheitet sich in unserem Land das Erscheinen jenes Super-Camões? Der Satz ist noch so bescheiden und zögernd. Die Analogie [mit den Literaturen Frankreichs und Englands] verlangt mehr. Reden wir von einem Shakespeare, und rufen wir als Zeugen die Vernunft an, da man die Zukunft nicht zitieren kann.« Dies alles, so fährt der kühne Theoretiker mit seinen Prophezeiungen fort, wird sich innerhalb der Phase der »republikanischen Gesinnung« ereignen, aber nicht in der gegenwärtigen, der von 1912, die nicht national, sondern nur eine Imitation einer fremden Gesinnung ist. »Vielleicht kann der Super-Camões etwas dazu sagen. Hoffen wir, daß sein Erscheinen sich nicht verzögert.«

Der dritte Artikel der Serie erschien unter dem Titel *Die neue portugiesische Poesie unter ihrem psychologischen Gesichtspunkt*. Ein Teilaspekt, der uns jetzt daraus interessiert, bezieht sich auf die Ästhetik dieser neuen Dichtung, »deren geistiges Gerüst sich aus drei Komponenten zusammensetzt, Vagheit, Subtilität und Komplexität«. Die Vagheit impliziert hier keine Konfusion, sondern eine Phase der Begriffsbildung des Vagen und Unbestimmten selbst; die Vagheit übersetzt eine schlichte Gefühlswahrnehmung vermittels eines Ausdrucks, der sie lebendig, minuziös und detailverliebt verwandelt; die Komplexität ist der Ausdruck einer einfachen Gefühlswahrnehmung durch Hinzufügung eines erhellenden Elements. Im Grunde, so ist erkennbar, stellt Pessoa die Ästhetik des Symbolismus des ausgehenden 19. Jahrhunderts der klassischen Ästhetik gegenüber, die paradigmatisch durch Camões repräsentiert wird.

»*In allem etwas Jenseitiges zu finden* ist zutreffend die erwähnenswerteste Anschauung der neuen portugiesischen Dichtung«, folgert er, und er selbst entwirft sofort einen Einwand und reflektiert ihn: »Aber unsere Dichtung ist, wie oben bereits gesagt wurde, mehr noch als subjektiv. Vollkommen subjektiv ist der Symbolismus: daher sein Hin- und Herschwanken, daher sein degenerativer Charakter, wie er vor langem schon von Max Nordau konstatiert wurde. Die neue portugiesische Dichtung, obwohl sie schon alle Merkmale der Gefühlsdichtung aufweist, behandelt immer die Natur, ja, sie inspiriert sich ausschließlich an ihr. Deshalb sagen wir von dieser Dichtung auch, daß sie objektiv ist«, was nach einer Synthese der subjektiven Dichtung verlangt, die epigrammatisch, plastisch und imaginativ ist. Doch so häufig Pessoa das Thema auch behandelt, so wenig überzeugend bleibt seine Argumentation in dieser Richtung.

In diesem dritten Artikel führt er seine Theorie breit gefächert aus, aber gerade deshalb ist zweifelhaft, ob er ein ästhetisches oder ein ihm eigenes und intuitives Credo verteidigt, ob er die Vernunft heranzieht oder sie mißbraucht, ob er wirklich schon begonnen hat, sie in Tatsachen zu verwandeln. Nach seinen Worten wird die Dichtung des Super-Camões metaphysisch und religiös sein, aber seine Religiosität wird keine herkömmliche sein – die katholische –, sondern eine neue Religiosität. An diesem Punkt angekommen, ist es angebracht, sich einen Moment daran zu erinnern, wie Pessoa – vor allen Dingen durch seine Heteronyme Caeiro und Reis, aber auch durch den Theoretiker Mora – nicht lange darauf warten lassen wird, ein neues literarisches Heidentum zu skizzieren und zu praktizieren, das zu seinen größten dichterischen Leistungen gehören wird. Hinzuzufügen ist, um mit einer Durchsicht des dritten und letzten Artikels fortzufahren, daß nach Worten des Autors Metaphysik und Religiosität der neuen Poesie fließend ineinander übergehen, was das Charakteristische des späteren Heidentums Pessoas und die Unterschiede erklärt, die sich bei jedem seiner Heteronyme manifestieren, ohne daß auch nur bei einem – ein falsches Orthonym – das esoterische und eingeweihte Merkmal fehlen würde. »Fernando Pessoa«, so schreibt Jacinto do Prado Coelho anläßlich dieser drei Artikel, »verfocht in Wirklichkeit nicht den *saudosismo*, sondern kündigte mit ihnen lediglich *Orpheu* an.« Und ohne Zweifel war er bereits dabei, das gedankliche Szenario des *drama em gente* aufzustellen.

Festzustellen bleibt, daß sich Pessoa keinesfalls über den einfacheren Weg der Anpassung an die zeitlichen Strömungen in die Kultur seines Landes einführte oder an der Seite der zu ihr gehörenden Emporkömmlinge mit ihren Artigkeiten – man bedenke auch seinen langen Aufenthalt in Südafrika. Vielmehr setzte er »alles oder nichts«, denn seine Beteiligung an der *Orpheu* war ein Exempel der intellektuellen Freiheit und Unabhängigkeit, mit dem er eine entschlossene Geradlinigkeit beweisen konnte, die er, wie wir im nächsten Kapitel sehen werden, auch besaß, wenn es darum ging, seine politischen und sozialen Prinzipien zu verteidigen.

5

DIE GRUPPE UM DIE ZEITSCHRIFT *Orpheu*.
PAULISMUS UND INTERSEKTIONISMUS.
DAS ERSCHEINEN DER HETERONYMEN DICHTER.
DIE ARISTOKRATISCHE REPUBLIK,
DER ERSTE WELTKRIEG UND DER IBERISMUS
1912–1916

Das Jahr 1912 war für Fernando Pessoa entscheidend gewesen. Sein Name hatte nicht zuletzt wegen seiner Artikel in *A Águia* und seiner Replik zur Umfrage in der *República* Berühmtheit erlangt, er war auch – ein blasser Schimmer des zukünftigen internationalen Ruhms – jenseits der Grenzen des Landes erklungen. In der Tat erscheint in der Januar-Februar-Nummer des *Mercure de France* 1913 ein Artikel von Philéas Lebèsgue über die *Renascença Portuguesa*, in dem der euphorische Nationalismus der in Porto erschienenen Artikel Pessoas, der lobend erwähnt wird, ein Echo findet. Von diesem Jahr an erweist es sich als schwierig, ihm durch die Cafés, Theater und die Lissaboner Redaktionen zu folgen, denn seine Einfälle und sein Hin- und Herpendeln, seine Gespräche und Monologe in den *Tertulias* sind zu zahlreich. Auch ist es ein für allemal notwendig, sich endgültig von dem Bild des realitätsfremden und immerzu mit seinen eigenen psychischen Problemen befaßten Fernando Pessoa zu verabschieden. Diese Probleme sollte es zwar während seines gesamten Lebens geben, sie waren aber weder entscheidend, noch absorbierten sie ihn so sehr, daß es ihm unmöglich war, einer der aktivsten und provozierendsten jugendlichen Intellektuellen Portugals zu werden, der ein zukünftiges Werk versprach und berufen schien, für die neue intellektuelle Generation Portugals wegweisend zu sein. Später sollte er sein

Vorgehen ändern, wenn auch nicht seine Absichten, und es vorziehen, eine bescheidenere Rolle, aber keinesfalls eine weniger gefestigte, beständigere und skandalprovozierende einzunehmen, wie wir in Kürze sehen werden. Ein Vorgehen, das sein Unerkanntbleiben zu Lebzeiten nicht erklären kann und noch viel weniger die Tatsache, daß er ein vollkommen Unbekannter sein wird, als ihm die jungen Schriftsteller der Zeitschrift *Presença* die gerechte Bewunderung zollen. Dann sollte Pessoa 39 Jahre alt und seine Rolle die eines Meisters mit einem unbestreitbar wertvollen Werk sein, der – geknickt angesichts seiner finanziellen Aussichten – die politischen und sozialen Gegebenheiten seinen Hoffnungen entgegenstehen sieht und daher keinen Nutzen mehr darin erkennt, sich wie in den Tagen seiner Jugend zu benehmen.

Aber kehren wir ins Jahr 1913 zurück. Für einige Wochen können wir ihm dank eines flüchtigen wie aber auch synthetischen Tagebuchs folgen. Er berichtet von vielen Personen aus dem Bereich der Literatur und von seiner Arbeit in den Handelshäusern; seine arbeitsfreie Zeit verbringt er in den Cafés der Baixa, im Martinho und im Brasileira do Rossio; er frühstückt oder ißt zu Mittag in den Restaurants oder in den Garküchen des Viertels; er besucht Correia de Oliveira, dem er seine Verse vorliest und den es überrascht, daß Fernando auch Dichter ist; meditierend streunt er durch die Stadt. Zu seinen Freunden und Bekannten zählen Garcia Pulido, Albino de Meneses, Vitoriano Braga, António Ferro – der damals fast noch ein Kind ist –, Boavida Portugal – jener von der Umfrage –, José Figueiredo, der Zeichner Barradas und schließlich die für die in naher Zukunft entstehende Zeitschrift *Orpheu* wesentlichen Figuren an der Seite von Álvaro de Campos – welcher ihm noch unbekannt ist –, des weiteren die Bildhauer Almada Negreiros und Santa-Rita Pintor und die Dichter Armando Côrtes-Rodrigues und Mário de Sá-Carneiro, der sich zum damaligen Zeitpunkt in Paris aufhielt. Im Gespräch ist

Pessoa offenherzig und enthusiastisch. Er rezitiert bei Redaktionstreffen der Zeitschrift *Teatro* Gedichte von Camilo Pessanha, dessen noch unveröffentlichtes Werk er ein Jahr zuvor kennengelernt hatte; er diskutiert über die Opern von Wagner und interessiert sich für Anatole France. Er selbst plant, neuartige dramatische Werke zu verfassen. Er erlebt finanzielle Engpässe – immer wieder diese verdammten Bücher! –, und der eine oder andere Freund leiht ihm Geld oder verspricht es zumindest. Wenn der Umgang mit ihm im allgemeinen einfach ist, so gibt er dafür doch nicht seine Kompliziertheiten und hohen Ansprüche auf; er fühlt sich in Gesellschaft unbekannter Frauen unbehaglich und verbittet sich von den Freunden seiner Gesprächsrunde, in seiner Anwesenheit Zoten zu reißen. Sein höfliches Benehmen und sein Respekt vor den Intimitäten anderer verlangten im Gegenzug, daß jene auch nicht in seine Privatsphäre einzudringen versuchten.

Einer seiner Freunde aus jenen Tagen, António Cobeira, schrieb Jahre später einen Artikel, in dem er sich mit Bewunderung zurückerinnerte: »Das Erscheinen Pessoas an gewohnten Orten geschah geradezu pünktlich und methodisch, geradezu heilig. Seine Aufgaben erledigte er strikt nach einem gewohnten Muster: vom finsteren Büro [warum nimmt man immerzu an, daß die Büros, in denen Fernando arbeitete, finster gewesen seien?], wo er seine Zwangsarbeit mit Geschäftskorrespondenzen durchschwitzte, ins Café, wo er sich in der mit Betrachtungen angefüllten Ruhe und in Anstürmen behender Ironie ausstreckte, und von dort nach Hause, wohin er zwischen den Schatten der Dunkelheit verschwand. [...] Allem Anschein entgegen waren alle seine Sinne in die Welt der Innerlichkeit gerichtet. Das Natürliche existierte nur als Ableitung des Übernatürlichen, mit dem er unauflösbar durch eine nichtendenwollende Kette von Überlegungen vereint war. Fernando Pessoa war nicht so sehr Philosoph als ein feinsinniger Detailunterscheider, ein Beobachter verborgener

Linien, ein Pionier auf höheren Pfaden, Astrologe oder Alchemist, Zauberer oder Ahner, Verlorener in der Hellichtigkeit des Jahrhunderts.« Verzeihen wir Cobeira seine filigrane Stilübung und fahren wir fort.

Unter denjenigen, mit denen Pessoa sich damals anfreundete, ragt Nuno Júdice noch aus der Gruppe um die Zeitschrift *Orpheu* heraus. Von ihnen schreibt Júdice: »Sie werden im politischen Sinne Personen unterschiedlicher Herkunft sein, aber einige gemeinsame Merkmale haben: ein gewisses aristokratisches Verhalten, was sie von den demokratischen Schulen der Republik unterscheidet, eine Herkunft aus der oberen Klasse, zu der in einigen Fällen ein in finanzieller Hinsicht sorgenfreies Leben gehört, sie werden eine hervorragende intellektuelle Ausbildung besitzen, obwohl diese zu sehr von der französischen Kultur beeinflußt sein und der englischen Ausbildung Pessoas entgegenstehen wird«, und, erlaube ich mir hinzuzufügen, wenig im Einklang mit den Vorbehalten Pessoas gegen die ausländischen Einflüsse auf die lusitanische Kultur stehen wird. – »Aristokraten werden sie sein, aus Überzeugung oder aufgrund ihrer adligen Herkunft, Santa-Rita Pintor (Guilherme de Santa-Rita), Dom Tomás de Almeida, João Correia de Oliveira, Raul Leal; aus einem Leben mit gutem Auskommen, aus einer bequemen Existenz aufgrund ihres Berufes oder der familiären Unterstützung werden Alfredo Pedro Guisado, Mário de Sá-Carneiro, Luís Ramos (Luís de Montalvor), Côrtes-Rodrigues, Almada Negreiros und José Paxeco stammen. Wenige von ihnen haben eine ausschließlich literarische Ausbildung wie Alfredo Guisado, Ramos oder Côrtes-Rodrigues; Almada, Santa-Rita und Paxeco kommen von den bildenden Künsten, Raul Leal beschäftigt sich mit Mystik und Philosophie, und wieder andere richten ihre Aktivitäten auf das Theater wie Correia de Oliveira und Carvalho Monrão oder auf den Journalismus wie Boavida Portugal und António Ferro.« Correia und Boavida gehörten aber nicht

richtig zur *Orpheu*-Gruppe, obwohl sie mit ihr sympathisier-
ten. Ersterer kam wie Pessoa von der *Renascença*, das gleiche traf
auf seinen engen Freund Mário Beirão zu, der ein eifriger
Mitarbeiter der Zeitschrift *A Águia* war und ein beachtens-
wertes poetisches Werk verfaßte, das im Einklang mit den
nationalistischen Ideen Pessoas stand, wenn auch nicht im
Gleichklang mit seinen ästhetischen Grundlagen. Guisado war
der Sohn von Rossio, des Besitzers des Café-Restaurants Irmãos Unidos, wo sich die *Orpheu*-Gruppe zu treffen pflegte; er
arbeitete viel für die galicische Presse und war ein heraus-
ragender republikanischer Politiker.

Boavida hatte eine Zeitschrift namens *Teatro* mit der Absicht
gegründet, in seinem Land alles damals Bestehende zu zer-
trümmern, und Pessoa war gewillt, ihn mit Beiträgen zu unterstützen; der erste dieser Beiträge war eine niederschmetternde
Kritik an Lopes Vieira, die eine Reihe zustimmender Reaktionen bei den Lesern hervorrief. Ebenso hart waren seine Kritiken über Manuel de Sousa Pinto und Adolfo Coelho, die
gleichfalls in der ersten Hälfte des Jahres 1913 publiziert wurden. Pessoa suchte den Skandal nicht um des Skandals willen,
nein, vielmehr war er, genauso wie Sá-Carneiro und generell
der größte Teil seiner Gruppe, entschieden gegen das Spektakel-Theater, welches gegen das Kunst-Theater opponierte.
Und als Pessoa schließlich ein »statisches Drama« schrieb,
verteidigte Sá-Carneiro in einem Artikel, der in der Zeitschrift
Rebate im November desselben Jahres erschien, das plastische
Kunst-Theater: »Dennoch hat das Spektakel-Theater die Freiheit zu existieren, so wie das Kino und der Kriminalroman. [...]
Es ist einzig nötig, seine Grenzen eng zu stecken und sich nicht
irreleiten zu lassen und vor allem nicht diejenigen als ›Künstler‹ zu betrachten, die es vertreten, aufführen oder interpretieren. Sie sind jenseits von Kunst und Literatur.«
Tatsache ist – wie Teresa Rita Lopes aufgezeigt hat –, daß

Pessoa damals im Gegensatz zu Sá-Carneiro, trotz seiner Vorbehalte gegen die französische Literatur, von den symbolistischen Ideen über das Theater beeinflußt war. Von Mallarmé – den Pessoa bewunderte, wenngleich er damit nicht hausieren ging – bis Maeterlinck lehnten die französischen Symbolisten die traditionellen Theaterformen ab. Ihrer Ansicht nach war ein Drama zur Lektüre und nicht zur Aufführung geschaffen. Maeterlinck glaubte, die Schauspieler sollten durch Wachsfiguren ersetzt werden, oder besser noch, »durch einen Schatten, eine Reflexion, eine Projektion symbolischer Formen«. Sie waren auch gegen die Anekdote – daher auch das statische Drama ohne Handlung *O Marinheiro (Der Seemann)* von Pessoa –, und sie stimmten mit Mallarmé überein, wenn dieser dachte, das ideale Schauspiel sei jenes, in dem sich nichts ereignet. Maeterlinck war dann derjenige, der den Begriff des »statischen Theaters« prägte.

Der Seemann sollte eine Antwort auf die Maeterlincksche These sein. Wie die bereits erwähnte Kennerin der Materie gezeigt hat, zitierte Pessoas Vorläufer, der belgische Dramatiker, die Choephoren der griechischen Tragiker, um eine nicht alltägliche Welt zu suggerieren – wie es unser Dichter mit *Der Seemann* erreichte. Pessoa schrieb von Maeterlinck: »Es gibt nichts Nebulöseres in der Literatur; die beste Subtilität und Unklarheit bei Maeterlinck wirkt schließlich fleischlich.« Pessoa war sehr am Theater interessiert – an einem anderen Theater –, was uns angesichts des Aufbaus des *drama em gente* nur allzu natürlich erscheinen muß, dessen Figuren einige Heteronyme waren, die er gelegentlich »meine Gespenster« nannte.

Hier ist anzumerken, daß die Ablehnung von *Der Seemann* durch die Redaktion der *A Águia* zu dem Zeitpunkt, als die Beziehungen zu dieser schon sehr gespannt waren, für Pessoa der willkommene Grund war, mit der Gruppe der Saudosisten aus Porto zu brechen. Dem Herausgeber Álvaro Pinto schreibt er in einem Brief vom 12. November:

Ich kenne recht wohl die geringe Sympathie, die meine eigentliche literarische Arbeit bei der Mehrheit jener Freunde und Bekannten findet, deren geistige Ausrichtung »lusitanisch« oder »saudosistisch« ist; und selbst wenn ich es nicht erfahren hätte, wüßte ich das doch *a priori*, weil die bloße vergleichende Analyse der psychischen Zustände, die einerseits den »Saudosimus« und »Lusitanismus«, andererseits literarische Werke in der Art des meinigen und (beispielsweise) Mário de Sá-Carneiros hervorbringen, mir die Unvereinbarkeit jener mit diesen als radikal und unvermeidlich erscheinen läßt.

Der Brief ist sehr höflich gehalten, aber sehr treffend: In der Tat war die Öffnung zu den internationalen Strömungen, die sich bereits bei einigen der *Orpheu* zugelaufenen Mitarbeiter äußerte und für die die Zeitschrift zukünftig ein Zeugnis sein wird, mit dem Konservatismus der *Renascença* unvereinbar. Trotzdem blieb Pessoa durch sie, und das für alle Zeit, geprägt.

Danach begann er eine Reihe von dramatischen Werken zu verfassen, von denen *The Duke of Parma,* ein dialogisch gegliederter Monolog, erwähnt werden muß, in dem die drei Stimmen der Heiligen Dreifaltigkeit diskutieren, wer von ihnen wirklich existiert, aber auch *Mereia, Calvário, Auto da Morte* und die statischen Dramen *Salomé, A Morte do Príncipe, Diálogo no Jardim do Palácio* und *Sakyamuni.* Keines davon wurde vom Autor so vieler unvollendeter Werke zu Ende gebracht, aber zahlreiche Passagen bewahren für sich einen großen poetischen Wert – und Pessoa hat uns gelehrt, Fragmente zu lesen. Der *Fausto (Faust)* dagegen, den er vollendete, war, wie der Goethes, ein »Lebenswerk«. Er war übrigens nicht der einzige dramatische Autor seiner Gruppe, denn sowohl Sá-Carneiro wie auch Almada Negreiros begannen in jenen für sie und für die portugiesische Literatur entscheidenden Jahren dramatische Werke zu schreiben.

Unter diesen Umständen blieb Pessoa wohl nur wenig Zeit zum Lesen, und wahrscheinlich war sein Privatleben das eines höchst aktiven und produktiven Schriftstellers. Ebenfalls 1913 verfaßte er auf englisch sein langes Gedicht *Epithalamium,* er schrieb Gedichte in portugiesisch, darunter das berühmte *Hora absurda (Absurde Stunde), Paúis (Sümpfe)* und das erste derjenigen, die später in den Korpus von *Mensagem (Botschaft)* eingehen werden. Und ohne daß es ihm auffiel, wer ihr Autor war, schrieb er fünf neue Gedichte von Caeiro nieder und verfaßte in gefeilter dekadenter Prosa die ersten Fragmente dessen, was von da an eines seiner wichtigsten Werke werden sollte, das *Livro do Desassossego (Das Buch der Unruhe),* dessen endgültiger Stil sich im Verlauf der Jahre reinigen und kristallisieren sollte. Eines dieser Fragmente, das beste und zugleich längste, *Na Floresta do Alheamento (Im Wald der Entfremdung),* erschien noch vor dem Bruch mit seiner Gruppe in *A Águia,* wo er schließlich einen Artikel über die Ausstellung von Karikaturen Almada Negreiros unterbrachte, die gerade in Lissabon gezeigt wurde.

Die Gedichte *Sümpfe* und *Absurde Stunde* sind, wie es der Prophet des Super-Camões wollte, vage, subtil und komplex. Das erste ist der Ausgangspunkt und in gewisser Hinsicht das Manifest des *paulismo,* ein *Ismus,* ohne Zweifel mit der Absicht, den *saudosismo* zu überwinden. Bevor *Sümpfe* 1914 veröffentlicht wurde, kursierte das Manuskript unter den Freunden Pessoas.

Sümpfe aus leicht von meiner goldenen Seele gestreiften
Ängsten ...

Fernes Doppelklingen anderer Glocken ... Der blonde
Weizen
erbleicht in der Asche des Westwinds ... Es schaudert eine
fleischliche Kälte über meine Seele ...

Stets unverändert die gleiche, die Zeit!

Pessoa sandte eine Abschrift dieses Gedichts an Sá-Carneiro, der sich unter dem Vorwand, Jura zu studieren, in Paris aufhielt und der ihm in einem Brief vom 6. Mai mit enthusiastischer Bewunderung antwortete:

Was *Sümpfe* angeht. Weil Du mich bittest, werde ich offen zu Dir sprechen. Es ist wahrhaftig Eitelkeit, aber ich bitte Dich, mir Glauben zu schenken. Ich fühle sie, ich *begreife* sie, und sie [die *Sümpfe*] scheinen mir wie etwas Wunderliches; einer der genialsten Würfe, die ich von Dir kenne.

Das ist vergoldeter Alkohol, eine verrückte Flamme, Duft geheimnisvoller Inseln, was Du in dieses bewunderungswürdige Fragment hineingelegt hast, das vor Anspielungen birst.

Also neben dem sublimen ersten Vers, der sich mit Feuer noch anreichert, sind es diese Meisterverse, die ich hervorhebe:

Oh, welch stummer Schrei der Ängste legt der Zeit
                                        Klammern an,
Welcher Krampf meiner Angst etwas anderes, als was er
                                        beweint?
[...]

Fluidum der Aureole, Durchscheinen des Gewesenen, Leere
                                        des Haltens ...
Das Geheimnis weiß um mein anderes Sein ... Mondlicht
                                        über dem Nicht-Zusammenhalten

und es ängstigt mich, ohne zu wissen, warum: »Der Wachposten steht steif, und die Lanze, die in der Erde steckt, / Ist höher noch als er«, um Dir nicht das ganze Gedicht zu kopieren. [...] Ich versichere Dir, das ist etwas ganz Wunderschönes. Ich bitte Dich sehr, mir zu glauben. Ich kann mich irren, aber ich sage Dir nur, was ich denke. Und schau: Ich

97

finde die *Sümpfe* nicht so unklar, wie Du vorgibst; ich finde sie sogar viel klarer als viele Deiner anderen Gedichte.

Der Enthusiasmus Sá-Carneiros, der uns übertrieben vorkommen kann, soll uns nicht überraschen, denn das, was Pessoa in diesem Gedicht in eine Form gebracht hatte, war nichts anderes als die Atmosphäre des dekadenten Symbolismus, der zur damaligen Zeit eine stattliche Anzahl seiner Freunde in den Bann gezogen hatte, insbesondere seinen Korrespondenzpartner in Paris, dessen poetisches Werk *avant la lettre* paulistisch war und es für lange Zeit bleiben sollte. Aber auch Guisado, Leal, Ángelo de Lima, damals in Rilhafoles interniert, und Côrtes-Rodrigues hegten einen Symbolismus, der mehr oder weniger paulistisch war. Bei Pessoa empfiehlt es sich hinzuzufügen, daß er zur Entstehungszeit des Gedichtes nicht nur von den französischen Symbolisten – und so von Mallarmé –, sondern auch von Camilo Pessanha beeinflußt war. In Wirklichkeit beabsichtigte er, technisch und konzeptionell, aber auch im Bereich der Sensibilität und der Imagination, einen Saudosismus zu überwinden, der ihn mit seiner Gleichgültigkeit viel zu sehr einengte, die offenkundig wurde und sich gegen ihn zu richten begann. Verzeihen wir Álvaro de Campos den kulturellen Provinzialismus der folgenden Zeilen, die, wie anzunehmen ist, ein paar Jahre später entstehen sollten:

> In Portugal wird heute über zwei Strömungen debattiert oder vielmehr nicht debattiert, aber jedenfalls ist ihr Vorhandensein antagonistisch.
>
> Die eine ist die *Renascença Portuguesa,* und die andere ist doppelt, in Wirklichkeit sind es zwei Strömungen. Sie unterteilen sich in *sensacionismo,* dessen Chef Sr. Alberto Caeiro ist, und in den *paulismo,* dessen erster Repräsentant Sr. Fernando Pessoa ist. [...] Beide [Bewegungen] sind kosmopolitisch und

um so mehr jede ein Teil der großen europäischen Strömungen [...] der *paulismo* gehört zu der Strömung, deren erste hellstrahlende Manifestation der Symbolismus war. Beide Bewegungen haben hinsichtlich ihres Ausgangspunktes dieses gemeinsame Merkmal, was uns stolz macht: daß es enorme Meilensteine in den Strömungen sind, in die sie sich integrieren [...], der *paulismo* ist ein ungeheurer Fortschritt vor allem des so abseits liegenden Symbolismus und Neosymbolismus.

Aber verschweigen wir nicht, daß Campos diese Zeilen – die nicht mit aller Sicherheit ironisch zu nennen sind – niemals veröffentlichte.

In einem der von Sá-Carneiro hervorgehobenen Verse aus *Sümpfe* schreibt Pessoa, »das Mysterium weiß, daß ich ein anderer bin«. Nun, seine Tendenz zur Verdoppelung wurde jedesmal stärker und dringlicher. In einem Brief an Beirão vom 1. Februar 1913 versichert er ihm, »das kuriose Phänomen der Verdoppelung ist mir üblicherweise geläufig, aber nie hatte ich es mit diesem Grad der Intensität gespürt«, und schreibt – so intensiv war seine »schöpferische Geschwindigkeit« – von einer »Überflußkrise«, die er gegenwärtig durchquere, und daß er aus seiner Aufmerksamkeit ein Notizbuch machen mußte, weshalb er dennoch, was ihm riesige Qualen verursache, einige Ideen einbüßte. Erkennbar wird, wie sehr die Genese der Heteronyme sich ihrem Kulminationspunkt näherte, dem einer authentischen und definitiven Veräußerlichung der Personen des *Dramas in Leuten*.

Im August druckte *A Águia* die Prosadichtung *Im Wald der Entfremdung* ab, die ohne weiteres als paulistisch bezeichnet werden kann, die aber bereits dem *Intersektionismus* von 1914 vorgriff, wenigstens in Sätzen wie dem folgenden: »Meine Aufmerksamkeit wogt zwischen zwei Welten, und blind sehe ich die Tiefe des Meeres und die Tiefe des Himmels; und diese

Tiefen durchdringen sich gegenseitig, indem sie sich vermischen, und mein Aufenthaltsort ist unbekannt und auch, was ich träume«, was dem entspricht, was in den intersektionistischen Gedichten der Sequenz *Schräger Regen* dargestellt wird. Im Moment interessiert uns an diesem Prosagedicht vor allem, daß sein Autor in Begleitung einer Frau, die er nicht kennt und die er mit zurückhaltender Vertraulichkeit behandelt, von neuem – und in poetischer Form – das Problem der Verdoppelung aufwirft: »ich gehe verloren, doppelt ich zu sein, auch in dieser Frau« – »Ich träume, und hinter meiner Aufmerksamkeit träumt jemand mit mir ...« – »Der Wald genau hier vor meinen Augen!« ist etwas später zu lesen, und noch etwas weiter: »Wir waren außen und andere«, also wenigstens vier, einer außerhalb des Dichters und der andere außerhalb der mysteriösen Frau. Derartig »waren wir im Dunkeln zwei, daß keiner von uns deutlich wußte, ob der andere nicht er selbst war, ob der ungewisse andere lebte ...« Erleben wir da nicht einen – eventuell unbewußten – unmittelbaren Erkenntnisvorgang der Heteronymie, der von Pessoas *Er-selbst* zu seinen heteronymen Persönlichkeiten führt, die in Kürze ihr *ungewisses* Sein aufgeben und mit Gewißheit in der Pluralität *leben* sollten, die allein das poetische Schaffen ermöglicht?

Pessoa schreibt in einem Gedicht im Oktober: »Ich weiß nicht, was ich bin. / Ich weiß nicht, ob ich der Traum bin, / Den jemand aus einer anderen Welt gerade träumt«, ein suggestiver Einfall, der uns direkt in Richtung einer Hermetik lenkt, nach der die Welt, und wir als ein Teil von ihr, von Gott geträumt wird. Entschieden kann hier die christliche Religion ausgeschlossen werden, die nicht als die Religion des *Dramas in Leuten* in Frage kommt, aber genausowenig war seine Kosmosvision ausschließlich hermetisch, wie es das statische Drama *Der Seemann* suggeriert, das er am 11. und 12. Oktober 1913 geschrieben hatte, das heißt, eine Woche vor dem zitierten Gedicht, das am 19. entstand. Zu diesem Zeitpunkt ist das

Schaffen Pessoas, was für die später Caeiro zugesprochenen Verse derselben Zeit nicht zutrifft, unwiderruflich, vielleicht sogar beabsichtigt mit dem französischen Symbolismus verbunden. Allein die Heteronyme vermochten sich von diesem Einfluß zu befreien, und es entstand das Beste der portugiesischen Dichtung dieser Jahre, an die nicht einmal *Orpheu* mit allen Implikationen heranreichen konnte.

Allerdings beschäftigten Pessoa auch »praktische Fragen«. Zunächst, mit sich selbst zufrieden zu sein, danach das Erlangen einer ökonomischen Unabhängigkeit, die ihm möglichst einen Lebensunterhalt garantierte, mit dem er im Innersten einverstanden wäre. In einer Notiz mit der Überschrift *Ästhetik der Abdankung* ist zu lesen:

> Sich abfinden heißt, sich unterwerfen, und siegen heißt, sich abfinden, besiegt werden. Deshalb ist jeder Sieg eine Grobheit. Die Sieger verlieren immer alle Eigenschaften der Unzufriedenheit mit der Gegenwart, die sie zu dem Kampf antrieb, die ihnen den Sieg verschaffte. Sie sind zufriedengestellt, und zufriedengestellt kann nur derjenige sein, der sich abfindet, der nicht die Mentalität des Siegers hat. Es siegt nur, wer niemals sein Ziel erreicht. Es ist nur stark, wer immer den Mut verliert. Das beste und purpurnste ist es, abzudanken. Das höchste Imperium ist das des Kaisers, der abdankt von jedem normalen Leben, von den anderen Menschen, auf dem die Sorge um die Überlegenheit nicht wie eine Last von Juwelen drückt.

Derart bereitet sich der Dichter auf eine seiner kulminanten Glanzepisoden seiner öffentlichen Auftritte vor, die der Formierung der Gruppe um die Zeitschrift *Orpheu.*

In einer Notizfolge unter dem Titel *Lebensplan* (die auf englisch verfaßt wurde: *Plan of Life)* schreibt er, »ein allgemeiner Lebensplan muß in erster Linie die Herstellung einer finanziellen Stabilität irgendwelcher Art einschließen«. Er ist nicht zu unbescheiden und würde 60 Dollar monatlich (das heißt, den entsprechenden Tauschwert) für angemessen halten, »vierzig für das Lebensnotwendige und zwanzig für die überflüssigen Dinge des Lebens«. Dafür müßte er zu den einunddreißig Dollar aus der Bürotätigkeit neunundzwanzig weitere hinzuverdienen, obwohl er der Ansicht ist, daß er mit fünfzig auskommen könnte. Er müßte in einer Wohnung mit viel Platz wohnen, wo er, sorgfältig sortiert, seine Papiere und Bücher unterbringen könnte, eine Wohnung, aus der er nicht mehr ausziehen müßte. Das scheint ihm noch das einfachste, obwohl er darüber unsicher war, ob man ihm dort seine Mahlzeiten hinbringen sollte, damit er nicht immer in den Restaurants und den Tavernen frühstücken und zu Abend essen müßte. Aber vor allem die Truhe mit seinen Papieren – ein Möbelstück, das, heute nahezu legendär, ihn sein ganzes Leben lang begleitet hat – wollte er durch eine Anzahl kleinerer Truhen ersetzen, die seine Papiere in der Reihenfolge ihrer Wichtigkeit enthalten sollten. »Die große Truhe [...] sollte nur die Zeitungen und Zeitschriften enthalten, die ich aufbewahre.« Und wie sollte die Wohnung möbliert werden? »Was auch immer das Schicksal wollen wird, so wird es geschehen«, schließt er die Notiz. Das Schicksal wollte, daß er niemals diese ideale Wohnung haben sollte und auch nicht die finanzielle Sicherheit, die ihm vorschwebte. Ihm fehlten dazu Kapital oder ein Zinseinkommen, höher als jenes, das er aus den Geldanlagen seines Vaters bezog, oder eben der Entschluß zu einer extrem schwierigen Abdankung: der Befreiung von einem geregelten Arbeitstag.

Wir erreichen eines der entscheidendsten Jahre von Pessoas Gedankenentfaltung und seiner ästhetischen Fundierung. 1914 genießt der junge Schriftsteller ein so hohes Ansehen, daß seine Meinung in einer neuen Umfrage der *República* gefragt ist, auf die er antwortet, das beste Buch in Portugal der letzten dreißig Jahre sei *Pátria (Heimat)* von Guerra Junqueiro, das *Die Lusiaden* von Camões noch übertreffen würde; und sein Ansehen ist groß genug, um von António Ferro und Augusto Cunha für ein Vorwort zu ihrem Buch *Missal de Trovas (Meßbuch der Lieder)* angefragt zu werden und um eine Chronik in der Tageszeitung *O Raio* unterbringen zu können. Es ist das Jahr, in dem er sich mit der Veröffentlichung von *Impressões do Crepúsculo (Impressionen der Dämmerung)*, deren wichtigster Teil *Sümpfe* ist, als Dichter zu erkennen gibt, aber es ist vor allem das Jahr der Heteronyme und der ersten bedeutenden Schriften zu Politik und Soziologie.

Trotz des Enthusiasmus, den der Abdruck von *Sümpfe* in der ersten und einzigen Nummer der Lissaboner Zeitschrift *Renascença* im Februar hervorrief, war Pessoa mit dem *paulismo* unzufrieden, und etwas später sollte er sich über die Unaufrichtigkeit äußern, die *parti pris* in jener Lyrik oder der in ihrer Linie liegenden Dichtung zum Vorschein kommt. Die Sprache einiger Verse, in denen von »Unvollkommenheitsgebimmel«, von »Steigeisen für Geschmacklosigkeiten«, von »Opiumprahlereien« und ähnlichem die Rede war, schien ihm schlichtweg zu irrational und zu intuitiv. Das heißt, für ihn waren diese Formulierungen keine Hervorbringungen der Intelligenz, sondern einer möglicherweise etwas schwächlichen Einbildungskraft, die zu nah am dekadenten Symbolismus stand, einer Richtung, die für ihn zwar unwiderstehlich war, aber niemals seine Sympathie gewonnen hatte. Er wollte eine Dichtung des Verstandes – »Was ich in mir verspüre, ist gedacht / Was ich fühle, ist Denken«, schreibt er in seinem Gedicht von der Schnitterin, das er Mitte Januar an Côrtes-Rodrigues sendet –, eine Dichtung, die so weit wie möglich entfernt ist von der zügellosen Intuition und so nah wie möglich bei einer von Vernunft dominierten Sensibilität anzusiedeln wäre. Und es ist

entgegen einigen bemühten Kritikern kein Widerspruch auszumachen zwischen den esoterischen Überzeugungen Pessoas und diesem Leitsatz seiner Kunst: Esoterik und Mystik
sind nicht, wie es den Nicht-Eingeweihten erscheinen mag,
notwendigerweise Synonyme. Es kann vereinzelt mystische
Eingeweihte geben – einen Saint-Martin, einen Fürsten von
Hesse-Cassel, einen Willermoz –, aber esoterische Doktrine
schließen Schlußfolgerungen nach der Vernunft nicht aus,
vielmehr nehmen sie sie für sich in Anspruch. Oder wenigstens ist es das, wovon uns der Dichter – zu Recht oder zu
Unrecht – überzeugen möchte, je nachdem, wie wir seine
Vorlieben zur Mystifizierung und Paradoxie interpretieren –
als bloßes intellektuelles Spiel oder als eine Defensivhaltung,
eine persönliche Version des lichtscheuen esoterischen Schrift-
gutes, dessen herausragendstes Merkmal der Aufbau von am-
biguen Bedeutungen und Mißverständnissen ist, die nur von
denjenigen enträtselt werden können, die ihrerseits mehr oder
weniger umfassend im Besitz der hermetischen Wahrheiten
sind, wobei das Prinzip des aufgehobenen Widerspruchs die
idiosynkratische Tendenz zur Paradoxie erklärt.

Im auf die Publikation von *Sümpfe* folgenden Monat schrieb
Pessoa eine Sequenz von sechs Gedichten in freiem Vers, die er
unter dem Titel *Schräger Regen* zusammenfaßte. Er nahm sie
zum Anlaß, über eine neue Avantgarde-Bewegung zu theore-
tisieren, der er den Namen *Intersektionismus* gab, weil sich in
jedem der Gedichte zwei Szenen – wenngleich sie nach der
Art eines Palimpsestes übereinanderliegen – überschneiden,
was zwar einen geringeren musikalischen Eindruck der Vagheit hervorruft, ihn aber mit einem plastischeren als den durch
die paulistischen Gedichte bewirkten Eindruck kompensiert.
Hier erkennt man den Einfluß des Kubismus und des Futurismus, von denen er keine weitere Notiz nahm, bis auf die
entstellten Informationen aus der portugiesischen Presse und
die anfänglich nicht gerade enthusiasmierten Äußerungen sei-

nes Freundes Sá-Carneiro, der ihm zum Beispiel von Max Jacob berichtete, dieser sei ein unbedeutender und nahezu unbekannter Dichter. Als Beispiel für die Ästhetik von *Schräger Regen* mögen diese glanzvollen Verse genügen:

Der Meister schwingt den Taktstock,
und schmachtend und traurig setzt ein die Musik ...

Sie entrückt mich in meine Kindheit, zu jenem Tag,
als ich an einer Hinterhofmauer spielte
und einen Ball dagegen warf – auf seiner einen Seite
jagte ein grüner Hund vorbei, auf der andren
galoppierte ein blaues Pferd mit gelbem *Jockey* ...

Musik tönt fort, und in meiner Kindheit –
als weiße Mauer erwächst sie plötzlich zwischen dem
                                        Dirigenten und mir –
kommt und geht nun der Ball, bald ein grüner Hund
und bald ein blaues Pferd mit einem gelben *Jockey* ...

Das ganze Theater ist mein Hinterhof, denn meine Kindheit
ist überall, und der Ball spielt Musik,
eine traurige und verschwommene Musik, die spazierengeht
                                        auf meinem Hinterhof,
verkleidet als grüner Hund, der sich wandelt in einen gelben
                                        Jockey ...

Daß Pessoa entschieden hatte, den *Paulismus* zugunsten des *Intersektionismus* aufzugeben, ist seinem Brief vom 4. Oktober an Côrtes-Rodrigues zu entnehmen: »Anstelle einer intersektionistischen Zeitschrift [die vermutlich *Europa* heißen wird], die das Manifest und unsere Werke enthalten sollte, haben wir beschlossen (und Sie sind gewiß einverstanden), um das mögliche Fiasko zu vermeiden, die Zeitschrift unter Umständen nicht fortsetzen zu können, und etwas Skandalöses und *Endgültiges* zu erreichen, den Intersektionismus nicht in unserer Zeitschrift, sondern *in einem Band* als *Anthologie des Intersektionismus* erscheinen zu lassen. [...] Sie sollte publiziert werden, sobald es möglich wäre, gleich nach Kriegsende vermutlich.« Statt der Anthologie sollte die rastlose Gruppe, zu der Pessoa gehörte, nicht lange auf die Herausgabe einer Zeitschrift, der *Orpheu,* warten lassen, die aber nicht zum Sprachrohr des Intersektionismus wurde, obwohl in ihrer Nummer 2 der Zyklus *Schräger Regen* erschien.

Bereits kurze Zeit vor diesem Gedicht machte Pessoa einerseits den entscheidenden Schritt zur Entstehung von Alberto Caeiro und andererseits den zum Auftakt seiner Inszenierung des *drama em gente.* Wie, dazu gibt uns zwanzig Jahre später ein Brief an Adolfo Casais Monteiro – mittlerweile eines der meistzitierten schriftlichen Dokumente – Auskunft. Pessoa schreibt seinem Freund, daß er, um Sá-Carneiro einen Streich zu spielen, dabei war, einen bukolischen Dichter zu erfinden, und fährt fort: »An dem Tage, als ich es endlich aufgegeben hatte – es war der 8. März 1914 –, stellte ich mich an eine hohe Kommode, nahm ein Stück Papier und begann zu schreiben, stehend, wie ich immer wenn irgend möglich schreibe. Ich schrieb über dreißig Gedichte in einem Zuge in einer Art von Ekstase, deren Besonderheit ich nie werde definieren können. Es war der triumphale Tag meines Lebens; einen zweiten dieser Art werde ich nicht erleben. Ich begann mit einem Titel: *Der Hüter der Herden.* Und dann erschien jemand in mir, dem ich sogleich den Namen Alberto Caeiro gab. Entschuldigen Sie das Absurde dieses Satzes: in mir war mein Meister erschienen. Dies war meine unmittelbare Empfindung. Und sie war derart mächtig, daß ich, kaum waren die über dreißig Gedichte geschrieben, sofort zu einem anderen Bogen griff und gleichfalls in einem Zuge die sechs Gedichte niederschrieb, die den *Schrägen Regen* Fernando Pessoas bilden. Es war eine Rückkehr von Fernando Pessoa Alberto Caeiro zu Fernando Pessoa allein. Oder besser: Es war eine Reaktion Fernando Pessoas auf seine Nicht-Existenz als Alberto Caeiro.«

Unzweifelhaft entdeckte Fernando Pessoa, und alles deutet auf eine Notwendigkeit hin, an jenem denkwürdigen Tag sein erstes Heteronym; um aber das Abspaltungsphämomen als Folge einer Reaktion zu verstehen, die er selbst provoziert hatte, ist es nötig, dem Leser zwei Hinweise mit auf den Weg zu geben. Der erste ist: Alberto Caeiro war, wie wir schon wissen, ohne vorerst entdeckt zu werden, bereits im Leben unseres Dichters erschienen und hatte damit einen ernsthaften Pluralisierungsvorgang ausgelöst, denn Caeiros erste Gedichte datieren auf 1911; der zweite Hinweis: Auch wenn Pessoa nachher von jenen dreißig Gedichte den größten Teil vernichtete, so dürfte er diese beeindruckende Anzahl nicht am 8. März geschrieben haben. Tatsächlich existieren unter den Manuskripten der Gedichte Caeiros nur zwei auf diesen Tag datierte. Es sind die Nummern I und II aus *O Guardador de Rebanhos (Der Hüter der Herden)*. Folglich hatte Pessoa entweder die Umstände, unter denen er das Werk seines Heteronyms geschrieben hatte, vergessen, oder er wollte diese so einzigartige wie bedeutungsvolle Geschichte für seinen poetischen Anfang noch verzieren. Tatsache ist, daß der Titel *Der Hüter der Herden* schon von dem ersten der erwähnten Gedichte an belegt ist, was der Grund für die mögliche Täuschung der Erinnerung sein kann.

Pessoa machte sich sodann auf die Suche nach Schülern des jüngst entstandenen Dichters. Der erste war Álvaro de Campos, der mit der *Ode triunfal (Triumph-Ode)* antrat, die im Mai geschrieben und mit einer Datierung auf Juni veröffentlicht wurde. Unter den Gedichten dieses Heteronyms findet sich eines, *Opiário (Opiumhöhle)* betitelt, das ein Datum vom März trägt, welches aber nach der obengenannten Ode geschrieben wurde. Denn als Pessoa und Sá-Carneiro sich fragten, wie die Dichtung von Álvaro de Campos wohl vor seiner Konversion zum Futurismus gewesen sein könnte, war die prompt beigebrachte Antwort Pessoas dieses zuletzt erwähnte Gedicht, das wir, wenn wir das *Drama in Leuten* wörtlich nehmen, nicht anders als apokryph bezeichnen können. Der zweite Schüler wurde Ricardo Reis, dessen erste Ode auf den 12. Juni datiert ist. Aber in Wirklichkeit war Fernando, noch bevor er von Caeiro wußte und ohne es zu merken, auf Reis gestoßen, den er noch genauso wenig erkannte und über den er selbst folgendes erzählt: »Dr. Ricardo Reis wurde in meiner Seele am 29. Januar 1914 um 11 Uhr nachts geboren. Am Vortag hatte ich bei einer ausgedehnten Diskussion über die Exzesse der modernen Kunst, vor allem bei ihrer Verwirklichung, zugehört. Nach meiner Gewohnheit, die Dinge zu fühlen, ohne sie zu fühlen, ließ ich mich auf der Welle dieser momentanen Reaktion treiben. Als mir zu Bewußtsein kam, worüber ich nachdachte, sah ich, daß ich eine neuklassische Theorie entwickelt hatte und daß ich an ihr weiterarbeitete. [...] Es kam mir der Gedanke, sie in einen ›wissenschaftlichen‹ Neuklassizismus zu verwandeln, [...] gegen zwei Strömungen zu reagieren – ebenso gegen die moderne Romantik wie gegen den Neuklassizismus à la Maurras.«

Pessoa hielt die biographischen Daten jedes seiner Heteronyme schriftlich fest und vermerkte ihre jeweiligen Beschäftigungen, Charaktere und die Beziehungen, die sie zu ihm und unter sich hielten oder abbrachen. Auf diese Art stellte er das Szenario des *drama em gente* auf, das durch die Gedichte jener drei Persönlichkeiten initiiert und fortgesetzt wurde – wobei sich die Heteronymie unvermeidbar wie eine Ansteckung auf ihn selbst übertrug.

Im selben Jahr veröffentlichte Garcia Pulido in Coimbra ein Buch mit dem Titel *Nos Braços da Cruz (In den Armen des Kreuzes)*, und in einigen der darin enthaltenen Gedichte, insbesondere in einem mit Widmung für Pessoa, wird die Frage der Pluralität der Persönlichkeiten in einem Zusammenhang behandelt, der eine heteronymische Explosion unter den Mitgliedern der Gruppe anzukündigen schien und gleichwohl an bestimmte Reflexionen Sá-Carneiros über dieses Thema denken lassen könnte. Ganz so war es allerdings nicht – man bedenke auch Pessoas Offenbarung gegenüber Côrtes-Rodrigues, dieser hätte ein Heteronym geschaffen, das letztlich aber nur ein Pseudonym wurde, dessen Name Violante de Cysneiros war: Die Heteronymie des Schaffens und des Lebens liegt weit über den Spielereien der literarischen Moden. Aber lesen wir das Gedicht von Garcia Pulido:

> Im Innern lass' ich dem Wandel kein Ende.
> Ich sehe in mir, den zuvor ich niemals sah,
> Bei jedem Gedanken, den ich neu verwende,
> Spür' ich nicht mehr, den einst ich nahm wahr.

> *Viele* gehen aus Zufall an uns vorbei,
> Und wir sind ein *anderer* in diesem Moment ...
> Es weht aber nicht der Wind nur, den man kennt,
> *Andere* sein ist mit Figuren eine Spielerei.

> Nicht eine Seele wir haben, denn diese fliegend wandern,
> Ohne innezuhalten, von einem Körper zum andern ...
> Vom selben Ruf stets mehrere Echos ertönen,
> Die hinter der Stirn ihrer Schwatzigkeiten frönen.

> Wo wird das Licht vergehen, das wir sahen,
> Und das wir draufhin zu fassen unterließen?
> Wo waren die *anderen,* die in uns waren,
> In unserem Herzen innen, um zu sprießen?

Diese Verse gehören nicht zu den Hervorragendsten, doch bezeugen sie den mysteriös heteronymischen Wind, der

Lissabon während dieser Gründerjahre der neuen Literatur durchwehte.

Die Erfindung Sá-Carneiros war da schon der Heteronymie seines Freundes Pessoa ähnlicher. In der einzigen Nummer der bereits genannten Zeitschrift *Renascença* veröffentlichte er eine Erzählung, *Além (Jenseits)*, die er einem Moskauer Schriftsteller mit dem Namen Petrus Iwanowitsch Zagorianskij, ebenfalls ein Dichter, zuschrieb. Nur ist dieser Rekurs nicht eigentlich heteronymisch, obwohl einige solcher Erscheinungen ähnlichen Charakters, ohne daß die Absicht bestanden hätte, mehr als einen gutgläubigen Kritiker hereingelegt haben. Die erstaunliche Anstrengung, die die Heteronymie abverlangt, bleibt stets zu belegen, denn man bedenke, daß Pessoa dem Anschein nach nicht fähig war, sich in einer weiteren heteronymischen Reihe von Intuitionen zu personifizieren – *otrarse,* ein Neologismus von Pessoa: Teresa Rita Lopes hat das *drama em gente* nicht als ein Theaterstück in Akten verstanden, sondern als »eine Seelenentstehung«, eine Entstehung von jenen Seelen, von denen die Verse von Garcia Pulido zu unbedarft sprechen.

Während der hier behandelten Jahre existierten eine Anzahl unbedeutender und mehr oder weniger wieder schnell entschwundener Heteronyme, die wir nur kurz erwähnen können. Jean Seul de Mérulet sollte – obwohl es scheint, daß er nie dazu kam – »französische Gedichte und Satiren oder wissenschaftliche Abhandlungen in moralischer oder satirischer Absicht« schreiben und »die französische Ausgabe einer portugiesischen Zeitschrift, die nicht existierte«, herausgeben. Von ihm sind einige auf französisch geschriebene Gedichte, datiert auf die Jahre zwischen 1913 und 1935, erhalten. Thomas Crosse – dessen Name nicht mit dem Pseudonym A. A. Crosse verwechselt werden darf, der an den Scharaden-Wettbewerben der englischen Presse teilnahm – sollte auf englisch über die für Pessoa teuren portugiesischen Mythen sowie über die Freimaurerei schreiben, doch wir wissen nichts über dieses Heteronym, was über ein bekanntes Fragment hinausgeht. Barão de Teive und Vicente Guedes, lediglich literarische Masken, aber keinesfalls Heteronyme, werden schließlich von der Maske des Bernardo Soares überdeckt. Und zuletzt sollte es Pessoa gelingen, sich in zwei Philosophen, António Mora und Rafael Baldaya, zu personifizieren *(otrarse)*, aber von denen wird in einem späteren Abschnitt die Rede sein, zumal sie in den nun hier abgeschlossenen Jahren vor ihrem Schreiber noch nicht erschienen waren.

Unterdessen hatte Pessoa reichlich andere Sorgen. Eine davon betraf die geistige Verfassung seines besten Freundes Sá-Carneiro, der, nachdem er einige Briefe aus Paris geschickt hatte, in denen er seinen Selbstmord prophezeite, ihm nun überraschend eine Reihe nicht weniger beunruhigender Briefe aus Barcelona sandte, wo er in den letzten Augusttagen angekommen war. »Du kannst Dir meine gegenwärtige Gemütsverfassung nicht vorstellen. Ach, mein Freund, das ist eine gräßliche Krise …«, schreibt er ihm im ersten Brief vom 29. August. Dann gerät die bis zum 7. September auf den Weg gebrachte Korrespondenz zum Versuch prahlerischen Humors, dessen Tonlage so tragisch wie eben dieses Bekenntnis ist. In der Tat ist Sá-Carneiro allem gegenüber, was er wahrnimmt, launenhaft und ungerecht. Barcelona ist für ihn »ekelhaft in seiner Gestalt. In diesem Sinne Land einer Flatteraffenprovinz. […] Aber schöne Prachtstraßen und Gebäude«. »Flatteraffe« *(lepidóptero)* ist die Benennung oder manchmal das Adjektiv, mit dem Sá-Carneiro und Pessoa diejenigen bezeichneten und qualifizierten, die ihre ästhetischen Ideen nicht begriffen, die Reaktionäre oder einfach bloß Ignoranten waren. Ein Flatteraffe war zum Beispiel der Doktor Ribera i Rovira, Leiter des *El Poble Català*, der Mário wie einen Fürsten behandelte und ihn – in einem unter der Rubrik Vermischtes erschienenen Artikel seiner Zeitung – in Barcelona begrüßte und verschiedene seiner Erzählungen und Gedichte ins Katalanische übersetzte. Sein Freundschaftsgrad war nach Sá-Carneiro +20, der Grad seiner Lepidopterie betrug ebenfalls 20. Die Sagrada Família beeindruckte ihn, mithin fand er sie paulistisch. Vielleicht keiner der geläufigen *Paulismen* – will heißen, kein natürlicher – nach Ferro und Carvalho Mourão, zumindest aber ein Neulingspaulismus. Am 30. August schickte Mário de Sá-Carneiro Pessoa ein Exemplar des *Día Gráfico* »mit einem lepidopterischen Artikel von Unamuno« und kommentierte ihn mit: »Jetzt, da ich mit Spanien Kontakt aufgenommen habe, ekelt mir vor dem Land mehr noch als zuvor.« Schließlich, am 7. September, kündigte er mit einer Postkarte für den nächsten Tag die Rückreise in sein Land an. Aber in welchem Gemütszustand? Nichtsdestotrotz sollte sich während seines Aufenthalts in Portugal das Vorhaben, die *Orpheu* zu publizieren, verwirklichen, deren erste Nummer im März 1915 erschien.

Eine der großen Sorgen Pessoas war der häufige Wohnungswechsel. Er hatte, seit er die Wohnung der Tanten Xavier verlassen hatte, in angemieteten Zimmern gelebt – die er stets mit eigenem Mobiliar einrichtete –, bis er gegen Ende des Jahres 1912 zur Schwester seiner Mutter, Ana Luisa Nogueira de Freitas, in eine Wohnung in der Rua dos Passos-Manuel zog. Fernando verstand sich blendend mit Tante Anica, denn sie war sympathisch, phantasievoll und dem Okkulten sehr zugetan, weshalb ihre Abreise in die Schweiz in den letzten Novembertagen für den Neffen ein schwerer Schlag war. Die unbequeme Konsequenz dieser Trennung war, daß Pessoa während den richtungsweisenden Tagen der *Orpheu* und *Portugal Futurista* wiederholt seinen Wohnsitz wechseln mußte. Unmittelbar nach der Abreise seiner Tante wohnte Fernando vermutlich in der Rua Dona Estefânia in einem von einer Büglerin vermieteten Zimmer, bis er 1916 in eine Wohnung in der Rua Antero de Quental umzog. Vielleicht, weil die Räume

ihm nicht gefiel, vielleicht auch aus einem anderen Beweg-
grund, bezog er Ende 1916 in der Rua Cidade de Horta zwei
Zimmer in dem Gebäude, in dem António Sengo einen der
Vertriebsräume der *Leiteria Alentejana* (eine Molkereiniederlas-
sung) eingerichtet hatte. Dort blieb er bis Ende des darauffolgenden Jahres, worauf er sich in einer eigenen Wohnung in der
Rua Bernardim Ribeiro einrichtete.

Es ist nicht meine Absicht, Pessoas Wohnungswechsel auf
Schritt und Tritt zu folgen. Wenn ich mich mit diesen Einzel-
heiten aufgehalten habe, so deshalb, weil Gaspar Simões in
seiner grundlegenden Biographie über den Autor von *Mensa-
gem (Botschaft)* sich von seiner Vorstellungskraft als Roman-
autor forttreiben ließ und damit zu der Entstehung jener
Legende beigetragen hat, derzufolge Fernando während der
Jahre, auf die ich mich gerade bezogen habe, nahezu von
Almosen gelebt haben soll. Er behauptet, daß der Gönner von
Pessoa in Wirklichkeit ein ignoranter Geizhals war, der an den
Tertulias in Brasileira teilnahm, wo »er die Worte des Dichters
mit entrücktem Blick aufsog, als hörte er einem Gott vom
Olymp zu«. Er soll es gewesen sein, der generös eine Kammer
in seiner Milchhandlung zur Verfügung stellte, »die kein grö-
ßeres Ausmaß als zwei Meter in der Breite mal zweieinhalb in
der Länge hatte, wo gerade einmal eine Pritsche hineinpaßte«,
eine Räumlichkeit, in der der Autor mehrere Jahre gelebt
haben soll. Dagegen versichert Freitas da Costa, daß Pessoa den
Unternehmer Sengo, der ihm von Mário Nogueira de Freitas,
Tante Anicas Sohn, anläßlich einer technischen Beratung wegen eines Holzgeschäftes vorgestellt wurde, gar nicht kannte.
Und dies fügt sich am plausibelsten zum übrigen, was wir von
Pessoa wissen.

Pessoa korrespondierte weiterhin mit Armando Côrtes-
Rodrigues, der sich ganz auf die Azoren zurückgezogen hatte.
Am 2. September teilte er ihm sein Vorhaben mit, eine *Theorie*

der Aristokratischen Republik zu schreiben – für die er damals tatsächlich Notizen sammelte – und erzählte ihm von seinen verschiedenen Theorien über den gegenwärtigen Krieg und die wirksamen sozialen, nationalen und zivilisatorischen Kräfte. Die politischen Schriften, von denen er seinem Freund erzählte, werden unvollendet bleiben wie so viele seiner Werke. Es lohnt sich, ein wenig bei ihnen zu verweilen, auch wenn es nur dazu dient, einen ersten Kontakt zum stark diskutierten und, obwohl dies oft gar nicht der Fall ist, enigmatischen Denken ihres Verfassers herzustellen.

In einem Notat für das Vorwort zur *Theorie der Aristokratischen Republik* führt er aus, daß »in der Furcht und der Ungewißheit, die denjenigen bedrückt, der unter der politischen Marter des aktuellen Portugals und dem tödlichen Elend des Europäischen Krieges – in den, wir werden es später sehen, Portugal beinahe durch einen Unglücksfall eintrat – leben muß oder hat leben müssen, ein Fluchtpunkt für denjenigen, der ihn hat, der Glauben ist, falls er existiert, oder, für denjenigen, der sie schaffen kann, die Kunst ist, beziehungsweise für denjenigen, der die höheren Fähigkeiten als vernünftig Denkender nicht privatisiert, in der abstrakten Mutmaßung sich darstellt.« Er schließt, indem er sich zum Schreiben bekennt, das ihn »von der Unterdrückung der Gegenwart« befreit, weshalb der Leser »dieses Buch, wenn nicht als Ergebnis politischer Spekulation, so doch wenigstens als Ergebnis der Kunst der Amnesie verstehen sollte«, eine seltsame Grundlegung für den Ausgangspunkt eines vermeintlichen politischen Theoretikers – aber typisch für Pessoa.

Seine Theorie lehnt sich eng an bestimmte Stadien von Platons politischer Evolution an, denn, so glaubt er, die Achillesverse der Demokratie sei es, mit »den notgedrungen ignoranten und unkultivierten Mehrheiten« rechnen zu müssen. Sehr trefflich unterscheidet er diejenigen, die die Massen beeinflussen, von den Besten, die regieren sollten, und er folgert, falls die Erstgenannten nicht diese Funktion anstrebten und die vom Volk Gewählten diejenigen wären, die die Regierenden wählten – das heißt als Wahlmänner handelten –, »würde man bestimmte Zugangshindernisse zur Macht für wirklich zum Regieren Befähigte ausräumen«. Alles in allem, die zwei einzigen Regierungsformen, die einer Nation Glanz und Größe bringen können, sind die absolute Monarchie und die aristokratische Republik, und sie stellen die einzigen Staatsformen dar, die fähig sind, das oligarchische System zu zerstören, zu dem fatalerweise jede Regierung strebt. Die aristokratische Republik wäre die Oligarchie der Besten und vielleicht der absoluten Monarchie noch vorzuziehen, weil diese von einem Menschen abhängt, während die erstgenannte Staatsform bereits eine Institution darstellt. Und möge uns die Demokratie nicht irreführen, denn »in einem ganz und gar niedergehenden Land, herrscht da das Volk? Es herrscht nicht. Es herrschen die Parteien. Das bedeutet, der aristokratische Rahmen bleibt faktisch bestehen.« Das sind ungefährliche Ideen, und, wenn man so will, sogar Leitgedanken, die aber weder auf die Revolution noch auf eine Diktatur abzielen.

Ungleich schwieriger sind seine Idee zum Ersten Weltkrieg – eventuell weil er nicht sonderlich von ihnen überzeugt war: »Die portugiesische Seele muß im laufenden Krieg an der Seite ihrer Schwester, der germanischen Seele, stehen«, wäre einer dieser Gedanken. Vom rationalen Standpunkt aus sind sie nicht deutlich, denn es handelt sich dabei, mehr noch als um bloße Ideen, um Überzeugungen, die sich auf Gefühle gründen und nicht auf eine Analyse der objektiven Faktoren, die in dem Konflikt eine Rolle spielen, die Pessoa zwar ankündigt, aber die er nicht erschöpfend zu Papier bringt. Er meint, daß Portugal unterdrückt und konturlos sei, daß Deutschland seit den Anfängen des vergangenen Jahrhunderts gedemütigt worden sei und das einzige, was beide Länder noch emporheben könne, »eine Tradition des Imperiums« sei. Und hier offenbart sich der Kerngedanke unseres Autors: »In beiden Fällen zeigt sich ein bemerkenswertes Phänomen, das wegen seines sonderbaren nationalistischen Mystizismus an diese Tradition erinnert. Im Falle von Deutschland ist das die Legende von Friedrich Barbarossa [hier erkennt man schon, daß Pessoa sich keinen Nazismus vorstellen konnte], der während eines Kreuzzugs in den Orient starb und von dem man für den Tag, an dem er zurückkommt, erhofft, daß er in seinem Vaterland das Imperium und dessen Größe wiederherstellt. Gleiches gilt für uns. Von unserer vergangenen Größe, von unserem untergegangenen Reich hat sich die mystische und nationale Legende von Dom Sebastião erhalten, der den Zeitpunkt seiner einstigen Rückkehr in unserer Nachwelt erwartet, um uns unsere Größe zurückzubringen.« Da er nun einmal das Problem unter Gebrauch dieser Termini aufwirft, die in Verbindung zu Pessoas Sebastianismus stehen, sollten wir fragen, wie viele imperialistische Speisen uns Fernando in seinen Schriften auftischt. In diesem Fall ist es vollkommen gerechtfertigt, daß Joel Serrão, der Herausgeber seiner politischen Schriften, ihn einen »Bewohner des Traumreichs« nennt, weshalb einerseits die Schmähungen und andererseits die parteilichen Lobhudeleien seiner politischen Erklärungen fehl am Platze sind, ausgenommen, wenn diese Schriften ihn, wie bei anderen Gelegenheiten festzustellen ist, als Bürger des wirklichen Portugals einholen.

Was ist unterdessen mit der Einführung des *Intersektionismus* geschehen? In einem Textentwurf vom 21. November lesen wir:

Heute, als ich auf einmal die Entscheidung traf, ich sein zu wollen und auf der Höhe meines Auftrages zu leben und aus diesem Grunde die Vorstellung einer Werbung und eines plebejischen Prestigegewinns durch den ›Intersektionismus‹ zu verachten, bin ich mit einem Mal, von meiner Eindrücke sammelnden Reise durch die Mitmenschen zurückgekehrt, in den vollen Besitz meines Genies und in das göttliche Bewußtsein meiner Mission eingetreten. Heute will ich mich nur so hinnehmen, wie es mir mein angeborener Charakter vorbestimmt hat; und mein mit ihm geborenes Genie erlegt mir auf, daß ich mir treu bleibe. [...] Nur nicht den Plebs provozieren, nur kein Feuerwerk für das Gelächter oder die Wut der Unterlegenen. Die Überlegenheit maskiert sich nicht als Clown; sie kleidet sich in Verzicht und Schweigen. Die letzte Spur von Einfluß der Mitmenschen auf meinen Charakter hat damit aufgehört. Indem ich einsah, daß ich den intensiven, kindischen Wunsch, den ›Intersektionismus‹ zu lancieren, beherrschen konnte und überwand, habe ich zum ruhigen Besitz meiner selbst zurückgefunden. Ein Blitz hat mich heute mit seiner Helligkeit geblendet. Ich fühle mich wie neugeboren.«

Feierliche und aristokratische Worte, die, über die Berufung zu einer heiligen Mission hinaus, ein sehr frühes und bereits bei anderen Anlässen zu erkennen gegebenes Vorempfinden voraussetzen. Aber war er denn nicht auch ein Sebastianist, der die Mystik einer neuen portugiesischen Größe zu befördern entschlossen war? Vielleicht hatte er es nur noch nicht bemerkt, daß die Antwort auf seine Ruhelosigkeit auf diesem Gebiet implizit in den Versen von Alberto Caeiro lag, es sollte jedoch nicht allzu lange dauern, bis es ihm auffiel. Zuerst die Entstehung des Heteronyms, später die »Neu-Entwicklung« seiner Vision von Welt.

Trotzdem blieb vieles unklar, bedenkt man die folgenden Worte aus derselben Zeit:

Aber ich habe keine Prinzipien. Heute verteidige ich die eine Sache, morgen die andere. Doch ich glaube nicht an das, was ich heute verteidige, und auch morgen werde ich kein Zutrauen haben in das, was ich verteidigen werde. Mit den Ideen und mit den Gefühlen spielen ist mir immer als das allerschönste Schicksal erschienen. Ich versuche es zu verwirklichen, so gut ich kann [...] Schöpfer anarchistischer Zustände zu sein ist mir immer als würdige Rolle für einen Intellektuellen erschienen (da die Intelligenz zersetzt und die Analyse verkümmert wirkt).

Aber es gibt keinen Grund, sich zu fürchten, Pessoa wird schließlich aus jedem seiner Widersprüche eine Person, ein Heteronym, machen. Baldaya zum Beispiel wird ein Feind von Pessoas unabdingbarer, fruchtbarer Esoterik sein.

6

Orpheu ERSCHEINT. LITERATUR UND POLITIK
1915

Zu Beginn des Jahres 1915 gehörte Fernando Pessoa
einer Gruppe von jungen Leuten an, die sich von
anderen unterschieden fühlten, die einen aristokratischen Begriff von ihrer Persönlichkeit hatten und die, wie er
selbst unter Verwendung der Maske von Bernardo Soares
erklärte, falls sie eine Generation darstellten, »den Glauben an
Gott verloren hatten, aus dem gleichen Grund, aus welchem
ihre Vorfahren an Gott geglaubt hatten – ohne zu wissen,
warum«. Es versteht sich von selbst, worauf sich Pessoa bezog:
Den Glauben an den Gott seiner Vorfahren zu verlieren bedeutet nicht gleich auch den für die Göttlichkeit. »Und da
wählt die Mehrheit dieser jungen Leute, weil der menschliche
Geist von Natur aus dazu neigt, Kritik zu üben, weil er fühlt,
nicht weil er denkt, die Menschheit als Ersatz für Gott. Ich
gehöre jedoch zu jener Art von Menschen, die immer am
Rande stehen und nicht nur die Menschenmenge sehen, deren
Teil sie bilden, sondern auch die Freiräume daneben. Deshalb
habe ich Gott nie so weitgehend aufgegeben wie sie und
niemals die Menschheit als Ersatz akzeptiert.« Unter seinen
Freunden und Bekannten – und darunter waren einige in
dieser wie in anderer Hinsicht so seltsame Fälle wie er – wußte
sich Pessoa auf der Höhe der Zeit. Dann und wann forderte er
sie wissentlich heraus, was ihm noch im gleichen Jahr öffentlich Schwierigkeiten sowohl von literarischer wie auch von
politischer Seite eintragen sollte.

Am 4. Januar 1915 schrieb er einen Brief an Côrtes-Rodrigues, in dem er ihm von seinem schlechten geistigen Zustand
Nachricht gab, und am 19. des gleichen Monats richtete er

einen weiteren Brief an ihm, in dem er seinen Entschluß mitteilte, über seinen Fall »vertraulich und brüderlich« mit ihm zu sprechen, denn er sei unter seinen Freunden und Bekannten der einzige, da von Grund auf ein religiöser Geist, der von ihm einen Begriff »auf dem Niveau meiner geistigen Wirklichkeit« hätte. »Sie wissen sehr wohl, daß die Menschen, die meine literarische Umgebung bilden (so überzeugend sie als Künstler sein mögen), als *Seelen* im eigentlichen Sinne nicht zählen, weil niemand von ihnen das (mir so alltägliche) Bewußtsein der schrecklichen Wichtigkeit des Lebens besitzt, dieses Bewußtsein, das es uns möglich macht, nur Kunst für die Kunst zu verfertigen, ohne uns einer gegen uns selbst und gegen die Menschheit zu erfüllenden Pflicht bewußt zu sein.« Er erklärte ihm offen, daß er diese Unvereinbarkeit in seinem Innern spüre, und deutet indirekt an, daß diese in ihm ein Gefühl von wahrlicher Einsamkeit erzeuge – wie es scheint aufgrund seiner Hemmungen zu aufrichtigen Gesprächen mit den Menschen in seinem literarischen Umkreis. Dazu komme, daß er ein ums andere Mal ein größeres Bewußtsein »von der schrecklichen, religiösen Mission, die jeder geniale Mensch mit seinem Genius von Gott empfinde«, derart, daß »alles, was literarische Belanglosigkeit, was bloße Kunst ist, stufenweise immer hohler und abstoßender erscheint«. Nach und nach bemerkte er »in der göttlichen inneren Erfüllung eine Entwicklung, deren Zwecke mir verborgen sind«, und da der Zweck jedes Kunstwerkes ein zivilisationsschaffender ist, verlangt er von sich mehr Vollkommenheit in der Ausarbeitung seines Werkes verlangt. Er will nicht mehr glänzen noch *épater*, das heißt, er will kein *Bürgerschreck* sein, in dem er das »skandalöse« Manifest des Intersektionismus, an dem er arbeitet, veröffentlicht. Es werde nützlich sein, den Intersektionismus, wenn auch auf weniger auffällige Art, bekannt zu machen, damit er auf »die portugiesische Psyche« einwirken könne, »die es nötig hat, in allen Richtungen von neuen Strömungen oder Ideen und Gefühlen bearbeitet und durchdrungen zu werden, die uns aus unserer Stagnation reißen können«. Er werde außerdem die Werke von Caeiro, Reis und Campos herausgeben. »Es ist dies eine ganze Literatur, die ich geschaffen und erlebt habe, die aufrichtig ist, weil sie gefühlt ist, und eine Strömung mit möglichem, unstreitig wohltätigem Einfluß auf die Seelen der anderen darstellt.« Vergessen wir nicht, diese spontane Erklärung entstand im Brief an einen, dem er aufrichtig vertraute, was für andere bereits in diesem Buch zitierte Beispiele ebenso gilt – weshalb die Aufrichtigkeit des moralischen Vorsatzes des Paganismus für die Personen des *drama em gente* betont werden muß: »Darum ist alles ernst, was ich unter den Namen Caeiros, Reis, Álvaro de Campos geschrieben habe. In jeden von ihnen habe ich eine tiefe Auffassung des Lebens gelegt, unterschiedlich in allen dreien, aber in allen ernstlich aufmerksam für die geheimnisvolle Bedeutung des Existierens. Und deshalb sind die *Sümpfe* nicht seriös, und auch das intersektionistische *Manifest* wäre das nicht, aus dem ich Ihnen einmal unzusammenhängend Abschnitte vorgelesen habe.« Und er schreibt nachdrücklich, daß diese geistige Haltung ihn unvereinbar mit jenen aus seinem Umkreis mache.

Jetzt haben wir langsam die Grundlagen für ein Verständnis – auch wenn es nur eine Annäherung ist – des subtilen Spiels, wenn nicht sogar der Duplizität Pessoas und seiner Tätigkeit von diesem Zeitpunkt an. Seine Freunde in den literarischen Zirkeln – mit einigen wird er in Kürze die Zeitschrift *Orpheu* herausbringen – wird er dank seines Rufes als Erfinder des *paulismo* und des Intersektionismus noch eine Zeit behalten, auch wird er sich gestatten – und hier zeigt sich das Spiel noch subtiler oder vielleicht sogar verhängnisvoller –, weiterhin paulistische Gedichte zu schreiben, wenngleich er einige davon einem geläuterten *paulismo* zuordnet. Ganz gewiß aber wird er sie unter den strengen Blicken Caeiros und

Reis' und unter Campos' Spott schreiben, die weder Paulisten noch Intersektionisten sind, wie Fernando Pessoa sehr bald entdecken wird.

Pessoa kappt nach und nach die Taue, die ihn in ästhetischen Fragen an andere fesseln, auch wenn es den Anschein hatte, als würde er sie nur noch fester zurren. Er löst sie mit Fingerspitzengefühl – so als öffne er eine Schleife – durch den Artikel: *Para a memória de António Nobre (Zum Gedenken an António Nobre)*, der in der Februarnummer der in Coimbra erscheinenden Zeitschrift *A Galera* gedruckt wird und in dem er wie in den Artikeln der *A Águia* unterstreicht, daß Guerra und Nobre die hervorragendsten Vorläufer des Saudosismus sind. Dies geschieht etwas mehr als einen Monat vor dem Erscheinen der *Orpheu*, die ja ins Leben gerufen wurde, um gegen die Saudosisten, und nicht nur die aus dem Norden, sondern auch gegen diejenigen, die an den Lissaboner Literaturtreffen teilnahmen, zu opponieren.

Die Idee von einer Zeitschrift für die Gruppe – zunächst hieß sie *Europa* – war im Verlauf des vergangenen Sommers erstmals aufgekommen. Sá-Carneiro und Guilherme de Santa-Rita, ein Stipendiat der Regierung, kehrten mit frischen Neuigkeiten über die aktuellen Ismen, insbesondere über den Kubismus und den Futurismus, aus Paris zurück. Guilherme, der den Künstlernamen Santa-Rita Pintor angenommen hatte, war nicht nur sehr intelligent, sondern auch ein Freund der Intrige, der dummen Witze und des Skandals, und er behauptete, er hätte die Autorisierung Marinettis zur Publikation des *Futuristischen Manifests* in Portugal. Sá-Carneiro, der anfänglich sehr kritisch zum Kubismus und Futurismus stand, schrieb dann doch ein Gedicht, in dem sich die Einflüsse beider Strömungen vermischen sollten. Daneben hatten die Lissaboner Intellektuellen, einmal weil sie Exemplare französischer Kunst- und Literaturzeitschriften erhielten, dann weil sie in der Lokalpresse die feindlichen und spöttischen Chroniken über die neuen Tendenzen lasen, Kenntnis von ihnen, und waren vor allem neugierig darauf, sie besser kennenzulernen. In diesen Tagen traf auch der Dichter Luís de Montalvor in Lissabon ein, der bis dahin Botschaftssekretär in Rio de Janeiro gewesen war. Aber es dauerte noch acht Jahre, bis die *Semana de Arte Moderna de São Paulo* das gleiche für Brasilien leistete, was die *Orpheu* schon bald für Portugal darstellen sollte, nämlich bis zu einem gewissen Punkt die Überwindung der parnassisch-symbolistischen Ästhetik seitens der fortgeschrittensten und empfänglichsten der brasilianischen Dichter, die bereits mit Ungeduld den neuen Strömungen entgegensahen, sie aber erst später kennenlernen sollten. Zwei von ihnen, Eduardo Guimarães und Ronald de Carvalho, waren Freunde von Montalvor, und beide nahmen teil am anfänglich luso-brasilianisch geplanten orphischen Unternehmen.

Orpheu, deren Hauptanreger Pessoa war, stimmt wie auch sein ganzes Werk vollkommen mit der Mission überein, zu der er sich aufgerufen fühlte. Sogar der Name erscheint dank der glücklichen Konnotation, die mit der Persönlichkeit und den Absichten unseres Dichters in Verbindung gebracht wird, als nichts anderes als eine Maskierung des Super-Camões. Bekannterweise sagt man vom thrakischen Dichter Orpheus, daß er der Begründer einiger der ältesten bekannten Mysterien war. Er war kein kriegerischer Held, sondern ein Eingeweihter, der seine Unternehmungen mittels Musik und esoterischer Kenntnisse verwirklichte. Auf gleiche Weise sollte Pessoa, der sich als Reformist verstand, den Gebrauch physischer Kraft als Mittel, um an den Kulminationspunkt des kulturellen und sozialen Zustands zu gelangen – also dem des portugiesischen *Fünften Reiches* – ablehnen. Es geht darum, wie im Falle von Orpheus, die Hürden mittels der Musik aufzuheben, wobei die Musik in dem hohen Bewußtsein verstanden wurde, das die Griechen in sie legten, denn Pessoa hat behauptet, erinnern wir uns, daß die Portugiesen eher Griechen sind als Lateiner.

Wenn wir bedenken, daß die glorreichsten Taten Portugals neben den Entdeckungen maritimen Charakters sind, entsteht zwischen der orphischen Legende und der Mission des Super-Camões eine Reihe von Analogien – und auch das esoterische Denken ist im wesentlichen ein analogisches. Orpheus nahm in der Tat, genau wie die Portugiesen sich an der Suche nach dem geistigen Gold des Preste Juan beteiligten, an den Meeres-abenteuern der Argonauten teil, die auf der Suche nach dem Goldenen Vlies waren – übrigens ein alchimistisches Symbol. Orpheus vollbrachte viele seiner Ruhmestaten auf dem Meer, von der Flottmachung der aufgelaufenen *Argo* durch die Macht der Musik bis zur Ankunft auf dem Meeresgrund der schreck-lichen sich bewegenden Klippen, Symplegaden genannt. Im Falle des Super-Camões handelte es sich nicht um die Erobe-rung eines territorialen Imperiums, sondern eines geistigen Gutes – und ist das Abenteuer der Argonauten, als sie sich des Goldenen Vlieses bemächtigen konnten, nicht eine der älte-sten Varianten der Suche nach dem Heiligen Gral, worauf Pessoa ganz deutlich in *Mensagem (Botschaft)* anspielt? War es nicht zugleich die *quête,* die Suche, die er sich vorgenommen hatte? Jedes poetische Unternehmen ist in gewisser Weise eine Suche. Hinzu kommt in der orphischen Welt das Moment der Prophetie und nicht nur Orpheus war ein Wahrsager, sondern auch die *Argo,* das von Athene mit dem sprechenden Holz der Steineiche aus Dodona versehene und von der Göttin mit Wortgewandtheit ausgestattete Schiff, war zur Prophezeiung fähig. Orpheus war darüber hinaus der Sohn von Apoll und Kalliope, der Muse der epischen Poesie, was ihn in eine Analo-gie zu Camões und natürlich zum Super-Camões bringt. Nun, ich glaube, es gibt bei der Namenswahl dieser Zeitschrift nichts Zufälliges, wie auch bei keinem anderen Projekt des Dichters.

In jenem Brief, in dem Pessoa Côrtes-Rodrigues um dessen Mitarbeit an der ersten Nummer der *Orpheu* bittet, informiert er ihn darüber, daß diese nun unverzüglich in Druck gehe, was wohl den Tatsachen entsprach – der Brief stammt vom 19. Februar, und die Zeitschrift erschien in den letzten Märztagen. In einem neuen Brief an seinen Freund auf den Azoren, vom 4. März, schreibt er: »Wir werden sehen, ob wir es zuwege bringen, die Zeitschrift bis wenigstens zur 4. Nummer durchzustehen, damit es wenigstens zu einem Band kommt.« *Orpheu* sollte vierteljährlich erscheinen, aber es werden lediglich die ersten beiden Nummern publiziert werden.

Im Quartformat auf gutem Leinenpapier gedruckt und 83 Seiten stark, zieht in diesem März der symbolistisch gestaltete Umschlag mit einer Zeichnung von José Paxeco die Aufmerksamkeit auf sich. Die Zeichnung stellt eine nackte Frau mit außerordentlich langer Haarpracht dar, die ihre geöffneten Arme wie am Kreuz ausstreckt, so daß diese fast bis an zwei riesige brennende Segel heranreichen. Als Herausgeber zeichnen der noch sehr junge António Ferro, als Direktor für Portugal Luís de Montalvor und als Direktor für Brasilien, mit Wohnsitz in Rio, Ronald de Carvalho. Die Einleitung ist von Montalvor unterzeichnet – ganz bestimmt gab es dabei keine Beteiligung Pessoas –, und nennt die Zeitschrift sehr paulistisch den »Band der Schönheit« und den »Erfolg der Kunsttemperamente, die sie wie ein Geheimnis oder einen Sturm lieben«. Konnte Pessoa mit diesen Gespreiztheiten einverstanden sein? Die Antwort auf diese Frage wird er uns, wenngleich auch nur indirekt, in der Nummer zwei der *Orpheu* geben.

Der erste Beitrag stammt von Sá-Carneiro, der im Jahr zuvor begonnen hatte, Verse zu schreiben, und ist eine Gedichtfolge, in der sich sein Genie in voller Größe entfaltet. Der Symbolismus dieser Gedichte, neben der Tatsache, daß sie paulistisch sind, tritt – ohne jeden Zweifel – in die Fußstap-

fen des *spleen,* der hemmungslosen Sprache und der Gedanken-
frische eines Laforgue. Mit ihrem dekadenten Symbolismus
stellten diese Gedichte in der portugiesischen Literatur eine
absolute Neuheit dar. Und neu ist auch das nicht weniger sym-
bolistische und dekadente statische Drama Pessoas, *Der Seemann.* Der lusitanisch-galicische Dichter Alfredo Pedro Guisado antwortet in der Ästhetik dieser beiden Beiträge mit
einigen Dichtungen, in denen eine verrückte Prinzessin, ägyp-
tische Nächte, müde Mumien, Pfauen, heidnische Altäre, blinder Frauen Hände, eine Salomé, die tanzt, und eine andere, die
stirbt, vorkommen, und dies alles in großartiger Poesie gesagt
und zustande gebracht, aber von viel geringerer Neuheit als
die Beiträge von Sá-Carneiro und Pessoa. Die Gedichte von
Córtes-Rodrigues sind auf sanfte Art melancholisch und weisen diskret paulistische Züge auf.

Aber das wirkliche Novum dieser ersten Nummer der
Orpheu, das Echo auf die internationale Avantgarde jener Tage,
liegt in den Beiträgen von Almada Negreiros und Álvaro de
Campos. Von letzterem stammen die apokryphe *Opiumhöhle*
und die wunderbare *Triumph-Ode.* Bei *Opiumhöhle* handelt es
sich um ein Gedicht, in dem sich Álvaro de Campos als opium-
süchtigen Dandy zeichnet, der durch den Orient reist und von
sich selbst sagt: »Ich bewohne die Räume unterhalb meines
Denkens, / Und mein Leben vorbeiziehen zu sehen, langweilt
mich.« Dem gegenüber ist die *Triumph-Ode* das Neueste und
Beseelteste dieser Anfangsnummer der *Orpheu* und rechtfertigt vielleicht – mit *Der Seemann* – schon die ganze Unternehmung. In freiem Vers geschrieben, ist die *Triumph-Ode* ein
Gesang an die zeitgenössische Zivilisation, in dem sich so
überraschende Äußerungen wie diese finden:

Sterben möcht' ich, zermalmt von einem Motor,
in der köstlichen Hingabe einer Frau, die besessen wird.
Werft mich hinein in die Feuerung!

Legt mich unter die Eisenbahnzüge!
Schlagt mich an Bord der Schiffe!
Masochismus durch Maschinerien!
Sadismus von etwas Modernem, und Ich und Getöse!

Hoiaho, Jockey, Sieger im Derby,
deine zweifarbne Mütze zwischen die Zähne klemmen!

(So groß sein, daß ich durch keine Tür mehr passe!
Jawohl, bei mir ist Schauen sexuelle Perversion!)

Die Prosagedichte von Almada Negreiros, wenngleich sie von
Pierrot und Kolombine erzählen und man in ihnen noch
dekadente Elemente entdeckt, sind von großer imaginativer
Frische und unzweifelhaft »modernistisch«, während die von
Ronald de Carvalho, falls überhaupt, dann in der Tradition
des brasilianischen Symbolismus stehen und nichts notwendig
Mitzuteilendes bieten.

Es verwundert, daß eine Zeitschrift mit solchen Charakteri-
stika unbedingt dazu aufgerufen war, einen der größten literarischen Stürme unseres Jahrhunderts zu entfachen, und was
genau ihn provozierte, scheint ihre bloße Veröffentlichung zu
sein. Der erste Stein des Anstoßes waren nicht die Verse von
Álvaro de Campos, sondern jene des Gedichtes 16 von Sá-
Carneiro:

Die Tische im Café sind, luftgeschaffen, verrückt worden ...
    Ein Arm ist mir heruntergefallen ... Schau, er geht tanzen,
    Im vollen Wichs, in den Salons von Virrey ...

(Er kletterte über eine Strickleiter an mir hoch,
Und mein Kummer ist ein zerschlissenes Trapez ...)

Das war zuviel für die konventionellen Lissaboner jener Tage, und die Presse machte sich anheischig, in ihrer aufbrausenden Reaktion zu beweisen, wie dringend es war, die Kultur des Landes aus der Stagnation zu ziehen, in die sie seit der Zeit der Cenáculo-Generation gefallen war. Am 30. März eröffnet *A Capital* das Feuer mit einem langen Artikel eines Dr. Júlio Dantas, der mit *Maler und Dichter aus Rilhafoles* überschrieben und im Stile eines Gutachtens gehalten: »Was einem bei der Lektüre der besagten Gedichte einfällt, die von Mário de Sá-Carneiro, Ronald de Carvalho, Álvaro de Campos und von anderen unterschrieben wurden, ist, daß diese Dichter zu einer Kategorie von Individuen zählen, die die Wissenschaft zwar als in die Irrenhäuser gehörig definiert und klassifiziert hat, die diese aber ohne größere Gefahr verlassen dürfen.« Die *Orpheu* nahm den Fehdehandschuh auf: Die Nummer zwei machte mit den Gedichten eines authentischen Patienten dieses Irrenhauses auf. Der Artikelschreiber von *A Capital* beschuldigt Álvaro de Campos, in der *Triumph-Ode* »die unfeinsten und unpoetischsten Themen unserer Epoche mit schreckhaften, mitunter pornographischen Verbalausdrücken« zu besingen, und übernimmt als autobiographische Angaben die pessoanischen Erfindungen aus *Opiumhöhle*. Seine kritische Unternehmung startet so richtig erst mit Sá-Carneiro und dem Arm, der zum Tanzen in die Salons von Virrey ging, sowie mit einigen der schönsten Verse seines Beitrags. Pessoa, der auch die von anderen Zeitungen veröffentlichten Kurzartikel kannte und bereits sah, was über die orphischen Dichter hereinbrach, schrieb Côrtes-Rodrigues einen auf den 4. April datierten Brief, in dem zu lesen ist: »*Wir sind das Tagesgespräch von Lissabon; das sage ich Ihnen ohne Übertreibung. Der Skandal ist riesig. Man zeigt auf der Straße mit den Fingern auf uns, und alle Leute – selbst die nichtliterarischen – sprechen von* Orpheu. [...] *Den größten Skandal haben 16 von Sá-Carneiro und die Triumph-Ode verursacht.*«

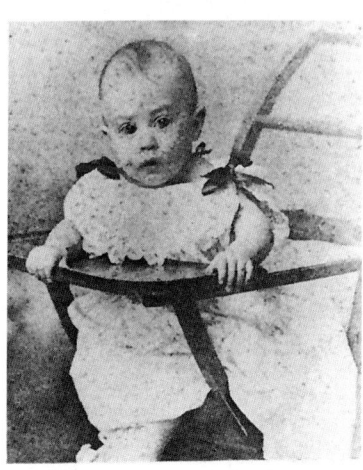

Maria Madalena Pinheiro Nogueira,
die Mutter des Dichters

Joaquim de Seabra Pessoa,
der Vater des Dichters

Pessoa als Kleinkind

Die Mutter mit ihrem
Erstgeborenen

Fernando
im Alter von zweieinhalb Jahren

Fernando als Fünfjähriger

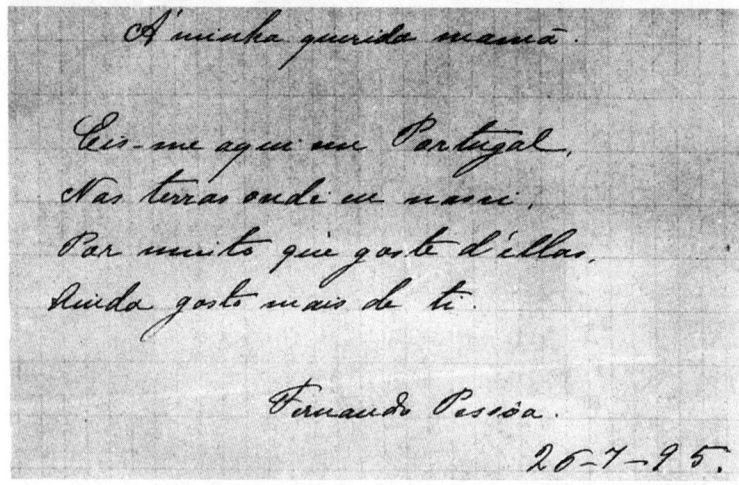

Eines der ersten, der Mutter gewidmeten Gedichte des kleinen Fernando

Die zweite Heirat der Mutter mit dem portugiesischen Konsul João Miguel Rosa

Fernando in Durban

Rechts:
Pessoas Mutter auf der
Veranda ihres Hauses in
Durban

Die Convent School in
Durban

Fernando Pessoa als Zwanzigjähriger

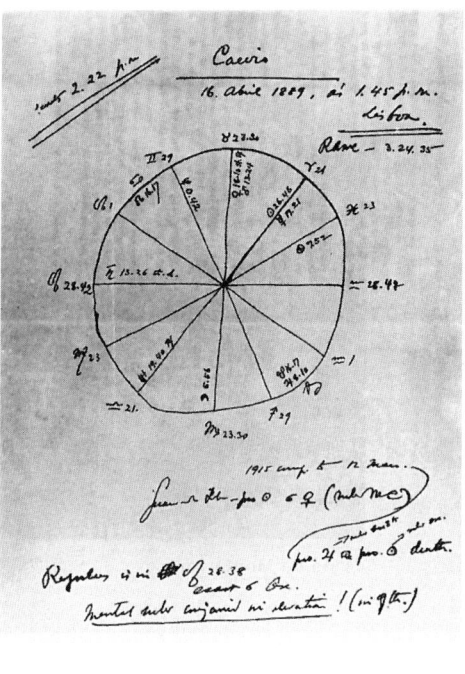

Pessoa erstellte für seine Heteronyme jeweils Horoskope:

Alberto Caeiro

Álvaro de Campos

Ricardo Reis

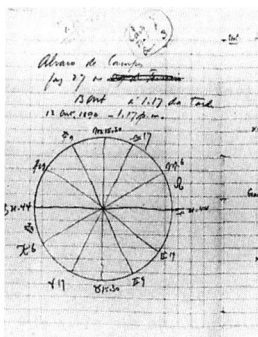

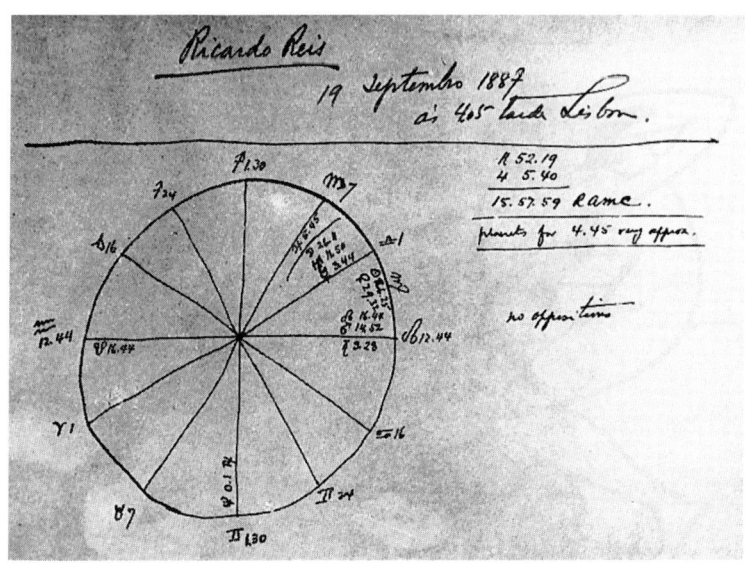

"ORPHEU"

REVISTA TRIMESTRAL DE LITERATURA

PORTUGAL E BRAZIL
Propriedade de: ORPHEU, L.⁴ᵃ   Editor: ANTÓNIO FERRO

DIRECÇÃO
PORTUGAL
Luiz de Montalvôr — 17, Caminho do Forno do Tijolo — LISBOA

BRAZIL
Ronald de Carvalho — 104, Rua Humaytá — RIO DE JANEIRO

Ano I — 1915   N.º 1   Janeiro-Fevereiro-Março

SUMARIO

LUIZ DE MONTALVÔR	*Introducção*
MÁRIO DE SÁ-CARNEIRO	*Para os «Indícios de Oiro»* (poemas)
RONALD DE CARVALHO	*Poemas*
FERNANDO PESSOA	*O Marinheiro* (drama estático)
ALFREDO PEDRO GUISADO	*Treze sonetos*
JOSÉ DE ALMADA-NEGREIROS	*Frisos* (prosas)
CÔRTES-RODRIGUES	*Poemas*
ALVARO DE CAMPOS	*Opiário e Ode Triunfal*

Capa desenhada por José Pacheco

Oficinas: Tipografia do Comércio — 10, Rua da Oliveira, ao Carmo
LISBOA

Die erste Nummer von *Orpheu*   Luís de Montalvor

»*Orpheu* und die offizielle Kultur«,
eine Zeichnung von José de Almada
Negreiros von 1915

Am 6. April veröffentlichte *O Jornal*, Boavidas neue Zeitung, eine »literarische Chronik« von Pessoa, in der, »wie der Leser gewiß nicht weiß«, darauf hingewiesen wird, daß die romantische Bewegung Englands »endgültig« durch die Veröffentlichung der *Lyrical Ballads* von Wordsworth und Coleridge im Jahre 1798 eingeleitet wurde, durch ein Buch, über das Byron sein Leben lang spottete, obwohl das Beste seines eigenen Werkes von diesen Balladen inspiriert ist. Pessoa zitiert Wordsworth, demzufolge jeder Autor wahrhaft originärer Werke »immer das ästhetische Gefühl hat schaffen müssen, für was er geschätzt wird, so war es immer, und so wird es immer sein«, ein viel zu subtiles, als ein aus maßvollem Überschwang erdachtes Argument – nun, die Mäßigkeit ist niemals mehr –, das niemanden von der Notwendigkeit, die Provokateure jenes Skandals zu akzeptieren, überzeugen sollte. Und sie respektierten sie nicht. Noch am gleichen Tag veröffentlichte *A Vanguarda* eine Kritik von José Bacelar, die mit diesen Worten ansetzte: »Nach Mallarmé, Marinetti … Das heißt, nach einem Verrückten noch ein Verrückter. Mallarmé ist gegangen. Und mit ihm gingen die Paranoiker, die seine Gebärden und seine Exzentrizität kopierten. Jetzt haben wir Marinetti auf der Tagesordnung und seinen erheiternden *Futurismus.*«

Wie zu erwarten, nutzte die humoristische Presse die Situation aus, und am 8. des Monats versprach *O Século Cómico*, sich demnächst kurz mit der *Orpheu* zu befassen, was nicht unmittelbar geschehen konnte, weil, so heißt es, »vier von unseren Mitarbeitern, die das Druckunterfangen beabsichtigten, sich mit schreckenerregenden Anzeichen von Entfremdung ins Hospital flüchteten; zwei weitere nach den ersten drei Zeilen blitzartig durch Apoplexien gestorben sind, und drei andere derart unter Verdauungsstörungen leiden, daß sie im Moment ihrer Erleichterung entgegenrennen«. Und tatsächlich, in der Nummer 3 des Satireblattes vom Juni erscheinen ein paar derbkomische Verse, allerdings ohne die Flegeleien des soeben zitierten Artikels, in denen mit ein paar begnadeten Strichen der orphische Stil imitiert werden sollte. Aber auch weiterhin beabsichtigte die Lissaboner Presse beharrlich, so als ginge es bei dieser Angelegenheit für das Land um Gedeih und Verderben, die »Jungs« von der *Orpheu* vor ihren Lesern zu diskreditieren. Am 11. April bat die Zeitung *O Jornal* nach Abschluß einiger ziemlich ungehobelter Vierzeiler: »Also gebt uns in der neuen *Orpheu* die Übersetzung / Dessen, was die alte brachte.« Zwei Tage darauf druckte dieselbe Zeitung ebenso zweideutig, wie es die *República* mit der Umfrage aus dem Jahre 1912 gewesen war, ein Interview mit Almada Negreiros, in dem er sich ein Bewunderer des in der *Orpheu* Erschienen nannte. Zusammen mit seinen Darlegungen veröffentlichte man ein Selbstportrait und eine Karikatur, die die Akademie als einen Esel darstellt, der gerade das Plakat der *Orpheu* mit ›iah!‹ anwiehert.

Aber die Dinge vermischten sich mit der Politik, wie Maria Aliete Galhoz aufweist:

> In der Ausgabe des *Primeiro do Janeiro* vom 13. April vermischt José de Alpoim in dem Brief, den er wie gewöhnlich aus Lissabon schrieb [diese Zeitung wird in Porto herausgegeben], auf spaßige Weise Politik und *Orpheu*. Dies war der Anfang! Am 21. April startete die *República* eine Kampagne gegen *O Nacional*, eine monarchistische Zeitung mit integristischer Färbung, und mit den Witzen, die den Artikel füllen, erneut auch gegen die *Orpheu*. Dieses Spiel erreicht solch eine Beliebtheit und Ergiebigkeit in Erwiderungen und Irrtümern, daß es bis zum 10. Mai den gleichen Erfindungsreichtum beibehalten wird. In einem den Mißkredit fördernden humoristischen Ton werden die Partei »O Integralismo« (»Der Integrismus«) und ihr anerkanntes Organ, *O Nacional*,

sowie einer seiner Direktoren, Dr. Aníbal Soares, aufs Korn genommen. Die Scheinkonfusion, die durch eine effektheischende Ernsthaftigkeit noch unterstützt wird, beruht auf folgendem: »*O Nacional* ist das Organ des politischen Integrismus: *Orpheu* das poetische Organ des politischen Integrismus.« Die vom *O Nacional* nehmen die Herausforderung an und sinnen darauf, den lächerlichen Irrtum einer Allianz mit der *Orpheu* energisch zu bestreiten. Die Polemik setzt sich zum Vergnügen oder zur Entrüstung – der Politiker! – der Leser beider Lager fort. In Wirklichkeit nehmen weder die Anhänger der Monarchie noch die Republikaner oder die Unabhängigen die »stellaren« politischen Ansichten der Mitarbeiter der *Orpheu,* seien sie gerechtfertigt oder nicht, ernst oder sorgen sich ernsthaft um sie.

Und dennoch war etwas Wahres daran, was wir vor dem Hintergrund eines berühmten Zwischenfalls sogleich erkennen werden, der im übrigen nicht direkt mit dieser mehr oder weniger ernsten Polemik in Zusammenhang steht, denn unter den Mitarbeitern der *Orpheu* gab es mehr Feinde als Freunde der Republik.

Als sich die Schlinge dieser Intrige zuzog, deuteten auch die literarischen Attacken nicht auf eine Beendigung des Streites hin. Am 15. und 16. Mai druckte die Lissaboner *A Naçõa* auf der ersten Seite einen Artikel, der mit dem Pseudonym Crispim unterzeichnet war und in dem dieser weniger in spaßiger denn in boshafter Absicht die Angriffe seiner Kollegen gegen den »Arm« von Sá-Carneiro und gegen die Gedichte von Álvaro de Campos fortsetzt. Diesmal versucht der Journalist, der auch seine Schwierigkeiten mit Almada Negreiros hat – so er sich mit dem Neusten und Zukunftsträchtigsten der von ihm abfällig besprochenen Zeitschrift befaßt –, die orphische Gruppe zu spalten. So sehr, daß er sich schließlich per Notruf an Dr. Júlio de Matos wendet, Psychiater wie sein Namensvetter Dantas und Autor der denkwürdigen Erklärung auf die Umfrage des Boavida.

Pessoa, der mit der Kolumne *Chronik des Augenblicks* des *O Jornal* begonnen hatte, veröffentlichte am 21. April auf der ersten Seite einen Artikel, der Distanzen – und es ist leicht zu verstehen, warum – zwischen den Integristen und seiner persönlichen politischen Anschauung aufzubauen versucht: »Das Proletariat organisiert sich. Vor einigen Tagen ist in Lissabon die Organisation der konstitutionellen Monarchisten gegründet worden« – die er in deutlicher Anspielung auf den verbannten König Manuel »manuelistische Arbeiter« nennt –, um sogleich einen Vergleich ihrer Vereinigung mit der der Taxifahrer anzustellen. Im folgenden bittet er darum, man solle gleichfalls tolerant mit ihrer fehlenden politischen Sachkenntnis sein, wie man Toleranz mit den Autofahrern gezeigt hatte, welche, als die ersten Fahrzeuge im Straßenbild erschienen, aus Gründen der fehlenden Übung so schlecht fuhren wie noch heute die Mehrheit der Taxifahrer Lissabons. Sowohl die Anhänger der Monarchie wie auch die Taxi-Chauffeure, aber vor allem letztere, tobten darüber so sehr, daß einige ihm, wie es schien, am Café-Ausgang auflauerten, um ihn zu verprügeln. Als Folge davon veröffentlichte er nicht mehr im *O Jornal*.

Vor dem Hintergrund dieses Zwischenfalls, dem Pessoa unbeschadet entging – vermutlich wurde er von den entrüsteten Taxifahrern nicht erkannt –, hat man geglaubt, ihn als einen Pechvogel hinstellen zu müssen. Neben einem finanziellen Verlust habe er die Schmähung erlitten, von der Zeitung gefeuert zu sein, bei der er gerade als regelmäßiger Mitarbeiter angefangen hätte, und sehe sich gezwungen, auf der Straße stehend, sich seltener auf ihr zu zeigen. In erster Linie muß man bedenken, daß er kein Journalist war und auch nicht daran dachte, einer zu werden; in zweiter Linie kannte er das Gebiet, das er hier betreten hatte, recht gut und wußte, daß er mit der Reaktion jener Chronik zugleich die beabsichtigten Verbindungen der orphischen Mitglieder zur monarchistischen extremen Rechten kappte, und bewies die Charakterfestigkeit, die einer der wesentlichsten Grundzüge seiner Persönlichkeit war und bleiben sollte. Ein Beleg dafür und für die Festigkeit, mit der er die Konsequenzen seiner Handlungen akzeptierte, ist seine Reaktion Boavida gegenüber, so wie sie sein Freund Ferreira Gomes in einem Interview schilderte, das einige Jahre nach Pessoas Tod im *Diário da Manhã* erschien. Boavida rief Pessoa in aller Freundschaft zur Ordnung, und dieser antwortete ihm zwischen zwei oder drei Scherzen, daß er ihm keine Schwierigkeiten machen wolle und nicht wieder für seine Zeitung schreiben werde. Aber Boavida war Boavida, und, mehr um den Monarchisten zu gefallen, als den Taxifahrern Schadensbegrenzung anzubieten, sandte er ihnen ein Schreiben, in dem er, ohne es direkt zu sagen, zu verstehen gab, daß Pessoa laut Votum der verantwortlichen Redakteure von der Mitarbeiterliste des *O Jornal* gestrichen worden sei, was die Taxifahrer wiederum sich beeilten, in *A Nação* und *O Jornal* zu veröffentlichen. Der Brief begann so: »Wegen eines Mißverständnisses darüber, was eine unabhängige Zeitung ist, wie es sich in den groben Sätzen des Herrn Fernando Pessoa offenbarte, die gestern aufgrund eines Lapsus veröffentlicht wurden, hat dieser Herr seinen Mitarbeiterstatus am *O Jornal* beendet.«

Santa-Rita Pintor trat zur Verteidigung Pessoas an. In einem am 25. April in *A Nação* veröffentlichten Brief, aus dem ich eine Passage zitiere, die, wäre sie bekanntgeworden, große Irrtümer verhindert hätte und die jene direkt anspricht, die willkürliche Mutmaßungen über die gedanklichen Motive unseres Dichters anstellen: »Immer wenn [Pessoa] politische Fragen behandelt hat, so ausschließlich unter einem künstlerischen Gesichtspunkt«; und vergessen wir nicht, Santa-Rita war ein erklärter Monarchist. Fernando dürfte dem einerseits winzigen, andererseits vielsagenden Zwischenfall wenig Bedeutung beigemessen haben, insofern, als er sich durch den skandalösen Widerhall der *Orpheu* ganz in Euphorie befand.

Am 19. hatte er an Côrtes-Rodrigues geschrieben: »Es waren so viele und so närrische Artikel, daß *Orpheu* nach drei Wochen *vergriffen war – total und vollständig vergriffen.*« Am selben Tag druckte *A Ilustração Portuguesa* ein Schreiben des Dr. Júlio Dantas mit der Überschrift *Paranoide Dichter* ab, in dem dieser die übermäßige Aufmerksamkeit beklagte, welche die Presse ob des »stark begründeten Verdachts des Wahnsinns ihrer Autoren« der *Orpheu* bis dato geliehen hatte. »Jedoch in diesem Fall, wie in vielen anderen, ist es billig anzuerkennen, daß nicht die mehr oder minder extravaganten Dichter, die gelesen, diskutiert und gekauft werden wollen, die eigentlichen Wahnsinnigen sind: Wer da keinen Verstand hat, das sind die, die sie lesen, diskutieren und kaufen.« Eine ziemlich pathetische Figur gibt dieser Psychiater als literarischer Pontifex!

Am Ende dieser Abrechnung mit den wichtigsten Pressereaktionen auf das Erscheinen der ersten Nummer der *Orpheu* soll der Brief vom 4. April stehen, den Álvaro de Campos an den Direktor des *Diário de Notícias* anläßlich des jüngst publizierten Buches von Sá-Carneiro, *Céu em Fogo (Brennender Himmel)*, richtete, in dem er sich darüber empört, daß dieses Buch als futuristisch bezeichnet wurde:

> Was ich gerne hervorheben möchte, sehr deutlich hervorheben möchte, ist die Notwendigkeit, die Konfusion zu beenden, welche die Ignoranz unserer Kritiker durch den Gebrauch des Wortes *Futurismus* derzeit stiftet. Von Futurismus zu sprechen, sei es anläßlich der ersten Nummer der *Orpheu* oder anläßlich des Buches des Herrn Sá-Carneiro, ist das disparateste Unterfangen, das man sich vorstellen kann. Kein Futurist würde die *Orpheu* schlucken. Die *Orpheu*

wäre für einen Futuristen eine bedauerliche Demonstration des verdummenden und reaktionären Geistes.

Und in weiten Teilen hatte der Ingenieur, der ein paar Zeilen weiter das Erscheinen eines wirklichen futuristischen Werkes in der folgenden Nummer der *Orpheu* ankündigt, recht. Der Brief wurde nicht im *Diário de Notícias* abgedruckt, aber ein Durchschlag befindet sich unter den zahlreichen Papieren in Pessoas Nachlaß.

7

Der Grundsatz der Ordnung.
Die zweite Nummer der *Orpheu*. Der Vorfall Costa.
Die Intrigen in der orphischen Gruppe
1915

Zeitgleich mit dem literarischen Skandal der *Orpheu* wurde Portugals politischer Alltag durch eine erneute Krise erschüttert. Bei Ausbruch des Ersten Weltkrieges hatte das Land sich zunächst abwartend verhalten, aber erklärt, daß es treu zur Allianz mit Großbritannien stehen würde. Für den republikanischen Demokraten Afonso Costa, der ein Jahr zuvor mit Energie die Regierungsgeschäfte übernommen hatte, war es angesichts des Drucks einiger seiner Parteigenossen unumgänglich, als Kabinettschef zurückzutreten; er wurde durch Bernardino Machado ersetzt, auf dessen kurze Amtszeit bald die von Victor Hugo Azevedo Coutinho folgte. Diese Regierung wurde aufgrund ihrer Unfähigkeit »Die Miserablen von Victor Hugo« genannt. Ein Putsch des Heeres brachte Pimenta de Castro an die Macht, der ein diktatorisches Regime errichtete. Am 14. Mai 1915 bombardierten die im Hafen von Lissabon vor Anker liegenden Kriegsschiffe die Stadt, mit dem Ergebnis, daß Pimenta verhaftet und die republikanische Verfassung wiederhergestellt wurde. Am Vortag der Bombardierung war in Lissabon die erste und einzige Nummer einer Publikation mit dem Namen *Eh Real!* mit einem langen Artikel von Pessoa, *O Preconceito da Ordem (Der Grundsatz der Ordnung),* erschienen, in dem er aufs neue die monarchistischen Integristen angreift, aber diesmal direkt ihre politische Philosophie anpeilt: »Unter den zahlreichen Vorurteilen, die die Thesen der Monarchieanhänger spicken, ragt – wie ein großer Fleck – die Comtesche Idee der Ordnung hervor.« Von der Idee Auguste Comtes ausgehend, daß die öffentliche Ordnung bei dem beginnt, der im Geiste der Mitglieder der Gesellschaft herrscht, und nach einer Argumentation scholastischen Zuschnitts, die darauf abzielt, verschiedene Ordnungsklassen zu unterscheiden, zieht er die Schlußfolgerung, »die Ordnung wird [...] nicht in einer servilen Uniformierung der sozialen Richtungen existieren, sondern in einer Ideeierung, denn ihre Manifestationen sind friedliebend. Das heißt, jede politische Partei sollte taktisch verborgen oder ausdrücklich die Ideeierung der Ordnung in ihr Programm aufnehmen.« – »Haben die Anhänger der Monarchie die schrecklichen sozialen Folgen abgewogen, die aus einer solchen Orientierung resultieren würden?« Nun, jede politische Partei müßte die Ideeierung ihrer politischen Theorien mit einer Vorstellung der Ordnung verbinden, damit man »zwangsläufig überzeugt« einsehen könnte, »daß die wirkliche Durchsetzung der Ordnung nur über die tatsächliche Bewerkstelligung dieser Theorien erreicht werden kann«, woraus folgt, daß »das Vorurteil der Ordnung in einer politischen Partei ein absolut gewaltsames Verlangen zu herrschen und zu gebieten erzeugen wird.« Und die Schlußfolgerung dieser Überlegung, die sich zu keinem Zeitpunkt auf das in Portugal geschichtlich Bevorstehende bezieht: »Ein Land, in dem alle Parteien eine ständige Sorge um die Ordnung hegen, wird in ständiger Unordnung und sozialer Anarchie stecken. Und dies ist der einzige Modus, um den Zustand der sozialen Anarchie zu erreichen. Dieser Zustand entsteht aus der exzessiven Voreingenommenheit für die Ordnung.« Der abstrakt denkende Pessoa zeigt sich über seine Beweisführung so zufrieden, daß er schließt: »Demnach bleibt eine zerfetzte Idee der Ordnung zurück«, um dann mit der allgemeinen Feststellung zu enden, wonach ein Mensch nur dann an die Gesundheit denkt, wenn er krank ist, und eine normale Gesellschaft nur dann an die Ordnung denkt, wenn in ihr die Unordnung auftaucht, was sich jetzt wiederum auf die Ereignisse zu beziehen scheint, die gerade erwähnt wurden. Und man braucht sich nicht auf eine Täuschung zu berufen, denn es ist leidlich bekannt, daß der Begriff der sozialen Ordnung in der wirrenvollen und anormalen Periode, nämlich der Französischen Revolution, auftauchte, und daß »sein philosophischer Begründer, der unglückliche Auguste Comte, sein Leben lang unter Wahnsinn litt«.

Hatte Santa-Rita Pintor nicht recht, als er sagte, Pessoa habe eine politische Ansicht immer als Künstler besessen? Ja und nein, denn neben der ästhetisch-philosophischen Übung, die in diesem Artikel ein intelligentes Spiel mit abstrakten Ideen anstellt, zielte Pessoa auf die soziale Realität des Landes und gab zu verstehen – wenn auch indirekt –, daß eine neue Unordnung vonnöten sei, zumal die durch das Aufeinandertreffen der unterschiedlichen und von den politischen Parteien Portugals aufrechterhaltenen Ordnungsbegriffe eingeleitete Anarchie nicht in der Lage gewesen war, das gesellschaftliche Leben zu reanimieren. Dies werden wir bedenken müssen, wenn wir Pessoas sehr umstrittene Schrift *Interregno (Interregnum)* interpretieren, in dem er etwa andeuten wird, daß diese neue Unordnung die Militärdiktatur sein soll.

Im Juni schrieb Álvaro de Campos eines seiner besten und skandalträchtigsten Gedichte, die *Ode an Walt Whitman,* und hatte damit klug gehandelt, weil man bereits davon sprach, daß seine Dichtung, mehr noch als vom Futurismus, von der Lyrik des nordamerikanischen Poeten inspiriert sei. Von dessen Lyrik und von der des Belgiers Emile Verhaeren, denn mit ihm stimmte er gewiß in der Verherrlichung des Fortschritts und des Maschinenzeitalters überein, wenn auch kaum mit dessen langatmigem Stil, der nichts von seiner metrischen Freiheit, seinen langen Aufzählungen und seinem Kosmopolitismus hatte. Aber hören wir de Campos:

Hier aus Portugal, alle Weltalter im Gehirn,
grüße ich dich, Walt, grüße ich dich, meinen Bruder
                                    im Universum,
ich, mit Monokel und übertrieben eng sitzendem Jackett.
Wohl weißt du, Walt, daß ich deiner nicht unwürdig bin,
genügt es doch, dich zu grüßen, um deiner nicht unwert
                                    zu sein ...
Ich, so nahe dem Müßiggang und so leicht voller
Unmut, gehöre zu deinesgleichen, du weißt es, verstehe
                                    und liebe dich,
und wenn ich dich auch nicht kannte, weil ich in deinem
                                    Todesjahr auf die Welt kam,
so weiß ich, du hast mich gekannt und geliebt, und
                                    bin zufrieden.
Ich weiß, du hast mich gekannt, mich angeschaut und
                                    unterwiesen
und weiß, das eben bin ich, in Brooklyn Ferry zehn Jahre
                                    vor meiner Geburt
oder die Rua do Ouro herauf, an alles denkend nur nicht
                                    an die Rua do Ouro,
und wie du alles fühltest, fühle ich alles, und so stehen
                                    wir Hand in Hand,
Hand in Hand, Walt, Hand in Hand und tanzen,
                                    das Weltall in unserer Seele.

Eine neue Stimme im äußersten Westen von Europa! Neu und
vorurteilsfrei und in großem Maße herausfordernd. Weniger
enthusiastisch als auf Whitman – vielleicht weil er ihm weniger aktuell erscheint oder zukunftsloser – verweist Campos
auf den Dramatiker Pessoa, dem er dieses Epigramm, geschrieben, »nachdem er das statische Drama *Der Seemann* in der
Orpheu gelesen hat«, zueignet:

Nach etwa zwölf Minuten
in deinem Drama *Der Seemann*
fühlen sich auch die Verschlagensten
befähigt zum Träumen und viehisch
– der Sinn ist gleich null –
wenn eine der am Sarg Wachenden mit
kraftlosem Zauber sagt:
Vom Ewigen und Schönen gibt es wenige Träume.
        Warum reden wir noch?
Und genau das wollte ich
diese Frauenzimmer fragen.

War dieses Gedicht die Revanche für den apokraphen »Opiumraucher«?

Die zweite Nummer der *Orpheu* erschien in den letzten Juni-
tagen und enthielt große Neuerungen. Ihr Umschlag ist schlicht
und stimmt geschmacklich mehr mit den neuen typographi-
schen Tendenzen überein als der vorhergehende Umschlag:
der Name der Zeitschrift am oberen Rand und unmittelbar
unter ihm eine übergroße 2, die bis an den unteren Rand
reicht; beides in silbergrauer Farbe gedruckt. Aber dies ist nicht
die wichtigste Neuerung. Pessoa und Sá-Carneiro sind jetzt die
Direktoren, und es handelt sich nicht mehr um eine luso-
brasilianische Zeitschrift, António Ferro figuriert weiterhin als
Herausgeber. Und noch eine Neuerung: vier *hors-textes* des
Futuristen Santa-Rita Pintor; allein, die vier reproduzierten
Bilder haben nichts gemein mit dem Futurismus, aber viel mit
dem synthetischen Kubismus.
    Der erste Beitrag besteht aus einer Serie von Gedichten
Ángelo de Limas, einem in Rilhafoles Internierten, der 1872 in
Porto geboren wurde und, nachdem er an der Akademie der
Bildenden Künste studiert hatte, sich als Freiwilliger für eine
militärische Expedition nach Afrika hatte anwerben lassen, von

wo er wahnsinnig zurückkehrte. Es blieben ihm noch sieben Jahre zu leben, als er in der *Orpheu* seine metrisch und minuziös perfektionierten, mit synkopischen Wortfolgen, geheimnisvoller Zurückhaltung und archäologisch-mystischen Phantasien angereicherten Gedichte vorstellte. Darauf folgen zwei »Gedichte ohne Unterlage« von Sá-Carneiro, von denen das zweite, *Manucure,* gewandt und leicht mit unterschiedlichen Drucktypen-Registern spielt und Kopfzeilen von Zeitungen mehrerer Länder sowie Fabrikmarken von Produkten wie Parfüms und Suppen als auch die Firmenzeichen von Bankhäusern und Versicherungsgesellschaften einreiht, um mit einigen Lautnachahmungen in großen Buchstaben zu schließen, die – wiederum – an die futuristische Dichtkunst erinnern und bis zu einem gewissen Punkt das für diese Ausgabe der Zeitschrift von Álvaro de Campos Angekündigte erfüllen. Jahre später, schon in den 30ern, als Pessoa Sá-Carneiros Dichtungen der Zeitschrift *Presença* übergab, entschied er, dieses Gedicht nicht beizufügen, weil er sich sicher war, daß es sich hier um eine *blague,* einen Witz handelte. Bis hierhin also – und nicht über eine gewisse Rechtschaffenheit hinaus – reichte der Avantgardismus der *Orpheu,* und weiter sollte er in Zukunft nicht kommen. Weder Pessoa noch seine Freunde waren Dichter der Avantgarde, und wenn sie den Anschein vermitteln, so, weil sie – dies ja! – Erneuerer waren. Die historische Avantgarde befand sich noch außerhalb von Portugal.

Danach kommen drei schöne Gedichte des Brasilianers Eduardo Guimarães, eines davon über den Schwan von Stéphane Mallarmé, und eine »schwindelerregende Erzählung« von Raul Leal mit dem Titel *Atelier,* über die sich Pessoa und Sá-Carneiro einig waren, daß sie das Qualitätsminimum markierten, dem noch eine Veröffentlichung in der Zeitschrift zugestanden werden konnte. Es folgen einige Gedichte von Violante de Cysneiros, »einem kranken anonymen Geist«, die aber in Wirklichkeit von Côrtes-Rodrigues sind, den Pessoa dieser Tage anregte, ein *drama em gente (Drama in Leuten)* zu beginnen, wovon dieser schon bald ablassen sollte. Und schließlich die herrliche und sehr lange *Meeres-Ode* von Álvaro de Campos, eines der besten je in portugiesischer Sprache geschriebenen Gedichte. Sogar die *A Capital* fühlte sich verpflichtet, trotz ihrer bekannt gegnerischen Haltung – alle Mitarbeiter der *Orpheu* waren krank im Kopf –, in einem Artikel vom 28. Juni zu bekennen, daß »man in ihr [der *Meeres-Ode*] etwas dem Rest gegenüber Höheres erkennen will und der Autor trotz seiner Extravaganz Talent hat«.

Doch eine dritte Nummer sollte nicht erscheinen. Am 3. Juli, im Glauben, die Straßenbahn, mit der er gerade fuhr, sei von Flammen umgeben, warf sich der demokratische Politiker Afonso Costa aus dem fahrenden Wagen und erlitt derart schwere Verletzungen, daß man um sein Leben fürchten mußte. Genau an diesem Tag verteilte Raul Leal per Hand ein Manifest gegen den chaotischen Zustand des Landes, den er der republikanischen Politik ankreidete. Dieses Dokument mit der Überschrift *O Bando Sinistro (Das linke Pack)* ist nichts anderes als eine gelungene Schmähschrift und konnte nur Hohn und Spott provozieren: ein Sturm im Wasserglas. Dieser Auszug soll genügen: »Die erregten Starrköpfe, die mit der Brandung die Geister fortreißen, ein wildgewordener morastiger Bach ist mit ängstlichen, linkischen Schakalen über die Ufer getreten, mit schlammigen Eiterwucherungen ... Die tragischen Chimären der mittelalterlichen Welt, verdüstert in ihrer latenten Schmerzensangst, in ihren unentwegten Todesahnungen ...« Niemand nahm das besonders ernst, und die Tageszeitung *O Mundo* vom 5. Juli beschränkte sich darauf, Raul Leal vorzuführen und ein paar Fragmente seiner Prosa wiederzugeben.

Sehr viel ernster nahm man die Einmischung Álvaro de Campos', der in der *A Capital* vom gleichen Tag ankündigte, daß eine Lesung der *Orpheu*-Gruppe doch nicht durchgeführt werden würde. Die Entrüstung des Ingenieurs angesichts des despektierlichen und verunglimpfenden Tones, mit dem sich die Zeitung auf die orphischen Mitglieder berief, verleitete ihn, einen solch aggressiven Brief an die besagte Zeitung zu schreiben, daß diese beschloß, ihn nicht zu veröffentlichen. Dennoch, und ohne Zweifel in der Absicht, die öffentliche republikanische Meinung mit Campas zu konfrontieren, zitierte die Zeitung in einem tags darauf erscheinenden Artikel mit der Überschrift *Unausstehlicher Futurismus,* diesen Briefauszug: »Im übrigen wäre es geschmacklos, die Verbindung zum Futurismus in einem derart feinmechanischen Moment zu bestreiten, in dem die gleiche göttliche Vorsehung für die höheren Belehrungen sich der Straßenbahnen bedient.«

Der Brief von Campos rief nicht nur die Empörung vieler Parteifreunde Afonso Costas auf den Plan, sondern entfesselte auch interne Spannungen der *Orpheu*-Gruppe. Am 7. Juli druckte *O Mundo* unter dem Titel *Die von der Orpheu* den folgenden Brief von Alfredo Pedro Guisado und António Ferro:

»An den Direktor der *O Mondo:* Nachdem uns zur Kenntnis gekommen ist, daß ein Herr Raul Leal in seiner Eigenschaft als Mitarbeiter der *Orpheu* in einem Manifest und Herr Álvaro de Campos, gleichfalls Mitarbeiter derselben Zeitschrift, in einem Brief an die *A Capital* auf die angesehene Persönlichkeit des Herrn Direktor Afonso Costa, für den wir die größte Bewunderung empfinden und dessen gegenwärtiges Befinden unsere Besorgnis erregt, anspielten, erklären wir ausdrücklich, daß wir jedwede solidarische Haltung mit diesen Herren ablehnen, was die erste der unterzeichnenden Parteien bereits unmittelbar nach Erscheinen der ersten *Orpheu*-Nummer tat, während die zweite hiermit erklärt, daß sie vom heutigen Tage an jegliche Verantwortung als Herausgeber derselben Zeitschrift ablegt. Wir danken Ihnen im voraus für den Abdruck dieses Briefes und verbleiben stets als Gesinnungsfreunde ...«

Zwei Republikaner also, die sich von ihren orphischen Weggefährten trennten. Sá-Carneiro, der Monarchist war, richtete einen Brief an den Direktor der *A Capital*, in dem er ihn »nachdrücklich um den unschätzbaren Gefallen [bat], in seinem Blatt bekanntzugeben, daß der nicht zu erwarten gewesene Brief des Herrn Álvaro de Campos, der gestern dieser Redaktion in die Hände gelegt wurde, ausschließlich eine individuelle Meinung und nicht im geringsten eine gemeinsame Erklärung der *Orpheu* darstellt«, zumal die Ziele dieser Zeitschrift ausschließlich künstlerische seien. Der Brief wurde am 7. veröffentlicht, und daran anschließend informierte die *A Capital* ihre Leser, daß Almada Negreiros in der Redaktion erschienen sei, um sein absolutes Nichteinverständnis mit dem Herrn Álvaro de Campos auszudrücken, der ein literarisches Pseudonym – wie war es möglich, daß Almada diesen *lapsus linguae* beging? – des Herrn Fernando Pessoa sei, »welcher [...] seinen Freunden gegenüber bekannte, daß er sich zum Zeitpunkt der Redaktion des besagten Artikels [es handelte sich in Wahrheit um einen Brief] in einem manifesten Rauschzustand befand ...«

Sollten Sá-Carneiro und Almada Negreiros mit den Personen des *drama em gente (Drama in Leuten)* brechen? Nein, und zwar aus zwei Gründen: Almada war intelligent und wußte genau, welchen Wert Pessoa und seine »Leute« darstellten, und Sá-Carneiro brauchte die Freundschaft unseres Dichters viel zu sehr. Und möglicherweise kam es wegen eines moralischen Bedenkens nicht zum Bruch, denn das Manifest von Leal, zu dem Pessoa – unter anderem wegen gemeinsamer esoterischer Ideen – immer treu stand, wurde im Café Martinho do Rossio unter dem Beifall von Sá-Carneiro lanciert. (Ein kurioses Detail ist der Druckvermerk dieses Manifestes: »Prensa Libertad, Barcelona, Calle de los Angeles.«) Am 9. Juli betitelte die *O Mundo* Leal und seine »Artgenossen« als »Einfaltspinsel, bereit, im gemeinschaftlichen Frevel zu versinken. [...] Aber die Frage ist eine andere. Das Ganze reduziert sich auf einen schlichten Fall moralischer Perversion«, was nichts anderes als eine Anspielung auf die bekannte Homosexualität von Leal war.

Álvaro de Campos dachte daran, der *A Capital* zu antworten, entschied sich aber dagegen, denn er war so empört, den Straßenbahn-Brief, von dem noch der Entwurf erhalten ist, auf den Weg gebracht zu haben, daß ungewiß war, wie weit die Angelegenheit noch ausufern würde. Hier ein Abschnitt des fraglichen Dokuments:

Mein Brief schloß mit den in der *A Capital* wiedergegebenen Satz über den Unfall des Chefs der demokratisch benannten Partei. Seine Exzellenz setzte der Autor des gleichlautenden Artikels der öffentlichen Verwünschung aus, unbarmherzig und boshaft. Ich bitte Seine Exzellenz inständig, mich andeuten zu lassen – weit davon entfernt, diese Sätze zurückzunehmen –, wie weit und noch überzeugter und heißer ich sie untermauere und proklamiere. Der Chef der demokratischen Partei verdient nicht die Rücksicht, die jedem gewöhnlichen Mitglied der Menschheit gebührt. Er selbst hat sich an den Rand der Bedingungen gespielt, unter denen man Pietät oder Mitgefühl für die Menschen empfinden kann. Sein Vorgehen quer durch die portugiesische Gesellschaft war das eines Wirbelsturms, der alles verwüstet, ruiniert und verdreht hat, mit dem positiven Unterschied zugunsten des Wirbelsturms, daß dieser, anders als Costa, nichts besudelt und erniedrigt. Für den Hauptverantwortlichen des Zustands der Anarchie, der Trostlosigkeit und der Traurigkeit, in dem die Seelen Portugals begraben liegen, für den verhängnisvollen Chef von Mörder- und Diebesregimentern kann nicht das Mitgefühl existieren, das die redlichen Kämpfer verdienen und das dem gemeinen Menschen gebührt. Seine Rolle ist die einer Kröte, die auf mysteriöse Art wild wird.

Campos und Pessoa waren sich hinsichtlich der Einschätzung Costas einig, denn in einer der Notizen Pessoas für seinen unvollendeten Essay *A Oligarquia das Bestas (Die Oligarchie der Bestien)* ist zu lesen: »Franco wäre ein Tyrann der Scheiße; dieser [Costa] ist ein Tyrann der Kacke.«

Die Konsequenz aus all jenem war, daß die *Orpheu* nicht über die zweite Nummer hinauskommen sollte. Die internen Spannungen spalteten die Gruppe noch tiefer, und es wurde unmöglich, sie zu rekonstruieren. Im Verlauf sollten nur Mário de Sá-Carneiro und Fernando Pessoa versuchen, *ihre* Zeitschrift weiter herauszugeben – ohne die Mitarbeit von Santa-Rita zu akzeptieren.

Sá-Carneiro ging Mitte Juli nach Paris, hielt aber vor allem dank seines fast täglichen Briefwechsels mit Pessoa kontinuierlichen Kontakt zu Portugal. Sá-Carneiro schien etwas am Rande der Realität zu leben, und er bezog sich in seinen Briefen kaum auf den Krieg, welcher ihn anfangs beeindruckt hatte; jetzt ließen ihn die Verspätungen der Post ungeduldig werden, und anstatt zu bedenken, daß die durch den Krieg verursachten Schwierigkeiten schuld daran sein könnten, bildete er sich ein, Pessoa wäre etwas Schreckliches zugestoßen oder er würde nicht schreiben wollen. Obwohl er bereits seit langer Zeit Suizidgedanken ausbrütete, bat er Pessoa – wer weiß, ob es des Einflusses der Sterne bedurfte, um seinen Plan zu ändern oder um ihn denken zu lassen, daß die Zukunft noch nicht entschieden wäre – um seine astrologischen Prognosen, ohne die finanziellen Vorhersagen auszunehmen, denn er war immer knapp bei Kasse. Und Pessoa schickte sie ihm. Es ist schade, daß die Briefe, die ihm Pessoa – der »heilige Fernando«, wie ihn Sá-Carneiro nannte, wenn er ihn um einen der zahlreichen Gefallen bat – nach Paris schickte, verlorengegangen sind, und wie es scheint, unwiederbringlich. In aller Regel zielten Sá-Carneiros Bitten darauf ab, die Einnahmen der Buchverkäufe zu kassieren – so klamm war er – oder ihn mit der Verpfändung von Wertgegenständen aus der Bedrängnis zu befreien, die ihm die Amme übergab, die anscheinend allein im Haus des Vaters lebte. Aber auch sein Vater, seit der Kindheit seines Sohnes Witwer, der eher unvermögend nach Moçambique gegangen war, wo die Gehälter höher waren als in der Metropole, ließ ihm von dort monatlich eine beachtliche Summe zukommen, die aber für das Leben eines Bohemiens nicht ausreichte. Hinzu kam noch die Geliebte, die der vermeintliche Student in Paris unterhielt.

Aufgrund des sehr aufschlußreichen Briefes von Sá-Carneiro, geschrieben am 24. August, wissen wir, daß Pessoa António Mora bereits entdeckt hatte, den Philosophen des Neu-Heidentums, und daß ihn die moralischen und kulturellen Auswirkungen seiner Heteronymie sehr beschäftigten. Sá-Carneiro schreibt ihm: Niemals zuvor als beim Lesen Deiner Zeilen, die heute ankamen, habe ich den mysteriösen Satz des Protagonisten von *[Mário oder] Ich-selbst, der andere* [eine seiner Erzählungen] ›*Werde ich schließlich eine Nation werden?*‹ verstanden. In einem Brief an mich vom vergangenen Jahr warst Du im übrigen der erste, der diesen Satz sagte. […] So ist es gewesen, mein lieber Fernando Pessoa, und wären wir jetzt im Jahr 1830 und wäre ich Honoré de Balzac, würde ich Dir ein Buch meiner *Menschlichen Komödie* widmen, aus der Du als die Ein-Mann-Nation hervorgehen würdest, als der Prometheus, der innerhalb seiner geniehaften Binnen-Welt eine ganze Nationalität fortreißen würde: eine Rasse, eine Zivilisation. Und es ist bizarrerweise genau dieses letzte Substantiv, das mir Deine ganze Größe ins Gedächtnis ruft: ›eine ganze Zivilisation‹, das ist, mein geliebter Freund, was mir heute verwirrterweise vorschwebt.« Und etwas weiter unten im Brief bezieht sich Sá-Carneiro auf die Zweifel, die ihm Pessoa genannt hat: »Mein lieber Freund hat Angst – er vertraute es mir in der Krise an, die er gerade durchmacht –, *sich verrannt zu haben:* also, für Dich ist Schönheit zu schaffen nicht alles, sondern sehr wenig – welche Schönheit mit Feuer und Schwert, schwöre ich, die Du geschaffen hast! In meinen Augen kann Deine Angst demnach nur sein, ›irrige Schönheit‹ […] geschaffen zu haben. Aber mein Fall steht in bestimmten Momenten noch schlechter: Für mich genügt die Schönheit, dazu zählt auch die irrige, im Grundsatz irrige. Wahrliche Schönheit: bombastische Schönheit, die in tausend Farbtönen zuckt, viel Lack und viel Gold: Theater magischer Apotheosen mit Feuerrädern und zuckenden Körpern«. Hier zeigt sich – unmittelbar faßbar und vollendet ausgedrückt – der Unterschied, der die zwei großen Dichter der *Orpheu* trennte und der doch der Grund war, daß sie sich gegenseitig – der eine wie der andere – unersetzlich fühlten.

In dem Brief vom 30. August gesteht Sá-Carneiro Pessoa gegenüber ein: »Weißt Du: Ich glaube tatsächlich, daß ich seit einem Jahr aus wissenschaftlicher Sicht *wahnsinnig* bin. Wirklich, es gibt in meinem Geist Dinge, die es vorher nicht gab. […] Gegenwärtig *verkehre ich – aber ohne Appetit – nur mit dem Geist des leeren Magens.* Derart, wenn auch nur entfernt, kann ich das ›Phänomen‹ vielleicht erklären. Bin ich von mir entfernt?« Aber der Brief vom folgenden Tag klingt wieder ganz anders, da er sich nun auf den Entwurf der Nummer drei der *Orpheu* bezieht, den ihm Pessoa aus Lissabon geschickt hat. Neben Pessoa, Campos, Sá-Carneiro und Almada Negreiros werden in dieser *Orpheu* Numa de Figueiredo, António Bossa – mit einem Text unter dem Titel *Päderastien* – und Albino de Meneses mitwirken. Sie sollte schließlich nur 73 Seiten umfassen, was beweist, daß trotz der restlosen Veräußerung der vorherigen Nummern, die Finanzen der Zeitschrift einiges zu wünschen übrig ließen.

In dem zuletzt erwähnten Brief reflektiert Sá-Carneiro eine Angelegenheit, die er »Campos-gegen-Aragão-Pamphlet«

nennt, es lohnt sich, daß wir uns mit ihr aufhalten. Obwohl Portugal und Deutschland sich noch nicht den Krieg erklärt hatten, gab es in den afrikanischen Kolonien einige Zusammenstöße der Truppen beider Länder. Bei einem solchen – dem von Naulila – wurde der Kapitän Aragão, der sich durch seine Tapferkeit auszeichnete, von den Deutschen gefangengenommen. Nachdem seine Freilassung ausgehandelt war, kehrte er am 25. August des Jahres nach Portugal zurück. »Ich hatte das Pech«, kommentierte Sá-Carneiro in diesem Brief vom 30., »mir die *O Século* zu kaufen, die die Ankunft des Helden ankündigte, und als ich las, der HELD hätte vom Fenster des Innenministeriums ein ›Es lebe die Republik! Es lebe der Krieg!‹ gerufen, verschüttete ich meine Tasse Kaffee über das weiße Kleid eines Begriffs von einer Engländerin, ›tombée en enfance‹, die nicht neben mir stand …« Die Reaktion von Álvaro de Campos, die Pessoa Sá-Carneiro berichtet, war davon sehr verschieden: Er wollte ein Pamphlet gegen die von jenem General in Funchal und Lissabon gehaltenen Reden veröffentlichen. Sá-Carneiro fand die Idee vortrefflich, glaubte aber, sie würde wie Perlen vor die Säue geworfen, und hielt es für ratsam, sie nicht in die Tat umzusetzen. Von Pessoa beraten, mußte Campos die Redaktion des Pamphlets unterbrechen, von dem nicht mehr als ein paar Notizen zu einem Entwurf erhalten sind. Und die sind dermaßen vernichtend und aggressiv wie das *Ultimatum*, das der Ingenieur zwei Jahre später in *Portugal Futurista* veröffentlichen sollte. Gemäß den Notizen sollte dies einer der möglichen Anfänge des Pamphlets sein: »Ohne Begeisterung noch Bewunderung habe ich die Erklärungen gelesen, die Ihre Heroität in Funchal anläßlich politischer Erörterungen abgegeben haben, wo sich erneut ein unnötiges Mal bewiesen hat, daß physische Stärke nicht grundsätzlich auch von einer großen Verstandesschärfe begleitet wird. [...] Wer – Unglücklicher – hat Ihnen eigentlich zu verstehen gegeben, daß die Tatsache, dreisterweise mit germanischen Truppen zusammengestoßen zu sein, Sie zu einer politischen Meinung berechtigt?«

Was Álvaro de Campos störte, waren die Kritiken an der internationalen Politik von Pimenta de Castro, den der Ingenieur als Herrscher »den Bestien, die uns regieren« vorziehen mochte, ferner – fährt er fort – »sind unsere Politiker keine Persönlichkeiten, keiner von ihnen zeichnet sich dadurch aus, in seinem Leben auch nur im geringsten eine geistige Krise gehabt zu haben, aus der er möglicherweise für immer verwundet herauskommt, dies aber als Mensch mit Psyche, als Persönlichkeit mit Geist. Sie sind Atheisten aus dem gleichen Grunde, wie es die Esel und die Bäume sind. Sie sind – zu unserem Unglück – Portugiesen, weil sie innerhalb unserer Grenzen geboren wurden, von Leuten abstammend, die dies zuvor auf säkulare Weise bewerkstelligt hatten.«

Weiß Kapitän Aragão, daß Pimenta de Castro die Interessen der aristokratischen Gruppierungen Portugals und die der Intelligenz des Landes vertritt? Weiß er, daß alle, ausgenommen die Revolutionäre, die »Vereinigung der Eigentumsinteressen« und »diese zuhälterähnliche Ausdehnung der Monarchie, die an jeder Ecke wie eine Plage lauert und die einem spanischen Professor die Gelegenheit gab, über uns brenzlige, aber treffliche Sätze zu schreiben, die uns erröten lassen, weil sie uns treffen«, auf seiner Seite standen? Angesichts dieser Fragen versichert Campos, das im Moment Wichtigste sei, »eine portugiesische Seele zu erschaffen«, und rühmt – nach *Orpheu!* – Teixeira de Pacoaes und seinen Saudosismus, wenngleich er seine Anhänger der Abtrünnigkeit beschuldigt.

Es ist nicht so wichtig, sich mit allen skizzierten Ideen in diesen Notizen zu befassen, aber es bleibt festzustellen, daß Pessoas orthonyme und auch heteronyme Schriften stets Belege für einen Nationalismus und eine Sympathie für die autoritären Regime bargen, von der ihn seine Aversion gegen das Salazar-Regime kurierte, als er seine utopischen Ideen verwirklicht sah.

Nach einem Schweigen, das uns lang vorkommen mag angesichts der Häufigkeit des brieflichen Austauschs zwischen den Dichtern, teilt Sá-Carneiro Pessoa in dem Brief vom 13. September mit, daß sie »*Orpheu* leider aufgeben« müssen. Sein Vater hatte in der Tat der Druckerei eine »exorbitante« Rechnung zahlen müssen, und Sá-Carneiro war nicht gewillt, von ihm noch mehr Opfer dieser Art zu fordern. Und damit der Rest der orphischen Gruppe Pessoa nicht behelligte, schrieb er ihm: »Schieb ausschließlich mir den Tod der *Orpheu* zu, erkläre, daß ich mich in Paris nicht um die *Orpheu* kümmern möchte – und daß ich der einzige Schuldige bin.«

Durch den Brief vom 25. September wissen wir, daß Pessoa die Zeitschrift nicht aufgegeben hatte. Sá-Carneiro antwortet ihm darauf: »*Orpheu hat nicht ausgespielt.* Auf jeden Fall, nach einer beliebigen ›Zeit‹ muß sie weitergehen. Was nötig sein wird, ist, ›Beharrlichkeit‹ zu zeigen. Dennoch schicke ich Dir einen *coup-de-théatre*: den gestern erhaltenen Brief des Futuristen Rita Pintor [sic], der nicht möchte, daß die *Orpheu* endet, und sie mit eigenem Vermögen, über das er verfügt, fortführen wird, falls wir uns nicht sträuben etc., etc. – und er rechnet weiter mit mir und Dir –, er nennt Dich ferner nicht mehr ›häßliche Namen!‹ … Die Angelegenheit ist heikel, besonders für Dich, der Du sie aushalten mußt. Ich gebe Dir freie Hand. […] Ich für meinen Teil beschränke mich damit, ihm sofort einen vagen Brief zu schreiben: natürlich ja!, und darüber hinaus … Kläre Du dieses Durcheinander. Selbstverständlich, Santa-Rita als ›maître‹ der *Orpheu* scheint mir fataler als ihr tödliches Ende.«

Die Verhandlungen setzten sich fort, denn mit dem Brief vom 2. Oktober schickte er Pessoa zugleich einen von Santa-Rita, der am selben Tag angekommen war und in dem dieser sich damit einverstanden erklärte, daß Fernando weiterhin die

Zeitschrift leitete. »Sieh doch, ich sage ihm immer noch, natürlich ja!, und darüber hinaus auch, er muß sich mit Dir verständigen: Und ich sage ihm, daß ich die *Orpheu* nicht machen möchte, und sie allein meine und Deine Sache wäre. Jag ihn zum Teufel. (Aber falls er trotzdem anbieten sollte, wirklich und ernsthaft die *Orpheu* zu bezahlen, und Dir die Leitung vollständig überläßt? Aber nicht einmal, wenn das einträfe, scheint mir der Plan durchführbar. Du wirst das entscheiden.)« Es ist ziemlich klar, daß sie sich nicht an Santa-Rita verkauften und auch nicht an die anderen, die noch in der Gruppe geblieben waren oder sich von ihr abgesetzt hatten. Und Mário de Sá-Carneiro schreibt: »Das mit der Namensregistrierung der Zeitschrift hast Du sehr gut gemacht. Unverschämtheiten! Dreistigkeiten von Rita, Montalvor & Co.«

Am 16. richtete Sá-Carneiro einen Brief an die Druckerei Tipografia do Comércio, in dem er sie darauf aufmerksam machte, daß, falls sich jemand unter Berufung auf seinen Namen – befürchtet werde dies von Santa-Rita – an sie wenden sollte, um den Druck der Zeitschrift in Auftrag zu geben, dies ohne seine Einwilligung geschehen würde. Es scheint in der Tat so zu sein, daß Montalvor sich mit dem Maler verständigt hatte und beide willens waren, eine dritte Nummer der *Orpheu* herauszubringen. Sá-Carneiro hierzu am 18.: »Um Himmels willen! Um Himmels willen, was für einfältige Halunken! Auf jeden Fall soll sie der Schlag treffen … Jetzt ist etwas eingetreten, bei dem man sehr aufpassen muß: Wenn sie die Dreistigkeit begehen, wahrhaftig eine *Orpheu Nr. 3* in Umlauf zu bringen, *können wir nicht mitwirken:* Das würde unsere stillschweigende Einwilligung bedeuten.« Schließlich, wie Sá-Carneiro am 3. November kommentiert, hat Santa-Rita verzichtet; und im Brief vom 7. Dezember zeigte er sich sehr verwundert, als ein »Jüngling« die schon sehr verspätete Nummer bezahlen möchte.

8

Der Selbstmord von Sá-Carneiro.
Theosophie und psychische Phänomene.
Exílio und *Centauro*. Die dritte Nummer der *Orpheu*
1916

D as Jahr 1916 war eines der qualvollsten im Leben Fernando Pessoas und zugleich eines der entscheidendsten für seine Zukunft. Die Ereignisse begannen sich zu überstürzen, als seine Mutter, die damals in Pretoria lebte, im Dezember des ausgehenden Jahres einen schweren Schlaganfall erlitt, der ihre Angehörigen das Schlimmste befürchten ließ. In gerade diesem Monat erreichte Pessoa ein alarmierender Brief von Sá-Carneiro, der sich trotz der Entbehrungen des Krieges weiterhin in Paris aufhielt und der ihn über seine neuen und sehr schweren geistigen Störungen informierte. Im Verlauf des Jahres wurde deutlich, daß es unmöglich werden sollte, eine dritte Nummer der *Orpheu* herauszubringen, die Pessoa nicht aufgeben wollte und in deren Planung er reichlich Arbeit und Enthusiasmus investierte. Währenddessen äußerten sich bei ihm nachdrücklich und in einem fortgeschrittenen Stadium psychische Phänomene der Unrast. Es schien, als ob sich das Schicksal vorgenommen hätte, durch berufliche Überbelastung sowohl die geistige wie auch körperliche Widerstandskraft unseres Dichters zu erproben, der kurze Zeit vorher die Grundlagen seines erstaunlichen literarischen Werkes gelegt und sich obendrein in einem Ambiente skandalträchtiger Erwartungen als einer der sonderbarsten und streitbarsten Schriftsteller des Landes zu erkennen gegeben hatte. Pessoa wußte sich mit großer Geistesgegenwart und bewundernswerter Gelassenheit über zahlreiche Schwierigkeiten, die ihm auf seinem Weg begegnen sollten, hinwegzusetzen, aber niemals vernachlässigte er die Lektion, nämlich sich als ein zum Lernen Verpflichteter erkannt zu haben, und begann damals, seinen jugendlichen Enthusiasmus zu bremsen und sich in gewisser Weise nach innen zu orientieren. Was er jedoch niemals aufgeben sollte, ist sein konstantes und sein variantenreiches Schreibpensum; und dies gilt für alle seiner so zahlreichen Vorhaben und Werke, die er anfing und von denen nur wenige in den kaum zwanzig Jahren, die ihm noch verblieben, vollendet wurden.

In einem Brief vom 29. Dezember 1915 vertraute Sá-Carneiro Pessoa an, daß er angesichts des Zustandes, in dem er sich befinde, nicht vorhersehen könne, wie die Angelegenheit enden würde. »Die Glückstrommel dreht sich eins ums andere Mal unruhiger. Vor allem kann ich keinen Moment lang ruhig bleiben. Das ist ein Fieber, ein Fieber«, und er erzählt Pessoa, wie er über die Teppiche im Hause eines Freundes gestolpert sei, wie er einen Aschenbecher zerbrochen habe und wie er, weil er nicht wisse, was er tun solle, von Bar zu Bar durch die Stadt vagabundiere, daß er von seiner Familie Geld erbeten habe, es aber für überhaupt nichts benötige; »ein Schwindel, ein Verdruß, ein Schnellzug der Verhärmung [...], ein unmöglicher Gemütszustand und jedesmal hoffnungsloser«. Er hat seltsame Visionen: ein Huhn aus blauem Glas, das an einem Bratspieß schmort, »ja!, aus blauem Glas«, und glänzende brokatene Bruchstücke, unter denen sich etwas verbirgt, was sich bewegt und abscheulich sein muß. »Wo wird das schließlich enden, ich weiß es nicht. Und auch, was es an Bedeutsamem für mich gab, ist heute zerrissenes Papier. Ich bin verdrossen, es leid, müde!«

Am 13. Februar schreibt er anfangs freudig darüber, daß in Lissabon zwei neue literarische Zeitschriften erscheinen werden – *Exílio* und *Centauro* –, deren Richtung mehr oder weniger paulistisch ist, um fast in der darauffolgenden Zeile, nach einer Anspielung auf die extravaganten Grillen der

Freunde Rodrigues Pereira und Raul Leal, zu kommentieren: »Wenigstens bin ich nicht der einzige, der verrückt ist. Denn, glaub es mir, mein guter Freund: *Ich bin verrückt.* Jetzt gibt es keinen Zweifel mehr. Wenn ich Dir in einem vortäuschend nützlichen Brief das Gegenteil sage und wenn ich wie früher zu Dir spreche, glaube nichts davon: Sá-Carneiro ist verrückt. [...] Literatur, Sensationismus, das alles ist aus. Jetzt, verstehst Du?, nur noch das Irrenhaus.« Und er erzählt ihm, wie er, wenn er mit Freunden zusammen ist, auf sich achtgeben muß, um keine Albernheiten zu machen. Ihm entfallen Worte, ihm gleiten Dinge aus der Hand, er fühlt den Boden unter seinen Füßen wegkippen, er glaubt, sich unter schwarzem Schneefall zu befinden, und muß mehrmals täglich seinen Hemdkragen wechseln, aber nur in seiner »Vorstellung«. »Ich schwöre Dir, genau so ist es.« Sá-Carneiro trifft sich noch mit Freunden und schreibt weiterhin Verse, denn vielleicht erreicht er so, seine ihn erdrückenden Obsessionen zu vergessen. Es gelingt ihm nicht. Am 16. Februar zitiert er ein paar Verse, deren schwarzer Humor Pessoa ängstigen mußte. In ihnen bittet er für den Fall seines Todes Blechdosen zu schlagen, Gebrüll auszustoßen, Grobheiten als Antworten zu geben, Gaukler und Akrobaten herbeizurufen und daß ein Esel, der wie eine Andalusierin geschmückt sein soll, seine Leichenbahre ziehen möge... Fast unmittelbar darauf kopiert er mehrere Strophen eines Gedichts, das »höchstgradig verwirrt« wirkt und dem er den Titel *Weibliche* gibt. Die beabsichtigte Komik – der Poet würde gerne eine Frau sein – kann höchstens als ein Irrereden verstanden werden, ein Irrereden, das jeden Leser ängstigt, der um die Umstände, in denen der Text geschrieben wurde, weiß.

Ich möchte eine Frau sein, um nicht an das Leben
denken zu müssen,
Und viele Greise kennen, sie auf Geld anzuhauen.

[...]

Ich möchte eine Frau sein, die den erregte, der sie ansähe,
Ich möchte eine Frau sein, um mich verleugnen zu können.

Was sollte Pessoa auf die Frage zur Qualität des Gedichtes antworten? Wir werden es niemals erfahren, aber es ist einfach, sich die Beängstigung vorzustellen, die dieser tragische Scherz hervorrufen sollte.

»Seit einigen Wochen durchlebe ich ein nicht zu benennendes Inferno«, schreibt Sá-Carneiro ihm zwei Tage später; und in dem folgenden Brief bittet er ihn, Besorgungen zu machen und für ihn Geld aufzutreiben ... Der einzige Brief von Pessoa an Sá-Carneiro, von dem die komplette Abschrift erhalten ist, stammt vom 14. März. Vermutlich schrieb er von seinen persönlichen Umständen, damit Sá-Carneiro, dessen letzte Briefe ihn ein bißchen ruhiger erscheinen ließen, erkennen konnte, daß er nicht der einzige war, der sich starkem psychischem Druck ausgesetzt sah, und damit es ihm gelänge, seine Ängste über die Sorge um diejenigen, die Pessoa litt, zu vergessen: »Ich schreibe Dir heute aus gefühlsmäßiger Notwendigkeit – aus dem bedrängenden Wunsch, mit Dir zu reden. Nur dies – daß ich mich heute auf dem Grunde einer abgründigen Depression befinde. Das Absurde des Satzes spricht für mich.« Dann, und indem er sich mehrerer poetischer Bilder bedient, erklärt er ihm, daß er sich als gescheitert ansieht. Im Postskriptum diagnostiziert er seinen Geisteszustand als eine »fundamentale Hysteroneurasthenie«. Handelt es sich dabei um eine Aufforderung an Sá-Carneiro, sich zu beobachten und sich als ersten Schritt der

Überwindung – mit oder ohne seine Hilfe – um eine Diagnose seines Leidens zu bemühen? Wenn es so war, dann war er weit davon entfernt, diese Absicht zu erreichen. Am 24. schreibt ihm Sá-Carneiro: »Ich habe Deinen beeindruckenden Brief erhalten; welche Seele, welcher Stern, welches Gold! [...] Ich weiß nicht, worin das alles enden wird, wird es noch möglich sein, und die Zahnradgetriebe zerquetschen mich nicht? Aber es ist so schön, Dummheiten zu fabrizieren:

> Knüpfen wir in Leben
> Gegen uns und die Welt.«

Gefangener seiner Obsessionen, beginnt er seinen Brief vom 31. März mit den Worten: »Wenn nicht durch ein Wunder verhindert, so wird Dein Mário de Sá-Carneiro am kommenden Montag, dem 3. (oder bereits am Vortag), eine starke Dosis Strychnin nehmen und von dieser Welt verschwinden. [...] Ich habe schon gegeben, was ich geben mußte. Ich bringe mich nicht für nichts um, weil ich mich infolge der Umstände in eine Aura der Vermessenheit versetzt habe – oder besser, durch sie, die Umstände, in sie versetzt worden bin –, das heißt, in eine Situation, für die es nach meinem Verständnis keinen anderen Ausweg gibt.« Und als Postskriptum schreibt er: »Wenn es mir morgen nicht gelingt, mir eine ausreichende Dosis Strychnin zu verabreichen, werfe ich mich vor die ›Métro‹ ... Ärgere Dich nicht über mich.« Im nachfolgenden Brief sagt er Pessoa: »Heute ist es Dienstag der 3., an dem ich sterbe, indem ich mich in der Station Pigalle vor die ›Métro‹ (oder genauer die ›Nord-Sud‹) werfe. Gestern habe ich Dir mein Gedicht-Heft geschickt, *aber unfrankiert.*« Als letztes Andenken sandte Sá-Carneiro Pessoa den Studentenausweis der Pariser juristischen Fakultät. Auf diesen Brief folgte eine Postkarte: »Sinnlos meine Briefe bis auf neue Order: Die Umstände

verrennen sich immer schlimmer. Aber es hat eine Eintakt-
pause gegeben.«

Dachte er nicht an den Gemütszustand, in den sein exhibi-
tionistischer Selbstmord seinen besten Freund stürzen mußte,
der nichts tun konnte, um einzugreifen? Der Brief vom 4. April
ist wiederum aberwitzig, und obwohl Sá-Carneiro scheinbar
entschieden hatte, sich nicht sofort umzubringen, gibt er wenig Anlaß zur Hoffnung. Er schildert Pessoa, daß er »dieses
komplizierte Frauenzimmer« schlafend zurückgelassen hatte
und in der Überzeugung losgezogen war, mittags mit tausend
Francs zurückzukommen, aber statt das Geld zu besorgen, im
Telegraphenamt ein ziemlich langes Telegramm an seinen
Vater in Moçambique aufgab, in dem er ihm seinen Selbstmord für 14 Uhr 30 an der Haltestelle Pigalle ankündigte, und
daß er Pessoa an der Kasse des besagten Cafés seinen Füllfeder-
halter als Erinnerungsstück hinterlassen werde. »Endgültig, ich
werde alles für meinen ›Tod‹ vorbereiten. Ich habe Dir einen
letzten Brief geschrieben, einen weiteren an meinen Vater und
an sie noch ein Telegramm … Nachdem ich den Federhalter
hinterlegt hatte … Sie sagen mir, Mademoiselle Siewissen-
schon [sic] ist mich sehr betrübt suchen gegangen …« Schließlich fand sie ihn um vier Uhr nachmittags in einer Bar, wo er
ein Bier trank. Sie kam gerade vom portugiesischen Konsu-
lat, wo »die Konsule«, wie Sá-Carneiro sich ausdrückt, sie lä-
chelnd empfangen und ihr gesagt hätten, daß sie nicht soviel
Aufhebens machen solle, da Sá-Carneiro einer dieser Über-
geschnappten der *Orpheu* sei, ein *détraqué*, ein Verrückter, Mitglied einer durch Kokain und andere Drogen entartet-verblö-
deten Gruppe. Sá-Carneiro machte ihr, nachdem er zugehört
hatte, eine Szene: Er wollte sich ein Glas im Gesicht zerbre-
chen, und sie griff nach seiner Hand, konnte aber nicht verhindern, daß er sich an der Lippe schnitt. Es schien Sá-Carneiro zu
belustigen, daß seine Geliebte ihm Geld besorgt hatte, um
erneut seinem Vater zu telegrafieren. »Jetzt ist es kein Scherz

mehr, wenn die Leute behaupten, ich hätte auf Kosten einer Frau gelebt. Nett, nicht? Grandios ... Das Finale von all dem: mysteriös ... Vielleicht doch noch die Métro ... Kümmer' Dich nicht drum ... Was für ein Grauen! Verzeih mir alle Schrecken, die ich Dir zugefügt habe. (Ich habe soeben ein Telegramm an Dich aufgegeben, um Dich zu beruhigen.)«

Am 18. April bat er Pessoa, ihm viel zu schreiben – das einzige, was ihn von seinem Egoismus kurieren könne –, daß er sich seiner erbarmen, sich sein Horoskop anschauen solle, und fragte, ob er sein Gedicht-Heft schon erhalten hätte ... Dies war der letzte Brief, den er auf den Postweg brachte. Am 27. kleidete er sich besonders elegant an und nahm fünf Fläschchen Strychnin zu sich, die sein Leben nach weniger als zwanzig Minuten beendeten.

Pessoa hatte Sá-Carneiro in einem Brief vom Dezember 1915 von den Krisen berichtet, in die ihn seine Kenntnis der theosophischen Ideen und Doktrinen gestürzt hatte. Nachdem er ihm geschrieben hatte, »Krisen verschiedener Ordnung« seien über ihn hereingebrochen, gesteht er ihm, daß er sich in »einer intellektuellen Verworrenheit und Angst« befinde, die dieser sich kaum würde vorstellen können.

Der erste Teil der geistigen Krise ist Dir schon bekannt; er hat sich aus dem Umstand ergeben, daß ich von den theosophischen Lehren Kenntnis genommen habe. Ich habe sie, wie Du weißt, auf höchst banale Art kennengelernt. Ich mußte theosophische Bücher übersetzen. Ich wußte nichts, absolut nichts von diesem Gegenstand. Jetzt kenne ich natürlicherweise das Wesen des Systems. Es hat mich derart erschüttert, daß ich es für unmöglich halten würde, wenn es sich um irgendein religiöses System handelt. Der außerordentlich weitläufige Charakter dieser Religionsphilosophie, die Vorstellung von Stärke, Herrschaft, *überlegener* und außermenschlicher Kenntnis, welche die theosophischen Schriften ausstrahlen, haben mich sehr verwirrt. Genau das gleiche war mir vor langer Zeit bei der Lektüre eines englischen Buches über *Die Riten und Mysterien der Rosenkreuzer* zugestoßen. *Die Möglichkeit, daß hier, in der Theosophie, die wirkliche Wahrheit stecken könnte,* geht mir nach. [...] Wenn Du nun jedoch bedenkst, daß die Theosophie ein ultrachristliches System ist – in dem Sinne, daß sie die christlichen Prinzipien bis zu einem Punkt erhöht enthält, wo sie in *ich weiß nicht welchem Jenseits-von-Gott verschmelzen* – und berücksichtigst, was darin mit meinem essentiellen Paganismus grundlegend unvereinbar ist, so hast Du die erste Erschwernis, die zu meiner Krise hinzugekommen ist. Wenn Du ferner beachtest, daß die Theosophie, weil sie alle Religionen zuläßt, einen dem Heidentum, das in seinem Pantheon alle Götter zuläßt, ganz ähnlichen Charakter besitzt, hast Du das zweite Element meiner ernsten seelischen Krise.

In der Tat übersetzte Pessoa im Verlauf dieses und des folgenden Jahres mehrere Bücher der bekanntesten Theosophen seiner Zeit. Von der visionären Russin Helena P. Blavatsky, der Gründerin der zeitgenössischen theosophischen Schule schlechthin und für einen gewissen Zeitraum Meisterin von Yeats, brachte er eine kurze Anthologie der Fragmente des *Buchs der auratischen Regeln* mit dem Titel *Die Stimme der Stille* ins Portugiesische; von Annie Besant, Oberhaupt der britischen Theosophen, übersetzte er *Die Ideale der Theosophie* und von C. W. Leadbeater, Tutor und Erzieher des Krishnamurti, den die Besant protegierte, *Unsichtbare Hilfsmittel* und ein *Kompendium der Theosophie.* Auch übersetzte er unter dem Titel *Licht auf den Weg* ein Buch in seine Sprache, dessen Autorin durch Publikationen über Pessoa mit den Initialen M. C. hervortreten sollte. Es handelt sich dabei um *Light on the Path,* ein in dieser Zeit sehr bekanntes devotionales Werk von Mabel Collins, die wiederum eine der Lieblingsschülerinnen der Blavatsky war.

Mit der Zeit mißtraute Pessoa schließlich der Theosophie, denn er kam zu der Meinung – wie sein Zeitgenosse und Meister des Vierten Weges Uspenskij –, daß jene Doktrin »keine Zukunft hatte«, denn sie verwandelte sich zu schnell in Dogmatik und hatte der Entstehung einer Glaubensgemeinschaft Raum gelassen. Aber bereits zuvor spaßte er mit Sá-Carneiro, indem er ihm einerseits weismachte, die Religion wäre intersektionistisch, und er andererseits die Lektüre der Eingeweihten so sehr ernst nahm.

Eigentlich rührte sein Interesse für das Mysteriöse und für Esoterisches von tief her, und auch unter seinen besten Freunden fanden sich mehrere, die okkulte Wissenschaften studierten. Einer von ihnen war Raul Leal, der seine okkulten Schriften unter dem Pseudonym Henoch veröffentlichte, ein anderer Mário Santana, einer seiner *Tertulia*-Bekanntschaften aus dem Brasileira. Am meisten aber befaßte sich Augusto Ferreira Gomes mit diesen Themen, für dessen sebastianistisches Buch *Fünftes Reich* Pessoa ein paar Jahre später den Prolog verfassen sollte. Wahrscheinlich hatte dieser enge Freund ihn in die Geheimnisse der Astrologie eingeweiht. Darüber hinaus hatte Pessoa an mehreren spiritistischen Sitzungen teilgenommen, die im Haus von Tante Anica zelebriert wurden, und sandte ihr am 24. Juni 1916 einen langen Brief nach Lausanne. Nachdem er ihr darin die gute Nachricht von der Genesung seiner Mutter berichtet hatte – sie konnte ihre von einem Schlaganfall gelähmten Gliedmaßen, ausgenommen den Arm, wieder bewegen, und ihr Gemütszustand war wieder normal –, ging er dazu über, ihr von »einem mysteriösen Fall« zu erzählen:

»Das Faktum ist dieses: Gegen Ende März (falls ich mich nicht irre) habe ich begonnen, Medium zu sein. […] Ich befand mich einmal abends, aus dem Brasileira kommend, zu Hause, als ich den Wunsch verspürte, wörtlich zu einer Feder zu

163

greifen und sie aufs Papier zu setzen.« Das Ergebnis war, daß er begann, zerstreute Kritzeleien zu Papier zu bringen, und als diese sich in Schrift verwandelten, »begann ich mit der (mir wohlbekannten) Unterschrift ›Manuel Gualdino da Cunha‹«, dem Onkel Cunha, an den er in diesen Momenten nicht im entferntesten dachte. »Zuweilen schreibe ich so, manchmal freiwillig, manchmal *gezwungenermaßen*. [...] Gewisse Sätze kann man verstehen. Und vor allem gibt es da etwas äußerst Merkwürdiges – eine aufreizende Neigung, mir auf Fragen *mit Ziffern* zu antworten; so wie auch die Tendenz zum *Zeichnen* da ist. Es sind keine Zeichnungen von Dingen, sondern von kabbalistischen und freimaurerischen Zeichen, Okkultismus-Symbolen und solchen Dingen, die mich ein wenig verwirren. Es ist nichts, was sich mit Ihrer automatischen Niederschrift oder mit derjenigen Marias vergleichen ließe – einer Erzählung, einer Reihe von Antworten in gängiger Sprache. Es ist wesentlich unvollkommener, aber viel geheimnisvoller.«

Die Angelegenheit mit den Ziffern beschäftigte ihn stark, und weil er im übrigen nichts von ihnen verstand, konsultierte er einen Freund und Okkultisten – möglicherweise Fernando de Lacerda –, welcher ihm, was das Ziffern-Schreiben anbetrifft, versicherte, daß es ein Beweis der Authentizität jener Gebrauch der Schrift sei und daß es sich tatsächlich nicht um eine Autosuggestion handele, sondern um eine legitime mediale Fähigkeit. Aber die Vorgänge machten nicht dort halt, denn »als Sá-Carneiro in Paris seine große geistige Krise durchmachte, die ihn zum Selbstmord führen sollte, *habe ich die Krise hier gespürt*, ist über mich eine plötzliche, *von außen kommende* Depression hereingebrochen, die ich in jenem Augenblick mir nicht zu erklären vermochte«. Dies klingt alles so verblüffend wie glaubwürdig – und warum hätte es in diesem Brief Anlaß zur Mystifikation geben sollen – und bezeichnet nichts weniger als den Beginn dessen, was die Okkultisten Astralvision und ätherische Vision nennen. – Er vertraute Tante Anica an:

»Beispielsweise gibt es Momente, in denen ich vollkommene Dämmerungen [?] der ›ätherischen Vision‹ erlebe – in denen ich die ›magnetische Aura‹ einiger Leute sehe und vor allem meine eigene im Spiegel und im Dunkeln, wenn sie mir aus den Händen strahlt.« Außerdem war es ihm im Brasileira do Rossio gelungen, die Rippen eines Individuums durch den Anzug und die Haut hindurch zu sehen. Die Astralvision war noch sehr unvollkommen, aber des Nachts, bei geschlossenen Augen, sah er – sehr schnelle, aber sehr klare – Bildchen mit sonderbaren Figuren, symbolischen Zeichen, »ich habe auch schon Ziffern gesehen«. Zuweilen fühlte er sich wie »irgendeinem anderen Ding« zugehörig, sein rechter Arm hob sich zum Beispiel ohne sein Zutun, oder er fiel zu einer Seite, als ob er hypnotisiert worden wäre. Es gab Dinge, die ihm einen »gewissen Respekt« einflößten, so wenn wiederholt »mein Gesicht« im Spiegel verschwindet und daraufhin vier verschiedene auftauchen, eines von ihnen mit Bart.

Pessoa machte mit Tante Anica keine Späße, und wenn, so würde es nicht sonderlich schwer fallen, den drei bartlosen Gesichtern die Namen Caeiro, Reis und Campos und dem bärtigen Gesicht den von Mora oder von Baldaya zuzuteilen. Aber er spaßte nicht, im Gegenteil, er versicherte der Tante, daß er nicht verrückt sei, »es ist sogar das kuriose Faktum zu verzeichnen, daß es mir in puncto geistiges Gleichgewicht so gut geht wie nie.« – »Ich weiß schon genug von den medialen Fähigkeiten, um zu erkennen, daß in mir die sogenannten höheren Sinne zu irgendeinem Zweck geweckt werden, daß der unbekannte Meister, der mich auf diese Weise einweiht, indem er mir diese höhere Existenz auferlegt, mir ein viel größeres Leid auferlegen wird, als ich es bisher erlitten habe, und dazu den tiefen Verdruß an allem, der mit dem Erwerb dieser hohen Fähigkeit einhergeht. Außerdem wird schon das Aufdämmern dieser Fähigkeiten selbst von einer geheimnisvollen Empfindung der Isolierung und der Verlassenheit begleitet, welche die Seele bis zum Grunde mit Bitterkeit erfüllt.« Das ist genau der Gemütszustand, den er, einmal seiner Maske mit dem Namen Bernardo Soares zugesprochen, auf den Seiten des mit zahlreichen esoterischen Referenzen durchzogenen *Buches der Unruhe* beschreiben sollte, aber es ist auch der Gemütszustand vieler seiner orthonymen Dichtungen und weiter Teile der Schriften von Álvaro de Campos.

»Ich sage nicht *alles*, denn alles darf man nicht sagen: Aber ich sage genug, damit Sie mich ungefähr verstehen können.« Im weiteren Verlauf sollte er nur noch sehr verhalten etwas von sich geben, denn es ist sehr stark anzunehmen, daß Ferreira Gomes, oder wer auch immer seine Vertrauensperson oder sogar sein okkultistischer Meister war, ihm das Gebot des Schweigens auferlegte. Und am Ende seines Lebens und mit rechter Behutsamkeit würde er noch einmal auf seine esoterischen Glaubensgrundsätze und seine Initiation hinweisen.

Einige Tage, nachdem er diesen Brief geschrieben hatte, am 9. Juli, empfing er durch automatische Niederschrift eine Botschaft auf englisch:

Meine Worte werden gedacht, um zu überzeugen. Es sind die Worte eines Freundes, wie sie es immer sind. Du bist das Zentrum einer astralen Verschwörung, der Treffpunkt von Elementen der unheilbringenden Art. Niemand vermag zu sagen, was von deiner Seele kommt. So zahlreich sind die körperlosen Anwesenheiten in ihrem Umkreis, daß sie von Hier [sic] aus der Kern deiner Bestimmung zu sein scheinen. Keine Gegenwehr, den Diktaten deines höheren Ichs nicht gehorsam zu sein, ist möglich, und du sollst nicht ruhen, deine Herkunft der Güte und der Schönheit zu manifestieren. Mein Sohn, diese Welt, die wir bewohnen – denn wir leben alle an demselben göttlichen Ort –, ist ein Dickicht aus Inkonsequenzen und Gefräßigkeiten. Die Verlorengegangenen sind den Gefundenen gegenüber in der Mehrheit. Deine

Bestimmung ist zu hoch, als daß ich sie aussprechen könnte. Du mußt sie selbst entdecken. Aber du mußt dich anstrengen ... durch das Chaos der vielen Leben hindurch bis zur Göttlichen Anwesenheit herrsche in deiner Seele. Aber der Mensch ist schwach, und ebenso die Götter. Vor allem die Vorsehung – der Gott ohne Eigennamen – wacht von seinem Thron (unerreichbar?). Mein Name ist irrtümlich, und auch dein Name ist irrtümlich. Nichts ist, wie es zu sein scheint. Verstehe dies, wenn du kannst, und ich weiß, daß du es verstehen kannst. More. Henry More. Frat RC [Fraternitas Rosea Crucis]. Was man sein muß, hat man zu sein.

Der Unterzeichner dieser medialen Mitteilung, Henry More, scheint der berühmte englische Philosoph des 17. Jahrhunderts zu sein, der sich mit magischen Phänomenen und mit dem Okkultismus beschäftigt hatte und von dem man munkelte, daß er der Bruderschaft der Rosenkreuzer angehört hatte. Die Elemente, die entkörperten Anwesenheiten, von denen er Pessoa erzählt, sind ohne Zweifel die niedrigen Geister, die besessen darauf sind, sich in den Lebenden zu verkörpern, oder die Geister der vier klassischen Elemente, was die Botschaft, die in diesem Punkt zurückhaltend ist, nicht näher zu bestimmen erlaubt.

Nachdem er in seinem Brief vom 4. September die bekannten Ursachen für seine Unruhe resümiert hatte, die er bald zu überwinden glaubte, kündigte er Côrtes-Rodrigues die bevorstehende Herausgabe der *Orpheu* drei an. Folglich hatten weder die Abtrünnigkeit mehrerer, die an der Zeitschrift mitgewirkt hatten, noch der Selbstmord Sá-Carneiros ihn abgehalten, das orphische Unternehmen fortzusetzen. Zu diesem Zweck hatte er eine versöhnliche Haltung zu den Deserteuren der *Orpheu* angenommen, womit er beabsichtigte, statt in den bestehenden Differenzen unterzugehen, die schnell zu Feindschaften führen könnten, die losen literarischen und freundschaftlichen Verbindungen fester zu zurren, die noch ein Gemeinsames hatten. Die Zeitschriften *Exílio* und *Centauro* sind sehr illustrative Beispiele dieser umsichtigen Haltung Pessoas.

Im April des Jahres 1916, also etwas mehr als ein Jahr nach der ersten Ausgabe der *Orpheu*, erschien die einzige Nummer der als Monatsheft angekündigten *Exílio,* deren Direktor Augusto de Santa-Rita war, der jüngere Dichter-Bruder des Malers, dessen Intrigen Sá-Carneiro stets irritiert hatten. Die »Begründung« dieser Zeitschrift, obwohl sie nicht saudosistisch im Sinne der *Renascença* war, sprach von *saudade* und von einem »neuen Christus des Ideals« und schlug einen entschieden patriotischen und prophetischen Ton an. *Exílio* sollte unter anderem »die Standarte der neuen Generation« sein, »der Nachen des Wagnisses, auf dem die Seele des lusitanischen Seemanns, in einem Dichter inkarniert, aus dem Indien ihrer Träume auf neuen Wegen in das Land ihrer Wiege zurückkehren werde«, und »das glänzende Gestade in der Verbannung, wohin sich alle diejenigen freiwillig expatriieren, die unabhängig von ihrer politischen Couleur noch auf das Wiedererstehen Portugals dank der jungen Generation vertrauen«. In Wirklichkeit und trotz der rhetorischen Rundumschläge diente die *Exílio* der Verbreitung einer den Neomonarchisten wenn nicht identischen, so doch sehr nahestehenden Ideologie – über die sich Pessoa im Jahr zuvor in *Der Grundsatz der Ordnung* lustig gemacht hatte. Ein Beleg hierfür ist, daß eine der herausragendsten Figuren der integristische Dichter António Sardinha war, der in jenem Monat April ein fanatisch antirepublikanisches Manifest zugunsten der Monarchie veröffentlichte. Sardinha verfocht einen politischen Aktivismus, der wenig oder gar nichts mit der pessoanischen kulturellen Projektion des Super-Camões zu tun hatte.

An der neuen Zeitschrift wirkten drei Orphisten mit: António Ferro und Côrtes-Rodrigues, der dritte war Fernando Pessoa, der zweimal mit seinem Namen zeichnete, unter dem Gedicht *Absurde Stunde* und dann unter einer literarischen Kritik, die den Einfluß des heidnischen Sensationismus in den Gedichtbänden von Pedro de Meneses und Cabral do Nascimiento zu belegen beabsichtigte. Literarisch war *Exílio* faktisch eine konservative Publikation, die nicht über den Symbolismus, einschließlich des von den orphischen Mitgliedern bewältigten, hinauskam.

Die einzige Nummer der *Centauro,* die vierteljährlich erscheinen sollte, wurde im Oktober herausgegeben. Luís de Montalvor leitete sie, und zu ihren Mitarbeitern zählten neben dem Direktor noch zwei von der *Orpheu,* Raul Leal und Fernando Pessoa, der darin vierzehn Sonette aus *Passos da Cruz (Kreuzwege)* publizierte. Es war, als ob es niemals Schwierigkeiten unter den Orphisten gegeben hätte, und das, obwohl Fernando infolge der *Centauro* – und genaugenommen durch die Nummer drei der *Orpheu,* die er zeitgleich vorbereitete – seinen Wunsch gescheitert sah, erstmals gesammelte Gedichte des von ihm sehr bewunderten Camilo Pessanha zu veröffentlichen.

Die Verse dieses Ausnahmedichters, des orthodoxesten der portugiesischen Symbolisten, kursierten immer häufiger in handgefertigten Abschriften in den Redaktionen und literarischen *Tertulias* Lissabons, während Pessanha selbst, der ein öffentliches Amt in der fernen asiatischen Kolonie Macao bekleidete und nur gelegentlich in die Metropole kam, sich weigerte, etwas zu veröffentlichen. 1915 hatte ihm Pessoa einen Brief geschrieben, in dem er ihn daran erinnerte, mit ihm ein paarmal im Café Suíço gesprochen zu haben, wo er ihm vom Bruder seines Stiefvaters vorgestellt worden war, um ihn gleich darauf zu informieren, von einem gemeinsamen Freund Abschriften mehrerer seiner Gedichte bekommen zu haben. Allerdings würde er es vor einer Veröffentlichung begrüßen, denn vorhandene Fehler könnten nicht ausgeschlossen werden, wenn Pessanha ihm eine Anzahl von Gedichten, deren Titel er ihm angab, zuschickte, wobei er ihm natürlich die Freiheit überließ, einer anderen Sammlung den Vorzug zu geben. Pessanha, der in China ein keinesfalls geregeltes Leben führte und sich niemals um seinen Ruhm sorgte, antwortete nicht auf den Brief des jungen Dichters. Auf einfacherem Wege, wenn auch fragwürdiger angesichts der möglichen Ungenauigkeit der Abschriften, erhielt Montalvor in der Zwischenzeit von einigen Verwandten Pessanhas eine Gedichtsammlung, deren Veröffentlichung aus der *Centauro* ein historisches Dokument von größter Wichtigkeit machte. Es ist sehr wahrscheinlich, daß Pessoa von der Veröffentlichung wußte, als er Montalvor das Original seines *Passos da Cruz* übergab. Im übrigen, wenn sie auch keine Zeitschrift von der einzigartigen Kategorie der *Orpheu* war, hielt *Centauro* mit höchster Vollkommenheit, anders als die *Exílio* – und ohne die direkt wirkenden politischen Implikationen letzterer –, an der ästhetischen Botschaft des Symbolismus fest. Die Absicht Montalvors, daß in den nächsten Nummern des *Centauro* spanische Schriftsteller mitwirken sollten, – er kündigt Originalbeiträge von António de Hoyos y Vincent, von Francisco Vilaspesa [sic] und von D. Ramón de Valle-Inclán [sic] an –, verdient es, erwähnt zu werden.

Wie gedachte Fernando Pessoa die *Orpheu* drei zu finanzieren? Stimmt es, daß die Zeitschrift kurz vor der Herausgabe stand, wie er am 17. Juli in einem Brief an José Paxeco schrieb? Darin bat er ihn um ein Treffen, um die Fragen zu erörtern, die diese Nummer, die in Teilen schon gedruckt vorlag, aufwarf. Auf die erste Frage zu antworten bin ich nicht in der Lage; die Antwort auf die zweite Frage ist die Entdeckung dreier Druckbogen der *Orpheu* drei, die Alberto de Serpa während der 40er Jahre in einem Antiquariat machte. Einige Jahre später, 1953, entdeckte Casais Monteiro unter den Papieren Pessoas einen weiteren Druckbogen. Pessoa stand demnach kurz davor, sein Vorhaben zu verwirklichen. Aber weshalb tat er es nicht? Gegenwärtig gibt es auch auf diese Frage keine Antwort.

Die gedruckten vier Bögen erweisen sich als sehr interessant, unter anderem, weil es scheint, daß Pessoas Absicht darin lag, eine *Orpheu* drei sensationistischen Charakters herauszubringen, deren Inhalt aber in Wirklichkeit derart unselig eklektisch ist wie der der zwei in Umlauf gebrachten Nummern, obwohl die Aufteilung in Symbolisten und Dekadente in ihr vielleicht höher angesetzt ist als in den beiden Vorläufern. Sieben Kompositionen von Sá-Carneiro versammelte er unter dem Titel *Poemas de Paris (Pariser Dichtungen)*, deren Stil dem seiner vorangegangenen Beiträge sehr ähnelt; darauf folgt eine dekadente Prosadichtung mäßiger Qualität von Albino de Meneses, und unmittelbar danach stehen einige wunderbare Gedichte aus der Feder Pessoas: *Gládio (Schwertlilie)* und eine Sequenz von fünf weiteren, zusammengefaßt unter dem Titel *Além-Deus (Jenseits von Gott)*, die esoterische Merkmale tragen wie diese Verse, die den Abschluß des vierten Gedichts der Serie bilden:

Jenseits! Jenseits von Gott! Das schwarze Ruhn ...
Des Unbekannten dunkler Schein ...
In allem, hör du Seele, wohnt ein anderer Sinn,
Sogar wo innewohnt ein Sinnhaft-Sein ...

Ferreira Gomes ist durch ein Prosagedicht mit einem heidnischen Thema vertreten; laszive Nymphen und ein alter Faun, der, während sie um ihn herumtanzen, stirbt ... Aber der wohl neueste und überraschendste Beitrag ist das Gedicht *Der Schauplatz des Hasses*, dessen Autor Almada Negreiros ist. Von den ersten Versen an (»Ich, von Dummköpfen verhöhnter Knabenschänder, erhebe mich, / Werde der Götter Hure, dem Buche eingeklebte Sünde«) erkennt man, daß es diesem ausgedehnt langen Gedicht – welchem es nicht an Einfluß von Álvaro de Campos mangelt – bestimmt war, einen Skandal zu provozieren, der möglicherweise über die Skandale der ersten beiden Nummern der Zeitschrift hinausgehen würde. Aber selbst wenn man diese provozierende Haltung unterstellt, muß man anerkennen, daß es sich dabei um einen der besten in *Orpheu* gelieferten Beiträge handelt, um ein Manifest gegen die Verleumder der *Orpheu*, dessen Stil nicht nur mit dem *Manifest gegen Dantas* – das Almada Negreiras im Jahre 1916 veröffentlicht hatte und dessen Exemplare offensichtlich durch Dantas aufgekauft worden waren, um ein noch größeres Ridikül zu verhindern – übereinstimmt, sondern auch mit dem des *Ultimátum* von Álvaro de Campos, dem der *Schauplatz* gewidmet ist.

Auch wenn der Abdruck eines Gedichts von D. Thomaz de Almeida aufgrund seiner Qualität nicht über eine freundliche Höflichkeit hinausgeht und es den esoterischen Anspielungen in der Prosa von Castelo de Morães, *Névoa (Nebel)* betitelt, nicht gelingt, diese mysteriös oder interessant erscheinen zu lassen, so findet sich zwischen diesen beiden Beiträgen einer, *Para além doutro Oceano (Jenseits eines anderen Ozeans),* der sich aus einer beeindruckenden Folge von Gedichten zusammensetzt, welche »Dem Andenken von Alberto Caeiro« gewidmet sind, deren Autor, Coelho Pacheco, einige Bemerkungen verlangt. Dieser Pacheco, über den wir keine weiteren Informationen haben, ist das geheimnisvollste der pessoanischen Heteronyme. Er scheint ein Schüler des Autors des *Hüters der Herden* zu sein, einmal wegen der prosaischen Qualität seines Versbaus, dann wegen seiner Weigerung – sagen wir, nicht vermittels der Metaphysik –, die Wirklichkeit zu transzendieren, sondern am Gedanken der Immanenz festzuhalten.

Wenn wir eine Nachahmung der Troubadour-Biographien versuchen wollten, nämlich eine kurzgefaßte Lebensbeschreibung des Dichters aus seinen Versen zu deduzieren, würden wir zu der Schlußfolgerung kommen, daß Pacheco ein halbwegs ruinierter Aristokrat war – er spricht von großen Sälen mit staubbedeckten Rüstungen, von einem noblen Salon und von Gärten, durch die er als Gebieter zu wandeln scheint –, eine Art müßiggängerischer und etwas grillenhafter Edelmann, der mit Erstaunen die Vorgänge, die sich in seiner Umgebung abspielen, kontempliert, während seine überdrüssige Trägheit und seine Willenlosigkeit ihn vor Belustigung taumelig werden lassen, wenn er, wenn auch flüchtig, an seinen Tod denkt ... Darüber hinaus gibt es etwas Undefinierbares in den Versen von Pacheco, was den Gedanken erlaubt, daß er gut und gerne eines der Heteronyme sein könnte, in das sich Álvaro de Campos aufzuspalten gedachte. Ich vermute das nicht, weil Pessoa die Einbeziehung von Gedichten des Ingenieurs in *Orpheu* drei angekündigt hatte und trotzdem sein Name auf diesen Bögen – die keine komplette Nummer darstellen – fehlt, auch nicht, weil es keine Information darüber gibt, daß Pessoa sich jemals auf dieses Heteronym als das seine bezogen hätte (was ferner auch Campos nicht tat), sondern weil sich die Gleichgültigkeit Pachecos dem Leben gegenüber wie eine Korrektur der Nervosität und der hysterischen Reaktionen des Ingenieurs ausnimmt ... Genauso wie Caeiro eine Korrektur des pessoanischen *Saudosismus* ist, beziehungsweise Baldaya eine Korrektur der metaphysischen Unruhe Pessoas.

9

Drama em gente I:
PLURAL WIE DAS UNIVERSUM.
DIE ENTSTEHUNG DER HETERONYME.
DER MEISTER CAEIRO

Wir sollten nun die Heteronyme näher kennenlernen. Bis zum jetzigen Zeitpunkt hatte sich lediglich Álvaro de Campos entschieden, seine Verse zu
veröffentlichen, aber Alberto Caeiro und Ricardo Reis haben währenddessen schon einige der schönsten und bedeutendsten Gedichte der portugiesischen Sprache geschrieben.
Neben ihnen hat – wahrscheinlich 1915 – António Mora,
ein ursprüngliches Philosophen-Heteronym, begonnen, seine
Grundlagen des lusitanischen Neu-Heidentums festzuhalten.

Was waren das für Persönlichkeiten, die Fernando Pessoa in
ihnen und in anderen erfundenen Schriftstellern lebte? Wobei
oder in welcher Hinsicht halfen sie ihm, zu leben oder zu
sterben? Die Biographen oder Gelehrten in Sachen Pessoa
mögen seine Erklärung nicht vergessen, derzufolge er es seit
seiner Kindheit liebte, sich mit Personen seiner Erfindung zu
umgeben, und worin er selbst den verschwommenen Ursprung seiner Heteronyme erkannte. Es gibt viele Kinder, die
mit imaginären Freunden spielen, sich mit erdachten Feinden
erschrecken oder sich Abenteuer einbilden, die mit einer Viel-
zahl von Wesen bestückt sind, die nur in den Romanen und
Erzählungen, die ihnen in die Hände gefallen waren, existieren. Es handelt sich um ein Rollenspiel, das für alle Heranwachsenden wichtig ist, aber nicht notwendigerweise zur
Schaffung von literarischen Heteronymen führen muß, sondern vielleicht dazu, es mit wechselnder Häufigkeit im reifen
Alter weiterzuspielen. Das bedeutet nicht, daß die von dem

originellen Kind Fernando erworbene Fabulierkunst nicht dazu beigetragen hätte, seine heteronymischen Spiegelbilder zu beleben; die Dinge muß man allerdings im richtigen Licht betrachten.

Laut Pessoas Mitteilungen hatte er schon 1912 an einen Dichter seiner Phantasie gedacht, der Ricardo Reis hieß, mit dem er sich aber erst mehrere Jahre später richtig beschäftigen sollte. Das Datum ist von Wichtigkeit, denn hätte er sich zuvor mit ihm befaßt, wäre es sehr wahrscheinlich gewesen, daß die paulistischen, intersektionistischen und anderen zeitgleichen Studien nicht stattgefunden hätten, zumal Reis – was Pessoa bis zum Juni des Jahres 1914 nicht bemerkte – ein Klassiker war, der in nichts zum Symbolismus des ausgehenden Jahrhunderts neigte. Und wir haben schon gelesen, wie Caeiro ein Jahr vor dem flüchtigen Erscheinen von Reis seine ersten Gedichte schrieb, ohne daß Pessoa wahrgenommen hätte, daß er bereits Caeiros Schreiber war.

»Ich bin imstande, wie das Universum plural zu sein«, besagt ein Aphorismus unseres Dichters. Plural war Pessoa als Schriftsteller, und auch Álvaro de Campos sollte in einigen seiner besten Gedichte diese Pluralität übernehmen. Dieser dem esoterischen Wissen keinesfalls fremde Gedanke ist ohne Zweifel einer der Schlüssel zur pessoanischen Heteronymie. Die darüber hinaus von Pessoa offenbarten Schlüssel können durchaus, ohne der Wahrheit zu entbehren, exoterische, also nicht eingeweihte und allgemeinverständliche Erläuterungen sein, die innerhalb seines Werkes, dem er eine wichtige Mission zumaß, für unterschiedliche Mentalitätsgattungen bedeutsam sind. Von dieser Ausnahme ausgehend, scheint es einfach, in die komplexe literarische Welt des *drama em gente,* des *Dramas in Leuten* einzudringen.

Eine dieser besagten Erläuterungen findet sich synthetisiert in der folgenden Notiz:

Ich weiß nicht, wer ich bin, welche Seele ich habe.

Wenn ich mit Aufrichtigkeit rede, weiß ich nicht, mit welcher Aufrichtigkeit ich rede. Ich bin abwechselnd ein anderer als ein Ich, von dem ich nicht weiß, ob es existiert (ob es jene anderen ist).

Ich fühle Glaubensgrundsätze, die ich nicht habe. Mich verzücken Qualen, die ich ablehne. Meine nicht enden wollende Aufmerksamkeit für mich bezichtigt mich des unablässigen Verrats an der Seele wegen eines Charakters, den ich wahrscheinlich nicht habe und von dem nicht einmal sie glaubt, daß ich ihn habe.

Ich fühle mich mehrfach. Ich bin wie ein Zimmer mit zahllosen gespenstischen Spiegeln, die falsche Spiegelbilder werfen, eine einzige vorzeitige Wirklichkeit, die in niemandem ist und in allen.

Wie der Pantheist sich als Baum fühlt, bis zu seinem Kern, fühle ich mich zugleich als mehrere Wesen. Ich fühle mich – in mir unvollständig –, fremde Leben leben, als ob mein Sein – unvollständig in jedem einzelnen – an allen Menschen vermittels einer Summe von mehrfachen Nicht-Ich-Wesen, die synthetisiert in einem nachzeitigen Ich sind, Teil hätte.

1928 wird Pessoa in der *Presença* eine bibliographische Übersicht über sein Werk veröffentlichen, in der er festhält:

Was Fernando Pessoa schreibt, gehört zwei Kategorien an, die wir orthonym und heteronym nennen können. Man kann nicht sagen, sie seien anonym und pseudonym, denn das sind sie in Wahrheit nicht. Das unter Pseudonym veröffentlichte Werk stammt vom Autor in Person, nur der Name, mit dem er unterschreibt, ist ein anderer; das heteronyme stammt vom Autor außerhalb seiner Person, von einer vollständig von ihm hergestellten Individualität, wie es die Aus-

sprüche irgendeiner Gestalt aus irgendeinem von ihm verfaßten Drama sein würden.

Die heteronymen Werke Fernando Pessoas sind bis jetzt
von drei Leuten verfaßt – Alberto Caeiro, Ricardo Reis und
Álvaro de Campos. Diese Individualitäten müssen als von der
ihres Autors verschieden betrachtet werden. Jede bildet eine
Art von Drama; und sie alle zusammen bilden ein weiteres
Drama.

Den genannten Heteronymen sollte Pessoa vollständige Biographien zuschreiben, was unterstreicht, daß er sie als völlig
verschieden von sich begriff. Aber er trieb dieses Spiel ins
Extrem: Diese Biographien sind untereinander jeweils unterschiedlich angelegt, und es kommt noch hinzu, daß sich Pessoa
noch in einer weiteren Reihe von Heteronymen erkannt und
charakterisiert hat, die ebenso so verschieden von ihm selbst
sind, wie die drei wichtigsten. Dazu schreibt er an einen jungen Freund: »Ich stufte die Einflüsse ab, lernte die Freundschaften [unter den Heteronymen] kennen, vernahm in mir die Diskussionen und abweichenden Auffassungen, und bei alledem
kommt es mir so vor, als sei ich selbst, der Urheber von alledem,
dabei am wenigsten beteiligt gewesen. Alles scheint sich unabhängig von mir begeben zu haben. Und anscheinend begibt es
sich noch heute so. Wenn ich eines Tages die ästhetische Diskussion zwischen Ricardo Reis und Álvaro de Campos publizieren kann, werden Sie sehen, wie verschieden sie sind und daß
ich für diese Angelegenheit ohne jede Bedeutung bin.« Diese
Äußerung ist von Wichtigkeit, denn – verstehe sie der Leser als
aufrichtige Äußerung oder als reine Vorspiegelung – Pessoa faßt
sich als Medium von »etwas« auf, das ihn, beinahe seiner selbst
ungeachtet, diese heteronymen Dichter schaffen läßt. Wenn
wir bedenken, daß Fernando einmal seine Besorgnis angesichts
der mediumistische Phänomene, mit denen er experimentierte,
eingestand, werden uns die vorangegangenen Zeilen nicht un-

gewöhnlich vorkommen. Jedenfalls weicht seine von der Vorsehung bestimmte Mission des Super-Camões nicht vollständig von dieser Befähigung zum literarischen Medium ab, noch von seinem übrigen Denken und seiner poetischen Strategie. Allein, die Luzidität der zitierten Äußerung läßt uns erkennen, daß der Super-Camões kein einzelner Dichter ist – und wie man noch sehen wird, sollte es noch eine Gruppe von Prosaisten geben –, das heißt, es entstand ein ganzes literarisches Amt, um nicht zu sagen, eine ganze Literatur.

Gleich neben die Erläuterungen des orthonymen Autors stellen wir die des heteronymen Álvaro de Campos, der Versicherungen dieses Tenors abgibt:

> Je mehr ich fühle, je mehr ich wie mehrere fühle
> [...]
> Desto gleicher werde ich wie Gott fühlen,

oder:

> Ich vervielfachte mich, um mich zu fühlen,
> ich mußte alles fühlen, um mich zu fühlen,
> ich trat aus den Ufern und strömte über,
> entkleidete mich und gab mich hin,
> und in jedem Winkel meiner Seele raucht ein Altar für
> einen anderen Gott.

Ohne Zweifel ähnelt das Geschaffene immer seinem Schöpfer, obwohl die Beteuerungen von Álvaro de Campos in diesem Fall von denen Pessoas verschieden sind, einmal weil Campos, der weit entfernt davon war, Heteronyme im eigentlichen Sinne zu schaffen, eine Reihe von ihnen in seine eigene Persönlichkeit verfugte – was zweifelsohne den chaotischen Charakter bei einem Teil seiner dichterischen Produktion ausmacht –, und zum anderen, weil sich seine ganze poetische Welt um seine neurotische und egoistische Persönlichkeit dreht.

Jacinto do Prado Coelho räumt ein, daß die pessoanische Idee der Heteronyme, obwohl einzigartig, nicht vollkommen neu ist, denn »Kierkegaard, ein klassisches Beispiel der Heteronymie, personifizierte sich, wie er bestätigte, aus der Notwendigkeit, sich unparteiisch und gleichmütig angesichts der Entwicklung seines dialektischen Denkens zu behaupten, in mehrere Autoren.« Kierkegaard sagte, daß sein Verhältnis zum heteronymen Werk schwächer war als das des Erzählers zu seinen Personen und daß sich ferner seine Rolle auf die eines Sekretärs verschiedener Entitäten reduzierte. Pessoa dagegen verglich seine Heteronyme mit den Personen Shakespeares, was ihm gestattete, ein sehr viel engeres Verhältnis zu ihnen zu unterhalten.

Andererseits muß man zugeben, daß die – wie er stets zu handeln pflegte – bis zum Extrem ausgereizte Esoterik Pessoas die Schaffung von Heteronymen vorantrieb. Pico della Mirandola [schreibt] in seiner kabbalistischen Rede *Über die Würde des Menschen*, daß: »der Perser Euantes, wo er die chaldäische Theologie erklärt, der Mensch habe keine eigene und angeborene Gestalt, aber viele fremde und von außen kommende. Daher das Wort der Chaldäer: ›Enōsh hu shīnnūim vekammah tĕbhāŏth baål haj‹, das heißt der Mensch ist ein Lebewesen von verschiedenartiger und sprunghafter Natur.« Diese Feststellung und die pessoanischen Übereinstimmungen mit den kabbalistischen Grundlagen über die Unsterblichkeit der Seele und weitere, die über seine Bewunderung für den Kabbalagelehrten Pater Vieira hinausgehen, machen es notwendig, die Behauptung von Dalila Pereira da Costa, bei unserem Dichter gäbe es keine Anzeichen der jüdischen Esoterik, zu relativieren.

Da hier nicht der Ort ist, die Geschichte des esoterischen Denkens hinsichtlich der Pluralität von Persönlichkeiten aufzurollen, beschränke ich mich auf die Erwähnung Gurdjieffs, eines berühmten spirituellen Meisters und Zeitgenossen Pessoas, der die Ansicht verfocht, daß alle Menschen sich aus unzählbaren Ichs, Hunderten kleiner und anspruchsvoller Egos zusammensetzen, deren gegensätzliche Ansprüche dem Menschen jegliche Individualität absprechen. Das ist eine pessimistische Vision der Pluralität der Persönlichkeiten des kaukasischen Okkultisten, der sich andererseits in seinem autobiographischen Buch *Begegnungen mit bemerkenswerten Menschen* doch der heteronymischen Fiktion nähert.

Pessoa gab in dem mittlerweile berühmten und 1935 geschriebenen Brief an Adolfo Casais Monteiro eine Erklärung seiner Heteronymie, die sich anders liest als die obige:

Ich will nun Ihre Frage nach der Entstehung meiner Heteronyme beantworten. Ich will sehen, ob es mir gelingt, Ihnen erschöpfend zu antworten.

Ich beginne mit dem psychiatrischen Teil. Ursprung meiner Heteronyme ist meine tief verwurzelte hysterische Veranlagung. Ich kann nicht sagen, ob ich einfach hysterisch oder eher ein Hystero-Neurastheniker bin. Ich neige zur zweiten Hypothese, weil ich in mir Phänomene einer Abulie finde, die nicht im Symptomregister der eigentlichen Hysterie verzeichnet sind. Wie dem auch sei, der geistige Ursprung meiner Heteronyme beruht auf meiner angeborenen, beständigen Neigung zur Entpersönlichung und Verstellung. Diese Phänomene haben sich – zu meinem und meiner Mitmenschen Glück – in mir vergeistigt; das heißt, in meinem praktischen äußeren Leben und im Umgang mit anderen treten sie nicht in Erscheinung; sie explodieren nach innen, und ich trage sie mit mir allein aus. Wäre ich eine Frau – bei Frauen treten die Phänomene der Hysterie als Anfälle und Ähnliches auf –, so würde jedes Gedicht von Álvaro de Campos die Nachbarschaft alarmieren. Ich bin aber ein Mann – und bei Männern zeigt die Hysterie in der Hauptsache geistige Aspekte; so mündet alles in Schweigen und Dichtung …

Dies erklärt, *tant bien que mal*, den organischen Ursprung meiner Heteronyme.

Es soll hier nicht die Aufrichtigkeit dieser, wie er selbst sagt, unvollständigen Erklärung diskutiert werden, da sie sich ohnehin nur auf den pathologischen Ursprung seiner Heteronymie bezieht. Offen bleibt ferner die Frage der intellektuellen Beweggründe, die wir mit einer Neigung »zur Entpersönlichung und Verstellung« nicht als hinreichend beantwortet sehen können. Zumal diese besagte Neigung keine Erklärung des variantenreichen poetischen Inhalts eines heteronymen Werkes bietet, das sich – egal welchen Ursprungs – dieser Neigung hätte bedienen müssen, und auch keine Erklärung für die Differenz zwischen den Ideen und Überzeugungen Pessoas und seiner Heteronyme.

Pessoa unterstrich, daß seine Heteronyme wie von ihm unabhängige, obwohl untereinander innigst verbundene, Dichter gelesen werden müssen, denn sowohl Reis als auch Campos – und auch er selbst! – waren Schüler von Caeiro. Die Lektüre der Werke der Heteronyme zeigt in der Tat, wie jedes von ihnen einen Stil, eine Poetik, eine – falls man es vorzieht – charakteristische und originelle Schreibweise hat. Es ist unmöglich, eine Ode von Reis mit irgendeiner von Campos zu verwechseln oder ein Werk von irgendeinem von ihnen mit einem einzigen der Gedichte von Caeiro oder einer der Kompositionen von Pessoa *ele mesmo* (er-selbst), der, wie zu erwarten war, niemals von seinem eigenen poetischen Weg zugunsten seiner Heteronyme abwich. Jorge de Sena hatte den erhellenden Einfall, dem Autor der orthonymen Gedichte, die zeitlich nach dem Erscheinen von Caeiro, Reis und Campos entstanden sind, dieses Er-selbst zusätzliches Heteronym an die Seite zu stellen; ein Heteronym tieferer Bedeutung, das heißt nicht hinsichtlich des Namens, sondern der Funktion. Und Eduardo Lourença beobachtet als erster, daß sich die orthonyme Dichtung des *drama em gente* mit dem Erscheinen der Heteronyme im Jahr 1914 deutlich wandelt.

Betrachten wir die stark zusammengefaßten Notizen, die uns Pessoa zum Leben und zur Persönlichkeit seiner drei wichtigsten Heteronyme anbietet.

Alberto Caeiro wurde am 16. April 1889 in Lissabon geboren, wo er 1915, wahrscheinlich im November, starb; er lebte aber fast immer auf dem Lande. Er hatte keinen Beruf und keine nennenswerte Bildung. Er war von mittlerer Statur und erschien trotz seiner Tuberkulose kräftiger, als er in Wirklichkeit war. Sein Haar war blond, seine Augenfarbe blau. Später werden wir ein vollständigeres Portrait dieses Dichters aus der Feder Álvaro de Campos' bekommen. Im Panorama der portugiesischen Literatur des anbrechenden Jahrhunderts repräsentiert die Dichtung Caeiros den Bruch mit dem Saudosismus, den Pessoa nicht zu vollziehen wagte. Paradoxerweise kanalisierte sein Werk und das seiner Schüler das, was für Pessoa die Gruppe um Pascoaes repräsentierte: einen mystischen Nationalismus, der allerdings mit einigen neuen Vorzeichen versehen worden war.

Álvaro de Campos wurde am 15. Oktober 1890 in Tavira geboren (»nach Ansicht von Ferreira Gomes um ein Uhr dreißig nachmittags; und das stimmt, für diese Stunde ist das Horoskop gestellt worden und ist richtig«). Tavira ist eine Stadt in der Algarve, der südlichsten Region des Landes, und eine derart ruhige Ortschaft, daß es scheint, als würde es den süßen Schlaf der Zeitlosigkeit schlummern. Eventuell hatte diese Umgebung Einfluß auf die Herausbildung des schläfrigen Charakters Campos', welcher von seinen regelmäßigen neurotischen Krisen herrührte. Álvaro de Campos schloß in Glasgow erfolgreich ein Studium als Schiffsingenieur ab und zog sich dann bald nach Lissabon zurück, wo er ein untätiges Rentnerleben führte. Er war mit 1,75 m relativ großer Statur – »2 cm größer als ich«, bekennt Pessoa –, schlank und mit einer Neigung zum gebückten Gang, weiß und zugleich braun, der Typ des jüdischen Portugiesen, und trug ein Monokel. Er hatte den Fernen Osten bereist – was er Pessoa von seiner Reise berichtete, mußte diesen zu dem Gedicht *Opiumhöhle* angeregt haben –, er konnte Latein, eine Sprache, die ihm ein Onkel, ein Priester, beigebracht hatte. Seine Dichtung ist die lärmigste von allen des *drama em gente*, und wie wir bereits erfahren haben, weist sie große Ähnlichkeiten mit der Dichtung Walt Whitmans auf. Bei der Lektüre seiner Gedichte ist auf eine Bisexualität des Heteronyms – das in Großbritannien eine Liebesbeziehung zu einer jungen Studentin unterhielt – und auf eine sadomasochistische Neigung zu schließen, wegen der er sich offensichtlich schuldig fühlte. Doch uns interessieren nicht so sehr der deutlich zur Schau getragene formale Avantgardismus, seine Bewunderung für Maschinen und Geschwindigkeit oder sein selbstzerstörerisches Empfinden – bewundernswert untersucht von Eduardo Lourenço –, mit dem er sich von seinem geheimgehaltenen Sündenleben freizukaufen scheint, als seine Fähigkeit, zurück in das Innere der mythischen Welt einzudringen, in der die Nacht die göttliche und mysteriöse Mutter ist.

Ricardo Reis wurde, ein Jahr früher als Pessoa, 1887 in Porto geboren. Er war von mittlerer Statur – ein bißchen kleiner als Caeiro –, stark und mager. Er wurde in einer Jesuitenschule erzogen, wurde Arzt und emigrierte 1919 nach Brasilien. Monarchistisch bis ins Mark, hielt er die Republik nicht aus und ging deshalb fort. Pessoa sagte, »er ist Latinist dank fremder und ein halber Hellenist dank eigener Erziehung«. Seine Lyrik ist eine der schönsten innerhalb des *drama em gente* und findet sich gesammelt in einem postum erschienenen Oden-Band, in dem er meisterhaft die lateinischen Formen dieses Genres neu auferstehen läßt. Er war kein reaktionärer Dichter, sondern ein intelligenter Erneuerer der klassischen Tradition. Pessoa schreibt: »Ich legte in Ricardo Reis meine gesamte innere Disziplin, die in die Musik getaucht war, die ihm entsprach.« Daher bildete der überschäumende und jegliche Disziplin missende Campos die Antithese dazu. Man könnte sogar sagen, daß Reis der Dichter war, der Pessoa gerne gewesen wäre.

Pessoa ist demnach ein Dichter, der sich teilt, um sich zu rekonstruieren und um ein neues Heidentum zu konstruieren und zu begründen, nachdem er die neuen Virtualitäten seiner *disiecti membra poetae* kennengelernt hatte (und ich meine das nicht in der küchenlateinisch horazischen Bedeutung) – und so eine geistige Inszenierung schuf, die seine kundigsten Leser als sein Drama rekonstruieren sollten. Um die Natur der Heteronyme zu verstehen, darf man nicht vergessen, daß sie sich, mehr noch als durch die nicht selten ironischen Erklärungen ihres Erfinders, durch Dichtungen herstellen, die ihnen Form und Charakter geben, und es nicht diese Heteronyme sind, die ihre Gedichte von einer ihnen vorgeschalteten Existenz, einem Charakter und einem Temperament ausgehend entstehen lassen. In der Tat entdeckte – und lebte – sie Pessoa im Verlauf der Entstehung ihrer Werke, und alle wurden poetisch derart real, daß sie schließlich unwillkürlich agierten und sich ihrem Urheber sogar aufdrängten. In gewisser Weise waren sie unter Zuhilfenahme eines anderen Heteronyms, dem Philosophen Mora, drauf und dran, ihm seine Rolle im Neu-Heidentum abstreitig zu machen.

Die uns überlieferten Angaben zu Mora, der, soweit ich weiß, niemals über Pessoa schrieb, sind recht spärlich. Obwohl wir seine Herkunft nicht kennen, wissen wir durch einige wenige Notizen, die Jacinto do Prado Coelho 1977 veröffentlicht hat, daß er in einer psychiatrischen Klinik des nahe bei Lissabon gelegenen Cascais gestorben ist, wohin er – von einer

Paranoia mit zwischenzeitlicher Neurose heimgesucht – eingewiesen wurde und wo ihn durch Vermittlung des Doktor Gama unser Pessoa sehen konnte, wie er, in eine Toga gehüllt und Prometheus' Klage des Aischylos rezitierend, spazierenging. Er trug einen weißen Bart, und seine Figur erschien ihm würdevoll und stattlich. Er sprach mit ihm, und der Eindruck, den der Dichter in der Seele des Philosophen hinterließ, führte dazu, daß dieser ihm seine Schriften anvertraute.

Als Schüler von Caeiro – wie Pessoa, Campos und Reis – ist Mora der Theoretiker des portugiesischen Heidentums; er plante, eine Zeitschrift, die *Athena* heißen sollte, herauszugeben. Es war Pessoa, der seit Oktober 1924 mit ihrer Publikation und Leitung unter Zusammenarbeit mit dem Maler Ruy Vaz betraut war. Dies erklärt und belegt, warum in der ersten Nummer dieser Zeitschrift Pessoa zwanzig Oden des bis dahin unveröffentlichten Ricardo Reis bekanntmachte, welcher der neuheidnische Dichter ist, dessen Ideen sich am meisten denen Moras annähern.

Die Forderung nach einem europäischen Neu-Heidentum ist keine originäre Idee Pessoas, denn spätestens seit Paracelsus, der in der ersten Hälfte des 16. Jahrhunderts schrieb, entwickelte sich eine Art neuheidnische Doktrin, die, um nur ein Beispiel zu nennen, der Abbé Montfaucon de Villars in seinen zweideutigen *Gesprächen mit dem Grafen von Gabalis,* einem gegen Ende des 17. Jahrhunderts erschienenen Bändchens, weiterverbreitete. Die Tradition setzte sich in einer ihrer Linien bis ins viktorianische England fort, dessen Literatur Pessoa bestens kannte. Aber es ist, wenn auch nicht auszuschließen, doch unnötig, diese Quelle zu bemühen, denn die damalige Esoterik, die unser Dichter der Tradition deutlich vorzog, duldete als Baustein ihres Eklektizismus die Existenz von Göttern oder Numen, also heidnischen Göttern.

Mit äußerster Verstandesschärfe begriff er unmittelbar, nachdem sein Heidentum zutage getreten war, daß Caeiro mit seinem poetischen Werk die Grundlage für ein neues Heidentum gelegt hatte, dessen inspirierender Geist aufgrund seiner Einfachheit und Einfältigkeit noch vor dem des griechisch-römischen Klassizismus anzusiedeln war. Unter dieser Voraussetzung kann das Heidentum zweifelsohne auf unterschiedliche Art verstanden und empfunden werden, wie es die Geschichte der Religionen beweist; und das erklärt, wie jedes einzelne der Heteronyme einen sowohl hinsichtlich der Metaphysik und der Moral wie auch der ästhetischen Konsequenzen deutlich differenzierten heidnischen Glauben annehmen konnte. Trotz ihrer Grundübereinstimmung religiöser und künstlerischer Natur lassen diese unterschiedlichen Einstellungen zum Heidentum eine Reihe paralleler Uneinigkeiten vermuten. So ist es nur zu verständlich, daß die Heteronyme gegenseitig ihre Werke studierten und kritisierten und sich zwischen ihnen eine Diskussion entfachte, die den Anstoß für eine Reihe von Notizen und Niederschriften gab, die – in unvollendeten Studien versammelt – den dogmatischen Korpus des portugiesischen Heidentums bilden und uns sein heidnisches Denken verstehen lassen. Der Philosoph und Kritiker Eduardo Lourenço hat über Mora geschrieben, daß »Fernando Pessoa durch ihn das Recht erworben hat, bei jedwedem Originalitätsanspruch zu der Gruppe von Kulturrevolutionären – von Schopenhauer zu Nietzsche und von Nietzsche zu Heidegger und Marcuse – zu zählen«, und er fügt gleich darauf hinzu, daß sein Vorhaben kein anderes war, als »konkret das Christentum zu zerstören, von dem er bis auf die Knochen durchtränkt war«. So wird deutlich, was das kulturelle Werk, das Pessoa zu gestalten sich vornahm, begründete, und wir verstehen, daß er weite Strecken des höchst verworrenen Weges auf serpentinenhaften Pfaden, wie sie die Götter beschreiten, hinter sich bringen mußte und wie sich das in sein heteronymes Werk und in die verschiedenen aber ergänzenden Visionen des Heidentums einschrieb. Die Frage ist, zieht jedes heidnische Naturempfinden ein Werk eines Heteronyms nach sich, oder übersetzt sich jede Weltvorstellung, die in dem eklektischen und überschäumenden Geist Pessoas zutage tritt, in Texte, die ein eigenes – von ihm unabhängiges – Leben für jeden dieser Dichter gestalten?

> So wie ich dieses Vorwort zu schreiben habe, muß ich in ihm Sachverhalte ansprechen, die gewiß disproportioniert und übertrieben erscheinen werden. Ich spreche über einen Unbekannten und versehe Gedichte, die – insofern sie hier [in Portugal] geschrieben wurden – sich in allen Einzelheiten [von der portugiesischen Lyrik] unterscheiden. Und trotzdem muß ich bestätigen – weil mir nichts anderes übrigbleibt –, daß diese Gedichte die großartigsten sind, die das 20. Jahrhundert hervorgebracht hat, und die philosophische Vision, die sie einschließen, von keinem – auch nicht, wenn man von diesem Gutachten bis ins fruchtbare vergangene Jahrhundert zurückschaut – modernen Dichter erreicht worden ist. Das Werk von Alberto Caeiro faßt sich in einer wahrscheinlich schlichten Aussage zusammen: die Wiederherstellung des heidnischen Gefühls.

So drückt sich Ricardo Reis in einem seiner Entwürfe aus, die er im Jahr 1917 für ein weder je vollendetes noch je den gesammelten Gedichten des Autors von *Der Hüter der Herden* vorangestelltes Vorwort skizzierte. Einer anderen Notiz zufolge entstand er zwischen Oktober 1917 und Mai 1918, als Pessoa plante, das bis dahin geschriebene oder entworfene Werk von Caeiro, Reis und Mora unter dem Gesamttitel *Portugiesisches Neu-Heidentum* zu veröffentlichen. Zuerst *Der Hüter der Herden*, gefolgt von anderen Gedichten und Fragmenten des erstgenannten, dann die *Oden* und die *Neuen Oden* des zweiten und *Die Rückkehr der Götter* und *Die Grundlagen des Heidentums* des dritten. Auffällig ist, daß in diesem Vorhaben die zwei anderen großen Dichter des *drama em gente* fehlen, die wie Reis und Mora beide Schüler des Meisters Caeiro sind und in größerem oder kleinerem Maßstab an der sensationistischen Ästhetik, die sich aus dessen Dichtung herleitet, beteiligt sind. Ich beziehe mich natürlich auf Campos und Pessoa. Ihr Ausschluß kann daher rühren, daß beide sich bereits zu erkennen gegeben hatten oder ihr Heidentum vielleicht nicht als so rein und exemplarisch beurteilt wurde wie das der übrigen Dichter-Persönlichkeiten.

In seinem Vorwort beabsichtigt Reis, die verehrungswürdige Gestalt von Caeiro zu portraitieren: »Sein Leben hat sich jedoch fast zur Gänze auf einem Gut im Ribatejo abgespielt; nur die letzten Lebensmonate verbrachte er von neuem in der Stadt seiner Geburt. Dort [auf dem Gut] sind fast alle seine Gedichte entstanden, sowohl das Buch *Der Hüter der Herden* als auch die unvollständigen Gedichte *Der verliebte Hirte* und einige andere, früher verfaßte, die ich samt allen anderen zum Zwecke der Veröffentlichung unter der Bezeichnung geerbt habe, die mir Álvaro de Campos suggeriert hat: *Verstreute Gedichte*. Letztere sind, von Nr. [...] an, ein Ergebnis des letzten Lebensabschnitts des Autors, den er von neuem in Lissabon verbrachte.« Und ein paar Zeilen weiter fügt er hinzu: »Caeiros Leben kann man nicht erzählen, denn es gibt darin nichts zu erzählen. Was Leben hat, sind die Gedichte. Im übrigen findet man weder Episoden noch Geschichten. Selbst die unergiebige, sinnlose Episode, die zu den Gedichten von *Der verliebte Hirte* Anstoß gab, war kein Geschehnis, sondern sozusagen eine Vergeßlichkeit.« Wir werden die Bedeutung, die diese wenig klaren Worte im kritischen Denken von Reis haben, gleich verstehen.

Denn Reis ist nicht der einzige seiner Schüler, der uns Notizen über den Meister überliefert hat. Pessoa fügt den bekannten Notizen hinzu, daß er wie Campos und Reis und im

Gegensatz zu Mora – einen Bart trug, blond war, ein blasses Gesicht und blaue Augen hatte. Pessoa fährt fort: »Vater und Mutter waren ihm früh gestorben, und er blieb zu Hause und lebte von irgendwelchen kleinen Einkünften. Er lebte mit einer alten Tante, einer Großtante, zusammen.« Reis bestätigt seinerseits, sein Meister sei »des Lebens unkundig und fast unkundig auch der Literatur, nahezu ohne geselligen Umgang und ohne Kultur«, aber hätte dafür »eine übermenschliche Intuition, mit der man Religionen begründen könnte, (weshalb er alle Religionen und jede Metaphysik ablehnt)«.

Diese prophetische Figur wurde von seinen Schülern nicht nur bewundert, sondern auch sehr geliebt. Nur Pessoa, der ein, was seine Gefühlsäußerungen betraf, zurückhaltender Mensch war, legte keine sonderliche Nostalgie für Caeiro an den Tag, und obwohl er für gewöhnlich seine Emotionen zu beherrschen wußte, konnte er – als es ihn überwältigte – sich nicht versagen, ihn einen »verwunderlichen Menschen« zu nennen, und trotz wiederholter Kritik bezeugte er große Bewunderung für sein Werk. Wer – seinem extrovertierten Temperament gehorchend – die bewegtesten Worte über ihn schrieb, war Álvaro de Campos. Seine *Aufzeichnungen zur Erinnerung an meinen Meister Alberto Caeiro* gehören eigentlich zu seinen besten Prosadichtungen. Er beginnt mit einer Beschreibung von Caeiros äußerlicher Erscheinung:

Ich sehe ihn noch immer vor mir mit jener seelischen Klarheit, die nicht von den Tränen der Erinnerung getrübt wird, weil dieses Sehen kein äußerliches ist … Ich sehe ihn immer noch vor mir und werde ihn wohl für alle Zeiten so sehen, wie ich ihn zum erstenmal sah. Blaue, furchtlose Kinderaugen; etwas hervortretende Backenknochen, ziemlich blasse Hautfarbe, sein ganzes Aussehen sonderbar griechisch, von innen bestimmt, dazu eine Ruhe, die weder vom Ausdruck seines Gesichtes noch von den einzelnen Gesichtszügen herrührte. Das ziemlich volle Haar war blond, schimmerte aber bei spärlichem Lichte bräunlich. Seine Gestalt war mittelgroß und leicht gebeugt. Seine Stimme war ebenmäßig und hatte den Tonfall eines Mannes, der nur das sagen will, was er gerade sagt, nicht hoch und nicht tief, klar und frei von Hintergedanken, Hemmungen und Schüchternheit. Die blauen Augen sahen immerfort den Besucher an. Wenn etwas seltsam anzusehen war, so war es dies: seine Stirn war zwar nicht hoch, aber von einem machtvollen Weiß. Ich wiederhole: Ihre Weiße, die größer wirkte als die des blassen Gesichtes, verdankte sie ihrer imponierenden Würde. Die Hände waren schlank, aber nicht überschlank, die Handflächen breit. Auf seinem Munde – auf den man zu allerletzt achtete, als ob es für diesen Mann weniger wichtig sei zu reden, als einfach dazusein – lag ein Lächeln, wie man es in Gedichten den unbelebten Dingen zuschreibt, die nur darum schön sind, weil sie uns gefallen: Blumen, weiten Feldern, besonnten Gewässern – ein Lächeln des einfachen Daseins, nicht des mit anderen Redens.

Álvaro de Campos berichtet, jemand hätte Caeiro einen »materialistischen Dichter« genannt, und ersterer, Campos, legte mehr oder weniger dar, was Materialismus sei, worauf ihm der Meister Caeiro antwortete: »Aber das alles ist doch einfach dumm. Das ist etwas für abgefallene Priester und kann also gar keine Entschuldigung finden.« Und als ihm Campos einige Ähnlichkeiten zwischen dem Materialismus und seiner Lehre offenbaren wollte, antwortete dieser, die Materialisten seien blind, wenn sie behaupteten, der Raum sei unendlich, und fragte dagegen: »Aber wo haben diese Leute das im Raume gesehen?«

Verblüfft fragte Álvaro seinerseits: »Halten Sie den Raum nicht für unendlich? Können Sie den Raum nicht für unendlich halten?« Das Gespräch setzte sich fort und schloß so:

»Ich halte überhaupt nichts für unendlich. Wie sollte ich etwas für unendlich halten können?«

»Stellen Sie sich einen Raum vor«, sagte ich. »Jenseits dieses Raumes liegt ein neuer Raum, dahinter ein weiterer, dann wieder einer und noch einer und so ins Unendliche weiter …«

»Warum denn?« fragte mein Meister Caeiro.

Es erschütterte mich tief. »Dann nehmen Sie also an, er sei zu Ende«, rief ich. »Was kommt dahinter?«

»Wenn er zu Ende ist, kommt gar nichts mehr«, entgegnete er. […]

»Aber verstehen Sie das denn wirklich?« brachte ich schließlich heraus.

»Was denn? Daß ein Ding begrenzt ist? Nun, ganz gewiß verstehe ich das. Was keine Grenzen hat, existiert nicht. Existieren heißt ja doch eben, daß auch irgend etwas anderes da ist und daß deshalb alles begrenzt ist. Ist es denn so schwer zu begreifen, daß ein Ding ein Ding ist und nicht immerzu ein andres, das jenseits von ihm liegt?«

In diesem Augenblick fühlte ich, daß ich nicht mit einem anderen Menschen, sondern mit einem anderen Universum diskutierte. Ich unternahm einen letzten Versuch.

»Nehmen Sie die Zahlen, Caeiro … Wo hören die Zahlen auf? Nehmen Sie irgendeine Zahl, beispielsweise 34. Dahinter kommen 35, 36, 37, 38 und so ununterbrochen weiter. Da ist keine große Zahl, die nicht eine größere hinter sich hätte …«

»Aber das sind nur Zahlen«, protestierte mein Meister Caeiro. […] »Was ist denn die 34 in der Wirklichkeit?«

Nichts von dem, was Caeiro Campos sagte, vermag uns zu verwundern, wenn wir uns jener seiner Verse erinnern:

Die Welt ward nicht geschaffen, damit wir über sie
nachdenken sollen
(denken heißt augenkrank sein),
sondern damit wir sie anschauen und mit ihr einig sind,

und er sagt ferner, »auch im Nichtdenken steckt genug Metaphysik«, und erteilt somit dem Geheimnishaften eine Abfuhr
(einschließlich der Notwendigkeit, es unter Zuhilfenahme von
Symbolen zu erstürmen).

Das Geheimnis der Dinge? Weiß ich, was Geheimnis ist!
Das einz'ge Geheimnis bleibt, daß da jemand ist, der ans
Geheimnis denken möchte.

Dadurch gibt sich Caeiro beinahe als ein Widersacher der
Dichtung von Pessoa zu erkennen.

Pessoa, der sich dazu bekannte, im Namen Caeiros »in reiner
und unerwarteter Inspiration [zu schreiben], ohne zu wissen
oder zu berechnen, daß ich schreiben werde«, erzählt seinem
Freund Côrtes-Rodrigues in einem Brief vom 4. Oktober 1914
eine Anekdote, die unter anderem den ihn beherrschenden
Wunsch veranschaulicht, die Heteronyme, deren Erfinder er
war, sollten als wirklich existierende Personen – so lebendig und aktiv wie er selbst – angesehen werden. Wobei wir
aber einschränkend anmerken, daß er hier Sá-Carneiro spaßes-
halber überzeugen möchte, die Verse Caeiros stammten von
einem Bekannten:

Da Ferro die einzige Person [unter seinen Freunden der
Tertulia] war, die die Wahrheit des Falles Caeiro ahnen oder
wittern konnte, habe ich mit Guisado vereinbart, er solle hier
wie zufällig bei einer Gelegenheit, bei der Ferro anwesend
gewesen wäre, erklären, er habe in Galicien »einen gewissen

193

Caeiro getroffen, der mir als Dichter vorgestellt wurde, mit dem ich aber keine Zeit hatte zu sprechen«, oder etwas ähnlich Vages von der gleichen Art. Guisado traf den Ferro in Begleitung eines Freundes, übrigens eines Handelsreisenden. Und er fing an, von Caeiro zu sprechen, als ob er ihm vorgestellt worden wäre, aber nur zwei Worte mit ihm gewechselt habe. »Wahrscheinlich irgendein Spießer *[lepidóptero]*«, sagte Ferro. »Ich habe nie von ihm gehört …« Und plötzlich erschallt unerwartet die Stimme des Handlungsreisenden: »Ich habe schon von diesem Dichter reden hören, und mir scheint sogar, ich habe irgendwo Verse von ihm gelesen.« Na, was sagen Sie dazu? Um den Ferro vor allen künftigen Verdachtsmomenten zu bewahren, konnte man sich doch gar nichts Besseres wünschen.

Aber kehren wir zu den Notizen des monarchistischen Arztes Ricardo Reis zurück: »Caeiros Werk bringt die umfassende Neubegründung des Heidentums, so wie es weder die Griechen noch Römer, die darin lebten und folglich nicht darüber nachdachten, zustande bringen konnten.« Auf eine ähnliche Schlußfolgerung war er dank »ein[es] Fortschritt[s] in den Sinneswahrnehmungen oder vielmehr der Art und Weise, sie zu fühlen, und dazu die innere Evolution der Gedanken, die von solchen fortschreitenden Sinneswahrnehmungen abstammten«, gestoßen, was – zumindest bei diesem heteronymen Dichter – vollkommen kohärent mit den Schriften zur sensationistischen Ästhetik ist.

Sowohl Reis als auch Pessoa vergleichen dieses Heidentum, und das mit immensem Gewinn für Caeiro, mit den vermeintlichen Neu-Heiden des 19. Jahrhunderts, zu denen Walter Pater, Charles Swinburne und Oscar Wilde zu rechnen sind; für Mora wahre Sündenböcke, denn er betrachtet sie als mit heidnischen Masken vermummte Christen. Aber welche Richtung schlägt schließlich Caeiros Neu-Heidentum ein? Lesen wir, was Mora dazu schreibt: »Damit das Heidentum wieder entstehen konnte, war es notwendig, daß zuerst *ein Heide* erschien. Es mußte ein Mensch sein, dessen Seele heidnisch war, damit sich das Heidentum spontan in der Empfindsamkeit offenbaren konnte, und dem andere [Heiden], indem sie ihn verstehen, das intellektuelle Forum sind. [...] Ohne Zweifel, wenn das Schicksal wollte, daß es so kommen sollte, würde es geschehen. Und das Schicksal wollte es. Alberto Caeiro kommt ans Licht.« Jetzt erkennt man schon, Caeiro war ein geborener Heide, aber kein Denker, kein intellektueller Heide, währenddessen es die anderen sind, das heißt vor allem Mora und die anderen Heteronyme, die über die Botschaft des Meisters zu reflektieren haben, was einen normalen Sachverhalt darstellt, insofern es sich um den Religionsgründer handelt.

Die Dichtungen von Caeiro wurden tatsächlich zum Anlaß einer langen und minuziösen Spekulation, in die, neben Pessoa, die Dichter Reis und Campos eingriffen und – vermutlich – der Philosoph Mora. Daher dreht sich das zentrale Thema des pessoanischen Heidentums um das Werk des Autors von *Verstreute Gedichte*. Es handelt sich dabei wahrlich um einen einzigartigen Fall von Selbstkritik – um das Drama innerhalb des Dramas, wie Pessoa es ausdrückte –, zumal die Kommentare, die jene Persönlichkeiten gaben, wiederum selbst Stoff für neue Kritiken und Spekulationen abgeben. Das Werk entsteht harmonisch aus seinem Inneren heraus und endet, indem es sich wie ein planetarisches System mit eigenen Umlaufbahnen und Atmosphären anordnet.

António Mora schrieb an einer langen Reihe von geschichtsphilosophischen Fragmenten, die er in das Buch *Die Rückkehr der Götter* aufnehmen wollte – wir werden später darauf eingehen – und das den Untertitel »Einführung in das Werk von Alberto Caeiro« tragen sollte. Obwohl die besagten Aufzeichnungen hauptsächlich Themen allgemeinen Charakters abhandeln, verfaßte Mora auch andere, speziell über die Poetik seines Meisters. Aber berufen, die Dichtungen Caeiros mit einem Vorwort einzuleiten, fühlte sich, wie wir bereits gelesen haben, Ricardo Reis. Von seinen Entwürfen für das Vorwort sowie aus der Interpretation der Verse, auf die es sich beziehen sollte, ist zu folgern, daß das Heidentum Caeiros eine Religion ohne Gott ist – »stiften wir eine Religion ohne Gott«, hatte Pessoa im Jahr 1907 geschrieben –, bestehend aus der reinen und bloßen Annahme einer Wirklichkeit, die noch nicht wie ein System aus Tatsachen und Werten organisiert ist. In der Tat war Caeiro ein Animist, der nicht bis zur platonischen Synthese von der Einheit des Universum hinsichtlich der Gänze und des Ausdrucks des Seins gelangt war. Aber schauen wir, welcher Art die poetischen Konsequenzen der caeirinischen Vision der Wirklichkeit waren.

An erster Stelle drückt sich in dieser Poesie, mehr noch als sein Ding-Verständnis, das Temperament von Caeiro aus, das einer objektivistischen Veranlagung gleichkommt und sich darauf beschränkt, lyrisch die Empfindungen, die in ihm die Beobachtungen der Natur hervorrufen, auszusprechen, ohne hinter ihnen das Geheimnis zu suchen oder zu beabsichtigen, ein System zu begründen. Letzteres würden seine Schüler zu bewerkstelligen haben, die über sein Werk mit dem Ziel, unter ethischer und kultureller Präambel ein heidnisch-theologisches System zu begründen, nachdenken sollten. Reis schreibt: »Bemerkenswerterweise wohnt diesem absoluten Ding-Verständnis der erst anzutreffende unmittelbare Erkenntnisvorgang der Emotionen und der ästhetischen Perzeption, im abgeleiteten Erkenntnisvorgang aber das Ideen-Verständnis inne, weshalb dieses Werk wie alle großen Werke aller erdenklichen Zeiten eine homogene Komposition darstellt, in die neben der ergründenden Originalität der Gefühlsgattungen die große Schlichtheit der Form und die ideeierte Erfahrung eingeschrieben sind.«

Derselbe Reis erkennt, daß die gewählte Form seines Meisters, es handelt sich um den freien Vers, übermäßig einfach ist, jedoch daß dieser Negativaspekt, welcher der dem Heidentum eigen zu nennenden Ebenmäßigkeit und Klarheit widerspricht, durch seine Originalität ausgeglichen wird. Aber die Selbstkritik innerhalb des *drama em gente* wird an der Stelle annehmbar, wo Reis über die Mängel der Dichtung seines Meisters schreibt: »Den Gedichten von Caeiro mangelt es an jenem, was im einzelnen noch hinzugefügt werden müßte: die äußere Disziplin, mit der man den Schwung haben, die Kohärenz und die Ordnung erreichen würde, die im Innersten des Werkes herrscht. Er selbst, wie man leicht sieht, wählte, immerhin auf sehr eigene Art, einen Vers, der – widersprüchlich – zugleich der freie Vers der Modernen ist.« Dieses Werk ist demnach nicht das ideale Werk, das die Restauration des Heidentums beansprucht. Caeiro ist nicht mehr als ein Vorläufer, und sein Werk – wie das aller Vorläufer – weist Einflüsse des kulturellen Milieus auf, auf das er reagiert. Derart ist ihm auch der Einfluß des Christentums deutlich anzumerken, gegen das es sich auflehnt, zumal die christliche Emotionskraft, obzwar sehr abgeschwächt, in ihm bis zum neuralgischen Punkt vorhanden bleibt – so ist das ein oder andere seiner Gedichte »ärgerlicherweise ewigkeitsbezogen«. – »Caeiro zerriß den christlichen Schleier, der die Natur und die Emotionen, die sie hervorbringt, verbirgt. Aber er zerriß diesen Schleier nicht vollständig.« Weitere Mängel der Dichtung des Meisters beruhen auf dem bei ihm zu vermutenden Mißgeschick einer kurzen geheimnisvollen Verliebtheit, die in den wenigen Gedichten von *Der verliebte Hirte* reflektiert wird, die den Autor der *Oden* aus der Fassung zu bringen scheinen, denn er übergeht sie, ohne sich in deren Inhalt zu vertiefen. Jedenfalls legt Reis den Finger genau auf die Wunde, wenn er die christlichen Restbestände, derer man in Caeiros Dichtung gewahr wird, anspricht. Nach Maria Helena Nery Garcez ist dieses Werk in mancher Hinsicht eine Parodie des Christentums, und das ganz gewiß in dem Maße, wie Pessoa (oder Mora?) die Figur des Dichters derjenigen des heiligen Franz von Assisi gegenüberstellt. Daher kommt Garcez zu dem Schluß, daß Caeiro sich in seiner Dichtung »wie ein Vorbild darstellt, als Meister und ebenso als Hüter (er ist der *Hüter der Herden).* Und dies führt zur ›neuen Offenbarung‹, einem neuen Entwurf des Lebens und der ›Erlösung‹ für die Menschheit«, was sich meiner Meinung nach bestens in die pessoanische Prophetie des Super-Camões und des Fünften Reiches einfügt.

Über den Tod von Alberto Caeiro, der sich Ende 1915 ereignete, wissen wir sehr wenig. Sein Schüler Álvaro de Campos schrieb, daß er ihn niemals traurig angetroffen habe und er nicht wisse, ob er es im Moment des Sterbens oder in den Tagen davor gewesen sei. »Man könnte das zwar in Erfahrung bringen, aber ich habe es nie gewagt, diejenigen, die seinem Sterben beiwohnten, nach seinem Tod und der Art seines Sterbens zu fragen.« Er fährt fort, sein größter Gram sei es, nicht am Sterbebett seines Meisters gewesen zu sein; Campos hielt sich in England auf. Ricardo Reis war ebenfalls nicht in Lissabon, sondern in Brasilien (was ein Irrtum Campos' sein muß, denn Reis zog erst 1919 in dieses Land). »Fernando war zwar da, aber das ist dasselbe, als ob er nicht dagewesen wäre. Fernando Pessoa fühlt zwar die Dinge, aber er rührt sich nicht, nicht einmal innerlich.« Wieso sollte Pessoa nicht innerlich bewegt gewesen sein? Hat Campos seinen Freund nicht richtig beobachtet, war er selbst zu gerührt, um in seiner Erinnerung genau zu sein, oder wollte er etwas Grundsätzliches über seinen Freund Pessoa mitteilen? Sei es, wie es will, wir kennen das prophetische wie einleuchtende Epitaph, das Caeiro einige Tage, bevor er seinen Geist im Angesicht jener Götter, an die er niemals so recht geglaubt hatte, aufgab:

Wenn das Gras über meinem Grabe sprießt,
wird es Zeit, daß ihr mich völlig vergeßt.
Die Natur erinnert sich nie, und darum ist sie schön.
Und wenn ihr den krankhaften Drang verspürt, das
            grüne Gras auf meinem Grabe zu deuten,
so sagt, daß ich weitergrüne und weiter natürlich bin.

10

Drama em gente II:
RICARDO REIS UND ANTÓNIO MORA

Eine geheimnisumwobene Person, Frederico Reis – wahrscheinlich ein Verwandter von Ricardo, von dem lediglich eine recht kurze Aufzeichnung bekannt ist –, meint, die gesamte, im Werk von Ricardo Reis enthaltene Philosophie reduziere sich auf ein trauriges Epikureertum, eventuell weil er, wie er es selbst in seinen Oden zugibt, ein Heide des dekadenten Paganismus ist. In der erwähnten Aufzeichnung heißt es: »Jeder von uns [...] muß sein eigenes Leben leben, sich von den Mitmenschen isolieren und nur das anstreben, innerhalb individualistischer Nüchternheit, was ihm gefällt und Vergnügen bereitet. Er soll nicht nach heftigen Genüssen streben und auch nicht vor schmerzlichen Empfindungen flüchten, sofern sie nicht extrem sind.« Anders ausgedrückt, der Mensch soll die Ruhe suchen, ohne sich einer nutzlosen Anstrengung zu unterwerfen, denn keine andere Handlungsweise paßt zu den Heiden, solange die Barbaren – das heißt die Christen – die Gesellschaft beherrschen. Dann, wenn die Umstände sich ändern, kann auch die Einstellung der Heiden eine andere werden. Und in dem Bewußtsein, daß darüber hinaus das Glück und die Freiheit unerreichbar sind – nicht einmal für die Götter – ist »das tieftraurige Werk von Ricardo Reis [...] ein hellbewußter und disziplinierter Versuch, irgendeine Ruhe zu finden«. Und Frederico, der Ricardo gut gekannt haben mußte, versichert, daß all dies sich auf das reale und wahrhaftige Vertrauen stütze, das der Dichter in die Götter Griechenlands hat, ein Glaube – was sich in seinen Oden belegen läßt –, der Christus als einen zusätzlichen Gott akzeptiert. Wahrscheinlich beeinflußt durch die heidnische

Vorstellung Caeiros, daß das Jesuskind gerade der Gott ist, der im heidnischen Pantheon fehlte. Offensichtlich bezieht sich Frederico Reis auf das Gedicht VIII aus dem *Hüter der Herden,* dessen Lektüre sich nur denjenigen empfiehlt, die die Rationalisten des 18. Jahrhunderts »gefestigte Geister« nennen.

Was dachte Ricardo Reis von seiner Dichtung? Er macht im Vorwort der fehlgeschlagenen Edition seiner *Oden* einige Bemerkungen zu seiner eigenen Dichtung und der seines Meisters, die uns helfen, die Perspektive zu erfassen, um sie in das geistige Szenario des *drama em gente* einzufügen. Reis beginnt mit dem Hinweis, daß in dem Vorwort zu den Gedichten Caeiros nicht gesagt wird, was die Rekonstruktion des Heidentums schließlich bezweckt. Soll sie der zivilisierten Welt das griechisch-römische Heidentum bringen oder hat sie ein bescheideneres Ziel? Dies ist auf die Tatsache zurückzuführen, daß sich jene Bewegung der heidnischen Rekonstruktion in den Versen Caeiros und seiner Anhänger begründete, ohne daß irgendeiner ahnte, worauf dies hinauslief. »Daher hat das bei uns beiden zutage tretende Phänomen für uns keine Bedeutung.« Zwei äußerst wichtige Gedanken ergeben sich im Anschluß an diese kurze Erklärung, zum einen, scheint es, werden weder Campos noch Pessoa von Reis als wirkliche Heiden angesehen, zum anderen scheint Reis kein besonderes Vertrauen in die unmittelbare Wirkung eines Glaubensbekenntnisses zu haben, dessen Bedeutung den Begründern abhanden gekommen ist. Aber da Pessoa der Regisseur war, der alles Erdenkliche dazu tat, daß Campos und er als Neu-Heiden angesehen würden, werden wir nicht umhinkönnen – schon allein, um weder seiner Gedankenwelt noch der Pluralität seiner poetischen Existenzen abtrünnig zu werden –, sie als solche anzuerkennen. Pessoa suchte scharfsinnig einen Bezugspunkt zwischen den beiden Makellosen des Heidentums – Caeiro und Reis – und den Makelhaften – Campos und ihm selbst –, den Leidtragenden, wie er sie schließlich nennen sollte, als er

die Christus-Figur in sein eigenes Heidentum einführte, denn
– wie wir bald verstehen werden – niemand würde den Einfluß
der christlichen Gnostik in seinen esoterischen Ideen und in
denen des Ingenieurs aus der Algarve bestreiten können.

»Was wir in unserem Inneren spüren, übersetzen wir Wort
für Wort, wenn wir unsere Verse schreiben, ohne zu schauen,
wozu sie bestimmt sind«, sagt auch Reis in Hinblick auf sich
selbst und auf seinen Meister. Dies ist eine weitere wichtige
Erklärung, denn sie verdeutlicht den scharfen Kontrast zwischen dieser Handlungsweise – die dem Prophetismus Pessoas
gänzlich entgegengesetzt ist – und der neu-heidnischen Theoretisierung durch António Mora, die versucht, der Dichtung
Caeiros und Reis’ eine plausible Deutung zu geben. Letzterer
glaubt, grundverschieden von den Hoffnungen, die Mora auf
sie setzt, daß »eine wirkliche Wiederherstellung des Heidentums in einer bis aufs Knochenmark christianisierten und zer-
setzten Welt wie eine törichte Aufgabe anmutet«. Folglich sind
die vorgelegten neu-heidnischen Verse wie Opfergaben, wie
Votivtafeln auf dem Altar der Götter, wie eine Danksagung
dafür, daß sie ihre Autoren aus »diesem universellen Scheitern,
welches der Christismus darstellt« befreit haben, wie Mora
und Reis eventuell in Anlehnung an den Sprachgebrauch einiger Theosophen das Christentum nannten.

Falls Mora beabsichtigte, das Neu-Heidentum in eine Politik und eine soziale Kraft umzuwerten, so wandte sich Reis in
diesem höchst aufrichtigen und desillusionierten Vorwort ausdrücklich dagegen, indem er vorschlägt, der Götterkult wäre
besser ein persönlicher und privater Kult. Und sollte Reis nicht
auch einerseits, weil er das republikanische Portugal nicht
aushalten konnte, und andererseits, weil er den seltsamen Dichter Fernando Pessoa nicht an der Aufgabe der heidnischen
Rekonstruktion, von der er 1919 noch träumte, beteiligt sah,
nach Brasilien auswandern? Denn in einer seiner Notizen
schlägt Reis vor, die einzige Anstrengung der Heiden sollte

darauf abzielen, aus Portugal »die gebildetste, gesündeste, in allen Sparten des Handelns unmittelbarste« Nation zu machen. Ist das ein Widerspruch zu dem, was er in dem Vorwort ausdrückt? Vielleicht, denn in dieser letzten Erklärung ist ein Funken Hoffnung zu erahnen – ein Widerspruch, den er billigen sollte –, nicht dem Gedanken einer Flucht ins ferne Amerika zu verfallen. Doch Reis hatte keine andere Wahl, als fortzugehen, denn er war nicht einmal mit der Ästhetik einverstanden, die die Mitglieder der *Orpheu*, einer Zeitschrift, an der er augenscheinlich nicht mitwirken wollte, einführten: »Wir müssen das Neue vom bloß Seltsamen unterscheiden können, im Wissen um das Bekannte, denn das Neue verwandelt und variiert und erscheint äußerlich vollkommen ohne Redundanz.« Also Vorsicht bei den orphischen Dichtern! Und Vorsicht im besonderen bei Álvaro de Campos! Denn sollte nicht er es sein, den Reis beschuldigt, einen Eindruck des Neuen hervorzurufen, weil er »unsere Sprache schlecht spricht und uns jeden Satz in ihr verzerrt dahersagt«? Aber sprach der Ingenieur wirklich schlecht Portugiesisch, weil ihn, der in Schottland erzogen worden war, der Einfluß des Englischen geschädigt hatte, wie etwa Pessoa, der in der Kolonie Natal erzogen worden war?

Die Aufzeichnungen von Reis sind mit Anregungen und Absichten überladen, deren vollständige Bedeutung wohl unentschlüsselbar bleibt, deren Richtung uns aber weder verborgen bleiben kann noch soll. Daß er ein Erz-Klassiker war, ist dieser eindeutigen und beeindruckenden Erklärung zu entnehmen: »In jedem noch so kleinen Gedicht eines Poeten sollte etwas enthalten sein, woran man feststellt, daß Homer gelebt hat.« Aber weniger einfach ist es, hinsichtlich des nächsten Aphorismus zu einer Schlußfolgerung zu kommen: »In dem Wunsch, die Literatur solle religiös sein, irrte sich Chateaubriand. Die Literatur ist kein religiöses Phänomen. Die Zeitgenossen der Renaissance, die für gewöhnlich die Religion außerhalb der Poesie stellten, befolgten einen richtigen Weg. So soll es sein!« Hier kann man schon unschlüssig werden. Aber wenn es die theologische Spekulation oder die durch den Mystizismus beeinflußte Dichtung ist, auf die er sich im Namen der Religion beruft, dann wird man zumindest anerkennen müssen, daß dies kohärent ist, denn er versichert in einer anderen Notiz: »Die metaphysische Dichtung ist illegitim.« Ist das folglich nicht ein Kondensat der Dichtung, die Pessoa voranschrieb? Es scheint so.

Um es auf die Spitze zu treiben, verwickelte sich Reis noch in einen Streit mit Campos. Die Angelegenheit begann mit einem Schriftstück, das Álvaro nicht veröffentlichte, das er aber, wie es den Anschein hat, Reis zu lesen gab. Der Ingenieur ging von der folgenden Ode des Arztes aus, von der er sagte, sie enthielte in sechs Versen seine ganze Poetik, die er dann kommentierte:

> Im stolzen Geist den steten Drang zur Höhe,
>   so weih' ich dem Gesetz
>   des Zufalls meinen Vers.
> Wenn der Gedanke hoch und königlich,
>   sucht ihn das Wort gefügig,
>   und sklavisch dient der Rhythmus.

Daß er im stolzen Geist dem ausschließlichen Drang zur »Höhe« (was immer das sein soll) etwas weiht, das billige ich ihm zu, obwohl mir eine Poesie zu eng scheint, die sich auf den knappen Raum beschränkt, der oben auf den Gipfeln herrscht. Aber die Verbindung zwischen der Höhe und den Versen mit einer bestimmten Anzahl von Silben bleibt mir verborgen. Und was kurios ist, das Gedicht, mit Ausnahme der Höhenphantasie, die schlichtweg persönlich ist, weshalb es bei Reis liegt, sie für sich zu behalten, steckt voller Wahrheit:

sucht ihn das Wort gefügig,
und sklavisch dient der Rhythmus.

Campos nimmt an, daß Emotionen sich nicht in sapphischen
und alkäischen Oden ausdrücken lassen, nicht einmal, wenn sie
die Perfektion der Oden von Reis erlangen; und obwohl Campos beteuert, Reis vielen anderen vorzuziehen, findet er seine
Dichtung »übertrieben auf den Kardinalpunkt, nämlich Ricardo Reis, ausgerichtet«. Das ist die Reaktion des Extrovertierten gegenüber einem radikal und vorsätzlich Introvertierten.
   Danach schien eine Diskussion unvermeidbar. Reis zeigte
sich mit der Kritik nicht einverstanden. Campos' nächster
Einwurf lautete, Dichtung wäre jene Form der Prosa, deren
Rhythmus künstlich ist, und mit Hilfe von Pausen zwischen
zwei Versen und anderen Mitteln, die ihm absurd und widernatürlich vorkommen würden, riefe sie einen rhythmischen
und tonalen Scheineindruck hervor; aber warum muß sie denn
einen künstlichen Rhythmus haben? Reis antwortet darauf,
daß die komplexe Emotion nicht in das gesagte Wort passe,
weshalb sie bis zum Herausschreien heruntersteigen – und wie
Schreie mußten ihn die Gedichte von Álvaro anmuten – oder
bis zum Gesang emporsteigen müsse, »und weil Sprechen
Aussprechen ist, kann man nicht schreien, während man ausspricht; man muß singen, während man ausspricht, und zu
singen, während man ausspricht, heißt, dem Sprechen Musik
zu verleihen; und da die Melopoeia dem Sprechen fremd ist,
muß man die Melopoeia hinzufügen, indem man die Worte so
anordnet, daß sie schließlich über eine Melopoeia verfügen,
die nicht eigentlich in ihnen steckt und die demnach ihnen
gegenüber künstlich wirkt«. Campos nimmt den Fehdehandschuh auf, kommt aber zu keinem klaren – zumindest keinem
schriftlichen – Ergebnis. Doch Reis legt weiterhin besonderes
Augenmerk darauf, daß Campos die Versdichtung als eine
Prosa, die Musik enthält, betrachtet, als etwas, woraus seine

Künstlichkeit hervorgeht. Indes, »Reis würde vorher sagen, daß die Versdichtung eine Musik ist, die man mit Ideen macht und gerade deshalb mit Worten«. – »Allein mit Emotionen schafft man Musik. Mit Emotionen, die auf Ideen hinauslaufen, um sich zu manifestieren, werdet ihr zum Gesang kommen. Mit Ideen allein, die lediglich das enthalten, was sich notwendigerweise an Emotionen in allen Ideen findet, werdet ihr zur Dichtung kommen«, antwortet er dem erregten Campos. Folglich, »je kälter die Dichtung, desto wahrhaftiger«, und demnach ist eine vollendet konzipierte Idee bereits rhythmisch in sich selbst.

Campos und Reis konnten sich nicht einigen, und während der erste sich ein Bewunderer des zweiten nennt, erkennen wir leicht, daß dieser wiederum gegenüber dem ersten eine vorsichtige Zurückhaltung hegt, die er bald schon durch den Entwurf eines Essays, den er nicht zu Ende bringen sollte und dessen Inhalt ich zusammenzufassen versuche, vollends aufgibt. Reis meint, ein Gedicht sei die Projektion einer Idee, die vermittels einer Empfindung in Worte gebracht werde, und daß die Empfindung nicht die Grundlage der Poesie sei, sondern das Hilfsmittel, dessen sich die Idee bediene, um sich auf Worte zu reduzieren. Und er entdeckt keine elementaren Unterschiede zwischen Poesie und Prosa, weil man mit dem Gebrauch der Worte zugleich ein emotives und intellektuelles Instrumentarium anwende. »An allem, was man sagt – Versdichtung oder Prosadichtung –, ist eine Idee und eine Empfindung beteiligt«, und die Poesie unterscheidet sich von der Prosa, indem sie einen neuen äußerlichen Wirkungskreis wählt, der jenseits des Wortes und seiner Semantik – im Rhythmus und im Reim, in der Strophe – anzusiedeln sei. Reis verfolgt dem Anschein nach ein formalistisches Konzept der Versdichtung, was nicht heißen soll, daß er sie grundsätzlich von der Prosadichtung unterscheidet; indes kann freilich – und das scheint mir wichtig –, Poesie in Prosa vorkommen, womit er sich im gesamten als Klassizist zu erkennen gibt. Die Gedichte von Campos sind Reis' Verständnis nach ein Überlaufen von Empfindungen: »Die Idee dient der Empfindung, sie beherrscht sie nicht.« Reis fährt fort: »Der Mensch – ob Dichter oder nicht –, bei dem die Emotion den Intellekt beherrscht, läßt das Stadium seines Seins zu den Vorstadien der Evolution zurückkehren, in denen die Fähigkeiten der Inhibition noch im Embryonalstadium des Geistes schlummern. Es ist unmöglich, daß die Kunst, die ein Ergebnis der Kultur ist – sei es dank der höchsten Entwicklung des Bewußtseins, das der Mensch von sich selbst hat –, dann um so hervorragender wäre, je größer ihre Übereinstimmung mit den geistigen Äußerungen ist, die sich von den unteren Stadien der zerebralen Evolution unterscheiden.« Man muß schon innehalten, um Atem zu schöpfen, nachdem man diese großtuerischen Worte des Klassikers gelesen hat, der glaubt, die Poesie wäre wertvoller als die Prosa, weil sie einen höheren Grad der Gefühlsbeherrschung voraussetzt, gar die Überwindung des Aufruhrs, in dem sich die Empfindung naturgemäß ausdrücken würde. Und nach einigen Betrachtungen über die wissenschaftliche Prosa kommt er zu dem Ergebnis, »was Campos wirklich macht, wenn er in Versen schreibt, ist rhythmische Prosa mit größeren, an bestimmten Punkten markierten Pausen, die rhythmische Wirkung haben, und diese größeren Pausenstellen bestimmt er vermittels der Verslänge. Campos ist ein großer Prosaist, ein Prosaist mit einer großen Kenntnis des Rhythmus«, aber erinnern wir uns, nach Reis kann Prosa keine Poesie sein.

Reis hat demnach starke Vorbehalte gegen die Dichtung von Campos, und er bringt sie in seinem Essay recht deutlich und mit Strenge vor: »Beinahe zieht man aus den Worten Campos' den Schluß, daß der triviale Dichter [den Reis dem klassischen gegenüberstellt] spontan und mit einer Freigiebigkeit fühlt, die man wie selbstverständlich in seine Verse projiziert; und nachher, das heißt während der Überlegung, unterwirft er diese Gefühle Streichungen und Überarbeitungen und weiteren Verstümmelungen oder Entstellungen, die einer außenstehenden Regel folgen. Kein Mensch ist jemals auf diese Weise Dichter gewesen«, denn »wenn der Gedanke des Dichters genau ist, will heißen, aus einer Vorstellung resultiert, die eine Empfindung hervorruft, überträgt dieser Gedanke schon durch sein harmonisches Selbst, mittels der ausbalancierten Allianz von Vorstellung und Empfindung und mittels der Redlichkeit beider, diese Balance der Empfindung und des Gefühls in die Aussage und den Rhythmus. Und derart, wie ich erklärt habe, sucht die der Idee untergeordnete Aussage die Balance, und der Rhythmus, als Sklave der Empfindung, den ihm diese Idee an die Seite gestellt hat, dient ihr.«

Ob Reis recht hat oder nicht – jeder Dichter hat sein Motiv –, seine Oden zählen jedenfalls zu den herrlichsten und tiefgründigsten Aufzügen des *drama em gente*. Ihre spirituelle Erhabenheit, ihr Epikureertum, oftmals redlicher als jenes von Horaz, der sein Vorbild war, und die Kultur, die all das durchscheinen läßt, rechtfertigen dieses nicht übereilte Urteil. Mit Blick auf die Kulturgeschichte ist es angebracht, darauf aufmerksam zu machen, daß die Oden in die Strömung des – malerischen und poetischen – Neo-Klassizismus im Europa der 20er Jahre einzuordnen sind. Pessoa – ipse äußerte bei Gelegenheit Sá-Carneiro gegenüber, mit Reis hätte er die Glanzperiode seiner literarischen Reife erreicht. Und es scheint, als wäre dies aufrichtig. Und Reis weiß es selbst:

In den Kompositionen, mit denen mir die Götter gewähren, meine Mußestunden zu zerstreuen, gehöre ich unbewußt zum gleichen Heidentum wie Caeiro, jedoch füge ich ihm trotzdem die genaueste Form, die mir das Essentielle zu benötigen scheint, und den Glauben an die äußere und absolute Wirklichkeit der antiken Götter hinzu, den mein religiöses Naturell bedingt, ohne daß ich mich dieser Anforderung entziehen wollte. Dies alles aber wäre für mich ohne Caeiro unerreichbar. Ich bin ganz gewiß ein geborener Heide. Durch ein *luso naturae*, dessen Herkunft mir unbekannt, das aber kurios genug ist, da es fast zeitgleich mit der caeirinischen Ära eintrat, wurde ich mit einer solchen Veranlagung geboren, daß mir die Dingbezogenheit naturgegeben und rechtmäßig ist. Aber ich wiederhole, ich wäre, ungläubig dem Christentum gegenüber und ohne denkbaren Glauben, mindestens Beute eines instinktiven und unerklärlichen Unbehagens geblieben, wenn ich nicht schließlich die Offenbarung des Werks von Caeiro erhalten hätte. Ich war ein von Geburt an Blinder, dem dennoch die Möglichkeit zu sehen gegeben war; und mein Zusammentreffen mit dem *Hüter der Herden* war die Hand des Chirurgen, der mir mit den Augen zugleich den Blick öffnete. In nur einem Moment verwandelte sich mir die Erde, und die ganze Welt erhielt den Sinn, den ich instinktiv in mir wähnte.

Pessoa meint, wenn Caeiro keine andere Ethik als die der Einfachheit besitzt, so ist die von Reis »halb epikureisch und halb stoisch, und doch [ist es] eine sehr präzise Ethik, die seiner Dichtung eine Größe verleiht, zu der Caeiro nicht gelangt – dennoch, unabhängig von der Meisterwürde, bleibt er von beiden das Genie größeren Ausmaßes«. Man begegnet unter all den Reisschen Oden keiner, in der sich seine Moral so deutlich synthetisiert wie in dieser:

> Um groß zu sein, sei ganz: entstelle und
> verleugne nichts, was dein ist.
> Sei ganz in jedem Ding. Leg, was du bist,
> in dein geringstes Tun.
> So glänzt in jedem See der ganze Mond,
> denn er steht hoch genug.

Zwischen der eleganten Diktion der Oden und ihren latinisierenden Hyperbata, ihren Abweichungen von der herkömmlichen Wortstellung, nimmt man etwas von der Hoffnungslosigkeit der Stoiker wahr. Die pessimistische Philosophie Reis', seine passive Haltung gegenüber dem Leben, wird bei António Mora auf Akzeptanz stoßen, sollte aber seiner Überzeugung nach nicht Gegenstand so schöner Gesänge sein: »Ich akzeptiere unsere Haltung als solche, aber ich akzeptiere die Art und Weise nicht, wie sie Ricardo Reis hinnimmt. Ich möchte uns gleichgültig gegen eine Epoche wissen, die nichts von uns erwarten kann und der wir nach Kräften nichts beisteuern können. Ich wünsche nicht, daß Gleichgültigkeit als etwas Gutes an sich besungen wird. Und genau das ist es, was Ricardo Reis tut. Infolgedessen – und weit davon entfernt, gleichgültig die Strömungen der Epoche aufzunehmen – fügt er sich in eine ihrer dekadenten Strömungen ein. Diese Gleichgültigkeit ist schon eine Anpassung auf halbem Wege. Das ist bereits ein Zugeständnis.« Viel zu dogmatisch erscheint uns der Autor der *Rückkehr der Götter*. Aber fürwahr, wie soll man den Glücksfall ableugnen, daß Reis, der so menschlich fehlbar und wahrhaftig wie Caeiro war, voller Widersprüche erscheint:

Nur das Leben vergönnen uns die Götter.
Weisen wir alles ab, was uns zu Gipfeln
   erhöbe, ganz ohne Atemluft,
     den ewigen, blumenlosen.
Nur hinzunehmen seien wir kundig,
solange Blut noch pocht in unsren Schläfen,
   abgetan noch für uns nicht
     die Liebe, laßt uns dauern,
wie für Lichtstrahlen durchlässige Gläser,
woran traurig die Regentropfen gleiten,
   lau in der heißen Sonne
     und hin und wieder grübelnd.

Wenn Reis' Heidentum der reinste Glaube an die Götter und dem Leben gegenüber die größte Gleichgültigkeit ist, das heißt im Extremfall, in der einen oder anderen Ode sich zu entschließen, nichts von den Göttern zu fordern ..., wenn er sich vornahm, bis zum Lustgewinn zu verzichten ..., wenn seine Gelassenheit und seine Loslösung vom Leben ein Vorbild heidnischer Heiligkeit sind ..., warum ihm dann das Recht absprechen, diese Empfindungen und all diese Haltungen zu besingen? Aber Mora verschließt seine Seele, wie alle anderen Personen des *drama em gente,* in eine Truhe, und wir können ihn nicht verurteilen, wenn er seine Empfindungen etwas dogmatisch vertreten hat.

Aber trotzdem steht der Rationalist und Klassizist António Mora Reis näher als irgendeiner anderen Person dieses wahrhaftig erregenden Dramas. Dieses philosophische Original sollte später – entgegen der Ansicht von Reis – an den gesellschaftlichen Einfluß des portugiesischen Heidentums, einschließlich des geschichtlichen, im wahrsten Sinne des Wortes glauben, wie die von ihm vorgelegten Ideen und sein unabgeschlossenes Werk *Die Rückkehr der Götter* belegen.

Er glaubte, je mehr sich diese Religion mit der Natur vereine, desto stärker würde sie die Gesellschaften disziplinieren und ihnen Orientierung bieten, vorausgesetzt, ihr würde es gelingen, so auf die Menschen zu wirken, daß sie sich nicht von den Naturgesetzen lossagten, die das menschliche Leben grundsätzlich regieren. Alsdann ist die heidnische Religion – sein eigenes Heidentum sowie das von Caeiro und Reis – die natürlichste aller Religionen. Sie ist polytheistisch, weil die Natur plural ist und sie sich uns in »viele[n] Dinge[n]« zeigt; sie ist human, weil die Handlungen der Götter Handlungen verherrlichter Menschen von ferner Herkunft sind; sie ist schließlich eine politische Religion, weil sie Teil des städtischen und staatlichen Lebens ist und nicht danach trachtet, sich zu verallgemeinern oder sich anderen Völkern aufzuzwingen, und »niemals wurde eine Nation gesehen, die zugleich gesund und imperialistisch ist«.

In den bekannten Religionen, fährt Mora fort, tritt immer eine Entfremdung auf; im Buddhismus, weil er im Leben nichts als eine Illusion erkennt; im Christentum aus Gründen, die er sich später exemplizieren will. Er fährt fort, daß die moderne Variante des Heidentums mehrere Fehler begangen habe, die in seiner Opposition zum christlich-religiösen System gründen. An erster Stelle steht, daß der Polytheismus nicht allein das heidnische System auszeichnet, auch der Hinduismus ist polytheistisch, dessen Gottheiten nicht wie die griechischen menschlich sind. Dies ist der wesentliche Unterschied. Die Erhebung des Menschen zum Übermenschen ergibt sich bei den Griechen infolge der Überbewertung des Lebens – und schon Eduardo Lourenço hat darauf hingewiesen, daß Mora wie verschiedene esoterische Strömungen seiner Epoche durch Nietzsche beeinflußt wurde. Bei den Hinduisten findet sich dasselbe Motiv der Überbewertung, aber hier infolge einer Überbewertung der Askese, die das Leben verneint. Unter diesem Aspekt vergleicht Mora den Hinduismus mit dem Christismus. Darin, und mit seinen Ausrufen über den Verfall der Askese, stimmte Mora mit Pessoa überein. Weiter ist die heidnische Moral, vertreten durch den Stoizismus, eine Moral der Orientierung und Disziplin, derweil die christliche die Moral der Entsagung und der Abwendung vom Irdischen ist, das heißt vom Natürlichen, weshalb es eine Moral – und hier verbirgt sich wieder Nietzsche – der Schwäche und der Unfähigkeit ist.

Die Religion ist im allgemeinen, glaubt Mora, die Äußerung einer Einheit des Denkens. Eine Religion geht in einer metaphysischen Strömung auf, und »eine literarische Strömung reicht nicht über eine Metaphysik hinaus«. Jetzt zieht Mora einen wichtigen Rückschluß: »Die Metaphysik ist ein Modus, die Dinge zu spüren; dieser Modus, die Dinge zu spüren, kann in Übereinstimmung mit dem Temperament des einzelnen [der es spürt] einen religiösen Charakter erlangen.« Daher die große Bedeutung – oder vielmehr die Notwendigkeit – der Dichtung für die Entwicklung des portugiesischen Heidentums, denn »der Neu-Heide muß sich beim Schreiben davon überzeugen, daß er sein Empfinden für die Natur verwirklicht«. Aber es gibt noch mehr, »der intellektuelle Teil des religiösen Empfindens ist in erster Linie der des Gerüstträgers und Erziehers der Intelligenz«, eine Rolle, gegen die sich Pessoa zumindest einmal ausspricht, wenn er sich öffentlich »Verzieher der Seelen« nennt, eventuell weil er – der sich zu einem religiösen Temperament bekannte – vergaß, daß laut Mora »die Religion Erzieherin der Intelligenz im Sinne einer Grundlage ist, auf die man sich vertrauensvoll niederlassen kann«. Oder sollten sich seine Kreaturen, in diesem Fall Mora, schließlich gegen ihren Schöpfer auflehnen, bis zum Versuch, seine Irrtümer zu korrigieren und zu vereiteln? Und das, obwohl Pessoa ihnen gerade deshalb Leben verliehen hatte, weil er auf keinen seiner inneren Widersprüche, weder auf sein Verlangen zu erziehen noch auf seine Rolle als Verzieher, verzichten wollte? Oder kann das Problem, wie so viele, vor die uns die Personen des *drama em gente* stellen, an unserer christlichen Erziehung liegen, denn, wie Mora sagt, »innerhalb des Heidentums kommen keine Häresien vor«? Dulden wir also die pessoanische Undiszipliniertheit, ohne aus Pessoa einen heterodoxen Heiden zu machen.

Im übrigen verfügt das Heidentum über seine eigene Ästhetik, und Mora formuliert ihren ersten Grundsatz mit den Worten: »Das Ziel der Kunst ist, die Natur vollkommen zu imitieren. Dieser elementare Ausgangspunkt ist richtig, wenn wir bedenken, daß die Natur zu imitieren nicht bedeutet, sie zu kopieren, sondern *ihre* Vorgänge nachzuahmen«, weshalb jedes Kunstwerk Eigenschaften eines natürlichen Seins, einer

tierischen Kreatur aufweisen muß. Das ist reinstes aristote-
lisches Gedankengut, das sich gegen die nichtaristotelische
Ästhetik Campos' wendet, zuvor aber schon von Dante – und
zu Zeiten Pessoas von Ezra Pound – übernommen und proklamiert wurde. Beide lehnten sich gegen den Wucher auf, den
sie als eine Kunst ansahen, die – weit davon entfernt, Kunst wie
die Natur hervorzubringen – unproduktiv ist und vermindert,
anstatt etwas hinzuzufügen.

Offensichtlich waren die Positionen von Reis und Mora
einander ähnlich, obwohl der Philosoph Mora drastischer als
der Dichter Reis war: »Der Künstler drückt nicht seine Empfindungen aus. Das ist nicht seine Aufgabe. Er drückt von
seinen Empfindungen die aus, die allen Menschen gemein
sind. Um es paradox zu sagen, er bringt nur diejenigen seiner
Empfindungen zum Ausdruck, die auch seine Mitmenschen
besitzen. Seine ureigenen Empfindungen haben nichts mit der
Menschengemeinschaft zu tun.« Reiner Klassizismus! Und
klassisch ist auch der andere von Mora proklamierte Grundsatz der heidnischen Kunst: Seine Universalität sollte ihn – so
wie es in Pessoas Drehbuch steht – zum universalen Fünften
Reich befähigen. Eben dies ist die andere wichtige Verbindung, die wir herzustellen nicht unterlassen sollten. Der dritte
Grundsatz der heidnischen Kunst, der seiner Beschränkung,
ist in dem Kontext, den wir gerade betrachten, von geringerer
Bedeutung. Mora versteht unter Beschränkung die Beachtung
der literarischen Gattung, ihre Abgrenzungen, und verurteilt
so die Vermischung der Gattungen.

Ebenso lehnt der Philosoph die Ungenauigkeit und Unbe-
stimmtheit der Empfindungen, die er in die Musik verbannt,
ab: »Da die Emotion selten in vollkommen ausdefinierten
Empfindungen vorliegt, existiert für sie die Prosa. Für die
harmonischen und fluiden Empfindungen eignet sich die Poesie. In einer gesunden und starken Epoche hätten ein Verlaine
oder ein Mallarmé die Musik komponiert, aus der sie in dieser

Epoche schreibend hervorgegangen sind. Sie hätten niemals die Bestrebung gehabt, das in Worte zu fassen, was das Wort nicht zuläßt.« Die Attacke scheint sich gegen die Vagheit der Saudosisten zu richten – und das ist nur folgerichtig, denn *Die Rückkehr der Götter* ist eine Einleitung zur Dichtung Caeiros –, aber der Angriff reicht bis zum Symbolismus und so auch zu dem Pessoas. Und dieser steht in ästhetischer Hinsicht wohl unbestritten dem symbolistischen Theaterbegriff von Maeterlinck und Mallarmé nah. Der Widerspruch hierzu, sein Bekenntnis, von Shakespeare zu dem *drama em gente* inspiriert worden zu sein – zumindest führte er ihn als Beispiel für einen Erschaffer von Personen ins Feld –, läßt sich nicht auflösen, denn unbezweifelbar waren es die Symbolisten, bei denen er sich die Anregung für die Idee eines Theater ohne Handlung und ohne sichtbare Figuren holte. Aber wir haben schon gesehen, die Geschöpfe – wobei wir wieder bei Mora wären – können ihrem Erschaffer widersprechen. Und Mora widerspricht Pessoa in diesem Passus: »Ich frage den größten Enthusiasten der französischen Symbolisten [paradoxerweise war dieses nicht Pessoa, obgleich er sich *malgré lui* an ihnen inspirierte], ob Mallarmé soviel innerlich bewegt hat wie eine gewöhnliche Melodie und ob die Ausdruckslosigkeit Verlaines je einmal bis an die legitime Ausdruckslosigkeit eines Walzers herangekommen ist. Das gelang ihm nicht, und wenn man mir zur Antwort gibt, aus diesem Grund seien Verlaine und Mallarmé der Musik vorzuziehen, sagt man damit, daß man die Literatur als Musik der Musik vorzieht. Man antwortet mit etwas, was, außer daß man Mühe damit hat, keinen Sinn macht.« Reis, Caeiro und dessen Manen können sich zufrieden nennen, aber Campos und Pessoa selbst?

Worin Reis und Pessoa doch übereinstimmen, ist ihr aristokratisches Verständnis der idealen Gesellschaft, wie es bereits in den Notizen zur *Aristokratischen Republik* zum Ausdruck kam. Mora weist darauf hin, daß zu Beginn des 19. Jahrhunderts »das

Gefolge der egalitären Theorien« in voller Blüte stand. Der Egalitarismus verletzt aber die Grundlage der Klassenherrschaft, also den Kern des sozialen Gehorsams und der Ordnung, und sofern er auf die Sexualität bezogen wird, verletzt er die Ordnung der Familie, während der staatliche Egalitarismus das Recht der stärkeren und organisierteren Nation verletzt, wenn er den schwächeren Nationen den Weg der Zivilisation auferlegt. In dieser Hinsicht war Pessoa mit Mora einer Meinung, als dieser *Die Rückkehr der Götter* schrieb; später dann, als sich seine nationalistischen Bestrebungen auf die Hegemonie des Fünften Reiches beschränkten, sollte er das Recht Portugals auf ein koloniales Reich, also das bestehende, verneinen.

»Wozu sollte die Freiheit dem Plebs dienen?« fragt Mora. »Wozu dem Handwerker? Was der Plebs braucht, ist nicht die Freiheit, sondern das Ausbleiben der Unterdrückung, was allen Menschen notwendig ist und ihrem menschlichen Naturrecht entspricht.« Er verteidigt demnach nicht die Tyrannei, sondern eine soziale Ordnung, in der die Gedankenfreiheit der nichtdenkenden Masse kaum dienen kann, eine Freiheit, die »man bis zu einem gewissen Punkt gewähren kann«. Und er verdeutlicht: »Es soll eine Freiheit geben, die dem Sklaven die Befreiung erlaubt, so daß gemäß modernem Denken jeder für sich selbst handle und nicht aufgrund eines Zugeständnisses seines Eigentümers, das ist gerecht. Dem Plebs zugehörigen Menschen steht rechtmäßig Freiheit von Zweckmäßigkeit zu, aber eine angepaßte, beschränkte Freiheit, damit allein die wahrhaftig ihrer Würdigen durch die Maschen schlüpfen können.« Demnach ist Mora nicht volksfeindlich, sondern einfach utopisch und nicht sehr originell.

Seiner Originalität wird man eher in seiner Analyse des Christentums gewahr. Seine Reflexionen über das höchste Heidentum wollen wir vernachlässigen, zumal sie unvollständig und nur schwer zu interpretieren sind – und Pessoa sie ihm durchaus untergeschoben haben könnte. Versuchen wir statt dessen, Moras Ideen über die Geschichte des Christentums, insbesondere über die des Katholizismus zusammenzufassen: »Sprechen wir den entscheidenden und bekräftigenden Satz aus. Die katholische Kirche stammt nicht vom Römischen Reich ab. Die katholische Kirche ist das Römische Reich«, weshalb das Christentum nichts anderes ist »als die extreme Degeneration des griechisch-römischen Heidentums«, das nicht vollkommen ausgestorben ist. »Es ist dies unverkennbar unsere Zivilisation. Wo sie erkennbar wird, rezivilisieren wir uns: wo sie verschwindet, kommt es zur Rebarbarisierung.« Die Renaissance ist bedeutend, da sie sich auf die heidnischen Elemente des Katholizismus stützt, und Dante, den Mora als Renaissance-Dichter betrachtet und dessen *Göttliche Komödie* Pessoa zu übersetzen plante, schrieb dieses Poem – halb instinktiv, halb bewußt – in bezug auf die heidnischen Elemente des Katholizismus.

Zwar läßt sich aus den fragmentarischen Notizen von Mora die Reihenfolge ihrer Entstehung nicht mehr rekonstruieren, doch bieten sie genügend Anschlüsse, um den Gedankengang nachvollziehbar zu machen. Wie die Romantiker – gegen die sich Pessoa anfangs stellte – glaubte Mora, und stimmt hier Chateaubriand zu, daß das Christentum seinen vollkommenen literarischen Ausdruck erst in einem Moment findet, in dem es zwar Kräfte freisetzt, aber die seines Verfalls: »Wenn wir seine konstitutiven Elemente betrachten, erkennen wir, daß das dekadente humanitäre Element mit der Französischen Revolution auftaucht«. An anderer Stelle unterstreicht Mora, daß der Grundgedanke »Freiheit, Gleichheit, Brüderlichkeit« unverfälscht christlich ist, »und wir erkennen, daß das mystische, neuplatonische und gnostische Element in der Blütezeit der okkultistischen Schulen auftaucht. Auch erkennen wir, daß das imperialistische Element […] in den abendländischen Nationen mit einer Prägung von Grausamkeit und Verständnislosigkeit für die sozialen Gesetze zum Vorschein kommt, was nicht gestattet, ihren Ursprung in der Zerfallsphase des [Römischen] Reichs zu übersehen; und daß der Kosmopolitismus in jenen Nationen sichtbaren Charakter annimmt, die sich nicht um einen reinen Imperialismus kümmern.« Was ist unterdessen aus dem fünften christistischen Element geworden, dem Heidentum, auf dem das Christentum errichtet und durch das es lebendig wurde?

Wenn, geschichtlich betrachtet, das heidnische Element des Christentums ein Übermaß seines authentisch christlichen Elements verhinderte – das ist scheinbar der abschließende Gedanke Moras –, so steht sein heidnisches Element kraft seiner Befreiung und in Übereinstimmung mit den Naturgesetzen für die Gegenwart. Und wenn sich das Christentum einst aufgelöst und zersetzt haben wird, steht das heidnische Element weiter zur Disposition für die Religion einer wissenschaftsorientierten und auf die Naturgesetze sich begründenden Zivilisation. Diese Behauptung ist im Hinblick auf die Ursprünge und die Zukunft des portugiesischen Neu-Heidentums so enthüllend wie kohärent; vom Gesichtspunkt des Ursprungs her, weil die portugiesischen Neu-Heiden als Christen begannen, und mit Blick auf die Zukunft, weil die Zivilisation sich täglich zunehmend in den neuen Strömungen der Wissenschaft begründet. Pessoa wußte das, und daher sah er keinen Widerspruch, sondern eine unvermeidbare Synthese zwischen Sebastianismus und heidnischer Religion.

Mora führt vor, daß die Rekonstruktion des Heidentums drei Wege beschreiten muß: den der Attacke gegen den verwerflichen Mystizismus und Subjektivismus des Okkultismus, den der Attacke gegen Humanitarismus und Demokratie, beides »christliche Hervorbringungen, verlorene Söhne des Christismus«, und den der intellektuellen Widerstandsfähigkeit »gegen den törichten modernen Imperialismus, Imago und Parabel der katholischen Kirche, der jenes Prinzip der Nationalität verletzt, dessen maximales Symbol der Stadtstaat der Griechen und Römer ist«. Mora schrieb während des Ersten Weltkriegs und erweist sich in diesen konfliktreichen Jahren, im Gegensatz zu Pessoa, als den Deutschen gegenüber feindlich, denn seiner Ansicht nach »versinnbildlicht das Deutsche Reich in Reinkultur die Errichtung des imperialistischen Prinzips des Christismus, das folglich den beiden anderen, dem mystischen und dem humanitären Prinzip, entgegengesetzt ist.« Pessoa instrumentiert dank der Möglichkeiten des *drama em gente,* und ausgehend von verschiedenen Standpunkten und Überzeugungen, seine Erforschung des Ersten Weltkrieges. Und es ist zu bedenken, daß alle politischen Meinungen Pessoas, sowohl die gegenwärtigen als auch die zukünftigen, stets dialektischer Natur sind und sich in keiner von ihnen die Polyphonie der Standpunkte des *drama em gente* erschöpfend äußert. Wer das nicht berücksichtigt, begeht viele Fehler beim Versuch, sein politisches Denken zu verstehen oder zu beurteilen, in dem auf außergewöhnlich scharfe Weise die anfänglichen Ideale und historischen Umstände des einzelnen Augenblicks zusammentreffen und das im Grunde nicht mehr ist als ein Nachforschen. Daher seine Ergiebigkeit und sein polemischer Charakter, aber auch das Fehlen einer beständigen und pragmatischen Ausrichtung.

Die folgende Äußerung António Moras über die Philosophie des Heidentums wird meine Argumentation erhellen: »Anerkennend, daß wir nicht [gesichert] wissen, vorbehaltlich, daß in allem ein Gesetz steckt, ein Gesetz, das sich nicht unseren Schmerzen und unseren Freuden gemäß jenseits des Guten und des Bösen manifestiert; anerkennend, daß wir, diesem Gesetz unterliegend, Spielzeuge in den Händen höherer Mächte sind, die nichts moralisches Festes kennen, so wie wir sie nicht unter uns kennen; und angesichts des objektiven Universums, das uns gegeben wurde, ist anzuerkennen, daß wir in diesem Universum und genau nach diesem Universum unser Leben leben müssen, denn falls wir über andere Lebensformen verfügen können, werden wir sie zur entsprechenden Zeit haben, und sie werden uns gegeben werden: Darin beruht die heidnische Religion oder, falls man es vorzieht, die Philosophie des Heidentums.« Die Vermischung von Nietzscheanismus und Vorsehungsgläubigkeit in diesem langen gebetsähnlichen Satz veranschaulicht gut die Widersprüche, auf die ich mich soeben bezogen habe.

Es ist hier nicht möglich, dem Denken Moras Schritt für Schritt zu folgen. Um eine seiner möglichen und partiellen Synthesen zu vollenden, wollen wir darauf hinweisen, daß der große Philosoph des *drama em gente* an die Götter glaubt, weil »es menschliche Übergangsgedanken sind, von den konkreten Begriffen bis zu den abstrakten Ideen« – entfernt den Engeln des Maimonides ähnlich –, »daß die Götter nicht gestorben sind [...] was gestorben ist, ist unsere Vision von ihnen. Sie sind nicht fortgegangen, wir haben aufgehört, sie zu sehen [...] Sie existieren weiter, sie leben, wie sie gelebt haben, mit derselben Göttlichkeit und derselben Ruhe«; er glaubt, daß alles, was nach Griechenland kam, ein Irrtum und eine Verirrung gewesen ist, und daß es der Objektivismus und der Sensationismus Caeiros sind, welche die Restauration des Heidentums, die Rückkehr zu den griechischen Ursprüngen der abendländischen Zivilisation eingeleitet haben. Auf diesen Sensationismus werden wir später noch zurückkommen.

II

Drama em gente III: Die Leidtragenden:
Álvaro de Campos und Fernando Pessoa.
Der Sensationismus.
Rafael Baldaya

In seinem Brief vom 24. Dezember 1915 schreibt Sá-Carneiro an Pessoa: »Álvaro de Campos, mein lieber Freund, ist mit Sicherheit nicht größer als Fernando Pessoa, aber es gelingt ihm, interessanter zu sein.« Campos ist nicht nur eine interessante, sondern auch eine im hohen Maße gespannte Persönlichkeit, die in sich uneins ist. Pessoa sagte schon, er ähnelte sehr Bernardo Soares, der nichts anderes als eine seiner Masken war. Schon als Caeiro noch lebte, Reis noch nicht nach Brasilien gegangen und Mora noch nicht in der psychiatrischen Klinik, wo Pessoa ihn kennenlernte, interniert war, war Campos der einzige heteronyme Dichter, mit dem Pessoa seit den hinter uns liegenden *Orpheu*-Tagen regelmäßigen Umgang pflegte. In Wirklichkeit, und wie Pessoa selbst bestätigte, sah er weder Caeiro noch Reis je wieder, obwohl er eine deutliche Vorstellung von ihrer Persönlichkeit, einschließlich ihrer physischen Gestalt, behielt. So war er sicher, den Zweitgenannten augenblicklich wiederzuerkennen, falls er aus Brasilien zurückkehren würde.

Campos vermittelt sehr häufig den Eindruck, ein von vielen Hemmungen befreiter Doppelgänger Pessoas zu sein, aber er unterscheidet sich trotzdem von ihm, nicht nur durch seine Spontaneität, sondern auch, was von Pessoas Selbstäußerungen stark abweicht, durch seine eingestandenen sexuellen Erfahrungen, wozu er sich des öfteren der Maske Soares', seines Demiurgen, zu bedienen scheint – anstatt bloßer Beobachter zu sein, neigt er unwiderstehlich zur oft theoretisch verneinten, aber fast immer erträumten Tat. Er ist das widerspruchvollste Heteronym, was auch seine Biographie nicht unberührt läßt, denn Pessoa nannte einmal Tavira als Geburtsort und schrieb später, er sei in Lissabon geboren. In dieser Stadt, in der er sich schließlich häuslich niederließ, traf er oft auf Pessoa und war derart in dessen Angelegenheiten auf dem laufenden, daß er sich am Ende in die Brautwerbung um Ophélia Queiroz einmischte.

Campos schreibt: »Was mich der Meister Caeiro lehrte, war, Anschaulichkeit zu bewahren: Ausgewogenheit, Ordnung im Delirium und Fieberwahn, und er lehrte mich, nach keiner Philosophie zu trachten, das aber mit Seele.« Das, was Campos da von sich selbst sagt, sollte man stets bei der Lektüre seiner stürmischen Dichtung berücksichtigen, allerdings unter dem Vorbehalt, daß er es nur zu einer eher mageren Metaphysik brachte. Gegen Ende der 20er Jahre schrieb er eine Notiz, die sie zusammenfaßte: »Der Mensch, Possenreißer seiner Inspirationen, Schattenspiel seiner unnützen Angst – empört und niedrig –, fährt fort, in dem unerschütterlichen Drehen der Erde, unversöhnlich über einem gelben Stern, ohne Hoffnung, ohne Ruhe, ohne anderen Trost als den durch die Behütung seiner Illusionen, Knecht derselben chemischen Gesetze zu sein. Er regiert Staaten, richtet Gesetze ein, zettelt Kriege an; er gibt von sich aus Erinnerungen an Schlachten, Verse, Statuen und Gebäude auf. Die Erde wird erkalten, ohne daß ihm das etwas bedeutet. Davon unberührt, unberührt von Geburt an, wird die Sonne eines Tages, so sie geleuchtet hat, aufhören zu leuchten; so sie Leben gegeben hat, wird sie Tod geben. Andere Sternen- und Planetensysteme werden zufällig neue Menschheiten hervorbringen; andere vorgespiegelte besondere Ewigkeitsgattungen werden Seelen einer anderen Spezies versorgen; andere Glaubensbekenntnisse werden fernliegende Korridore multipler Wirklichkeit durchlaufen. Andere Christusse werden grundlos an neue Kreuze geschlagen werden. Neue Geheimsekten werden die Geheimnisse der Magie oder der Kabbala in Händen halten. Und diese Magie wird eine andere sein, und diese Kabbala wird verschieden sein.« Es handelt sich um ein paar Zeilen, die nicht nur die Desillusionierung Álvaro de Campos' spiegeln, sondern auch die Desillusionierung, die sich während der Jahre einstellte, in denen auch andere europäische und nordamerikanische Schriftsteller – Yeats, Orage, Eliot, Jane Heap ... –, die davon geträumt hatten, sich die Geheimnisse der okkulten Kenntnisse zu erschließen, ihre Desillusioniertheit zu Papier brachten. Das gleiche bringt Campos in einem seiner besten Gedichte, dem *Tabakladen* aus dem Jahr 1928, zum Ausdruck:

Doch der Besitzer des Tabakladens trat an die Tür und
                                    blieb an der Tür.
Ich betrachte ihn mit dem Unbehagen des schräg
                                    gedrehten Kopfes
und mit dem Unbehagen der mißverstehenden Seele.
Er wird sterben, und ich werde sterben.
Er wird das Ladenschild hinterlassen, und ich
                                    hinterlasse Verse.
Irgendwann verrotten dann das Ladenschild und auch
                                    die Verse.
Nach einiger Zeit stirbt die Straße, in der das
                                    Ladenschild hing,
und die Sprache, in der die Verse geschrieben wurden.
Später stirbt dann der kreisende Planet, auf dem sich
                                    alles zutrug.
Auf anderen Satelliten anderer Sternensysteme werden
                                menschenähnliche Wesen
fortfahren, solche Dinge wie Verse zu machen und unter
                                Dingen wie Ladenschildern zu leben,

immer das eine dem anderen gegenüber,
immer das eine so nutzlos wie das andere,
das Unmögliche immer so töricht wie das Reale,
das Geheimnis am Grunde immer so sicher wie der
                    Geheimnisschlaf an der Oberfläche,
immer dies oder anderes oder weder dies noch das andere.

Campos war ein Heide aus »Revolte«, aus Insurrektion, aus
Protest, und die Lektion von Caeiro, die er auf für ihn so
charakteristische ungestüme Weise ausdrückt, findet man
deutlich in diesen Versen aus *Lisbon Revisited (1923)* wieder:

Verschont mich mit allen Kunstdoktrinen!
Sprecht mir nicht von Moral!
Schafft mir die Metaphysik fort!
[...]
Wenn sie die Wahrheit besitzen, was kümmert's mich?
[...]
Laßt mich in Ruhe! Ich säume nicht, denn ich säume nie ...
Solange Abgrund und Schweigen säumen, will ich allein sein.

Caeiro lehnte ebenfalls die Metaphysik ab und machte sich
über sie und alles transzendentale Denken lustig, obwohl er sie
nicht mit der verbalen Kraft seines Schülers verstieß. Aber das
Werk von Campos ist so reich und so komplex, so überschäu-
mend in Motivik und Reiz, in Humor- und Einstellungswech-
seln, derart breit gefächert und entschieden mehrdeutig, daß
eine zusammenfassende Charakterisierung schwerfällt.

Angesichts des bukolischen Heidentums von Caeiro, des
klassischen von Reis und angesichts des mysterischen von
Pessoa, welche Art von Heidentum gilt dann für Campos?
Denn diese unruhige Persönlichkeit lehnt sich gegen die
Unterweisungen Caeiros auf, für den »der einzige innere
Sinn der Dinge / ist, daß sie keinen inneren Sinn besitzen«,

wenn er von »der einzigen Wirklichkeit, dem Geheimnis«
spricht; diese Rebellion ist zeitlich schwer einzuordnen und
dürfte nicht nach 1923 entstanden sein, wie es auch unmöglich
ist, den soeben zitierten Vers wie auch die *Meeres-Ode* zu
datieren, die 1915 veröffentlicht wurde und in der Campos eine
klare Anspielung auf seine platonischen Ideen macht:

> [Der] Absolute Kai, nach dessen unbewußt nachgeahmtem,
> unmerklich beschworenem Modell
> wir Menschen unsere Kais
> in unseren Häfen bauten,
> die Kais aus heutigem Gestein auf wahrem Wasser.

Bei Álvaro de Campos beeindruckt, daß er nicht wie seine
heteronymen Weggenossen gelassen eine bestimmte religiöse
Überzeugung annimmt, sondern vielmehr zum Transzendenten strebt und zugleich das Opfer eines Zweifels ist, der eine
verängstigte Suche auslöst, wie es diese Verse bezeugen:

> Werd' ich nicht ewig die Blumen vom Feld meiner Kindheit
> besitzen,
> auf eine andere Weise?
> Muß ich für immer die Zuneigung einbüßen, die ich besaß,
> ja selbst die, die ich nur zu besitzen vermeinte?
> Gibt es jemanden, der den Schlüssel zum Tor des Seins, das
> kein Tor hat, in den Händen hält
> und mir mit Gründen das Weltverständnis erschließen kann?

Diese Suche, bei der gewöhnlich Züge von Verzweiflung zutage treten, scheint zugunsten des Transzendenten unabge-
schlossen zu bleiben – wie im Gedicht *Magnificat,* das Dalila
Pereira da Costa als Theophanie gedeutet hat. Hier der Schluß
dieses Gedichts:

Kater, der mich mit leuchtenden Augen anblickt!
                    Was glitzert auf ihrem Grunde?
Der ist es! Der ist es!
Er wird der Sonne Stillstand gebieten wie Josua
                    und ich erwachen,
und dann wird es tagen.
Lächle im Schlaf, meine Seele!
Lächle, Seele, es wird tagen!

Dieses Gedicht, das in der Nacht des 7. November 1933 geschrieben wurde, hat dem Anschein nach eine monotheisti-
sche Ausrichtung, und selbst sein Titel stellt eine Anrufung des
»höchsten Heidentums« dar, dieses neuen Christentums, das
Pessoa, trotz seines Katholizismus oder vielleicht gerade deswegen und um seiner gnostischen Ideen willen, so unentwegt
und intensiv durchdachte, so daß er Campos selbst zu seinem
Komplizen machte. Jedenfalls scheint das Gedicht den Kulminationspunkt der religiösen Erfahrungen von Campos zu
bezeichnen.

Ich bin ein dekadenter Heide aus der Herbstzeit der Schönheit, der Schläfrigkeit [?] der antiken Klarheit, mystisch
intellektuell von der traurigen Rasse der Neu-Platoniker
Alexandriens.
     Wie diese glaube ich an die Halbgötter, die Menschen, die
die Anstrengung und [unlesbar] zusammen auf den Thron der
Unsterblichen hoben, denn, wie Pindar sagte, »die Rasse der
Menschen und die der Götter ist eine einzige«. Wie diese
glaube ich in erster Linie, sieht das Schicksal gleichgül-
tige, empfindungslose Person, unverrückbare und über-
führte [Zweifel an der Textstelle im Original] Ursache, jenseits
des Guten und des Bösen, der Schönheit und der Häßlichkeit
und darüber hinaus der Wahrheit und der Lüge unbekannt.
Aber ich glaube nicht, daß zwischen dem Schicksal und den

Göttern mehr als ein trüber Ozean liegt [...], der stumme Himmel der grenzenlosen Nacht. Ich glaube wie die Neu-Platoniker an die Mittlerrolle des Intellekts, den *Logos* in der Sprache der Philosophen, Christus (hernach) in der christlichen Mythologie. Darauf beruht meine heidnische Heterodoxie. [...] Mehr als das der Neu-Platoniker selbst, ist mir das synkretistische Heidentum des Julian Apostata [auch Julian der Abtrünnige] eigen.

Pessoa formulierte diese Erklärungen in einigen Notizen, die er für ein Werk sammelte, von dem er bald wieder abließ. Ich beziehe mich auf die Entwürfe zu *Die Rückkehr der Götter,* die zur gleichen Zeit wie *Prolegomena zu einer Neugestaltung des Heidentums* erscheinen sollten, an denen António Mora schrieb. Als Pessoa aufgrund seiner Skrupel wegen seiner heidnischen Orthodoxie darauf verzichtete, die *Rückkehr* abzuschließen, übernahm Mora diese Aufgabe und ließ seine *Prolegomena* – zu diesem Schluß bin ich bei der Rekonstruktion des Werkes gekommen – in die *Rückkehr der Götter* einfließen.

In diesen Aufzeichnungen sagt Pessoa, eine fragliche Einleitung wäre ihm durch den Conselho Magistral do Neopaganismo Português (Magistratsversammlung des Portugiesischen Neu-Heidentums) angetragen worden, eine Bezeichnung, die an die nicht minder ehrwürdige Direktoren- und Inspiratorenversammlung der Mahatmas der Theosophen erinnert, die Fernando zwischen 1915 und 1916 übersetzte. Aber eine derart ehrenvolle Mission zog er nicht in Betracht: »nicht, weil ich mich für nicht befähigt halte, durch etwas Größeres als eine Methode die Wahrheit und Notwendigkeit des Heidentums zu beweisen, sondern weil, wie von mir ausgedrückt, die wesentlichen Grundlagen des heidnischen Systems unvermeidlich die Abweichung erleiden werden, die sich vor dem Horizont der reinen Betrachtung einstellt und die von den Astronomen die ›persönliche Gleichung‹ genannt wird«. Und obwohl er mit den übrigen Neu-Heiden in bezug auf das Substantielle des Systems übereinstimmt, gibt er dem Heidentum eine Auslegung, die sich von der Mehrheit unterscheidet, eine weiterreichende, vielleicht überzogene Auslegung. Pessoa brachte einen, wie es scheint, endgültigen Plan der *Rückkehr der Götter* zu Papier, indem das Poeten-Paar – Campos und sich selbst – »die Leidtragenden« nennt, was heißen soll: diejenigen, die eine etwas schwächliche Konzeption des Heidentums haben. Interessanterweise schließt diese neue Gliederung ein dem Sensationismus gewidmetes Kapitel ein, wodurch sich das Werk in ein Gemeinschaftswerk verwandelt, denn die Erläuterung der sensationistischen Ästhetik dürfte auf Pessoas Konto gehen.

Der sich so äußernde Fernando Pessoa mußte Reis' Einwände gegen seine heidnische Orthodoxie kennen, und anscheinend wiegte Pessoa sich infolgedessen in Unschuld und wollte keinen Disput. Einige Einwendungen faßte Reis in einer Notiz zusammen. Er vergleicht darin das Heidentum mit einem Strom, der aus »zwei auseinanderlaufenden Seitenarmen« besteht, dem orthodoxen, der das Christentum als ein Ergebnis des Heidentums betrachtet – der Verweis auf Mora ist offensichtlich –, und dem anderen, »der allein von Fernando Pessoa repräsentiert wird«. Ferner erklärt er, dieser glaube, daß »die christistische Bewegung nichts als eine Verinnerlichung des Heidentums ist« und daß »im Grunde das Neu-Heidentum dem Kurs des Christentums folgen muß, aber im wahrhaftigen Sinne«. Die wahrhaftigen Heiden erkennen, daß dies keinen Sinn macht, denn das Heidentum verinnerlichen heißt es abschaffen. Sie lehnen demnach das gesamte christliche Werk ab, und folglich lehnen sie alle nichtaristokratischen Regierungsformen, den Feminismus, den Vegetarismus, den Antialkoholismus, den Antivivisektionismus und alle weiteren »antiwissenschaftlichen Zartheiten« ab. Ebenso lehnen sie den Pazifismus, den modernen Imperialismus und »den idiotischen Spartanismus der Eugenisten und den Perfektionismus der Rassen« ab, das heißt, sie weisen jeden Rassismus zurück, der bereits begann, Anhänger in Mitteleuropa zu suchen. Darüber hinaus beteuern sie, »konservatives Volk ist totes Volk«. Ich denke, diese Notiz muß von Reis stammen, denn sie ist mit dessen eigentümlicher und von keiner der anderen Figuren des *drama em gente* nachgeahmten Orthographie geschrieben. Dennoch treten darin unbestreitbar die politische Inspiration von Mora und Pessoa und der leidenschaftliche Stil von Campos hervor. Wer genau ihr Autor ist und unter welchen Umständen diese Notiz geschrieben wurde, ist eines der Rätsel in der Inszenierung des Dramas.

Pessoa mußte den Orthodoxen des Heidentums gefährlicher erscheinen als Campos – der gar keine konkrete religiöse Idee verfolgte, wenigstens damals nicht, und deshalb kümmerten sie sich niemals darum, seine Überzeugungen zu loben oder anzufechten. Aber was Pessoa betraf, mußte Reis einiges hinzufügen: »Als der Konflikt zwischen Heidentum und Christentum begann, also während das Christentum Auftrieb gewann, war die paralysierte und zerfallende Mentalität der römischen Völker eigentlich bereits christlich und auf keine Weise heidnisch. Die Tatsache wird offensichtlich, wenn man über den Versuch des [abtrünnigen] Julian nachgrübelt.« Wie man sieht, legt der Arzt den Finger auf die von Pessoa aufgezeigte Wunde, dies mit der Absicht, sie auszubrennen, und schreibt weiter: »Dieser Imperator wollte das Heidentum tatsächlich in einer Epoche wiedererrichten, in der das Gefühl des Heidentums schon nicht mehr existierte, sondern lediglich ein Kultus der Götter, in dem der Kern des Aberglaubens eher jener war, der typischer für das Christentum sein mußte als für irgendeine Spezies des heidnischen *genus*. In diesen Ideen [Kaiser] Julians spiegelt sich die Unfähigkeit seiner Zeit wider, das Heidentum neu zu errichten. Julian war eigentlich ein Mithraist, was man heute einen Theosophen oder einen Okkultisten nennen würde.« Mögen uns die Manen des Ricardo Reis vergeben, wenn wir uns gezwungen sehen, ihn in diesem Punkt zu korrigieren, denn der Mithraismus war kein Zweig des Okkultismus – obwohl es einen minoritären und esoterischen Mithraismus gab –, sondern eine von den römischen Legionen von der einen zur anderen Reichsgrenze getragene Soldatenreligion; und er war zudem – was sich mehr der Reisschen Argumentation anpaßt – in bestimmten Aspekten des Dogmas und des Kultes dem Christentum so ähnlich, daß Mithraisten und Christen sich gegenseitig des Plagiats zu bezichtigen pflegten. Es gab während des Byzantinischen Kaiserreichs einen Moment, in dem es schien, daß das Zünglein an der Waage zögerte, zu der einen oder anderen Religion auszuschlagen. Die von Julian beabsichtigte Rekonstruktion des Heidentums, setzt Reis fort, »basierte wunderlicherweise auf der Fusion dieses [Heidentums] mit orientalischen Elementen, die die mystische Furie seiner Zeit teilweise aus dem Geist der Epoche konvertiert hatte. Und so scheiterte er in der Tat, weil das Heidentum gestorben war, wie alle Dinge sterben, mit Ausnahme der Götter und ihrer unerforschlichen und quälenden Wissenschaft«. Der Dichter der *Oden* verkündigt demnach, daß Pessoa ein Okkultist wie Julian sei, aber er tut es in der Epoche der *Orpheu,* in der die Entwicklung seiner Glaubensgrundsätze noch nicht über ihren Anfang hinausgelangt ist. Daher werden wir uns erst später ausführlicher damit beschäftigen.

Für den Moment muß es genügen zu wissen, daß Pessoa sich damals gleich Empedokles wie »ein unter die Götter Verbannter« fühlte; und wir können uns sicher sein, daß er sich des öfteren wie der Philosoph aus Agrigent fragte: »Von welchen Ehren und welchen Gipfeln des Glücks ward ich gestürzt …?«

Von fernher komm' ich, trage im Profil
das Abbild, in erloschner Kontur,
des anderen Wesens, dessen hohe Spur
der Mißgestalt von heute nicht gefiel.

Vielleicht war ich dereinst, nicht Boabdil,
aber sein letzter Blick aus ferner Flur,
der abschiednehmend auf Granada fiel,
eisige Silhouette im Azur.

Heut bin ich nur ein herrscherliches Dürsten
nach ihm, dem allzu fern erblickten Fürsten.
Ich selbst bin das, was ich verlor. Am Rande

der Straße nach dem ungewissen Lande
blühen die Sonnenblumen, hoch und schlank,
des Reiches, das mit mir in Nacht versank.

In seinem Brief vom 5. Dezember 1915 kommentiert Sá-Carneiro nahezu beiläufig, was ihm Pessoa zweifellos in einem früheren Brief bezüglich eines jungen Mannes mitgeteilt hatte, in dessen entstehendem Werk er Einflüsse des Sensationismus wahrgenommen hatte, und informiert ihn darüber, daß er in einem Brief von Rodrigues Pereira, der in Coimbra die Militärschule besuchte, viele sensationistische Einflüsse entdeckt hat, was sich wie ein reichlich grober Scherz ausnimmt. Sei es, wie es will, man kann davon ausgehen, daß Pessoa sich damals nicht darauf beschränkte, eine Reihe von Notizen zur Darlegung seiner Theorie des Sensationismus zu verfassen, sondern daß er die sensationistische Literaturgattung auch in seinen Lissaboner *Tertulias* bekanntgemacht hatte. Aber was ist *sensacionismo?* Den erwähnten Notizen zufolge, die er zwischen 1916 und 1917 niederschrieb, ist er die neuheidnische Ästhetik, die von den Personen des *drama em gente* instrumentierte und verfolgte literarische Strömung. Aber so einfach wie in der Theorie gestalten sich die Dinge nicht.

Der *paulismo,* der beabsichtigte, den *saudosismo* zu überwinden, indem er ihn intensivierte, und der *interseccionismo,* der dank der Einführung einiger Postulate der europäischen Avantgarde ähnliches unternahm, traten in den Hintergrund – überwunden von dem *-ismo,* der uns nun beschäftigen soll. Es ist ein grundsätzlicher Unterschied zu erkennen: Während Pessoa die ersten beiden Richtungen als intellektueller und richtungsweisender Direktor der *Orpheu* erfand, entwickelte er die dritte als Person im *drama em gente,* als Neu-Heide, und hier findet sich ein Widerspruch, der schnell zutage treten wird. Darüber hinaus entspricht die sensationistische Ästhetik weder der von Mora noch der von Reis, was wir dem entnehmen können, was Pessoa über Reis' *sensacionismo* sagt:

In Griechenland und in Rom herrschte der Stoff, das Ding, das Bestimmte. »Auf der einen Seite existierte das Ding, auf der anderen, *en bloque,* der Sinneseindruck, der unmittelbare und erlebte Sinneseindruck. Wenn die Kunst stofflich war, so trat der Stoff vollkommen und deutlich erst bei seiner Realisation hervor. Und weil der Geist die Idee immer als Gleichnis des Stoffes begreift, wurden die Sinneseindrücke […] als konkrete, bestimmte und distinkte begriffen.« Das Christentum dagegen, das um seiner selbst willen den Geist mit krankhafter Leidenschaft untersuchte, stiftete die Unklarheit der zu den klassischen Künsten gehörenden Sinneseindrücke. Es verlieh ihnen Stofflichkeit (es verwandelte sie in Objekte des Kunstschaffens), und die christlich eschatologischen Überschneidungen dekomponierten die Wirklichkeit auf die gleiche Weise, wie sie die Griechen entworfen hatten, es beraubten sie ihrer Stofflichkeit. Auf diese Weise substituierte der abstrakte Gottesbegriff den konkreten Naturbegriff, wodurch das Auffassungsvermögen entkräftet wurde und der Wirklichkeitsbegriff der Dinge verlorenging. Es geht nicht darum, daß der christliche Künstler nicht die Natur sieht, sondern daß er sie deformiert, wenn er sie als etwas dem Geistigen gegenüber Niedrigeres betrachtet, als etwas von geringem und darüber hinaus von vergänglichem Wert.

Zur Zeit der Renaissance – und dank des Korrektivs ihres heidnischen Elements – teilte sich die Auffassung des Künstlers in das Physische und das Psychische, ohne beide jedoch in Einklang bringen zu können. »Um es besser zu erklären: Der Mensch in der Renaissance erschaut die Dinge wie die Griechen; jedoch entgegen der Schrittfolge der Griechen, zuerst auf die äußerlichen Dinge zu schauen und danach auf die Seelen und so den ursprünglichen Begriff der Realität über die Materie, über die äußeren Stoffe zu formen, schaut der Renaissance-Mensch zuerst auf die Seele und danach auf die äußerlichen Dinge und formte so die äußerlichen Dinge gemäß seinem Begriff von der Seele.« Während der Romantik schritt die Zentralisierung der Auffassung in Richtung Seele fort. Der Sinneseindruck, als ein animistisches Phänomen verstanden, wurde mehr und mehr die ursprüngliche Wirklichkeit, und das Objekt, der Stoff hörte auf, vom Sinneseindruck unabhängig zu sein, ein Umstand, der sich auch in der realistischen Literatur hinsichtlich ihrer Ableitung von der romantischen ereignete.

Was ist schließlich der *sensacionismo*? Eine literarische Bewegung, die sich von allen anderen in seiner Öffnung und Unbegrenztheit unterscheidet. Sie beruht auf keiner Grundlage und glaubt nicht, wie die anderen literarischen Schulen, daß die Kunst ein *bestimmtes Ding* sei. »Der *sensacionismo* akzeptiert sie alle unter der Bedingung, keine getrennt von den anderen zu akzeptieren.« Jede einzelne Idee, jede einzelne Sinnesempfindung muß auf einzige Art und Weise ausgedrückt werden. Und wie alles Schaffen von Kunst etwas Stoffliches ist, ist ein Gedicht, wie es schon Aristoteles sagte, ein Tier, ein lebendiges Wesen. »Natürlich, nur ein Okkultist kann den Sinn dieser Aussage begreifen; vielleicht ist es nicht einmal zulässig, sie im Detail zu erklären, oder mehr noch das Nichts, das schon benannt wurde«, versichert Pessoa.

Alle Kunst, begründet Pessoa weiter, ist ein psychisches Phänomen. So wie es gewöhnliche und erhabene Ideen gibt, existieren einfache und komplexe Sinneseindrücke. «Die Idee, den Stil und den Ausdruck angleichen.« Erscheint dies nicht aus dem Blickwinkel der Klassik ziemlich orthodox? So zum Beispiel in dieser Behauptung: »Das Ziel der Kunst ist nicht, verständlich zu sein, denn die Kunst ist keine politische oder moralische Propaganda. Die Kunst hat für den Künstler keinen sozialen Zweck.« In anderen Niederschriften hat Pessoa das *l'art pour l'art* angegriffen, und so überrascht es, wenn der Künstler nun in Übereinstimmung mit dem zuvor Gesagten zu keinem anderen Ziel oder Vorsatz schreiben soll, als zu dem der Vervollkommnung seines Werkes. Demnach ist es ebenso schändlich, absichtlich moralische wie unmoralische Kunst zu schaffen. Der Künstler soll sich nicht sorgen, denn sein Werk wird trotzdem eine soziale Wirkung haben, da nämlich die Natur, die den dazu bestimmten Künstler zu einem ihm selbst unbekannten Zweck hervorbringt, es so einrichtet. Hier hat es den Anschein, als erinnerte sich Pessoa der Dichtungen Caeiros und Reis', die er schrieb, ohne zu merken, daß durch sie eine neue Religion begründet wurde. Ferner soll der Dichter seinem Vaterland und seiner Religion gegenüber gleichgültig sein. Angesichts dieses – größtenteils den Oden von Reis entsprechenden – Vorsatzes begreift man, daß Pessoa wie in vielen anderen seiner Reflexionen versucht, seiner Unruhe zu entfliehen, seinen zahlreichen Unruhen, die ihn bestürmen. Aber in diesem Fall sind es jene, die von seiner eifernden patriotischen und religiösen Ruhelosigkeit herrühren.

Nachdem er die romantische Theorie des »Momentes der Inspiration« sowie die ausschließliche Sorge des Symbolismus um das Vage und um das Lyrische zurückgewiesen hatte, nebst der Unterordnung des Verstandes unter die Emotion, vergleicht er den Sensationismus mit der Theosophie in dem Sinne, daß der eine wie die andere synkretistisch sind, da sie scheinbar unvereinbare Ideen und Überzeugungen zulassen. Vermutlich holte sich Pessoa bei dem theosophischen Procedere Anregungen, um den *sensacionismo* zu erfinden oder um ihn wenigstens zu rechtfertigen. Dies wirft ein ernstes Problem auf, denn man wird sich an den Brief an Sá-Carneiro vom Dezember 1915 erinnern, in dem er die Theosophie mit seinem »essentiellen Paganismus« zu vereinbaren beabsichtigt, weil jene »alle Religionen zuläßt« und »einen dem Heidentum ganz ähnlichen Charakter besitzt«. Das Problem zeigt sich darin, daß die Theosophie ursprünglich auf dem Hinduismus basierte, der wegen des nicht-menschlichen Charakters seiner Götter von der neu-heidnischen Theoretisierung so entweihten Religion. Nur die Gedankenfreiheit, die dem *drama em gente* vorsteht, deutet auf einen Lösungsversuch des Problems hin. Aber wie soll aus dem Sensationismus die generelle neu-heidnische Poetik geformt werden?

Der Sensationismus behauptet, die Gesellschaft teile sich in drei Klassen: Aristokratie, Mittelschicht und Volk. »Der Aristokrat ist derjenige, der für die Kunst lebt, und für ihn haben alle Dinge, materielle und geistige, nur Wert, insofern sie Schönheit besitzen.« Für das Individuum der Mittelklasse wird alles bis hin zur Kunst gemäß politischem Wert eingeschätzt, während die plebejische Haltung allein Interesse an der materiellen Ordnung hat. Natürlich spricht Pessoa von diesen Klassen nicht aus streng soziologischer Sicht, zumal es vorkommen kann, daß einzelne aus der soziologischen Aristokratie ein plebejisches Verständnis von Kunst haben und Leute aus dem Volk ein aristokratisches.

Wegen ihres ausschließlich technischen Charakters soll hier nicht die in diesen Notizen skizzierte Theorie der Psychologie des *sensacionismo* berührt werden. In einer der Notizen erklärte

Pessoa, der *sensacionismo* weise nur drei Poeten und einen unbewußten Vorläufer auf. Der Vorläufer ist der realistische Dichter Cesário Verde. Wie wir wissen, bekannte sich Campos dazu, Verdes Schüler zu sein. In der Tat, den *sensacionismo* »deutete, ohne es zu wollen, Cesário Verde an. Alberto Caeiro, der ruhmreiche Meister, begründete ihn. Herr Ricardo Reis modifizierte ihn natürlich zum Neoklassizismus. Modernisiert und ins Extrem getrieben – freilich seiner ungläubig und ihn verderbend – hat ihn der seltsam heftige Dichter, welcher Álvaro de Campos ist.« Und Fernando Pessoa? Wie wir sehen, reiht er sich nicht bei den sensationistischen Dichtern ein, er ist lediglich ihr Theoretiker.

Pessoa und Campos ersannen den Plan, in England eine Anthologie des Sensationismus zu veröffentlichen. Pessoa richtete einen langen Brief an einen britischen Verleger, dessen Name uns unbekannt ist; Campos verfaßte ein relativ kurzes Vorwort zu dieser Anthologie. Der Brief ergeht sich in Erläuterungen über den *sensacionismo* und die neue portugiesische Literatur und wiederholt dabei bereits in früheren Artikeln in *A Águia* dargestellte Konzepte; insgesamt bietet er keine neuen Informationen. Das Vorwort dagegen ist sehr interessant, da es in gewisser Hinsicht einen vollkommenen Gegensatz zu den zuvor besprochenen Notizen formuliert. Campos sagt im Ergebnis, daß »*sensacionismo* mit der Freundschaft zwischen Pessoa und Sá-Carneiro begann« – und an dieser Stelle erzählt die fingierte Person die historische Wahrheit angesichts der fingierten, von einer realen Person erzählten bühnenwirksamen Wahrheit. Er versichert, daß Pessoa »klassischer Kultur ausgesetzt ist« und betrachtet neben diesen beiden Almada Negreiros, Luís de Montalvor und sich selbst als sensationistische Dichter. Caeiro und Reis werden nicht einmal mit Namen erwähnt. Campos verlagert, und zwar auf Kosten des Neu-Heidentums, den Sensationismus schlichtweg in Richtung *Orpheu*. Das Vorwort datiert von September/Oktober des Jahres

1916, als Pessoas Notizen über den Sensationismus sehr weit vorangekommen waren und die dritte Nummer der *Orpheu* erscheinen sollte. Campos zitiert sie und spricht schon erwartungsvoll von der vierten. Was war vorgefallen? Offensichtlich konnten Pessoa und Campos sich in bezug auf den Inhalt der Anthologie nicht einigen und gaben das Unterfangen auf.

António Mora ist nicht das einzige philosophische Heteronym, oder nur unter der Einschränkung, daß wir Rafael Baldaya als Sophisten verstehen. Sá-Carneiro nahm ihn nicht ernst, wie es sein Brief an Pessoa vom 24. Dezember 1915 belegt, nachdem Pessoa seinen Freund über ihn in Kenntnis gesetzt hatte. Von Baldaya weiß man sehr wenig. Er war Heide und erfahrener Astrologe, er plante, ein *Traktat der Verneinung* und über einige *Prinzipien der esoterischen Metaphysik* zu schreiben. Leider ist uns nur ein minimaler Teil – falls er überhaupt mehr geschrieben haben sollte – seines Werkes erhalten: eine kleine Anzahl von Fragmenten, die es aber unmöglich machen, mehr als nur die allgemeine Richtung seiner Gedanken zu bestimmen. Trotzdem sind die wenigen Fragmente von größtem Interesse. Das erste, das der Schreibplan des *Traktats* zu sein scheint, besteht aus einem Text von elf Thesen, deren erste besagt, daß »die Welt aus zwei Kräfteordnungen zusammengesetzt ist: den bejahenden und den verneinenden Kräften«. Wenn dieser Entwurf, der zum Kern des geplanten Werkes gehört, anfangs deutlich scheint, bleibt die Aufgabe, den Sinn der übrigen zehn Thesen zu erfassen, doch einem Metaphysik-Spezialisten überlassen. Javier Urbanibia sagt, laut Baldaya gebe es zwei emanierende Kräfte, die das Alleinige sind, das zugleich jenseits des Alleinigen ist, und daß aus dem ersten, dem Zentrum jeder Bejahung, die kreativen Kräfte hervortreten; aus dem zweiten – welches das Vorhergehende, das Ursprüngliche ist – die verneinenden Kräfte. Folglich gibt Gott auf, Wahrheit zu sein, um sich in die höchste Lüge zu verwandeln, und die Manifestierung des Alleinigen heißt nichts anderes, als Täuschung zu sein. Urbanibia erklärt weiter: »Angesichts der täuschenden Schaffensaktivität Gottes ist die am wenigsten illusorische aller Praktiken die ›des Aufruhrs der Engel, welcher die Materie schuf und danach zum Nicht-Sein zurückkehrte – Befreiung aus der Bejahung‹. Materie schaffen heißt den Anspruch der Ausgangssituation jeder Täuschung und jeder Doktrin auswaschen. Der Christ mit seiner Spiritualität und seinem Mystizismus wird hintergangen, denn er weiß nicht, daß das Sein täuschend ist, da er die Ausgangssituation nicht kennt, oder anders gesagt, seine Ausgangssituation ist das Nicht-Sein. Das Christentum und sein Sprößling, die Theosophie, sind der Anforderung der Ausgangssituation durch die seit den griechischen Sophisten gewagteste philosophische Pirouette beraubt, die darin besteht, das Sein als abhängig vom Nicht-Sein aufzufassen. Durch bloßes Ignorieren der Geistesverwandtschaft schlug es die Bedrohung, daß diese Doktrinen über die Menschheit hereinbrechen, in die Flucht. [...] Der baldayanische Mensch, heidnisch und deutlich, will heißen aus der Heerschar Luzifers, des Erschaffers der wahren Materie, ist ein Wesen, das den Frieden mit Hilfe der Abschaffung jedweder Substanz in den theosophischen Welten und in den christlichen Doktrinen sucht. Die Philosophie Baldayas ist eine Tröstung.« Ich für meinen Teil erlaube mir zu bemerken, daß die Schnittstellen dieser Doktrin mit der theologischen Mythologie und der Metaphysik der Gnosis zahlreich sind: etwa das Sein, das dem schaffenden Gott vorausgeht, und die Rückforderung Luzifers an ihn.

In seinem Schriftsatz für die *Prinzipien* greift Baldaya die Theosophie an, die Pessoa so sehr beeindruckt hatte, und nennt sie »eine Demokratisierung des Hermetismus« oder, wenn man so will, seine Christianisierung. Aber was uns an dieser Notiz am stärksten interessiert, ist seine Anspielung auf die okkulte Bestimmung, die Portugal zu erfüllen hat und die dem pessoanischen Sebastianismus vollkommen kohärent ist.

Ist Baldaya eine der Personen des *drama em gente*? In gewissem Maße ja, zumal er ein wirkliches Heteronym ist, aber seine Funktion scheint sich darauf beschränkt zu haben, Pessoa wegen seiner metaphysischen Ängste und wegen der durch die Theosophie in ihm ausgelösten Unrast zu trösten und ihm den wahren Weg der esoterischen Tradition zu weisen, der seinen Worten zufolge die Doktrin des Hermetismus ist. Wahrlich, Baldaya steht wegen seiner Gelassenheit näher bei Caeiro und Reis als bei den »Leidtragenden« Campos und Pessoa. Mit den ersten beiden scheint er nicht persönlich verkehrt zu haben. Und mit den anderen beiden? Nun, Baldaya ist in der Inszenierung des Dramas nur ein Schatten, und wir können dies weder bejahen noch verneinen.

12

Portugal Futurista. Das Anti-Dantas-Manifest und der
Erste futuristische Vortrag von Almada Negreiros.
Das *Ultimatum* von Álvaro de Campos.
Der Präsidenten-König
1917–1919

Die drei Jahre zwischen 1915 und 1917 sind höchst bezeichnend für den Zustand, in dem sich die Literatur und Kunst Portugals nach dem Ausbruch des Ersten Weltkriegs befand. Obwohl es sicherlich viele andere Indikatoren gibt, sind es vor allem die vier Zeitschriften, in die zwei der Personen des *drama em gente* eingriffen, die ihn resümierten und auf umfassende wie exemplarische Weise synthetisierten. Obgleich wir uns schon mit dreien von ihnen, nämlich *Orpheu*, *Exílio* und *Centauro* befaßt haben, scheint es angebracht, daß wir uns einiger Aspekte der ersten drei erinnern, bevor wir die Geschichte der vierten, der *Portugal Futurista*, die Ende des Jahres 1917 erscheint, erzählen.

Orpheu, deren erklärte Absicht es war, die kulturelle Uhr Portugals mit der mitteleuropäischen in Einklang zu bringen, erscheint uns heute wie eine Publikation, deren widerspruchsvoller Inhalt den Skandal, den ihre erste Ausgabe hervorrief, zunächst nicht rechtfertigt. Man begreift jedoch leicht, warum ihre eigenen möglicherweise wegen des anfänglichen Ausmaßes des Skandals überraschten, nicht aber verblüfften Mitarbeiter bestrebt waren, diesen zu verstärken und publizistisch auszuschlachten. Mit voller Berechtigung hat man gesagt, daß in Portugal seit den Zeiten der Renaissance keine Vereinigung, oder besser gesagt, keine Allianz der Literatur und der plastischen Künste, wie sie sich in dieser Zeitschrift zeigte, vorgekommen war, eine Beobachtung, die ein wenig nuanciert werden muß, da diese Vereinigung erst mit der zweiten Nummer der *Orpheu* sichtbar wurde, mit der Veröffentlichung der *horstextes* von Santa-Rita, und mit dem Nichterscheinen der dritten Nummer zerbrach, für die Reproduktionen einiger Bilder von Sousa Cardoso geplant waren. Wenn wir uns an die Beiträge der beiden veröffentlichten Nummern erinnern, werden wir zu der Schlußfolgerung gelangen, daß ihr Inhalt anteilsmäßig eher konservativ ist. Dies nicht nur allein aus einem europäischen Blickwinkel besehen, sondern auch aus der streng portugiesischen Perspektive, zumal die poetischen Beiträge von Pessoa, Sá-Carneiro, Côrtes-Rodrigues, Guisado, Ángelo de Lima, Carvalho, Guimarães und Montalvor im ganzen die symbolistischen und dekadenten Strömungen des *fin-de-siècle* widerspiegeln. Die Prosawerke von Almada Negreiros und Raul Leal sind Abzweigungen der gleichen Strömungen, die, wenigstens seit dem Erscheinen von António Nobres *Só (Einsam)* im Jahre 1892, auf portugiesische Vorläufer aufbauten. Ungewöhnlich für das literarische Panorama Portugals waren unter all dem in der *Orpheu* Erschienenen in Wirklichkeit nur das statische Drama *Der Seemann* Pessoas, die Gedichte von Álvaro de Campos und – von der Anekdote des Arm-Tänzers abgesehen – die *Manucure* von Sá-Carneiro, die bloß ein Scherz, eine Art Karikatur der poetischen Avantgarden Europas war.

Was erklärt also den Skandal, mit dem die Presse den zwei Nummern der *Orpheu* aufwartete? Die portugiesische Literatur war in Hinblick auf die neuesten Tendenzen der Avantgarde eher rückständig. Es ist eine Tatsache, daß das portugiesische Zeitungswesen, als Reflex auf das Meinungsbild seiner Leser, intolerant und grob war und dem Fortschritt der westlichen Kultur hinterherhinkte. Und genau das wollten die unter den Mitarbeitern der *Orpheu* am weitesten Vorgepreschten, also Pessoa, Sá-Carneiro und Campos, ans Licht bringen – ohne die zumindest geplanten Beiträge von Almada

Negreiros und Coelho Pacheco in der gescheiterten Nummer drei der Zeitschrift zu vergessen –, und zwar mit der Absicht, den Kontrast zwischen ihrem *aggiornamento* und der Ignoranz der Journalisten zu betonen, die bestrebt waren, das Land am Rand der Denk- und Gefühlsumbrüche zurückzuhalten, die durch den europäischen Fortschritt verursacht wurden. Wie nicht anders zu erwarten, fehlte es dabei nicht an politischen Implikationen und Interpretationen jeglicher Couleur, darunter in erster Linie jene, die sich nach dem Erscheinen der ersten Nummer der *A Águia* im Jahre 1910 im öffentlichen Bewußtsein festzusetzen begonnen hatten. Die Frage nämlich, ob Portugal sich durch die bloße Aktualisierung seiner kulturellen Vergangenheit regenerieren sollte oder die Neuheiten einiger internationaler Denkströmungen akzeptieren mußte und zuvor bewältigte, was den Portugiesen seit der glorreichen Renaissance entgangen war. Welcher der beiden Fälle auch immer eintreten würde, der Entwurf schien anfangs nicht deutlich zu sein. Wir haben es schon gesehen, wie Pessoa in seinen Artikeln der in Porto erscheinenden Zeitschrift die Schuld nicht anerkannte, die die Saudosisten und ihre unmittelbaren Vorläufer mit der Adaption des französischen Symbolismus auf sich geladen hatten, während sie zugleich die Größe von Camões, der immer als eine der größten Ausdrucksformen des lusitanisch-literarischen Genius gegolten hatte, ablehnten.

Orpheu war eine Publikation, die teilweise durch ihre Widersprüche deutlich zeigte, wie es wirklich um die portugiesische Kultur stand, während *Exílio* und *Centauro* innerhalb dieses Kontextes eine konservative Reaktion voraussetzten. Obwohl in diesen Zeitschriften unbezweifelbar Beispiele originär symbolistischer Texte erschienen – von Pessoa, Côrtes-Rodrigues, Leal und Montalvor, der auch in der zweiten Nummer als Direktor fungierte –, hatten die avantgardistischsten Mitarbeiter der *Orpheu* – Campos, Almada Negreiros und Santa-Rita –

mit diesen nichts zu schaffen. Während der unterschwellige Konservatismus von *Centauro* sich als lediglich literarischer darstellte, war der Konservatismus der *Exílio* durch die integristischen politischen Ideen einiger ihrer Mitarbeiter und vor allem durch die des ultramonarchistischen Sardinha davon stark verschieden.

Das bis zu diesem Zeitpunkt Gesagte kann uns als politisch-kulturellen Schlüssel dienen, sowohl für die Notwendigkeit als auch für die Interpretation von *Portugal Futurista,* denn zweifelsohne war diese Zeitschrift – wenn auch nur bis zu einem bestimmten Grad – die Antithese zu *Exílio* und *Centauro* und eine Tribüne für jene Mitwirkenden der *Orpheu,* die zu den beiden genannten Zeitschriften nichts beitragen konnten. Ein weiterer Schlüssel war der Eifer und die einzigartige Persönlichkeit von Santa-Rita Pintor, der die Leitung der *Orpheu* nicht hatte an sich reißen können und der nach deren finanziellem Zusammenbruch nicht abließ, zugunsten des Erscheinens einer weiteren Zeitschrift zu agieren, die ihn als Leitfigur der portugiesischen futuristischen Schule verewigen würde.

Guilherme de Santa-Rita stammte aus einer vermögenden Familie und war eine dieser für avantgardistische Strömungen typischen Figuren, deren unbezweifelbarer und manchmal, wie in diesem Fall, starker Einfluß auf die Kultur ihrer Zeit mehr der Ausstrahlung ihrer außergewöhnlichen Persönlichkeiten zu verdanken ist als der Qualität ihrer Werke. Intelligent, phantasievoll, mystifizierend, zum Skandal und zur Widersprüchlichkeit neigend, wußte sich Santa-Rita zunächst gegen Sá-Carneiro und gegen Pessoa durchzusetzen, die für ihn keine Sympathie hegten, unter anderem, weil er, wie dem Briefwechsel der beiden zu entnehmen ist, gelegentlich über Pessoa lästerte. Nach dem Tod von Sá-Carneiro hatte Pessoa, der sich, wie schon berichtet, auf eine versöhnliche Taktik verlegt hatte, nichts gegen dessen Mitwirken und gegen Campos' Mitarbeit in einer Zeitschrift wie *Portugal Futurista* einzuwenden, die allem anderen voran die Verewigung Santa-Ritas in Angriff nahm. Nicht einmal Almada Negreiros, dessen Talent als plastischer Künstler und als Schriftsteller größer war als das von Santa-Rita, hatte Einwände im Verlauf des Jahres 1917 bei verschiedenen Gelegenheiten beinahe als Schüler und ohne Zweifel als Bewunderer dieser einzigartigen Persönlichkeit aufzutreten, die, eventuell um seine Geringschätzung der gesellschaftlichen Konventionen zur Schau zu stellen, Gefallen daran fand, eine skandalträchtige Legende zu kreieren.

In seinem Brief vom 28. Oktober 1912 schildert Sá-Carneiro Pessoa diese mit Santa-Rita in einer Pariser *boîte,* also in einem Nachtclub, geführte Unterhaltung:

> Stell Dir vor, an einem Tisch des »Bullier«, einer Orangeade gegenüber, dabei am Horizont der Wirbel der Paare, die einen österreichischen Walzer tanzten, plötzlich, aus mir unbekanntem Vorsatz, dies:
>
> »… weißt du, lieber Sá-Carneiro, warum ich nicht der Sohn meiner Mutter bin …«
>
> Ich glaubte zu träumen, aber er fuhr fort:
>
> »Mein Vater schickte mich, in dem Wunsch, mir eine männliche und rüde Erziehung zu geben, als ich sehr klein war, außer Haus. Ich ging mit einer Amme fort, deren Mann Töpfer war. Diese Amme hatte einen Sohn. Eines der Kinder starb. Er sagte, es wäre sein Sohn gewesen. Auf Bitten meiner Mutter, und weil ich mit einer Gauklertruppe, die sich gerade in Badajoz aufgehalten hatte, fortgegangen war […], kehrte ich in das Haus meiner Eltern zurück. 1906 verstarb jedoch meine Amme und hinterließ einen Brief für meine Mutter, in dem sie bekennt, daß derjenige, der gestorben war, deren Sohn gewesen war. Also war ich nicht der Sohn meiner Mutter, sondern der meiner Amme. Dies ist ein bedauerliches Geheimnis, die Tragödie meines Lebens.

Ein Eindringling bin ich. Ah, ich muß der Gesellschaft Satisfaktion anbieten! Ich lobe meine wirkliche Mutter, die, damit ich glücklich würde, nicht zögerte, mich zu verlieren, mich an eine andere Mutter zu geben! Wenn ich an Augusto [sein Bruder, den wir von *Exílio* kennen] schreibe, unterzeichne ich stets demütig Guilhermo Pobre (armer Guilhermo). Das ist der Grund, weshalb ich, als ich in Lissabon war, nicht im Hause meiner Eltern wohnen wollte, sondern im Hotel blieb.«

Und nachdem Sá-Carneiro Pessoa gebeten hat, sich zu überzeugen, ob das mit dem Hotel der Wahrheit entsprach, fügt er hinzu: »Was sagst Du zu dem, Fernando? Ich bitte Dich, es zu kommentieren und daß Du auf gar keinen Fall die Geschichte verbreitest, denn er hat mich um *strengste Geheimhaltung* gebeten … Er ist erstaunlich! Im übrigen schwor er mir in derselben Nacht, daß er von den *blagues* gänzlich Abstand genommen hätte.«

Santa-Rita, der ein Freund von Marinetti wurde, versicherte, dieser hätte ihm alle notwendigen Vollmachten übertragen, damit er als Vertreter und Anführer des Futurismus in Portugal handeln könnte. Nun, da es in Portugal keine Futuristen gab, war es nötig, das Werk von den Grundfesten auf zu errichten, also mit der Veröffentlichung der Futuristischen Manifeste; ein Vorhaben, das er in der *Orpheu* nicht realisieren konnte, falls er es überhaupt versucht hatte. Dafür veröffentlichte er in ihrer Nummer die Photographien einiger seiner eher kubistischen als futuristischen und kaum hervorragenden Bilder. Dennoch hatten Pessoa und Sá-Carneiro, die mit der Leitung der Zeitschrift betraut wurden, begonnen, seinem avantgardistischen Drang nachzugeben. Sie gingen aber nicht so weit, ihm die Finanzierung der dritten Nummer anzuvertrauen, was wohl zu einem, betrachtet man die schon gedruckt vorliegende Hälfte, ganz verschiedenen Heft geführt haben würde. Auf diese Weise und mit der unbezahlbaren Unterstützung durch Almada Negreiros, der so ehrgeizig war wie er und noch mutiger, leitete Santa-Rita im Frühling 1917 die Einführung des Futurismus in Portugal ein. Diese bestand aus zwei Phasen: Die erste, dominiert von Negreiros, war dem Namen nach ein Vortrag, der aber in Wirklichkeit in eine Propagandaveranstaltung mündete; die zweite war die Veröffentlichung von *Portugal Futurista,* deren Protagonist Santa-Rita war.

Bereits im April 1916 hatte Negreiros versucht, mit der Veröffentlichung eines Pamphletes einen kleinen Skandal zu provozieren, dessen Titel lautete: *Anti-Dantas-Manifest, ausgeführt durch José Almada Negreiros, Dichter der Orpheu, Futurist und alles.* Es handelte sich um eine erbarmungslose Schimpfrede gegen den Schriftsteller Júlio Dantas, Vertreter der offiziellen Literatur jener Tage, bei der an Beleidigungen und Schmähungen gegen verschiedene seiner berühmtesten Kollegen nicht gespart wurde. »Eine Generation, die es zuläßt, sich durch einen Dantas repräsentieren zu lassen, ist eine Generation, die niemals existiert hat! Sie ist ein Schlupfwinkel der Unbemittelten, der Unwürdigen, der Überlieferten und kann nur, was unter Null ist, gebären! / Nieder, diese Generation! / Stirb Dantas! Stirb Pim!« oder, nachdem er unter anderem Melo Barreto, Sousa Costa, die *A Águia*-Leute und die »Menüs von Alfredo Guisado« beschimpft hatte: »Portugal, das mit all diesen Herren die Einstufung des hinterweltlichsten Landes Europas und der ganzen Welt erlangt hat! Das wildeste Land ganz Afrikas! Das Exil der Geächteten und der Gleichgültigen! Das von den Europäern eingeschlossene Afrika!« Dies war die Sprache des Manifests. Aber es lohnt sich, die Aufmerksamkeit auf die »Menüs von Alfredo Guisado« zu lenken, denn das könnte eine Rache für dessen abtrünniges Verhalten gegenüber der *Orpheu* sein, aber ebensogut auch eine Schmähung politischen Charakters. Guisado war der Sohn des Inhabers des

Cafés Irmãos Unidos, in dem sich Schriftsteller und Künstler zu treffen pflegten, aber in dem auch die republikanischen Politiker, Alfredos Parteigenossen, ihre Fressereien abhielten. Und es trifft sich, daß Negreiros ebenso exaltiert monarchistisch wie Santa-Rita war, obwohl man sich untereinander vielleicht weniger als alle Könige der Welt geachtet haben würde. Das Manifest verursachte wenig Skandal, denn Dantas kaufte umgehend alle Exemplare auf, die er in den Buchhandlungen Lissabons finden konnte, um sie zu vernichten.

Größeren Widerhall fand die am 14. April 1917 im Teatro da República, heute das São Luís, feierlich abgehaltene Veranstaltung oder besser, der *Erste futuristische Vortrag von José Almada Negreiros,* überschrieben mit *Futuristisches Ultimatum an die portugiesischen Generationen des 20. Jahrhunderts.* Zwei Zeugnisse über dieses Ereignis sind bekannt. Eines von ihnen in Form der ausgedehnten Zusammenfassung in der *A Capital* vom 15. April 1917, geschrieben von Simões; das andere in Form einer von Negreiros veröffentlichten kurzen Notiz aus *Portugal Futurista. A Capital* berichtet, die Veranstaltung »hatte eine beschränkte Anzahl Besucher bestehend aus einigen Dutzend jugendlicher Intellektueller, mehreren Künstlern, Schriftstellern und bekannten Journalisten, was beweist, daß das große Publikum noch kein übermäßiges Interesse für das Apostelamt des Vortragenden an den Tag gelegt hat«. Der Stil der Lissaboner Journalisten dieser Epoche ist uns bekannt. Es verwundert daher kaum, daß der Verfasser die Anwesenheit der schwarzen Fernanda hervorhob – oder vielleicht erfand –, einer bekannten Prostituierten von den Kapverden, die sich an dem Auftreten Negreiros sichtlich erfreut. Mit Ergötzen schreibt der Journalist über die von dem Protagonisten Santa-Rita provozierten kleinen Vorfälle, der Negreiros bei verschiedenen Gelegenheiten befahl, seinen Auftritt zu unterbrechen, wie als Beweis dafür – und genau das vermutet der Artikelschreiber –, daß er der »wahre Herr dieses Nachtasyls« war. Selbstverständlich und mit evidenter Unlust informiert er nur unklar über diesen Auftritt und das Vorgetragene, das ihm unverständlich bleiben mußte.

Die Sitzung wurde mit einer Lesung eröffnet; Negreiros las aus seinem *Futuristischen Ultimatum an die portugiesischen Generationen des 20. Jahrhunderts*. Nachdem er sich als ein Mann von 22 Jahren und als »das bewußte Ergebnis« seiner eigenen Erfahrung vorgestellt hatte, donnerte er gegen die Portugiesische Republik und gegen die Dekadenz im Lande – wofür Pessoa Beifall spenden mußte, falls er anwesend war, und er mußte dort gewesen sein. Negreiros plädierte für ein neues Vaterland und sprach eine Eloge auf den Krieg, weil »der volle Geist des Schaffens und des Aufbaus erwacht, der alle saudosistischen und regressiven Gefühle ermordet«. Der präfaschistische Geist des italienischen Futurismus machte ohne Zweifel Eindruck auf die Gesinnung Negreiros, der mit einem Angriff auf die Demokratie und einem Aufruf zur Erschaffung »des neuen portugiesischen Vaterlands des 20. Jahrhunderts« schloß. Weder er noch die anderen jugendlichen Idealisten ihrer Zeit konnten sich damals die Tyranneien vorstellen, die in einigen europäischen Ländern zukünftig jene Demokratie ersetzen sollten, die er mit seinem Ultimatum »die schlimmste aller Tyranneien« nannte.

Nachdem er einen Affen als Bajazzo kostümiert hatte, las Negreiros das *Futuristische Manifest der Wollust* von Valentine de Saint-Point vor. Diese französische Schriftstellerin vertritt darin die Ansicht, daß »für eine starke Rasse weder der Stolz noch die Wollust Todsünden sind«, und hält es für nötig, aus dieser Rasse ein Kunstwerk zu machen. Ebenfalls war es Negreiros, der, um damit abzuschließen, den Vortrag über die *music-hall* vorlas, den Marinetti vier Jahre zuvor in der *Daily Mail* veröffentlicht hatte.

Von der eigenen Notiz über seinen Vortrag, die Negreiros in *Portugal Futurista* unterbringt, ist ein Abschnitt hervorzuheben, der die politische Prägung aufzeigt, die, im Gegensatz zu dem, was sich bei der ersten Ausgabe der *Orpheu* abgespielt hatte, die Auftritte der Futuristen von vornherein deutlich vortrugen: »Wenn unsere futuristischen Bekenntnisse mit ihren monarchistischen oder republikanischen Restriktionen übereinzustimmen schienen, unterstützten sie die anwesenden politischen Verantwortlichkeiten leise mit einem parlamentarischen ›bravo‹, aber wenn ihnen unsere Idee offensichtlich konkurrierend erschien, lief ihre einzige Zuflucht auf eine Lachsalve als Symbol ihres Schwachsinns hinaus.«

Portugal Futurista erschien im November 1917 und war nur sehr kurze Zeit im Verkauf. Obwohl Pessoa die Konfiskation durch die Polizei dem Inhalt des *Ultimatums* von Álvaro de Campos zuschrieb, in dem er die Verbündeten Portugals im Ersten Weltkrieg angriff, scheint es, daß der Grund für die Denunzierung der Zeitschrift die sexuell zu charakteristischen Ausdrücke in einem Beitrag von Negreiros waren. Was auch immer der Grund gewesen sein mag, die Phase avantgardistischer Aggressivität des portugiesischen Modernismus kann mit dieser Beschlagnahmung, einem Präludium für eine Serie von feindlichen Übergriffen, für beendet erklärt werden.

Am 18. April 1918 stirbt Santa-Rita: »Es wird doch kein afrikanisches Fieber sein, Doktor?« fragte der Sterbende, der niemals in Afrika gewesen war. Im Oktober starb Amedeo de Sousa Cardoso, »nicht Impressionist, nicht Kubist, nicht Futurist, sondern von allem ein wenig«, wie er selbst sagte, aber seinerzeit der portugiesische Maler mit dem größten Talent und der größten Zukunft. Andere Umstände kamen hinzu. Von 1919 an geriet die portugiesische Gesellschaft in eine Spirale politischer Gewalt, die auf die salazaristische Diktatur hinauslaufen sollte. »Wie kommt die Revolution voran?« fragte der Graf de Romanones einen bekannten portugiesischen Politiker, immer wenn er ihn sah. Die avantgardistischen

Künstler und Literaten hatten unter solchen Bedingungen, zu denen sie vielleicht viel zu sagen hatten, wie so oft wenig Raum, um sich zu artikulieren.

1917, bei Erscheinen der Zeitschrift, war Guilherme de Santa-Rita der einzige wirkliche Futurist des Landes, zumal – und man sage, was man wolle – die Dichtung von Campos nicht viel mit dem Futurismus gemein hatte, obwohl er mit ihm die Verehrung des technischen Fortschritts und der Gewalt teilte – aber keinesfalls der politischen Gewalt, denn der in Glasgow Graduierte war so sehr Pazifist, wie es der ehemalige Zögling der Schule in Durban gewesen war. Nicht einmal die literarischen und plastischen Werke von Negreiros schuldeten den Ideen von Marinetti und seiner Gruppe etwas Wesentliches, und das, obwohl dieser junger und ehrgeiziger Künstler sich sein gelegentliches und schamloses Paladin-Dasein mit der Absicht schuf, auf sich aufmerksam zu machen. Nichts ist demnach logischer, als daß *Portugal Futurista* sich vor allem als eine Verherrlichung der Figur Santa-Ritas versteht. Bettencourt-Rebelo und Raul Leal widmeten ihm jeweils panegyrische Reden. Das Fragment-Potpourri der Manifeste von Marinetti, Boccioni und Carrá, das durch den ersten Panegyriker bewerkstelligt wurde, erscheint illustriert mit den Reproduktionen von drei Bildern des Gewürdigten. Und das durch die futuristischen Maler aus Mailand in französisch aufgesetzte Manifest erscheint illustriert mit einem weiteren Bild von Santa-Rita und zwei – exzellenten – von Sousa Cardoso. Aber keines dieser sechs Werke ist stilistisch oder seiner Komposition nach futuristisch. Damit kein Zweifel über den Charakter der Publikation aufkommt, widmet Almada Negreiros Santa-Rita sein wunderbares Prosawerk *Saltimbancos (Gaukler)*.

Neben den zitierten Beiträgen stehen in dieser Ausgabe Avantgarde-Themen wie ein Artikel über das russische Ballett, ein langes Gedicht von Negreiros, das *Ultimatum* von Campos, die vollständigen, bei der Veranstaltung des Teatro da República gelesenen Texte und zwei unveröffentlichte französische Gedichte, eines von Apollinaire und eines von Blaise Cendrars, die ihnen die Delaunays überlassen hatten. Diese hatten sich vor dem Krieg in den Norden von Portugal geflüchtet, wo sie von Santa-Rita, Negreiros und Sousa Cardoso, aber von keiner der Personen aus dem *drama em gente* besucht wurden. In dieser Hinsicht ist *Portugal Futurista* so umfassend wie informativ und steht deutlicher als *Orpheu* in der Fluchtlinie der Avantgarde.

Die erwähnten Beiträge sind beileibe nicht alle, die in der Zeitschrift erschienen sind, denn die zwei einflußreichsten orphischen Dichter durften nicht fehlen, Sá-Carneiro und Pessoa. Pessoa wählte für diese Nummer drei der freiesten und kühnsten unveröffentlichten Gedichte Sá-Carneiros aus, während er sich durch die mit *A Múmia (Die Mumie)* überschriebene lyrische Sequenz und der äußersten Kühnheit dieser freien Verse in Erinnerung brachte. Aber weder die Verse von Pessoa noch die von Sá-Carneiro weisen andere futuristische Elemente auf als die – zumindest theoretisch – im *sensacionismo* synthetisierten. Pessoa wurde von der europäischen Avantgarde des anbrechenden Jahrhunderts nicht fortgerissen, und ich glaube nicht, daß sein makelloser Sinn für die poetische Form es zuließ, mit der futuristischen Dichtung zu sympathisieren, geschweige denn, sich sogar darin zu versuchen. Ich denke hier an die Form im Sinne der Beherrschung sprachlichen Materials, dem der Dichter, weit davon entfernt, sich davontragen zu lassen, eine Ordnung aufzwingt, die dem Leser gestattet, den Eigenleistungen ohne Unschlüssigkeiten der Gedanken- und Empfindungslinie zu folgen, was nicht unbedingt für die wirklich futuristischen Gedichte zutrifft – schon allein aufgrund der Prinzipien dieser Dichterschule. Auf jeden Fall stellt der bedeutsamste Beitrag von *Portugal Futurista* einen Aufzug im *drama em gente* dar.

Das *Ultimatum* von Campos ist ein eminent poetisches Dokument, das in der Nachfolge der großen satirischen

Dichtungen steht. Aus der Wirklichkeit, gegen die er seine Schmähungen richtet, extrahiert er eine ausreichende Anzahl treffender Elemente und erspart sich eine umfassende Exegese, um eine parallele – allerdings ausschließlich sprachliche – Wirklichkeit zu schaffen, die für die erwähnten Attacken als Gußform bereitsteht. Und natürlich ist er den *sirventes* der Troubadoure näher – in der Verquickung der politischen und literarischen Elemente und der Qualität bei der Durchdringung des Diskurses – als den römischen Satiren von Horaz, Persius oder Juvenal. Von der ersten Zeile an – »Befehl zur Zwangsräumung der Mandarine Europas! Raus!« – bis zur abschließenden Proklamierung des Übermenschen ist das *Ultimatum* – ebenso wie die *Meeres-Ode* und die *Triumph-Ode* – ein Beleg für Campos' Fähigkeit, einer Folge von heterogenen, aber eng verwandten Stoffen eine logische Ordnung aufzuzwingen, Stoffen, die er mit einer Überspanntheit behandelt, die ihn, entgegen allem Anschein, doch nicht die Fassung verlieren läßt.

Die ersten »Zwangsräumungen« betreffen die großen Schriftsteller jener Tage: Anatole France, Barrès, Kipling, Shaw, Chesterton, Yeats, D'Annuncio, Maeterlinck (!), Rostand … Maurice Barrès zum Beispiel ist ein »Chateaubriand der nackten Wände«, ein »Schimmelpilz aus Lothringen«, ein »Konfektionsschneider der Toten der anderen, der sie mit seinem Kommerz bekleidet«; Shaw ein »Vegetarier des Paradoxons, Scharlatan der Aufrichtigkeit, kaltes Geschwür des Ibsenkultes«; Yeats der »Nebel um einen Pfahl ohne Kennzeichen«; D'Annuncio die »Trivialität in griechischen Buchstaben«; Maeterlinck der »Ofen des erloschenen Mysteriums« … »Raus mit alledem! Raus!«

Direkt darauf folgen die gefährlichen Zwangsräumungen, die ohne Zweifel zur Beschlagnahme der Zeitschrift führten oder wenigstens – falls dies nötig war – das Gewissen der Konfiszierenden beruhigte. Die erste trifft Wilhelm II. von

Deutschland, »linkshändiger Einarm«, bald gefolgt von dem »Brotbrei Briand, Dato, Boselli«. – »Schafft mir Strohwische herbei und laßt sie wie Leute unter Leute aussehen!« – »Allgemeiner Bankrott von allem wegen aller!« Vom italienischen Ehrgeiz, von der französischen Anstrengung, vom britischen Ordnungssinn, von der deutschen Kultur, vom »untertänigsten Österreich«, von »Von-Belgien«, von der russischen Sklaverei, vom spanischen Imperialismus, »Mutterwitz in der Politik, mit Toreros, die Büßerhemden auf ihren Seelen tragen, an der Straßenbiegung und kriegerischen Fähigkeiten, die in Marokko begraben liegen«, vom »Kleingeld-Portugal«, von Brasilien …

Ubi sunt? »Wo sind die Alten, die Kräfte, die Menschen, die Führer, die Wächter?« Sie sind Namen auf den Grabsteinen der Friedhöfe. Die Politik ist heute ein Gewerbe der Inkompetenten; die Religion »ist der militante Katholizismus der Schankwirte des Glaubens«, nicht einmal der Krieg ist etwas Ernsthaftes. Es ist unmöglich zu atmen. »Macht alle Fenster auf! Reißt mehr Fenster auf als alle Fenster, die auf der Welt vorhanden sind!«

Europa fehlt ein kaiserlicher großer Einfall. »Kein Mini-Pitt, kein Pappmaché-Goethe, nicht einmal ein Napoleon aus Nürnberger Lebkuchen! – Keine literarische Strömung, die auch nur ein schwacher Abglanz der Romantik zur Mittagsstunde wäre!« – »Ihr großen Männer aus Liliput-Europa, zieht an meiner Verachtung vorüber!« – »Zieht vorüber, ihr Schlappschwänze mit dem Drang, die -isten irgendeines -ismus zu sein!« Nichts bleibt auf den Füßen, weder die philosophischen Theorien noch die politischen Ideen … »Vollständig, umfassend, integral: SCHEISSE!«

Aber Europa dürstet nach Zukunft, »es will den Dichter, der glühend die Unsterblichkeit sucht und sich nicht mit der Bekanntheit bescheidet, die für Schauspielerinnen und die Produkte der pharmazeutischen Industrie bestimmt ist«, es braucht, scheint es, Dichter wie die des *drama em gente;* in Wirklichkeit, obwohl ihn Campos nicht erwähnt, braucht es den Super-Camões. »Gebt dem Zeitalter der Maschinen Homere, ihr Geschicke der Wissenschaft! Schenkt der Ära der Elektrizität Miltons, ihr der Materie innewohnenden Götter!« Aber solche Dinge hatte António Mora geschrieben ... Und Álvaro de Campos läßt einen Schrei der Herausforderung los: »Ich von der Rasse der Entdecker verachte, was weniger ist als die Entdeckung einer Neuen Welt!« Eine größere Romantik als ein Schatten im Zenit des Mittags.

Campos proklamiert seinen Malthusianismus der Empfindsamkeit: »Die Stimuli der Sensibilität wachsen in geometrischer Progression, die Sensibilität selbst nur in arithmetischer Progression.« Man muß die Sensibilität den von der Wissenschaft und der Technik beigesteuerten, ungebändigten Strom der Neuigkeiten anpassen. Unterm Strich ist die Lösung Ästhetik, Kultur; und diese Lösung heißt, obwohl sich Campos in Schweigen hüllt, natürlich das Fünfte Reich! Damit die Zivilisation nicht ausstirbt, ruft Campos »die Notwendigkeit der künstlichen Anpassung« aus, ein Vorgang der soziologischen Chirurgie. »Was muß man aus der zeitgenössischen Seelenverfassung ausmerzen?« Seine letzte Aufwartung fixiert das Christentum. Aufs neue steht der Schatten Moras gravitätisch über dem *Ultimatum.* Der chirurgische, antichristliche Eingriff soll das Dogma der Persönlichkeit abschaffen, denn wir alle sind – teilweise – die anderen und nicht das absolute Ich des Christentums. Die Ergebnisse dieser Operation werden politisch die Abschaffung des Konzepts der Demokratie sein, das ein Kind der Französischen Revolution ist, ein Diktator wird sie ersetzen, der die größte Anzahl von »anderen« sein wird, ein kollektives Wesen; in der Kunst die Eliminierung des Künstlers, der nur durch sich selbst fühlt, den einer ersetzen wird, der durch die anderen fühlt (was sich mit der Moraschen Theorie über die soziale Stofflichkeit der klassischen Kunst verknüpft); in der Philosophie die Abschaffung des Begriffs von der absoluten Wahrheit und die Entstehung der Über-Philosophie (wie es die portugiesischen Neu-Heiden wollen). Und nach weiteren Abschaffungen gleichen Stils kommt die Proklamation des Übermenschen. Nietzsches Schatten, obgleich um einiges entstellt, fällt am Ende über das *Ultimatum*. »Der Übermensch wird nicht der Stärkste, sondern der Vollständigste sein!« Nicht der Härteste, sondern der Komplexeste; nicht der Freieste, sondern der Harmonischste. »Das proklamiere ich laut und deutlich in meinem Hochgefühl an der Tejo-Einfahrt, Europa den Rücken zukehrend, mit aufgehobenen Armen, auf den Atlantik schauend und abstrakt das Unendliche grüssend!«

Álvaro de Campos plädiert im *Ultimatum* für die »antitradionalistische und antierbliche wissenschaftliche Monarchie, die absolut spontan ist, weil unvorhergesehenerweise der Mittelwert-König erscheint«. Das *Ultimatum* erschien – das heißt das wenige, was die konfiszierenden Polizisten zurückließen – am 17. November 1917. Im Dezember wurde die Figur, die diese Worte prophezeiten, wenn auch nicht für Pessoa, Wirklichkeit – in Person des Generals Sidónio Pais, der später als personifizierte Heimtücke der sebastianistischen Prophezeiungen aufgefaßt werden sollte.

Seit Ausbruch des Ersten Weltkriegs gab es ein erbittertes Auseinanderdriften der Meinungen hinsichtlich des Kriegseintritts Portugals. Die Rechten opponierten, weil sie germanophil waren und ein Eintritt in den Krieg bedeutete, gegen Deutschland zu sein. Die Demokraten und andere politische Kräfte meinten, daß, wenn Portugal nicht in den Krieg einträte, die Gewinner die afrikanischen Kolonien nach dem Krieg unter sich aufteilen würden. Aufgrund dieses Stands der Dinge flüchteten weit über fünfzig deutsche Handelsschiffe aus Furcht, auf dem offenen Meer angegriffen zu werden, in den Hafen von Lissabon. Großbritannien antwortete auf die Avancen der Kriegsfürsprecher, daß seine Allianz mit Portugal das Land nicht dazu verpflichte, zu den Waffen zu rufen. Dessen ungeachtet bemächtigte sich die portugiesische Regierung jedoch am 24. Februar 1916 jener Schiffe. Deutschland erklärte Portugal den Krieg. Der Konflikt wurde in den an deutsche Hoheitsgebiete grenzenden afrikanischen Kolonien spürbarer als im Einzugsbereich der Metropole, von der einige Truppen in Richtung europäische Front ausrückten. Und es schien, als ob die sechs Jahre republikanische Herrschaft, der Pessoa so viel Schlechtes zuschrieb, der Grund für das Schwanken gewesen wäre, das Portugal auch heute in bezug auf die Außenpolitik noch nicht überwunden hat.

Eine unmittelbare Konsequenz des Kriegseintritts war die Bildung einer Regierung, der António José de Almeida vorstand und die Heilige Union genannt wurde, da sie ein zwischenparteiliches Bündnis war, das dem Anschein nach, aber nur dem Anschein nach, geschlossen wurde, um einen Burgfrieden zugunsten des nationalen Interesses zu schließen. Die Bedrängnis des Landes war groß, und am 5. Dezember 1917 – knapp einen Monat nach dem Erscheinen von *Portugal Futurista* – errichtete eine militärische Bewegung, an deren Spitze sich Sidónio Pais setzte, die Diktatur. Pais ließ sich sofort durch direkte Volksabstimmung wählen, und da die Portugiesen eine Ordnung herbeisehnten, die ihnen seit Jahren vorenthalten wurde, war der Triumph des Diktators ungeteilt und überwältigend. In Wirklichkeit gelangte er, getragen von der großen Mehrheit der Kriegsgegner, an die Macht. Der Präsidenten-König, wie ihn Pessoa nennen sollte, vertrat mit Anstand und gutem Gewissen die öffentliche Sache, aber seine Regierung hatte keine Zeit, ihr Aufbauprogramm zu Ende zu führen, denn Sidónio wurde in der Estação do Rossio am 14. Dezember 1918 ermordet. Dieses Mal hatte Fernando auf der Seite der Mehrheit gestanden, aber seine sebastianistischen Träume währten zwangsläufig kurz; »Träume«, weil man von Pessoa sagen kann, was einmal Raul Brandão über Bernardino Machado meinte, daß er nämlich parallel zum wirklichen Leben ein abstraktes und irreales konstruiert hatte, das das einzige war, das er lebte.

Nach dem Anschlag auf Sidónio Pais riefen die *talassas* im Norden des Landes die Monarchie aus, doch das Abenteuer dauerte nur kurz. Am 30. Juni 1919 trat eine Regierung vor das Parlament, der Sá Cardoso vorstand, ein republikanisches Kabinett, das versuchte, die Zügel der Macht zu ergreifen. Ricardo Reis wanderte, desillusioniert, in seinem zweiunddreißigsten Lebensjahr nach Brasilien aus.

Infolge der Diktatur von Pais veröffentlichte Pessoa zwei Arbeiten, die die Titel *Wie Portugal organisieren* und *Öffentliche Meinung* trugen. Den Ideen über ein ideales und nur in der Vorstellung existierendes Land stehen Lösungen für das reale Land gegenüber. Daneben machte er sich Notizen für einen politischen Essay, der mit *Die Bedeutung des Sidonismus* überschrieben werden sollte. Aber es waren nicht diese Arbeiten, die diesen Helden unsterblich werden ließen, sondern das außergewöhnliche Gedicht *Im Gedenken an den Präsidenten-König Sidónio Pais,* das am 27. Februar 1920 in der *Acção,* einem Lissaboner Organ des *Zentrums des Nationalen Handelns,* erschien. Es handelt sich um eine Elegie, ganz frei von dem Gedanken an politische Vergeltung und im Gegensatz dazu angereichert mit einem beeindruckenden prophetischen Bewußtsein. Sidónio Pais ist »die anmutige Seele, die uns liebte«, der »ergebene Gentleman mit stolzem und sanftem Blick«, aber über allem anderen noch der geheimnisvolle Held, denn:

> Wer er war, das frage das Schicksal,
> Das frage das Geheimnis und sein Gesetz.
> Das Leben den Helden schuf, und ohne Grabmal,
> Sein Tod, daß er in den Königsstand gesetzt.

Diejenigen, die ihn im Leben liebten, sehen ihn heute lächeln »mit seinem Äußeren von stiller Macht«. Daher muß Sidónio Pais wiederkehren und »er wird wiederkehren in Gestalt eines andern, mit etwas Unsrigem in ihm«, denn die Portugiesen erwarten ihn, wie sie immer auf die Rückkehr von Dom Sebastião gewartet haben: Sidónio Pais ist der Ersehnte, der Held des »neuen Alcácer-Quibir«. Und zum Abschluß die unzweideutige Bestätigung:

> Des Sumpfes Heerschar hoher Blütenstand
> Kündet Rettung an im Morgengrau,
> Vom Geist erstanden, einen Blick so lang
> Im Königsleib, Dom Sebastião.

Das lange Gedicht endet mit einer Strophenfolge, in der sich die definitive Rückkehr des Ersehnten ankündigt.

Künftig sollte der Sebastianismus eines der bevorzugten Themen des schriftstellerischen Werkes Pessoas werden. Wenn die Anzahl der zu diesem Thema überlieferten Seiten auch die von Pessoa in *Mensagem (Botschaft)* veröffentlichten übertrifft, enthält dieser Komplex neben der Elegie auf Sidónio Pais doch das Wesentliche des pessoanischen Sebastianismus oder wenigstens seine poetische Essenz.

13

Die Frage der Sexualität.
Antinoos und *Epithalamium*
1918–1921

Die englischen Gedichte, die Pessoa in den Tagen von
Orpheu und *Portugal Futurista* veröffentlichte, eignen
sich, das Thema seiner vieldiskutierten Sexualität zu
berühren. Da wir uns der ersten Phase seiner einzigen dokumentierten Liebesgeschichte nähern, kann uns das Wissen um
die Derbheit, mit der das erotische Thema in den beiden längsten dieser Gedichte behandelt wird, den Abstand verdeutlichen, der zwischen der intellektuellen Betrachtung, einem
Ergebnis dieser Derbheit, und der Sanftheit liegt, die Pessoa in
seinem Umgang mit Ophélia Queiroz, der wirklichen Geliebten, bewies, so daß wir die Absichten hinter der verneinten
Sexualität begreifen, die in einigen seiner Briefe an sie zu
beobachten sind.

Wie sehr das Geschlechtliche für Pessoa ein Motiv der
Befangenheit und Verlegenheit war – und dies gilt für sein
gesamtes Leben –, ist nicht nur in verschiedenen tagebuchähnlichen Aufzeichnungen zu beobachten, sondern auch in
den Gedichten seiner Orthonyme und in den Niederschriften zum *Buch der Unruhe*. In diesem Zusammenhang ein
besonderes Augenmerk auf die Sexualität von Álvaro de
Campos zu legen, macht wenig Sinn, zum einen, weil Pessoa
zu verschiedenen Gelegenheiten erklärte, sein heteronymes
Schrifttum sei nicht der Ausdruck seiner Gefühls- oder
Ideenwelt, sondern der Ausdruck der von ihm für die Inszenierung des *drama em gente* erdachten Personen, und zweitens, weil wir die Rolle berücksichtigen müssen, die, wie
man bald sehen wird, der Absolvent aus Glasgow während

der Brautzeit seines Erfinders spielte. Folglich sind die englischen Gedichte die wichtigsten Dokumente aus dieser Periode, zumal die Seiten von Bernardo Soares aus dem *Buch der Unruhe* später entstanden sind. Wichtig ist jedoch auch diese undatierte Notiz, die scheinbar verfaßt wurde, bevor sich Pessoa in Ophélia verliebte:

Ich sehe keine Schwierigkeiten, mich zu beschreiben: ich besitze ein feminines Temperament mit einer maskulinen Intelligenz. Meine Empfindsamkeit und die Regungen, die von ihr herrühren, und darin liegen das Temperament und sein Ausdruck begründet, sind die einer Frau. Meine Fähigkeiten zur Beziehung – die Intelligenz, die Begierde, die die Intelligenz des Triebes ist – sind die des Mannes.

Hinsichtlich der Empfindsamkeit, wenn ich sage, daß es mir stets gefallen hat, geliebt zu werden, und nicht, zu lieben, so habe ich alles gesagt. Es schmerzt mich immer, durch eine platte Schuld zur Wechselseitigkeit – eine Ergebenheit des Geistes – verpflichtet zu sein, zu erwidern. Mir hat die Passivität gefallen. An der Aktivität hat mir, nicht zu vergessen, lediglich gefallen, die Liebesaktivität dessen zu stimulieren, der mich liebte.

Ich erkenne, ohne mich zu täuschen, die Natur dieses Phänomens an. Es handelt sich um eine unvollkommene sexuelle Inversion. Sie verharrt im Geist. Trotzdem, während der Momente der konzentrierten Reflexion über mich selbst hat mich beunruhigt, daß ich nie die Gewißheit gehabt habe, und noch heute besitze ich sie nicht, ob diese Beschaffenheit des Temperaments nicht doch eines Tages in den Körper hinabsteigen könnte. Ich sage nicht, daß ich also die diesem Trieb entsprechende Sexualität praktiziert hätte; aber daß der Wunsch, mich zu unterwerfen, ausreichen würde. Wir sind viele von dieser Spezies.

Zu ihnen zählen, wie es in derselben Notiz heißt, die berühmten Beispiele von Shakespeare und Rousseau; und Pessoa meint, daß dieser Trieb bei dem Engländer in Päderastie umschlug, während derselbe bei dem Genfer in einem »vagen Masochismus« aufging, ähnlich – und man wird mir den Kommentar und das Vorauseilen verzeihen – dem des Bernardo Soares: »Nie eine Haremsdame gewesen zu sein! Wie leid es mir tut, daß mir das niemals widerfahren ist!« das heißt, daß es nicht ihm, Fernando Pessoa, widerfahren ist.

Zwar unterließ es Pessoa ein paar Jahre nach der endgültigen Rückkehr nach Lissabon, seine Dichtung in englischer Sprache mit dem Pseudonym Alexander Search zu signieren, doch hielt er seit jenen Tagen, und mit einer bemerkenswerten Regelmäßigkeit bis in die *Orpheu*-Jahre hinein, die poetische Aktivität in seiner zweiten Sprache aufrecht. Erst nach 1908, wie man den autobiographischen Notizen entnehmen kann, die Côrtes-Rodrigues redigierte – wobei er sich auf die von Pessoa vorgenommene Datierung stützte –, begann er seine *35 Sonnets*. Weiter ist in den Notizen zu lesen, daß er zwischen 1908 und 1911 englische und portugiesische Verse und dazu einige auf französisch schrieb und daß »Pessoa, als er in der Rua da Glória lebte, in den Sonetten Shakespeares eine Komplexität entdeckte, die er in einer modernen Anpassung ohne Verlust der Originalität, aber mit Individualismus reproduzieren wollte. Im Laufe der Zeit brachte er sie zustande«. Da Pessoa 1908 in die Rua da Glória zog, und die Sonette zehn Jahre später in einem Bändchen veröffentlicht wurden, scheint es nicht gewagt anzunehmen, daß sie gleichzeitig mit der ersten Fassung des *Antinoos* entstanden, die er zwischen den Jahren 1910 und 1915 verfaßte und im gleichen Jahr wie die Sonette veröffentlichen sollte.

Obwohl er um 1915 ein Buch mit englischen Dichtungen unter dem Titel *The Mad Fiddler (Der verrückte Geiger)* plante, fügte er diese nicht in die zweibändige Edition seiner *English Poems* von 1921 ein. Im ersten Band, den er mit I–II unterteilte, ist die zweite Fassung von *Antinoos* aus dem Jahr 1915 abgedruckt und eine Sammlung von vierzehn *Inscriptions (Widmungen)*, während der zweite Band mit Nummer III ausschließlich das *Epithalamium* enthält.

Was bedeutet diese Veröffentlichung des Schriftstellers in englischer Sprache, der gerade das Ansehen als portugiesischer Dichter und Kritiker dank seines orthonymen Werkes und des von Álvaro de Campos verfaßten errungen hatte? Und welchen Sinn machte es, in einem Zeitraum von vier Jahren – denn bereits 1918 hatte er die Sonette und die erste Fassung des *Antinoos* veröffentlicht – in Lissabon vier Bücher herauszubringen in einer Sprache, die in jenen Tagen nur sehr wenige lesen konnten und die noch dazu archaisierende Züge aufwies. Warum ist das Englisch dieser Gedichte Pessoas nicht das zeitgenössische, sondern eine Synthese aus der lyrischen Sprache der viktorianischen Periode mit starken Anklängen an das elisabethanische Zeitalter? Einmal mehr erweist sich Pessoa als so widersprüchlich wie verblüffend. Vielleicht kann uns die Tatsache, daß die Londoner Zeitschrift *The Atheneum* im Januar 1920 sein Gedicht *Meantime (Zwischenzeit)* abdruckte, einen Hinweis bieten, denn es scheint zu belegen, daß die *35 Sonnets* und die erste Fassung von *Antinoos* auf gewisse Akzeptanz bei einigen Briten stießen, denen er beide Bändchen zugeschickt hatte, und daß ihn dies fortan motivieren sollte, sein englisches Werk weiter zu publizieren. Aber es fehlen die Dokumente, die dies zweifelsfrei belegen könnten. Ob Pessoa daran dachte, ohne Lissabon zu verlassen, eine Gestalt der englischen Literaturgeschichte zu werden die ein archaisches Englisch schreibt, oder plante er sogar, wenn auch nur zeitlich begrenzt, nach England zu ziehen, wo zwei seiner Halbbrüder lebten? Darauf wird sich keine Antwort finden lassen, vor allem wenn man bedenkt, wie wenig Widerhall die Bändchen von 1918 in der

Literaturkritik Großbritanniens fanden. Von diesen nämlich sagt eine anonyme Meldung des *Times Literary Supplement*, daß »Mr. Pessoas Beherrschung des Englischen nicht weniger bemerkenswert ist als seine Kenntnis des elisabethanischen Englisch«, was nicht übermäßig schmeichelhaft ist; ebenfalls wenig verheißungsvoll ist die Kurzbesprechung in *The Glasgow Herald:* »Die Sonette sind gut gelungen, nur, sie würden sogar ausgezeichnet sein, wenn da nicht die gewisse Stilkonfusion, verschuldet durch die Imitation der Shakespeareschen Kunstfertigkeit, wäre.« Künftig, das heißt nach 1921, sollte Pessoa keine englische Lyrik mehr veröffentlichen, und es scheint, daß er auch nur noch sehr sporadisch englisch schrieb.

Wie wir wissen, stand Pessoas umfassendes kulturelles Projekt des Fünften Reiches im Hintergrund von *Antinoos* und *Epithalamium.* Fragt man aber nach dem Warum, bietet sich als Lösung eine Hypothese, die den Kosmopolitismus dieses Plans nicht ausschließt, aber den Wunsch Pessoas unterstreicht, sich als englischer Poet auszuzeichnen. Dies gelang ihm nicht und war wohl einer seiner absehbarsten Mißerfolge.

Viele Jahre später, am 18. November 1930, sollte Pessoa Gaspar Simões anläßlich der Übersendung seiner englischen Bändchen schreiben:

Dazu eine Erklärung. *Antinoos* und *Epithalamium* sind die einzigen Gedichte (oder Kompositionen) von mir, die klar und deutlich das sind, was man obszön nennt. In jedem von uns ist, so wenig man sich instinktiv auf die Obszönität spezialisiert, ein gewisses Element dieser Art vorhanden, dessen Quantität naturgemäß von Mensch zu Mensch variiert. Da diese Elemente, so klein auch der Grad sei, in welchem sie vorhanden sind, ein gewisses Hindernis für einige höhere geistige Prozesse darstellen, habe ich zweimal beschlossen, sie durch den einfachen Vorgang des intensiven Ausdrucks auszuschalten. Darauf basiert die für Sie vielleicht unerwar-

267

tete Heftigkeit der Obszönität, die in jenen Gedichten – vor allem in *Epithalamium*, das direkt und tierisch ist – zutage tritt. Ich weiß nicht, warum ich die beiden Gedichte auf englisch geschrieben habe.

Noch eine Erklärung, diesmal unnötigerweise. Die beiden erwähnten Gedichte bilden zusammen mit drei anderen ein kleines Buch, das den Kreis des Phänomens Liebe durchläuft. Und zwar in einem Zyklus durchläuft, den ich kaiserlich nennen möchte. So haben wir: 1) Griechenland, *Antinoos;* 2) Rom, *Epithalamium;* 3) Christenheit, *Gebet an einen Frauenleib;* 4) Modernes Reich, *Pan-Eros;* 5) Fünftes Reich, *Anteros.* Die letzten drei Gedichte sind unveröffentlicht.

Ich will das besser erklären, wobei ich jedoch, weil es noch nicht der richtige Zeitpunkt ist, die Erklärung für die Abfolge der Imperien und ihren inneren Sinn auslasse. Der Inhalt der Gedichte definiert die Imperien nicht, auf die sie sich beziehn. So ist *Antinoos* dem Gefühl nach griechisch, aber der historischen Stellung nach römisch. *Epithalamium* ist dem Gefühl nach römisch, nämlich die römische Bestialität, dem Thema nach aber eine einfache Heirat in irgendeinem christlichen Land; und das gleiche gilt auch für die drei übrigen Gedichte oder gilt, besser gesagt, indirekt, denn keines von ihnen hat eine genaue Stellung in der Zeit, sondern nur im Gefühl. Wenn ich sage, die beiden ersteren seien die einzigen erklärtermaßen obszönen Gedichte, die ich geschrieben habe, so ist das nicht unrichtig; die übrigen drei haben nichts, ausgenommen den einen oder anderen Satz im dritten, was man als obszön qualifizieren könnte.

Die letzten drei Gedichte wurden nicht geschrieben oder nicht zu Ende gebracht, oder ihr Autor hat sie vernichtet – sie sind bis heute nicht aufgefunden. Trotzdem vermögen wir uns aufgrund eines Fragments mit dem gleichen Titel, von Pessoa in *Das Buch der Unruhe* aufgenommen und dort mit dem Untertitel *Der Augen-Liebhaber* versehen, eine Vorstellung zu machen davon, was der Inhalt des *Anteros*-Gedichts gewesen wäre. Von diesem Fragment ausgehend, ist die Liebe, die das Gedicht *Anteros* besungen hätte, rein ästhetischer Natur, die wesenhafte Liebe der bloßen Beobachtung der geliebten Person. So lesen wir in dem Fragment:

> Meine Liebe verfährt so: Als schön, anziehend oder sonstwie liebenswert halte ich eine Gestalt, Frau oder Mann, fest – wo keine Begierde vorhanden ist, gibt es auch keine Bevorzugung des Geschlechts –, diese Gestalt blendet und fesselt mich und bemächtigt sich meiner. Doch ich will nicht mehr als sie anschauen […] Ich liebe mit den Augen, nicht einmal mit der Phantasie. Denn ich phantasiere nicht über die Gestalt, die mich gefangennimmt. Ich stelle mir keineswegs vor, irgendwie anders an sie gebunden zu sein. […] So erlebe ich in einer reinen Vision das belebte Äußere der Dinge und der Wesen, gleichgültig wie ein Gott aus einer anderen Welt gegenüber ihrem Inhalt – ihrem Geist. […] Das ist kein Fall, wie ihn die Psychiater als psychische Onanie bezeichnen, es ist nicht einmal ein Fall von Erotomanie. Ich phantasiere nicht wie bei der psychischen Onanie; ich träume nicht davon, der körperliche Liebhaber oder auch nur Gesprächsfreund des Wesens zu sein, das ich anschaue und in der Erinnerung behalte; ich ergehe mich nicht in Phantasien.

Dies scheint die höchste Liebe zu sein, eine, die dem Fünften Reich entspricht.

Antinoos ist eine Wehklage über den Tod des gleichnamigen jungen Sklaven und Lustknaben des Kaisers Hadrian. »In Hadrians Seele fiel der Regen kalt«, und der Blick des Kaisers fällt auf die Hände, die seine gedrückt haben, auf das Haar, die Augen, die »scheu und frech« waren, auf den androgynen, gott-

gleichen Körper, auf »die Zentren der Lust in kundiger Mannig-
faltigkeit«, auf »die Finger, zu unsagbarer Lust geschickt«, und
er fragt sich dann, warum die Götter die Schönheit zerstören,
die sie geschaffen haben. Zweifelsohne stehen wir vor einer,
mehr noch als griechischen, hellenistischen Verherrlichung der
Homosexualität, und nicht allein wegen der Epoche, in der die
tragische Anekdote, die Anlaß für das Poem ist, stattfindet,
sondern auch wegen der minuziösen Behandlung der Details
und der Verherrlichung des unteilbar-individuellen Gefühls,
die typisch sind für die postalexandrinische Kultur.

Als Venus den toten Antinoos sieht, belebt dies ihren
Schmerz über den Tod von Adonis wieder, und »Apollo trau-
ert, denn der seinen Leib entführte, / den weißen, liegt auf
immer kalt«. – »O Hadrian, was kommt wohl dieser Kälte
gleich?« fragt sich der Dichter. Und der Kaiser erinnert sich der
erotischen Taumel, der Lüste Übermaß. Die Hände gen Himmel gestreckt, bietet er den Göttern sein Königreich im Tausch
gegen ein Gespräch mit soviel Schönheit: »Nehmt alles Weibliche der Welt! Verstreut den Rest auf einem Totenhügel«, aber
»schenk Erbarmung für dieses Jünglings Leib und goldenes
Haar!« Was Pessoa in dem Schreiben an Simões als obszön
qualifiziert, erscheint eigentlich erst ab Vers 132 dieser langen
Komposition:

> Er war ein Kätzchen, das mit Wollust spielte,
> mit Hadrians und seiner eignen, bald
> vereinzelt, bald verdoppelter Gestalt,
> die Lust verzögert, die auf Erfüllung zielte,
> nicht gerade, sondern schlängelnd zu ihr drang,
> die beinah unverhoffte katzengleich umsprang;
> mit sanftem Tasten bald, bald ungehemmt,
> bald spielerisch, bald ernsthaft und bald neben
> die Lust gelagert, spähend zu erleben,
> wie sie sich Bahn bricht, wenn zurückgedämmt.

Das ist reines Alexandrinertum, das eine raffinierte Obszönität zweier Liebender nicht verhehlt, für die gilt, »die Liebe ließ sie sich in einem Kult vereinen, den Göttern dargebracht, die sich den Menschen nahn«.

Es regnet immerfort, und Hadrian kommt in den Sinn, dem Antinoos eine Statue zu errichten, die für die kommenden Äonen ein Zeugnis seiner Liebe sein und »wie ein römischer Sieg« ewig bestehen soll, denn der, der einst Sklave war, ist nur schon auf Betreiben des Liebenden hin bereits ein Gott unter den Göttern. Und dieser Gedanke wird zur Hoffnung des Kaisers. Aber die unsterbliche Statue von Antinoos wird nicht aus Stein, sondern aus dem Schmerz sein, der Hadrian einschnürt, wenn »sein nacktes Bildnis oben auf dem Wall, / der auf die Meere künft'ger Zeiten schaut«. Daraufhin erscheinen neue Götter, will heißen neue Liebende, die die Welt verzieren werden, und falls die Zeit das Andenken der beiden zu Staub zerfallen ließe, naht »zur Endzeit ein göttliches Geschlecht, / das unsre Doppeleinheit neu errichtet«.

Bei *Antinoos* handelt es sich um eine vollkommen ausgefeilte Komposition, die sich aber an der fehlenden Abwechslung der Motive und an der trägen, sich wiederholenden Entwicklung erschöpft. Andererseits beabsichtigt das Gedicht, objektiv zu sein, indem es die Eindrücke und Gefühle des Autors, die weit davon entfernt sind, Ausdruck im Vers zu suchen, ausblendet, um denen Hadrians Ausdruck zu verschaffen, was letztlich ein Beleg mehr für Pessoas Befähigung zur dramatischen Entpersönlichung ist. Darüber hinaus ist die Lektüre dieses Gedichts wegen der angestrebten Kunstfertigkeit des Diskurses und der Seltenheit und Zweideutigkeit seines lexikalischen Fundus schwierig.

Epithalamium ist der Intention nach entschieden realistisch und zeigt nicht wenige Merkmale des Naturalismus. Es hat die Unruhe und die erotischen Phantasien einer Braut sowie die

Reaktionen, die die unmittelbar bevorstehende Hochzeit bei dem Bräutigam und bei den Hochzeitsgästen hervorruft, zum Inhalt. Ohne Zweifel hatte Pessoa sich mit Recht auf das Element der Bestialität, die römische und eine andere, bezogen, die die Gesamtheit und zahlreiche Details dieser Komposition auszeichnet, aber das Erwähnenswerteste in diesem Zusammenhang ist, daß die Situation ohne Rücksicht geschildert wird – und weder aus dem Blickwinkel der Liebe als Ideal oder als *afectio maritalis* – was der römische juristische Ausdruck ist –, noch aus dem des Geheimnisvollen und Verborgenen der Erotik. Was in diesen Versen vorherrscht, ist eine Obszönität, bei der es nicht verfehlt scheint, eine Ablehnung sexueller Beziehungen seitens des Autors zu vermuten.

»Die Fenster sollen sich öffnen, damit der Tag Einlaß findet / Wie ein Meer oder ein Getöse!« Die Sonne hebt sich zum Himmel empor, und die Braut erwacht und erzittert, als der Tag sich zeigt, in dessen Nacht zwei Herzen angesichts der ersehnten Begegnung des Fleisches pochen werden. Sie wähnt sich in den Armen des Bräutigams, der ihre Brüste umfaßt, und denkt an seine Lippen, die schon bald an ihren Brustwarzen lutschen werden. Sie schaut empor, und ihr fällt ein, daß sie schon bald ein anderes Heim und ein anderes Bett kennen wird, was sie sich kaum vorzustellen vermag.

> Und zwischen sie und Walm, wenn dieser Tag sich senkt,
> Eines Mannes schwerer Leib den eigenen bedrängt.
> Ss! Wohlahnend, in Gedanken schließt sie ihre Schenkel,
> 　　　　　　　　　　　　　　　　　　　denn gewiß,
> Die sie abends öffnen werden, werden andere Hände sein;
> Verängstigt sie, weil sein Drängen bedeutet einen Riß,
> Der die süße Tat erbricht zunächst mit Rauheit in der Pein.

Bis hierhin beschränkt sich der Realismus darauf, in den Vordergrund zu rücken, was Pessoa Obszönität nennt, aber das ist lediglich der Anfang. Auf subtile Weise spielt der Dichter auf ein Fliegenpaar an, das auf der Hand der Braut kopuliert. Zwischen ihren Schenkeln, die sie geschlossen weiß, »naht sich die Vorbedeutung der öffnenden Hand«.

Sie erhebt sich, senkt den Blick und läßt ihn langsam am Nachthemd hinabgleiten

Auf das unbefleckte Währen ihrer Nacktheit, doch
Merklich die animalische Differenz, gerahmt in ihrer
                                    weißlichen Gestalt,
Der schwarze Winkel, mit Haar bekleidet, und zur
                                    Rötung wallt
In ihr die Scham, sie heute bei Lichte zu erkennen.

Sie kleidet sich an. Die Kammermädchen, die ihr dabei zur Hand gehen, lächeln sich gegenseitig zu, denn sie denken an das gleiche. Im Brautkleid erscheint sie schließlich vor den Gästen. Freude soll aufkommen, kommt auf:

Ruft auch ihr Kinder, Jungfern und Knaben,
Mit Leibern, die noch unbeflaumt und weißlich zieren
Ein ungeschlechtlich Ding, doch von Geschlecht!
Ruft's aus, als kenntet ihr, was an ihm ist an Freude,
Der applaudieren sollt', mit reichlich Wonne wie zu Recht!

Die Gesellschaft setzt sich in Richtung Kirche in Bewegung, und die Augen der Gäste ertasten gleich Händen die Brüste und Hüften der Braut, heben ihr die Röcke an, als wollten sie den verborgenen Spalt unter ihnen berühren. Hier beginnt sich das Obszöne des Gedichts zu bemächtigen. Auf dem Rückweg zum Haus fühlen sich alle von einem Nebel berauschter Erregtheit umgeben. Der Bräutigam sehnt das Ende des Banketts entgegen, um

Diese Brüste in saugendem Lutschen zu erforschen,
Um erstmals diesen Flaum zu spüren
Und Finger in den gelippten Unterstand zu führen;
Die Festung ist, um genommen zu werden, bloß,
Und spürt seine pochende Ramme lustgeschwollen

       und groß.

Welchen Sinn macht diese Obszönität? Pessoa würde sagen,
er wollte, indem er sie ausdrückt, seine eigene Obszönität
überwinden. Aber wenn wir bedenken, daß wir noch nicht
an deren Gipfel angelangt sind, müssen wir dann annehmen,
daß das Geschlecht, zumindest in seiner Jugend, einer der
aktivsten Faktoren seiner Unruhe war? Denn an dieser Stelle
erinnert sich der Dichter an die nächtlichen Masturbationen
der Braut und überdenkt die sexuelle Aufklärung der Kinder,
die den Erwachsenen obliegt. Nichts klagt die Geschlecht-
lichkeit stärker an als diese Folge von Motiven, in denen die
Jugenderinnerungen der Älteren und abermals die Phantasien der Gäste über die Hochzeitsnacht zum Vorschein kommen. Schließlich versteckt sich ein rasender Bacchus unter
den feinen Manieren jener Leute, die der Dichter aufmun-
tert: »Verbannt aus allem Denken, was nicht des Fleisches
und der Samung der männlichen Milch ist, die das Leben
zeugt!« Und schließlich und endlich die Kulmination der
Obszönität:

Im Augenblicke jetzt ergattert der willkommene Gast
In einer dunklen Ecke abseits die schon entflammte

       junge Braut
Und verführt zu liebkosen sie sein stehend Fleisch,

      das sie umfaßt.
Seht, wie sie es genießt, mit etwas Wogendem im Busen laut,
Zu fühlen ihre Hand bearbeiten den aufgerich'ten Mast!

Der Dichter verleitet die Männer dazu, sich wie Zuchthengste, ja wie Deckhengste zu benehmen, und stiftet das Brautpaar dazu an, ihr Werk »perfekt zustande zu bringen«, aber ein Werk, wie schon zu erkennen ist, von reiner Animalität.

Es scheint, der Sinn dieses seltsamen, so vollkommen wie *Antinoos* aufgebauten, aber wesentlich lebendigeren und variantenreicheren Gedichts besteht darin, die Ablehnung des Geschlechtstriebs mittels der Darstellung seiner behaupteten Bestialität hervorzurufen. Und ein weiteres Mal stellt sich die Frage nach den Motiven, die Pessoa dazu verleiteten, diese beiden Gedichte und vor allem das zweite zu veröffentlichen; denn obwohl bekannt ist, daß das viktorianische Zeitalter, trotz seinem prüden ästhetischen und moralischen Ambiente, über eine reichhaltige erotische und nicht selten obszöne Literatur verfügte, die häufig in elegant aufgemachten anonymen Editionen publiziert wurde, konnte Pessoa hier nicht von vornherein das Publikum vermuten, an das er sich mit schwer lesbaren und in ihrer Technik raffinierten Werken wandte. Als hypothetischer Ausweg bleibt uns nur der Hinweis Pessoas, daß diese Gedichte und die drei uns nur dem Titel nach bekannten einen Teil des poetischen Entwurfs zum Fünften Reich bilden. Das könnte bedeuten, daß Pessoa die beiden Gedichte in der Hoffnung herausgab, daß eine empfängliche Kritik ihn zum Abschluß der Pentalogie verleiten könnte. Auch schien die kathartische Funktion, die er selbst *Antinoos* und *Epithalamium* beimaß, zu greifen: Das Obszöne sollte in seinem Werk nicht wieder auftauchen.

Im Jahr 1935 brachte Pessoa, und zwar unter seinem eigenen Namen, die Bernardo Soares zugesprochenen Worte des zuvor schon auszugsweise zitierten *Anteros*-Fragments, in Versform:

Die Liebe lebt, die wesentlich.
Der Trieb ist nur ein Zwischenfall,
Ganz gleich, ob
Gefallen oder nicht.
Der Mensch, der kein Tier nur ist:
Ist, obwohl es manchmal sticht,
Doch Fleisch, das ungern sich vergißt.

14

DIE RÜCKKEHR DER MUTTER.
DIE VERLOBUNG MIT OPHÉLIA.
1920

Am 13. Januar 1920 schrieb Pessoa dieses Gedicht:

Andere werden haben
Einen Herd, wer weiß, Liebe, Frieden, einen Freund.
Und ich muß die eisig dunkle Einsamkeit ertragen,
Die mich ganz umsäumt.

Andere können vielleicht
Wärme erwarten, gleich wie verwandt
Mit der wirklichen Welt. Doch was dem gleicht,
An mich niemals sich gewandt.

»Was kleinlich sein?«
Mein Sagen. Doch Gott weiß, daß ich nur flause.
Der Bettler an der Tür kommt nicht rein,
Wenn ich sitze in meinem Hause.

»Wer könnte es sein?«
Es leidet nicht minder, der es weiß,
Sondern wer dem Leiden gibt verächtlichen Schein.
So schenk ihm Vergessen auf Geheiß.

Aber dies bis wann?
Weiß nicht. Der einzige Trost, der mir bekannt,
Und meine Augen gewöhnen sich an,
Das Licht zu schaun, das da ist gebannt.

Der pessimistische Gemütszustand, der sich in diesen Versen niederschlägt, ist für diejenigen plausibel, die die lange Reihe der Desillusionierungen und Widrigkeiten kennen, die ihr Autor in den Jahren unmittelbar vor 1920 erlebt hatte. Seine Mutter, Dona Maria Madalena, die seit ihrem Schlaganfall bewegungsunfähig war, wurde am 5. Oktober 1919 zum zweitenmal Witwe, und obwohl es für Pessoa ein Trost war, daß sie und ihre Kinder die Rückkehr nach Lissabon vorbereiteten, verfolgte ihn der schmerzliche Eindruck, den ohne Zweifel ihre Behinderung bei ihm verursachen sollte, wenn er sie wiedersah. Ferner waren die Geschäfte schlecht gelaufen, denn die Handelsgesellschaft, die er 1917 mit seinem engen Freund Ferreira Gomes und mit dem Ingenieur Geraldo Coelho de Jesús gegründet hatte, mußte im darauffolgenden Jahr aufgelöst werden, also im gleichen Jahr, in dem er definitiv Abschied – und das, obwohl er es sich nicht eingestehen wollte – von der weiteren Veröffentlichung der *Orpheu* nehmen mußte.

Pessoa würde in der Mitte dieses Jahres sein zweiunddreißigstes Lebensjahr vollenden, und trotz der Handlungsfreiheit, die er durch die Ablehnung einer beruflichen Karriere und der damit verbundenen ökonomischen Stabilität erworben hatte, war er bislang nicht mehr als ein angesehener Angestellter der Lissaboner Geschäftswelt, der vergebens danach strebte, Unternehmer zu werden. Als Schriftsteller hatte er sowohl von der für 1918 vorgesehenen Veröffentlichung der Vers- und Prosadichtungen, die das Neu-Heidentum begründen sollten, absehen als auch von einer regelmäßigen Mitarbeit bei einer Tageszeitung Abstand nehmen müssen, mit deren kulturellem Umfeld und politischen Ausrichtungen er eigentlich nicht einverstanden war. Er war sich bewußt, ein von einer Minderheit von Intellektuellen bewunderter Schriftsteller zu sein, und hatte Vertrauen in sein Genie, aber er übersah nicht die sozialen Hürden, die sich der Durchführung seiner eifrig betriebenen Vorhaben entgegenstellten. Davon abgesehen, kannte er sehr gut seine Willensschwäche hinsichtlich der Verfolgung und Vollendung einiger literarischer Vorhaben, die ihm ein um das andere Mal nutzloser und unzeitgemäßer in einem Land wie dem seinen vorkommen mußten, das dazu vom Schicksal verurteilt zu sein schien, immer weiter in einer wachsenden politischen Unordnung zu versinken.

Trotzdem schien die kathartische Absicht des oben wiedergegebenen Gedichts und ähnlicher Aufzeichnungen vom Beginn dieses Jahres etwas zu bewirken, denn Pessoas Verhalten scheint ganz von der Absicht geprägt, wenn nicht sein Leben, so doch wenigstens einige seiner Aspekte zu ändern – vor allem in Hinblick auf ökonomische Sicherheit und familiäre Bindungen. Er mietete im Verlauf der ersten drei Monate des Jahres 1920 eine Wohnung an, die er mit seiner Familie bewohnen wollte, die er aber schließlich nach einigen Logierzimmern im Randbezirk Benfica allein beziehen sollte und wo er für den Rest seines Lebens blieb. Er plante darüber hinaus, sich mit einer jungen Frau in guter sozialer Stellung zu verheiraten, und eingedenk seiner zukünftigen familiären Verpflichtungen leitete er die notwendigen Verwaltungsvorgänge ein, die für das Zustandekommen eines dem Ziel nach ehrgeizigeren neuen Handelsunternehmens als dem Jahre zuvor gescheiterten notwendig waren. Die Heftigkeit seiner Emotionen und sein Arbeitsexzeß rissen seinen Gemütszustand herunter und zerrütteten diesen schließlich bis zum Äußersten, was ihn im Oktober auf den Gedanken brachte, sich in einem psychiatrischen Sanatorium von der Welt zurückzuziehen.

Eine der Handelsniederlassungen, in der Pessoa arbeitete, war das Unternehmen Félix, Valladas e Freitas, das in der Baixa in der Rua da Assunção seinen Sitz hatte. Sein Vetter Mário Freitas da Costa war einer der Teilhaber, und diesem Umstand war es zu verdanken, daß Pessoa als dem Hause zugehörig betrachtet wurde. Auf eine Annonce im *Diário de Notícias* stellte sich dort ein Fräulein vor – Ophélia Queiroz –, um ihre Dienste als Stenotypistin und Übersetzerin anzubieten. Sie wurde begleitet von einer Bediensteten ihrer Schwester, die in der Nähe, gleich am Rossio, wohnte, denn es wurde damals nicht gern gesehen, daß Mädchen aus gutem Hause allein fortgingen, um sich mit Unbekannten zu treffen, und da die Räume noch abgeschlossen waren, warteten sie vor der Tür des Büros, bis jemand öffnete.

> Auf einmal sahen wir einen ganz in Schwarz gekleideten Herrn die Treppe heraufsteigen (ich erfuhr später, daß er wegen seines Stiefvaters Trauerkleidung trug), mit einem Hut mit umgeschlagener, gesäumter Krempe, Brille und einer Fliege um den Hals. Beim Gehen schien er den Boden nicht zu berühren. Und seine Hosenbeine steckten – gar nichts Ungewöhnliches – in Gamaschen. Das reizte mich – ich weiß nicht, weshalb – schrecklich zum Lachen, und es kostete mich große Mühe, zu sagen, ich wolle mich auf die Annonce bewerben, als er uns schüchtern fragte, was wir wünschten.

Ophélia hatte in der Tat ein herzliches Wesen und war ein außergewöhnliches Mädchen für die damalige Zeit, in der Mädchen ihres Standes, des begüterten Bürgertums, sich nicht bezahlter Arbeit zuzuwenden pflegten. Sie sagt über sich selbst: »Ich war 19 Jahre alt, ich war fröhlich, aufgeweckt, und gegen den Willen meiner Eltern und der Familie beschloß ich, eine Stelle anzunehmen. Eigentlich hätte ich es nicht nötig gehabt; ich war das jüngste von acht Geschwistern und als einzige unverheiratet, daher war ich sehr verwöhnt und hatte alles, was ich wollte.«

Wie Fotos aus der damaligen Zeit zeigen, war sie klein und eher hager, obwohl sie selbst ihre mädchenhaft weiblichen Reize hübsch und ihre Arme und Beine rundlich nannte. Die

Augen waren sehr aufgeweckt und dunkel wie das Haar, die Lippen sinnlich und die Ohren eher groß. In diese Frau verliebte sich Fernando – der sie sofort in das Büro einzutreten hieß, das er aufschloß, und sie bat, sich zu gedulden, bis einer der Eigentümer einträfe –, und er verliebte sich so gänzlich bis zur ernsthaften und auch schriftlich geäußerten Absicht, sich mit ihr zu verheiraten.

Ophélia veröffentlichte diese Erklärungen dreiundvierzig Jahre nach dem Tod von Fernando, im Alter von 77 Jahren, im Vorfeld der Publikation der Liebesbriefe, die er ihr geschickt hatte. Bis zu welchem Grad oder bis zu welchen Umständen wirkt auf den Inhalt derart interessanter Bekenntnisse die unbezweifelbar konventionelle und durch ihr soziales und familiäres Umfeld geprägte Perspektive ein, aus der heraus Ophélia die Verlobungszeit wieder aufleben ließ und erklärte? Inwieweit hat sie das, was sie erzählt, modifiziert, und was hat sie vorgezogen zu verschweigen? Wenn dem Biographen das Recht zusteht, diese oder andere Fragen zu formulieren, so hält er es doch nicht für angebracht, sie mit mehr oder weniger plausiblen Hypothesen zu beantworten, so einleuchtend sie ihm auch scheinen wollen. Auf jeden Fall ist seine Schuldigkeit Ophélia gegenüber gar nicht abzutragen, denn ihr verdanken wir die Einsicht, daß Pessoa – trotz der ihm zuzuerkennenden Sonderbarkeiten seines literarischen Genies, der Besonderheiten seines Temperaments und seines Charakters – ein auf seine Art sehr in die portugiesische Gesellschaft seiner Zeit integrierter Zeitgenosse war, der aufgrund seiner Konventionen und seiner Vorurteile nicht nur aufgeschlossen, sondern auch verletzlich war. Denn ganz gewiß legte er im Verlauf seines Liebesverhältnisses ein Verhalten an den Tag, das man keinesfalls anders als konventionell bezeichnen kann. Und es spielt keine Rolle, daß er gelegentlich einen gewissen Widerstand gegen soziale Umgangsformen, die Ophélia nicht aufzugeben gewillt war, bot, denn schließlich fügte er sich beinahe immer und akzeptierte seine Rolle, gewillt, sie auf übliche Weise zu erfüllen. Dem Anschein nach verlangte Ophélia in der Tat Übermäßiges, und das kann einer der Gründe für den Bruch sein, den uns die Briefe von Fernando nicht erhellen, worüber uns Ophélia aber wesentlich mehr hätte sagen können, als sie uns verrät. Die ehemaligen Geschäftspartner von Pessoa, Ferreira Gomes und Coelho de Jesús, schauten regelmäßig im Büro vorbei, in dem Ophélia bereits die Arbeit aufgenommen hatte, und dort pflegten ebenfalls Luís de Montalvor, der Journalist Simão Laboreira und ein Spanier namens Pantoja, auf den Pessoa später eifersüchtig reagieren sollte, vorbeizukommen. Vor ihnen und vor den Eigentümern des Unternehmens verbarg er vom ersten Tag an die Anziehung, die Ophélia auf ihn ausübte. Wenn sie aber allein zurückblieben, was wiederholt vorgekommen sein muß, erging er in Aufmerksamkeiten für die junge Frau, die seinen Gefühlen, die er mit mehr Pikanterie als Schüchternheit durchscheinen ließ, nicht gleichgültig gegenüberzustehen schien.

Eines Tages fiel im Büro das Licht aus. Der Freitas war nicht da, und Osório, der »Stift«, war ausgegangen, um eine Besorgung zu erledigen. Fernando holte eine Petroleumlampe, zündete sie an und stellte sie auf meinen Schreibtisch.

Kurz vor Büroschluß warf er mir ein Briefchen auf den Tisch, in dem stand: »Bitte bleiben Sie noch.« Ich blieb erwartungsvoll. Zu dieser Zeit hatte ich schon Fernandos Interesse für mich bemerkt, und ich, muß ich bekennen, fand ihn auch recht spaßig.

Ich entsinne mich, daß ich dastand und mir den Mantel anzog, als er in mein Arbeitszimmer eintrat. Er setzte sich auf meinen Stuhl, stellte die Lampe ab, die er in der Hand trug, und begann sich, mir zugewandt, zu erklären, wie Hamlet sich Ophélia erklärt hat: »Meine liebe Ophélia! Meine Verse hinken; mir fehlt die Kunst, meine Seufzer abzumessen; aber ich liebe dich ganz ungeheuer. Bis zum Äußersten, glaub mir das.«

Ich war ganz verwirrt, wie sich von selbst versteht, wußte nicht, was ich sagen sollte, schlüpfte in meinen Mantel und verabschiedete mich überstürzt. Fernando stand auf, die Lampe in der Hand, um mich bis zur Tür zu begleiten. Aber plötzlich setzte er die Lampe auf die Trennwand; zu meiner Überraschung faßte er mich um die Taille, umarmte mich und küßte mich, ohne ein Wort zu sagen, küßte er mich. Leidenschaftlich, wie ein Wahnsinniger.

Ophélia ging allein nach Hause, und da mehrere Tage verstrichen, ohne daß sich Pessoa an diese Szene zu erinnern schien, war sie es, die ihm einen Brief schrieb, in dem sie ihn um eine Erklärung bat. Er antwortete am 1. März mit dem ersten seiner Briefe. Es ist sehr bedauerlich, daß die Briefe von Ophélia verlorengegangen sind, aber es fällt nicht schwer, sich auszudenken, welchen Inhalt der erste ihrer Briefe gehabt haben könnte. Der Antwortbrief von Pessoa setzt an: »Um mir Ihre Verachtung zu bezeigen oder zumindest Ihre gänzliche Gleichgültigkeit, bedurfte es nicht der durchsichtigen Verkleidung einer so langen Rede, auch nicht der Reihe von ebensowenig aufrichtigen wie überzeugenden ›Gründen‹, die Sie mir geschrieben haben. Es hätte genügt, wenn Sie es mir gesagt hätten. So verstehe ich ebenfalls, aber es schmerzt mich mehr.« Falls Ophélia einen jungen Mann vorziehe, dessen Braut sie ist, kann er es ihr nicht verübeln, und wenn sie ihn liebt, soll sie wissen, daß, »wer wirklich liebt, keine Briefe schreibt, die Anträgen von Rechtsanwälten ähneln«. Man begreift, daß Ophélia beabsichtigte, die Beziehung, die Fernando eingeleitet hatte und die, wie es den Anschein hatte, seit der heftigen Erregung vom Tag des Stromausfalls nicht vollends umstritten war, mit schriftlichen Worten förmlich zu besiegeln, denn zweifelsohne machte sie ihm in ihrem Brief Hoffnungen, was er so schmerzlich wie komisch aufnahm. »Hier ist nun das ›schriftliche Dokument‹, um das Sie mich gebeten haben. Meine Unterschrift wird vom Notar Eugénio Silva beglaubigt …«

Von da ab war die Verlobung, wie Ophélia es wollte, förmlich beschlossen. Sie sahen sich täglich im Büro. Pessoa machte ihr diskret den Hof, diskret, und verlangte von ihr, daß niemand aus dem Geschäft von ihrer Beziehung Kenntnis erhielt. Er wollte auch nicht, daß sie sagte, sie »wären Verlobte«, denn das fand er lächerlich. »Wir mögen uns« war seine Definition. Fast täglich hinterlegte er Geschenke in der Schublade ihres Schreibtisches – einige Püppchen aus Draht, ein Stühlchen für ein Puppenhaus, ein Medaillon, einen Armreif –, und ganz selten übergab er ihr heimlich kleine Zettelchen, auf denen er sie bat, daß sie ihn küssen solle, er sandte ihr ein paar Verse oder gab ihr eine Nachricht. Ophélia sagt, er besaß »Zartgefühl und unermeßliche Zärtlichkeit«, und daß er sehr eifersüchtig war. Er pflegte sie sowohl in den Briefen als auch in den Gesprächen Baby, Babylein, Baby-Engelchen, böses, ungezogenes, kleines Baby, Mädelchen oder Ibis zu nennen, während er selbst Ibis und Nininho (Jüngelchen) war. Wie so viele Verliebte, erfand er eine Sprache, zu deren Rechtfertigung Álvaro de Campos am 21. Oktober 1935 schrieb:

Alle Liebesbriefe sind
lächerlich.
Sie wären nicht Liebesbriefe, wären sie nicht
lächerlich.

Auch ich schrieb zu meiner Zeit Liebesbriefe,
wie alle anderen,
lächerlich.

Die Liebesbriefe,
falls Liebe vorhanden ist,
sind notgedrungenermaßen
lächerlich.

[...]

(Alle Wörter mit Akzent auf der drittletzten Silbe
sind wie die Gefühle
von Hause aus
lächerlich.)

Sie treffen sich auch auf der Straße, hauptsächlich in der Nähe
der Livraria Inglesa, wo Pessoa seine Zeitungen kaufte. Manchmal begleitete er sie bis zum Hause einer ihrer Schwestern, bei
der sie ebenso wohnte wie im Haus ihrer Eltern. Ophélia sagt
von dieser Verlobungszeit, »in gewisser Hinsicht war sie wie
die aller Leute«, allerdings willigte Pessoa niemals ein, sie in
ihrem Elternhaus zu besuchen, was bei ähnlichen Verhältnis-
sen normal gewesen wäre. Mitte März zog Pessoa sich eine
Krankheit im Rachenbereich zu. In einem der beiden Briefe,
die er am 19. März an Ophélia schrieb, heißt es: »Es war nicht
nur die Angina mit dem stupiden Zwang, alle zwei Minuten
auszuspeien, die mich um den Schlaf brachte. Ohne Fieber zu
haben, steckte ich im Delirium, fühlte mich wahnsinnig werden, wollte schreien, lauthals stöhnen, lauter unsinnige Dinge.
Und all das nicht nur wegen des direkten Einflusses des Un-
wohlseins, das von der Krankheit herrührt, sondern weil ich
mich den ganzen gestrigen Tag über Dinge geärgert hatte, die
auf sich warten lassen, im Zusammenhang mit der Ankunft
meiner Familie; und zu allem Überfluß erhielt ich durch die
Vermittlung meines Vetters, der hier um ½ 8 auftauchte, eine
Reihe unangenehmer Nachrichten ...«. Eine davon mußte die
von der Antipathie sein, die Valladas für ihn empfand, und

von dessen Wunsch, er möge nicht mehr in seinem Büro arbeiten.

Es scheint, als habe Ophélia von ihrer Verlobung mit Pessoa bei ihren Familienangehörigen und Bekannten reichlich Aufhebens gemacht, denn in einem Brief vom selben Tag erzählt sie ihm, daß »eine Respektsperson« ihrer Schwester schlechte Informationen über ihn gegeben habe und daß sie sehr verwirrt sei. »Was mag wohl hinter alledem stecken? Ich fange an, allen und allem zu mißtrauen.« Nein, die Begebenheiten waren nicht so idyllisch, wie Ophélia sie in ihren Bekenntnissen ausmalt. Unbesehen der Erkrankung Fernandos und seiner stechenden Sorgen, will er angesichts eines allgemeinüblichen Hintergrundgeschwätzes ihre Aufmerksamkeit an sich zu fesseln. In der Zwischenzeit versucht der von Sorgen überladene Dichter – er braucht eine Wohnung für seine Mutter –, den Vorfall zu vergessen und mit Ophélia zu scherzen, indem er bei ihr Hoffnungen durch einen Preis über 1000 Pfund weckt, den er in einem Scharaden-Wettbewerb einer englischen Tageszeitung, an dem er unter dem Pseudonym Mr. Crosse teilnahm, zu gewinnen hofft und der ihre spätere Heirat erleichtern soll.

Am 25. März schildert er seiner Braut eine lange Geschäftsbesprechung, die er mit einem Freund geführt hat, und am 29., daß er bereits in die Wohnung gezogen sei, in der er mit seiner Mutter und seinen Brüdern leben werde. Die Verlobten sehen sich immer, wenn es geht, sei es auch nur kurz. Schließlich, am 30. März, kommt die Familie an Bord der *Lovrenço Marquês* an. Dona Maria Madalena bewegt sich nur mit Mühe, und zum Gehen benötigt sie eine Krücke. Die Emotionen sind übermäßig und die Widrigkeiten zu zahlreich, aber Fernando setzt sich über all das hinweg und demonstriert Ophélia nicht nur weiterhin seine Liebe, sondern auch die Sehnsucht, die er für sie empfindet. In einem seiner Briefe sendet er ihr »Küsse, Küßchen, RiesenKüsse, RieschenKüsse, Riesenschmatze, Kußküßchen«. Hinter dieser kindlich liebkosenden Sprache brennt eine Leidenschaft, die sich gelegentlich in stürmischen Erregungen äußert, die vielleicht Ophélia weniger schmeichelten als verblüfften. Eines Tages greift er sie beim Arm, zieht sie in einen Hauseingang und beginnt sie mit Küssen zu vernaschen. In dem Brief vom 5. April quillt seine Leidenschaft in Worten hervor: »Wann werden wir uns irgendwo allein treffen können, mein Liebes? Mein Mund fühlt sich ganz sonderbar an, weißt Du, weil er so lange keine Küßchen mehr bekommen hat... Mein Baby, um es auf den Schoß zu nehmen! Mein Baby mit der Beißeritis! Mein Baby, um ... (und dann ist das Baby böse und schlägt mich ...) ›Verführerisches Leibchen‹ habe ich Dich genannt; und so wirst Du auch bleiben, aber fern von mir. / Baby, komm zu mir, komm her zu Deinem Jüngelchen; komm in die Arme Deines Jüngelchen; drück Dein Mündchen auf den Mund vom Jüngelchen ... Komm ... Ich bin so allein, *so ohne Küßchen allein* ...« Das sind ein paar Absätze, die eine jener Intimitäten suggerieren, zu denen sie, wie Ophélia berichtet, während der Spaziergänge auf der Straße nicht kamen oder lediglich dank der heimlichen Gefühlsstürme im Halbdunkel der Türeingänge ...

Kurz nachdem sich Fernando in seiner neuen und definitiv letzten Wohnung eingerichtet hatte und die Firma Félix, Valladas e Freitas dichtgemacht hatte, wechselte Ophélia zu einem anderen Unternehmen, dessen Büroräume am Cais do Sodré und demnach weniger zentral lagen als die in der Baixa. Fernando wartete nach Büroschluß auf sie, und nach der Praça do Comércio, die zu überqueren war, und einem Fußweg durch die Straßen Pombals, brachte er sie bis zum Hauseingang ihrer Schwester. An der Haustür der Eltern, nahe dem São Bento, pflegte er an den Wochenenden vorbeizugehen. »Bei dieser Gelegenheit vereinbarten Fernando und ich eine Stunde, zu der ich am Fenster stand und er vorbeiging, damit wir uns sehen konnten. Mein Vater dachte nicht einmal im Traum daran, daß wir ›eine Liebelei‹ hatten. Ich ging ans Fenster, und zur vereinbarten Stunde erschien er. Er ging auf dem gegenüberliegenden Bürgersteig auf sehr diskrete Art, so wie er sich in allem verhielt, und auf versteckte Weise schnitt er Grimassen und warf mir Kußhändchen zu. Dann ging er die Straße hinunter (das mag ja bei so einem Mann unglaublich sein...) und hüpfte die Schwellen sämtlicher Türen auf und ab, nur damit ich Spaß daran fand. Wenn wir uns dann am Montag trafen, kommentierten wir den Auftritt und lachten sehr.« Was Pessoa nicht soviel Vergnügen bereitete, war die zunehmende, wenn auch entfernte, Einmischung der Eltern. Er schreibt ihr am 27. April:

Ich möchte glauben, daß der ständige, beharrliche, geschickte Einfluß dieser Leute, die mit Dir nicht schimpfen, sich Dir nicht erklärtermaßen widersetzen, aber langsam Deinen Geist bearbeiten, Dich schließlich dazu bringt, mich nicht mehr zu mögen. Ich fühle mich schon verändert; Du bist schon nicht mehr dieselbe, die Du im Büro gewesen bist. [...] Sieh, mein Kleines: Ich sehe gar nicht klar für die Zukunft. Soll heißen: Ich sehe nicht, was es mit uns geben oder was aus uns werden wird, da Du zu allem Überfluß so veranlagt bist, daß Du allen Familieneinflüssen nachgibst und in allem eine andere Meinung hast als ich. Im Büro warst Du gefügiger, anschmiegsamer, liebenswürdiger.

Zwei Tage danach verstellt Pessoa seinen Unwillen nicht: »... gestern hat es dem Nininho nicht gefallen, daß er aufgefallen ist, weil verschiedene Personen (ich schaute nicht, wer sie waren) am anderen Fenster an der Straßenecke waren. Ich bemerkte nur, daß diese Personen meine Bewegungen verfolgten, aus diesem Grunde werde ich heute, wenn ich üblicherweise mittags vorbeikomme, wahrscheinlich nur auf dem Gehsteig auf der Seite des Hauses Deiner Schwester gehen. [...] Ich würde mich sehr freuen, Dich jedesmal zu sehen, wenn ich vorbeikomme, aber ich möchte nicht, daß Du deshalb Deine Arbeit unterbrichst.« Pessoas Enttäuschung nahm zu, aber es wird eine Weile dauern, bis er eine Verlobung als beendet sah, in deren Verlauf, in Ophélias Worten, »ein ganz besonderer Mensch« trotz seines spaßigen Temperaments sich wie ein gewöhnlicher Bräutigam benahm.

Schon bald wird sich die Beziehung zunehmend verkomplizieren: ein junger Mann – Pessoa schreibt ein »Bursche« – versucht ihn bei dem Vater seiner Braut zu diskreditieren. Aber es ist nicht er, der sich sorgt, sondern sie ist es, denn nach alldem stellt sich die Frage, ob es zukünftig tatsächlich noch einen jungen Mann geben wird, der ihre Beziehung eifersüchtig anschaut? Es ist noch Mai, und Pessoa beginnt ernsthaft dem Charakter seiner Braut zu mißtrauen. Im Juni und offensichtlich nach einer beschäftigungslosen Zeitspanne arbeitet Ophélia in einem Büro im Belém-Viertel, das damals zu den Randbezirken Lissabons gehörte. Pessoa holt sie dort nach Büroschluß ab und begleitet sie in der Straßenbahn, die zur Praça do Comércio fährt. Manchmal, so scheint es, begleitet sie Álvaro de Campos. Im Brief vom 11. Juni ist zu lesen:

> Also warst Du gestern nicht unzufrieden mit dem Ibis? Und hast gestern den Ibis sanft und Deiner Tückelein wert gefunden? Na, Gott sei Dank, denn der Ibis mag es gar nicht, wenn sich die Nininha ärgert oder seinetwegen traurig ist, denn der Ibis und sogar der Álvaro de Campos, hat sein Babylein sehr, sehr lieb. […] Heute würde ich mich viel besser fühlen, wenn ich damit rechnen könnte, gleich die Nininha zu sehen und unterhalb von Belém mit ihr spazierenzugehen und ohne den Álvaro de Campos; denn sie hätte es sicherlich nicht gern, wenn dieser bemerkenswerte Ingenieur erscheinen würde.«

Pessoa betreibt weiterhin die Gründung eines Handelsunternehmens, und im selben Brief schreibt er Ophélia, daß er sehr verstimmt sei, weil »meine Angelegenheiten, das, was ich für eine und sogar mehr als eine Unternehmung vorbereitet und studiert habe, in Verzug geraten [sind]. Ich sage nicht, daß es schlecht läuft; es gerät einfach in Verzug, es läuft nicht vorwärts und nicht rückwärts, weder schlecht noch gut«. Darüber hinaus erfährt er von seinen künftigen Geschäftspartnern keine Unterstützung. Sie wollen, daß er sich um alles kümmert und daß er das Kapital zusammenbringt, da er die Ideen hat. »Ich habe meine Rolle mit der Organisation der Idee und den Vorarbeiten für den Aufbau des Unternehmens erfüllt und nicht wenig getan, denn ich habe die Hauptsache geleistet, nämlich die Basis für die Arbeit geschaffen.« Eines dieser Unternehmen – Olisipo – sollte dann im folgenden Jahr starten, aber zum gegenwärtigen Zeitpunkt stand alles noch in den Sternen. Trotzdem möchte Pessoa nicht, daß Ophélia denkt – oder möchte er nicht daran denken? –, er befände sich in »einer bedrängten Lage«, denn, »wer weder Haus noch Familie hat, kann gar nicht in einer solchen Lage sein«. Auf eine gewisse Weise fühlt er sich durch das Zusammenleben mit Dona Maria Madalena sicher. Seine Wanderungen von Wohnung zu Wohnung, die eine wie die andere provisorisch, haben ein Ende gefunden, aber die endgültige Stabilität einer Ehe scheint jeden Tag unwahrscheinlicher zu werden.

Im Verlauf des Juli hat Fernando mehr als nur einen Grund zur Verstimmung. Am 2. dieses Monats schreibt er seiner Verlobten einen Brief, der vollständig wiedergegeben werden soll:

Geliebtes Kindchen:

Dein Brief hat mich erschreckt und sehr besorgt. Was ist mit Dir los? Du bist jetzt immer krank, immer traurig, immer geheimnisvoll. Ich kann mich nicht nur um Dich sorgen, ich muß unbedingt dieser Sorge auch noch Zweifel, verschiedene Befürchtungen, manchmal grauenhafte Dinge hinzufügen …

Jetzt sage ich nichts mehr. Du hast mich auf verschiedene Weise beunruhigt, aber vor allem wegen dieser geheimnisvollen Krankheit …

Ich wünsche Dir von Herzen gute Besserung. Hoffentlich kann ich Dich morgen sehen und sprechen.

Viele Küsse von Deinem, sehr Deinem

Fernando.

Was war das für eine geheimnisvolle Krankheit, die sie beide so sehr sorgte? Warum nannte Ophélia sie nicht frank heraus? Gegen Ende des Monats geht die Sorge in Unbill über. Ophélia besteht weiterhin beharrlich darauf, daß ihre Familie Fernando kennenlernt, sei es auch nur von weitem. Am 31. Juli wirft er ihr vor, daß sie, als sie sich zufällig auf einer Straße in der Baixa begegneten, trotz seiner ihr bedeuteten Zeichen nicht anhielt, um mit ihm und seiner Schwester zu sprechen. Und das Schlimmste ist, nachdem er seine Schwester in einem nahegelegenen Hotel zurückgelassen hat, wiederholte sich die Neugierde in den Fenstern, als er am Haus ihrer Schwester vorüberging: »Als ich das gesehen hatte, setzte ich natürlich meinen Weg fort, als ob dort niemand wäre. Wenn ich ein Clown werden wollte (wozu ich im übrigen nur wenig Geschick mitbringe), würde ich mich direkt an das Coliseu wenden. Das hätte mir gerade noch gefehlt! Daß ich den Spaß hinnehmen sollte, der Familie *zum Schauspiel* angeboten zu werden! [...] Wenn Du mir sagst, daß es Dein größter Wunsch ist, daß ich Dich heirate, ist es schade, daß Du mir nicht erklärst, daß ich gleichzeitig Deine Schwester, Deinen Schwager, Deinen Neffen und, ich weiß nicht, wie viele Kundinnen Deiner Schwester mit heiraten muß.« Das sind mächtige Worte, bei denen es zulässig ist, zu fragen, warum es daraufhin nicht unmittelbar zu einem Abbruch der Beziehung kam. Aber es kam nicht dazu, obwohl sich Pessoa seit diesem Brief von Ophélia nicht mehr mit Küssen und RieschenKüssen verabschiedet, sondern mit einem protokollarischen »Immer und sehr Deiner«. Die Küsse werden Mitte August in den Briefen wieder auftauchen, aber nur einmal, im drittletzten Brief dieser ersten Verlobungsphase.

Am 15. Oktober berichtet er Ophélia, daß er sich in eine psychiatrische Heilanstalt einweisen lassen möchte, indem er vereinfachend von einem Dekret vom 11. Mai 1911 Gebrauch macht. »Warte nie auf mich; falls ich auftauche, dann morgens, wenn Du ins Büro gehst, am Poço Novo. / Mach Dir keine Sorgen. / Was war es im Grunde? Man hat mich mit Álvaro de Campos vertauscht!« Der Umstand zu jener Zeit, als er die Durchführung des *drama em gente* plante, Álvaro de Campos zu sein, wird uns ein wenig später beschäftigen, obwohl man vorausgreifend sagen darf, daß – im Gegensatz zu dem, was den anderen Heteronymen widerfahren sollte – sich schließlich eine rastlose wie mysteriöse Transferenz der Persönlichkeit, ähnlich einer Vertauschung Geschöpf und Schöpfer, einstellte; und hier finden wir vielleicht das erste, deutlich dokumentierte Symptom dieses Phänomens. Doch wenden wir uns hier einer Serie von Zwischenfällen zu, die Ophélia in ihren Äußerungen nicht erhellt hat und die sich lediglich aus den Briefen Pessoas herauslesen lassen. Ihnen zufolge wurde die Situation deshalb unhaltbar – und das wird man mit unbestreitbarer Deutlichkeit in der zweiten Phase dieser Verlobungsgeschichte erkennen –, da Álvaro de Campos Ophélia nicht mochte.

Der Bruch wurde durch einen Brief Pessoas endgültig, geschrieben am 29. November beginnt er mit diesen Worten:

Ophelinha:

Ich danke sehr für Ihren Brief. Er hat mir Betrübnis und Erleichterung gleichzeitig gebracht. Betrübnis, weil diese Dinge immer betrüben; Erleichterung, weil dies in Wahrheit die einzige Lösung ist –, daß wir nicht mehr eine Situation

verlängern, die weder auf der einen noch auf der anderen
Seite die Rechtfertigung der Liebe hat. Auf meiner Seite
zumindest bleibt eine tiefe Achtung, eine unveränderliche
Freundschaft zurück.

Sie verweigern mir ebendasselbe nicht, nicht wahr?

Weder Sie, Ophelinha, noch ich tragen Schuld daran. Nur
das Schicksal trägt die Schuld, wenn das Schicksal eine Person
wäre, der man Schuld zuschreiben könnte.

Die Zeit, die Gesichter und Haare altern läßt, läßt auch –
und noch rascher – die heftigen Zuneigungen altern.

Ohne Zweifel wird der Leser schon erfaßt haben, es handelte
sich demnach, wie es bei einer ganz konventionellen Verlobung so häufig vorkommt, um eine schmerzhafte und ent-
stellte Leidenschaft. Wenn der Bruch nicht so schmerzlich wie
die Leidenschaft war, so liegt das an der Gemütsruhe Pessoas,
der ein paar Absätze weiter schreibt: »In Ihrem Brief sind Sie
ungerecht gegen mich, aber ich begreife und entschuldige das;
sicherlich haben Sie in Erregung geschrieben, vielleicht sogar
im Schmerz, aber die meisten Leute – Männer oder Frauen –
würden in Ihrem Falle in einem noch erbitterteren Tonfall
und in noch ungerechteren Wendungen schreiben. Aber Sie,
Ophelinha, haben ein wunderbares Naturell, und sogar Ihre
Erbitterung vermag nicht boshaft zu werden. Wenn Sie, falls
Sie heiraten, nicht das Glück finden, das Sie verdienen, wird
das gewiß nicht Ihre Schuld sein.« Ophélia sollte erst nach dem
Tod von Fernando heiraten. Und plötzlich, wie ein letzter
Trost in der Lesart der Oden des Ricardo Reis, der seit kurzer
Zeit in Brasilien lebte: »Bleiben wir füreinander wie zwei
Kindheitsgespielen, die sich als Kinder ein wenig liebten und,
wenn sie im erwachsenen Leben anderen Neigungen und an-
deren Wegen folgen, immer in einem Eckchen der Seele die
tiefe Erinnerung an ihre alte und nutzlose Liebe behalten.«
Aber das vielleicht Aufschlußreichste dieses Briefes bieten die

letzten Zeilen: »Die ›anderen Neigungen‹ und ›anderen Wege‹ betreffen Sie, kleine Ophélia, und nicht mich. Mein Schicksal gehorcht einem anderen Gesetz, von dessen Existenz Sie
nicht wissen, und es ist immer mehr dem Gehorsam gegenüber Meistern unterworfen, die nichts erlauben und nichts
verzeihen. / Es ist nicht notwendig, daß Sie das verstehen. Es
genügt, daß Sie mich mit Zärtlichkeit in Ihrer Erinnerung
behalten, wie ich Sie unwandelbar in der meinigen bewahren
werde.« Wir erkennen hier, daß Pessoa Mächte heranzog, um
keine gewöhnliche tragische Schlußszene mit der Frau zu
inszenieren, die ihn so sehr passioniert und in seinem Glauben
oder, falls man dies vorzieht, in seinen esoterischen Überzeugungen beunruhigt hatte – Überzeugungen, die ohne jeden
Zweifel in tieferen und entscheidenderen Schichten seiner
Persönlichkeit anzutreffen sind. Aber diesem Thema werden
wir uns in einem späteren Kapitel zuwenden.

Ebenso hatte der heidnische Glaube Pessoas eine weitere,
dem Anschein nach durch seinen unruhigen Geisteszustand
verursachte ekliptische Wendung erfahren, wie es sich aus
diesem kurzen Gedicht, das er am 10. Juli schreibt, ergibt:

> Die Götter sind glücklich im Leben,
> Leben in Stille, das ihnen der Ursprung gegeben.
> Ihre Wünsche sind niemals unbeglückt,
> Oder, wenn doch, sie das Schicksal bedrückt
> Mit ewigem Leben.
> Von wegen,
> Daß Schatten oder andere sie betrüben,
> Und doch sie uns mit ihrer Existenz belügen …

Aber die Götter existieren doch, und Pessoa wußte sehr genau,
daß er, um wieder an sie glauben zu können, sich von denjenigen fernhalten mußte, die ihn immerzu betrübten.

15

Die Firma Olisipo Ltda. António Botto
und der Skandal *Göttliches Sodom*
1921–1922

Wenn Pessoa es aufgegeben hatte, sein Leben durch
eine Heirat in geregelte Bahnen zu lenken, so
hatte er dennoch nicht darauf verzichtet, endlich
die finanzielle Stabilität anzustreben, die ihm eines der in den
Briefen an Ophélia angesprochenen Geschäfte, sein Erfolg
vorausgesetzt, einbringen konnte. Eines dieser Unternehmen
wurde Realität, wenigstens was seine Gründung Anfang 1921
betrifft: das Unternehmen Olisipo Ltda., Agenten, Planer und
Herausgeber. Die Miteigentümer waren dieselben wie in dem
einige Jahre zuvor gescheiterten Handelsunternehmen. Ferreira Gomes hatte in Paris eine Abteilung der *Agence Internationale du Catalogue* geleitet und verfügte so über gewisse geschäft-
liche Erfahrungen; Coelho de Jesús, einer der Gründer des
Núcleo de Acção Nacional, der sidonistischen Vereinigung,
die in ihrer Zeitschrift *Acção* verschiedene politische Beiträge
von Pessoa veröffentlicht hatte, war zu dieser Zeit Verwalter
der Minen von Porto de Moz. Was ferner die Ideen und die
Überzeugungen seiner Geschäftspartner anbelangt – Ferreira
Gomes war Okkultist und Sebastianist und Coelho de Jesús
ein getreuer Sidonist –, so wurden die wesentlichen Tendenzen des multiplen Lebens von Pessoa schon in diesem Unter-
nehmergrüppchen repräsentiert. Und ohne Zweifel lagen bei
diesem Geschäft sowohl die intellektuelle Autorität wie auch
die kaufmännische Leitung in Pessoas Hand, was einerseits die
erhaltenen Dokumente hinsichtlich seiner Aktivitäten belegen und andererseits die Beschwerden des Dichters im zuvor
erwähnten Briefwechsel, die sich auf die Nachlässigkeit seiner

zukünftigen Geschäftspartner beziehen. Nach der Gründung des Unternehmens lag dessen Organisation wie Funktion ganz in Pessoas Hand.

Alfredo Margarido schreibt in einer erhellenden Untersuchung: »Um mit dem Aufbau des Unternehmens Olisipo voranzukommen, sah sich Fernando Pessoa gezwungen, die Anstellung, die er damals in der Companhia Industrial de Portugal e Colónias innehatte, aufzugeben, wie ein ›privates Schreiben unseres Geschäftsführers, Herrn Eduardo Ramires dos Reis‹ vom 14. März 1922 mitteilt. In diesem Brief unterstreicht Ramires dos Reis die unerwartete Kündigung von Fernando Pessoa, wie er im gleichen Atemzug seine unbestreitbare Professionalität als offenkundig betont: ›Und da ich keine frühere Gelegenheit, dies hervorzuheben, als diese gehabt habe, gestatten Sie mir, Ihnen an dieser Stelle zu sagen, daß ich mit großem Bedauern bei der Rückkehr von meiner letzten Auslandsreise erfahren habe, daß Sie sich von der Mitarbeit in dieser Gesellschaft verabschiedet haben, die in Ihnen nicht nur die größte Bereitschaft und den größten Diensteifer angetroffen hatte, sondern auch eine Kompetenz – als Auslandskorrespondent –, der nicht viele gleichzukommen und die nur sehr wenige zu übertreffen befähigt sind.‹ Fernando spielte bei dieser Gelegenheit hoch, und das belegt, wie viele Illusionen und Hoffnungen er in das Ergebnis seiner neuen Aktivität als Geschäftsmann gelegt hatte.«

Die Olisipo war nicht, wie man zunächst glaubte, ausschließlich ein Verlag, vielmehr kümmerte sie sich auch, wie ihr Firmenname zeigt, um die Anbahnung und Verwaltung von Geschäften. Laut ihren Statuten zählten zu ihren Unternehmungen ebenso Angelegenheiten, die die Werbung für portugiesische Erzeugnisse, ihren Verkauf, die Installation neuer industrieller Fertigungsanlagen, die Beschaffung und den Verkauf von Patenten, den Import und »vertragsbedingte« Gelegenheitsgeschäfte betrafen. Pessoa und seine Partner konzentrierten sich bei der Verwaltung auf Minengeschäfte, allerdings nicht auf die Ausbeutung, sondern als Zwischenhändler auf den Verkauf und die Konzessionen. Es gibt zum Beispiel ein an Pessoa gerichtetes Schreiben vom 31. Mai 1921 eines Minenbesitzers Abel, dessen Vorname ich nicht entziffern kann. Darin bietet er ihm als Kommission für den direkt oder indirekt durch ihn abgewickelten Verkauf oder die Transaktion seiner Uran-, Kupferuranit- und Wolframminen die bedeutende Summe von 15 000 Escudos an – zur damaligen Zeit beinahe ein Vermögen –, und zwar die Summe von 10 000 für den Fall, daß sich irgendeine der beiden Operationen nur auf die Kupferuranitminen bezöge, und 5000 für die Einbeziehung der Wolframminen.

Die Büroräume der Olisipo wurden in der Baixa eingerichtet, im zweiten Stock des Hauses Nr. 48 der zentral gelegenen Rua da Assunção, in der Nähe zahlreicher Firmen, für die Pessoa weiterhin als Korrespondent arbeitete. Seine Arbeit wuchs merklich an, aber die Mühe lohnte sich, vor allem wegen des anfänglichen Verkaufserfolges der ersten Olisipo-Publikationen; ein offensichtlich begründeter wie auch täuschender Erfolg, der von dem Skandal herrührte, den einige von ihnen verursachten. Es waren nicht etwa die englischen Gedichte von Pessoa, die in weiten Bereichen des gesellschaftlichen Lissaboner Lebens Anstoß erregten – nur wenige werden diese gelesen haben –, sondern es waren andere Werke, auf die ich sogleich eingehen werde.

Im Mai 1922 gelang es José Paxeco, dem Gestalter des Umschlags der ersten *Orpheu*-Nummer, endlich, die Zeitschrift zu gründen, mit deren Planung er sich seit 1915 beschäftigte und der er den Namen *Contemporânea* gab. Ihre erste Nummer kam im Mai 1922 heraus, die dreizehnte und letzte im Sommer 1926. *Contemporânea* war gewissermaßen die Fortsetzung wenn nicht der *Orpheu,* so doch des durch diese Zeitschrift eingeführten Modernismus. Von daher kann es uns nicht erstaunen, daß der

Skandal, auf den ich mich beziehe, sich in ihrem Inhalt verbarg. Tatsächlich hatte der junge Dichter António Botto im Oktober 1920 ein Buch mit dem Titel *Canções (Lieddichtungen)* veröffentlicht, dessen zweite Auflage zu Beginn des Jahres 1922 von Olisipo herausgebracht wurde. Botto, eine der hervorragendsten und originellsten Figuren der portugiesischen Dichtung des 20. Jahrhunderts, war ein allgemein bekannter Homosexueller, dessen erotische Vorlieben sich in den erwähnten *Lieddichtungen* äußerten. Vermutlich hätte dieses Buch niemals einen Skandal öffentlichen Ausmaßes verursacht – wie weder die erste Ausgabe noch die weiteren bis zu seinem Tod in Brasilien im Jahre 1959 veröffentlichten Auflagen –, wenn es nicht den Essay gegeben hätte, den Pessoa in der *Contemporânea* Nummer drei veröffentlichte, die im Juli darauf erschien. Er ist mit *António Botto und das ästhetische Ideal in Portugal* betitelt, und sein Inhalt ist gleichermaßen aggressiv wie subversiv, was zum Programm der Zeitschrift paßte, das darauf zielte, die gesellschaftlichen Vorurteile zu erodieren. Schon Pessoas Erzählung *Ein anarchistischer Bankier,* die in der ersten Nummer der *Contemporânea* erschienen war, ist eine ausgedehnte Parabel darüber, wie man mittels einer genialischen – aber nicht folgenlosen – Manipulation der sozialen Paradoxe zu der Schlußfolgerung gelangt, daß, auch wenn die Revolutionen keine Freiheit hervorbringen, sondern Tyrannei, kein anderes Handeln möglich ist, um die widernatürlichen sozialen Strukturen zu zersetzen, als das ausschließlich individuelle (einschließlich des durch Egoismus motivierten Handelns), da es einer natürlichen Regung entspricht.

Der erwähnte Essay beginnt mit diesen Worten: »António Botto ist der einzige Portugiese unter jenen, von denen man weiß, daß sie schreiben, auf den die Bezeichnung Ästhet sich ohne Dissonanz anwenden läßt. Mit einem vollentwickelten Instinkt verfolgt er das Ideal, das ästhetisch genannt worden ist, und das eine der Formen, wenn auch die unterste, des hellenistischen Ideals ist.« Indem er, wie so häufig in seinen theoretischen Schriften, eher einer kasuistischen Methode als einer wirklich analytischen folgt, gelangt er zum Schluß: »die Kunst ist [...] die subjektive Perfektionierung des Lebens«. Im Verlauf dieser Überlegungen formuliert er das Problem, daß ästhetisches Ideal und moralische Rechtfertigung im Tun eines Dichters auseinanderfallen: »Wie werden wir, wenn es sich um Dichter handelt, den Ästheten vom einfachen Dichter unterscheiden, der, weil kein Deut mehr in die Seele hineinpaßt, schlicht nur die Lust und das Leben besingt? Wie werden wir den Ästheten vom aufrührerischen Christen unterscheiden, der auf die Sünde nur deshalb versessen ist, weil es sündhaft und blasphemisch ist, und der auf subtile Weise das Gewissen der Lästerung zu besitzen hofft? Mit anderen Worten, wie werden wir den Ästheten vom satanischen Jüngling unterscheiden?« Es ist unmöglich, allen Mäandern der Argumentation Pessoas zu folgen. Aber um die Reichweite der Provokation zu begreifen, die dieser Essay – in dem es niemals darum geht, Botto zu verherrlichen, und das vergrößert das skandalträchtige Gewicht – für die Sittlichkeit der Zeit, und nicht nur Portugals, darstellte, müssen wir uns weiter mit ihm beschäftigen.

»Das erste Merkmal der Kunst des Ästheten ist das Fehlen der metaphysischen und moralischen Elemente in der Substanz seiner Begriffsbildung. [...] der Ästhet setzt auf die Idee der Schönheit anstatt auf die Idee der Wahrheit und die des Guten, und aus demselben Grund billigt er der Idee der Schönheit eine metaphysische und moralische Reichweite zu. [...] Wahrlich ist er aus diesem Grund weder asketisch noch amoralisch«, da der Vorsatz, ein Asket zu sein, einer metaphysischen Besorgnis entspringt, wohingegen der Vorsatz, ein Amoralist zu sein, einer ethischen Besorgnis. Wenn man dies alles berücksichtigt, wird unschwer zu enthüllen sein, daß die *Lieddichtungen* von Botto »eine der seltensten und vollkom-

mensten Entwicklung des vorstellbaren ästhetischen Ideals«
repräsentieren. Selbstverständlich sind die haupttragenden
Ideen dieser Dichtung die physische Schönheit und die Lust.
Im Anschluß daran hebt Pessoa zum provozierendsten Teil
des Essays an.

Er argumentiert: »Von den drei möglichen Formen, die wir
von der physischen Schönheit empfangen können (die Anmut, die Kraft, die Vollkommenheit), hat der weibliche Körper nur die erste, denn er kann nicht die Schönheit der Kraft in
Anspruch nehmen ohne den Verlust der Weiblichkeit, will
sagen ohne Verlust des eigenen Charakters; der männliche
Körper kann, ohne den Verlust seiner Männlichkeit zu erleiden, die Anmut und die Kraft vereinen; die Vollkommenheit
ist den Körpern der Götter vorbehalten; wenn es sie gibt, ist
sie ihnen vorbehalten. Ein Mann, der sich vom sexuellen
Instinkt führen läßt und nicht vom ästhetischen Instinkt, wird
als Dichter nur den weiblichen Körper besingen.« Aber die
Neigung zum Körper des entgegengesetzten Geschlechts ist
der verkümmertste der moralischen Instinkte und spiegelt
eine animalische Ethik. Der Ästhet dagegen, der sich allein
von der Schönheit führen läßt, besingt auf vollendete Weise
den männlichen Körper. Pessoa schreibt kühn, »so dachten
die Griechen«.

Aber seine Argumentation endet nicht damit, sie konnte
hier nicht enden. Die verschiedenen Verhaltensweisen, die zur
Lust passen – sie akzeptieren, zurückweisen oder sie mit Mäßi-
gung akzeptieren –, werden von Botto gebilligt. »Canções ist
eine Hymne auf die Lust, aber nicht auf die Lust als Vergnügen
und auch nicht als Raserei, sondern einfach als Lust [...] sie
dient lediglich zum Erreichen einer geistigen Leere, zum Da-
sein des Lebens für den, der keines hat.« Und kurz darauf
kommt es zur nicht allzusehr verschleierten Anklage gegen
die Gesellschaft, deren Prinzipien notgedrungen zu zerstören
sind: »Man kann geltend machen, daß das Erscheinen eines

integren Typs von Ästheten [oder sogar eines António Botto] im modernen Europa sich nur durch eine pathologische Entgleisung zu erkennen geben kann, das heißt vermittels eines strukturellen Mangels an Anpassungsfähigkeit an die konstitutiven Festen der europäischen Gesellschaft, in der wir leben.« Pathologisch ist mit Bezug auf diese Gesellschaft zu verstehen, nicht im wörtlichen Sinne, wenn wir die Stimmigkeit alles im Vorfeld »Bewiesenen« aufrechterhalten wollen.

Der Skandal baute sich langsam auf. In der Nummer vier der *Contemporânea*, die im Oktober herausgebracht wurde, erschien ein Artikel, in dem Álvaro Maia sein Unverständnis für die Ideen und die Argumente Pessoas äußerte, denn seiner Ansicht nach sind die *Canções* nicht mehr als »eine pathologische Zurschaustellung der Skandalsucht«. Maia erweist sich also gemäßigt und verhält sich gegenüber Pessoa andeutungsweise respektvoll. Aber sein Einwand ist nicht der einzige in dieser Ausgabe der Zeitschrift veröffentlichte Protest. Sie enthält auch einen Brief von Álvaro de Campos an José Paxeco, der in Newcastle-Tyne am 17. Oktober geschrieben wurde. Im Anschluß an die Glückwünsche zum Erscheinen der *Contemporânea* und die wehmütige Erinnerung an *Orpheu,* die er mit ihr vergleicht, indem er *Contemporânea* die heimtückische Fortsetzung nennt, übermittelt Campos Pessoa eine vorsichtige Botschaft und rät ihm ab, mit seinen Argumentationen fortzufahren. »Fernando Pessoa geht weiterhin mit der von mir so häufig zensierten Manie voran, zu glauben, daß sich die Sachen schon erklären. Nichts erklärt sich, nur, daß er die Scheinheiligkeit besitzt, das zu behaupten. Die Urteilskraft ist eine Furchtsamkeit, zwei Furchtsamkeiten vielleicht, wobei die zweite die Furchtsamkeit ist, sich seiner Verschwiegenheit zu schämen.« Pessoa möge doch nicht von ästhetischen Idealen schwafeln, auch nicht von der Schönheit oder der Moral, denn »in der physikalisch-chemischen Tragödie, die man das Leben nennt, sind diese Dinge wie Flammen, wie schlichte Zei-

chen des Verbrennens«. Ganz in seinem Stil, dieser Álvaro de
Campos.

Und über Botto? Campos sagt, er habe sein Buch gelesen
und es gefalle ihm. »Mir gefällt es, denn seine Kunst ist eine
mir entgegengesetzte.« Man soll ihn nicht um weitere Erklärungen bitten. Schließlich ist dann doch etwas zu sagen: »Ich
lobe bei den *Canções* die Kraft, die ich darin entdecke. Ich
meine, diese Kraft hat weder etwas mit den Ideen noch mit
den Ästhetiken zu tun. Sie hat etwas mit Anstößigkeit zu tun.
Sie ist die absolute, von Zweifeln entblößte Amoralität. [...]
Botto neigt mit einer beharrlichen Energie zu allem Anstößi-
gen; und er verfügt über die Harmonie, zu nichts anderem zu
neigen. [...] Bottos Kunst ist uneingeschränkt anstößig. Er hat
nicht eine einzige Zeile in sich, die dezent wäre.« Campos
scheint seine guten epistolarischen Absichten über diese Zeilen vergessen zu haben, deren Inhalt durchaus diese Meinung
wecken könnten. Er erinnert noch einmal an die orphischen
Zeiten, und dann, unmittelbar vor dem abschließenden Um-
armungsgruß, diese Empfehlung, beinahe ein Befehl: »Sag
Fernando Pessoa, daß er keinen Deut recht hat.«

Warum sollte Pessoa unrecht haben? Anfang 1923 bringt der
Verlag Olisipo ein schon im Titel provokantes Bändchen von
Raul Leal, *Göttliches Sodom (Unbedeutende theometaphysische Reflexionen über einen Artikel),* auf den Markt. Leal hatte bereits den
Autor der *Canções* in einem Artikel gelobt, der unter der Überschrift *António Botto und die heimliche Bedeutung des Rhythmus* in
O Dia am 16. November des Vorjahres erschienen war. Aber
jetzt ist die Argumentation vor allem ideologisch und nicht
poetologisch, denn es handelt sich um eine Verteidigung der
durch Pessoa in dem Essay der *Contemporânea* aufgestellten
Behauptungen. Und dies ist der Zeitpunkt, da der Skandal
losbricht.

Göttliches Sodom beginnt mit einer unbarmherzigen Attacke
gegen Álvaro Maia, der »in seinem mißgünstigen und erbosten

Zorn zum Äußersten greift, angesichts der für ihn unerreichbaren Schönheit des Körpers und des Geistes, die er, armes Kindlein, nicht besitzen kann, zum Äußersten greift, sage ich, Talent und Kunst dem großen Dichter, der António Botto ist, abzusprechen. Mehr Ehrfurcht vor den Künstlern, Herr Maia. Sie haben nicht das Recht, die Kunst anzuspucken, weil Sie schielen und häßlich sind. Wenn Gott Ihnen diese Gestalt gegeben hat, wird es schon seinen Grund haben, und unter diesen Umständen, wie man so religiös sagt, fügen Sie sich ohne Widerspenstigkeit, ohne abscheuliche Gesten des plebejischen Zorns dem göttlichen Willen.«

Zur Sache schreibt Leal: »An der schönen Persönlichkeit des António Botto attackiert der Herr Álvaro Maia die Wollust und die Päderastie. Göttliche Werke.« Danach ist zu lesen, daß Herr Maia »unfähig ist, die höchsten Genüsse des Fleisch-Geistes zu empfinden, die das Wort geheiligt hat«. Überdies sei er ein leidenschaftlicher Adept des Rationalismus, »ein Zögling der vergangenen Jahrhunderte der Häresie und Gewissensfreiheit«, und von daher spreche aus ihm »mit sektiererischer Vernunft die Tochter der Schlange und des Antichristen«. Diesen Ungereimtheiten, sollte man meinen, ist wenig hinzuzufügen; aber Leal geht in seinen theistischen Delirien noch weiter – »alles ist unendlich, nur das Unendliche existiert, nur Gott existiert« – und behauptet, Maia verstünde nicht, daß es eine »monströse Schönheit [gibt], die bis zum Erhabenen reichen kann«. Darüber hinaus sagt er, wenn die Schlange das Geschlecht in zwei teilte, bleibt uns lediglich, und zwar durch uns – die Homosexuellen –, die Einheit Gottes wiederherzustellen. Wie konnten diese Behauptungen nicht-blasphemisch sein? Und was würden die Kabbalisten über seine Interpretationen der Tradition zugunsten seiner These sagen? Denn fürwahr, wenn die Kabbala die Wiedervereinigung des Getrennten und Geteilten verteidigt, so nicht durch Homosexualität und Päderastie. Und selbst wenn der mystische Sensualismus, den Leal als einen Weg zur Erleuchtung, ähnlich wie im tantrischen Buddhismus, in Anspruch nimmt, gerechtfertigt werden kann, was hat das mit der Homosexualität Bottos gemein, wie sie von Pessoa beschrieben wurde? Diesen mußten die Seiten seines Freundes und esoterischen Laienbruders ergötzt haben, ahnungslos gegenüber dem, was noch kommen sollte. Diese Verstrickung der Olisipo nicht mit der Literatur, sondern mit dem literarischen und sogar moraltheologischen Skandal, konnte für das Unternehmen nichts Gutes bedeuten.

In ihrer Ausgabe vom 22. Februar zeigte die *A Época* die Gründung der Liga da Acção dos Estudantes de Lisboa an, eines konservativen Gesinnungsvereins zur Erhaltung der Sitten und zur Moralisierung des sozialen Alltags. Am 6. März wurde in den Cafés und den Straßen des Lissaboner Stadtzentrums sowie an einigen strategischen Punkten das *Manifest der Studenten der Höheren Schulen von Lissabon* verteilt: »Eine schnelle und unversöhnliche Reaktion ist an der Zeit. Ihr zum Dienste erhebt sich unsere tapfere und entschlossene Jugend. Mit unseren Händen stoßen wir die Klinge ins Fleisch, um die Geschwüre herauszuschneiden. Den, der kommandiert, machen wir heute auf die dringende Not aufmerksam, Gerechtigkeit widerfahren zu lassen. [...] Die Adepten der Niederträchtigkeit müssen unbedingt unter die Gerichtsbarkeit der Gesetze fallen, eine energische Strafaktion soll [sie] im Namen der rechtschaffenen Bürger heimsuchen.« Eine Abordnung dieser puritanischen, präfaschistischen Studenten wurde vom Gouverneur der Stadt Lissabon empfangen, der ihnen nachgab, und die noch nicht verkauften Exemplare der *Lieddichtungen* und des *Göttlichen Sodom* wurden von der Polizei beschlagnahmt.

Pessoa, der soweit möglich, die Taktik des Gegners kopierte, ließ ein Papier mit dem Titel *Warnung wegen der Moral* von Álvaro de Campos verteilen. Oder war es Campos selbst, von

Schottland zurückgekehrt, der diesen Auftrag veranlaßte? »Als die Öffentlichkeit erfuhr, daß die Studenten von Lissabon, wenn sie von Zeit zu Zeit den vorbeigehenden Fräuleins Obszönitäten sagten, eigentlich nachdrücklich moralisierten, stieß sie einen Schrei der Entrüstung aus. Ja, genau dieser Aufschrei, der dem Leser soeben entfahren ist …« Darauf folgt ein kleiner Absatz »Philosophie«. Die Meinung ist eine Angelegenheit der Alten, wirklich nicht der Jungen, die nichts von Ansichten wissen wollen. Sie lassen den anderen ihre Meinung, ob eine gute oder schlechte. »Die Burschen von den Schulen belästigen die Schriftsteller, die nicht etwa aus dem gleichen Anlaß vorbeigehen, weil sie sich mit den Fräuleins, die vorbeigehen, einlassen. Aber, wenn sie den Grund nicht vorher kennen, werden sie ihn auch nachher nicht kennenlernen. Würden sie ihn kennen, ließen sie sich weder mit den Mädchen noch mit den Schriftstellern ein.« Sie sollen studieren, sich mit Frauen vergnügen oder was immer sie wollen, aber den Mund sollen sie halten. »So verhalten wie irgend möglich sollen sie den Mund halten.« Wo bleiben die Personen aus dem *drama em gente,* diese Pessoas, oder wenn man es vorzieht, wo ist dieser quer zu seiner Welt stehende Pessoa geblieben, der weltfremd nichts versteht? Pessoa verstand – manches Mal gut, ein andermal vielleicht schlecht –, und er begriff und handelte. In diesen Tagen gehörte er – gehörten sie – zu den umstrittensten Personen der Hauptstraße.

Álvaro de Campos hatte noch zusätzlich Öl ins Feuer gegossen. Raul Leal sekundierte ihm bei dieser Aufgabe mit einem Pamphlet unter dem Titel *Eine Morallektion für die Lissaboner Studenten und die Demaskierung der katholischen Kirche.* Die Reaktion der Studenten oder von dem, der sie steuerte, ließ nicht auf sich warten: In einem neuen Manifest ließen sie die Öffentlichkeit wissen, daß Raul Leal nichts anderes als ein klinischer Fall von Wahnsinn sei, eben ein Paranoiker. Und um ihre These zu belegen, zitierten sie bald in ganzen Abschnitten, bald in Auszügen, aus den Fragmenten des *Göttlichen Sodom,* die ihrer Behauptung nahezukommen schienen.

Pessoa mußte natürlich seinen Teil der Schuld anerkennen, die bei der öffentlichen Schelte seines alten Freundes eigentlich ihm zukam, und dazu selbstverständlich auch die Gefahr, in die der gute Ruf – zwei seiner ersten Publikationen waren die Auslöser dieses Skandals – des Unternehmens Olisipo schnell geriet, weshalb er entschieden reagieren wollte. Er verlor nicht die Fassung. Er schätzte die bereits sehr komplizierte Situation gut ein und schrieb einige im Stil abgerundete und bewundernswerte Seiten, die dazu gedacht waren, den Aufruhr zu beenden. Es lohnt sich, aus ihnen ausführlich zu zitieren. Sie sind mit *Über ein studentisches Manifest* überschrieben und erinnern am Anfang daran, daß man schon zu Zeiten des Diktators João Franco zu beweisen versuchte, daß dieser ein geistig Zurückgebliebener war, was, einerlei um wen es sich handelte, leicht zu beweisen sei:

> Es gibt drei Dinge, mit denen der noble Charakter, ob alt oder jung, niemals spielt, weil spielen mit ihnen eines der verschiedenen Zeichen einer niederträchtigen Seele ist: Zu ihnen gehören die Götter, der Tod und der Wahnsinn. Wenn der Autor des Manifestes dies im Ernst schreibt und den Doktor Raul Leal nicht für wahnsinnig hält, so gibt er sich doch diesen Anschein, um ihn zu beflecken. Nur die allerletzte Kanaille auf den Gassen beleidigt einen Verrückten und das in der Öffentlichkeit. Nur irgendeine schlimmere Kanaille als diese wiederholt diese Beleidigung, wohl wissend um die Lüge. [Die Studenten], gleichzeitig hinter der Zivilregierung wie hinter der *Época* verschanzt, [also hinter der Republik der Monarchisten,] attackieren und beleidigen daher im Vertrauen auf jedwede Unterstützung seitens der gesamten Presse und die daraus resultierende Erschwerung irgendeines Protestes. Wen attackieren und beleidigen sie?

Einen Mann, der sie nicht angegriffen hat, der allein ist oder
so wenig Gefolge hat, daß er es beinahe ist, der keine Position
hat, durch die es für den, der ihn angreift, gefährlich wird,
einen Mann, der ohne Einflußmöglichkeiten ist, die sein
Tun, angenommen, daß es so ist, schädlich werden lassen.
Und warum sahen sie sich zu dieser Beleidigung veranlaßt?
Aus dem gleichen Grund, der ihnen Einhalt gebieten wird,
wenn sie es denn wollen; wegen eines Manifestes, in dem
ohne Zweifel eine hohe Intelligenz durchscheint und sich
äußerster Anstand zeigt. Dummköpfe und Schmierfinke
sind also unfähig, die Möglichkeit eines fremden Talents zu
erfassen, das sie nicht begreifen, oder sie rebellieren gegen
eine ihnen nicht zukommende Würde, als ob ihr Vorhandensein sie beschämen würde.

Aber schließlich sind nicht sie es, die für ihre Taten verantwortlich sind, ebensowenig wie der anarchistische Bankier für
seine Spekulationen, Betrügereien und sonstigen Unsittlich-
keiten. »Überdies, werden sie Schuld haben?« fragt sich Pessoa
und antwortet, daß »sie nicht sie selbst sind: Sie sind das
Milieu, das sie hervorgebracht hat.« Sie sind exakt das Ergebnis
der Monarchie der Braganças und der portugiesischen Republik. Sie sind das Ergebnis einer Gesellschaft, in der mehrere
Jahrhunderte der pfäffischen und jesuitischen Erziehung durch
Ausdünnung des kritischen und wissenschaftlichen Denkens
das Erscheinen der »Liberalen« vorbereitet haben; in welcher
sich logischerweise die Unbeweglichkeit der Intelligenz mit
der Perversion des Charakters und der Ruine der Ordnung
vervollkommnet hat. (Ein Paradox ist hier noch zu lösen, nämlich, daß der Liberalismus eine Hervorbringung des Jesuiten-
tums gewesen sein soll. Wir werden noch sehen, daß Pessoa
sich später und bei mehr als einer Gelegenheit, liberal nennen
sollte, aber noch war er nicht auf dem Grund seiner Widersprüchlichkeiten angekommen.)

Nein, der Doktor Leal war nicht verrückt, er hatte keine Wahnvorstellungen von der Erhabenheit noch Verfolgungsängste; und sein Verteidiger analysiert die Persönlichkeit des Angegriffenen mit ein paar speziellen Begriffen, die, wenn sie ihn zwar nicht als einen Gesunden vorzeigen, so doch keine mentale Entfremdung diagnostizieren. Die Lösung sei dem Buch *Der Wahnsinn von Jesus* von Binet-Sanglé zu entnehmen, dessen Lektüre er den Studenten empfiehlt, zu guter Letzt ist es »der Wahnsinn, der die Welt lenkt. Die Helden sind verrückt, verrückt die Heiligen, verrückt die Genies, ohne die die Menschheit eine bloße tierische Spezies ist, Kadaver auf Zeit, die sich vermehren«. Auf diesen Seiten finden wir den um seine mentale Gesundheit fürchtenden Pessoa, der es nicht zuläßt, daß man mit seinem Heidentum spielt, sowie den Sebastianisten, der am Schluß des soeben zitierten Absatzes drei Verse aus einem erst 1933 vollendeten Gedicht der *Botschaft* zitiert:

Was wäre mehr als ein starkes Tier
der Menschen ohne Torheit wert,
lebender Leichnam, der sich vermehrt.

Ich habe gesagt, was ich sagen mußte. Ich schließe grußentbietend, wie es die Tradition gemahnt.

Den Studenten von Lissabon wünsche ich nichts mehr – weil ich nichts besseres wünschen kann –, als daß sie eines Tages ein so würdiges Leben haben dürfen und eine so hehre und noble Seele wie jener Mann, den sie so töricht beleidigt haben. Für Raul Leal, da ich ihm in dieser Stunde des Plebs keine größere Würdigung zuteil werden lassen kann, verbürge ich dieses, schlicht und klar, nicht nur aus meiner Freundschaft, die keine Grenzen kennt, sondern aus Bewunderung für sein hohes, forschendes und metaphysisches Genie, Glanz unserer großen Rasse, der er sein wird:

Ich bezweifle, daß mir in meinem Leben, es mag kommen, wie es will, größere Ehre zuteil werden kann als die, ihn als Wegbegleiter zu wissen in diesem kulturellen Abenteuer, in dem wir, verschieden und allein, unter der Posse und der Beleidigung der Kanaille zusammengehören.

Einander verschieden und allein, gemäß dem anarchistischen Bankier, sollten er und seine Gesinnungsgenossen darum kämpfen, die sozialen Mißstände zu zerstören, auf die Pessoa, seinen damaligen Überzeugungen folgend, in diesem beherzten Schriftstück zielt.

Das Unternehmen Olisipo hatte sich neben den Büchern, die tatsächlich erschienen, auch vorgenommen, das orthonyme und heteronyme Werk Pessoas herauszubringen, darüber hinaus Titel von Sá-Carneiro, Luís de Montalvor, Vitoriano Braga und anderer portugiesischer Autoren. Tatsächlich beabsichtigte es, an der Seite der *Contemporânea* ein Sprachrohr des Modernismus zu sein, wie man es einer zwischen den Papieren des Dichters gefundenen langen Liste der zur Veröffentlichung geplanten Titel entnehmen kann, in der ebenso eine Gedichtanthologie von Edgar Allan Poe wie Werke von Shakespeare auftauchen, beide selbstverständlich von Pessoa übersetzt.

Neben den unternehmerischen Aktivitäten und des durch sie hervorgerufenen Skandals war Pessoa, wie in den noch nicht weit zurückliegenden Jahren seines literarischen Debüts, sehr produktiv. Neben Gedichten verfaßte er umfangreiche Notizen zu seinen theoretischen Arbeiten und gab der zu veröffentlichenden Lyrik und Prosa den letzten Schliff. Bei den Gedichten sind jene zwölf hervorzuheben, die unter dem gemeinsamen Titel *Portugiesisches Meer* in Nummer vier der *Contemporânea* erschienen – sie stellen die Vorhut von *Mensagem (Botschaft)* dar, einem Buch, das erst in zwölf Jahren veröffentlicht werden sollte. Falls es Pessoa für notwendig hielt, die gegenwärtige Gesellschaft zu zerstören, so ist es nicht weniger notwendig, auf die ideologischen Voraussetzungen des Fünften Reiches hinzuarbeiten, das auf sie folgen soll. Eines dieser Gedichte, *Portugiesisches Meer*, scheint eine Allegorie auf das von Pessoa bereits Bewältigte und auf das noch vor ihm Liegende zu sein; und unter den vielen sich überschneidenden Bedeutungsebenen finden wir ein Selbstbildnis und ein Portrait seines Geisteszustands:

> O salzige Flut, wieviel von deinem Salz
> sind Tränen Portugals!
> Dich zu befahren, weinten Mütter,
> klang Kinderbeten klagebitter;
> wie viele Brautgemächer blieben leer,
> auf daß du unser seist, o Meer!
>
> Lohnt' es die Müh'? Die Müh' ist nie verloren,
> wenn nur die Seele groß geboren.
> Willst du Kap Bojador bezwingen,
> mußt du den Schmerz erst niederringen.
> Gott schloß das Meer mit Abgrundsiegeln
> und ließ es doch den ganzen Himmel spiegeln.

Pessoa wollte, ohne zu wissen, wie, Portugal von jenseits des Kap Bojador – und wie vieler anderer Kaps? – heimholen. Aber er selbst hatte schon jenseits des Schmerzes Quartier bezogen.

16

ÁLVARO DE CAMPOS' EVOLUTION. NOCH EINMAL
DAS NEU-HEIDENTUM. *Die Invasion der Juden.*
Athena UND DIE ERSTEN VERÖFFENTLICHUNGEN
VON REIS UND CAEIRO
1923–1925

Nein: ich will nichts.
Ich sagte schon: ich will nichts.

Kommt mir nur nicht mit Schlußfolgerungen!
Die einzige Schlußfolgerung heißt sterben.

Verschont mich mit allen Kunstdoktrinen!
Sprecht mir nicht von Moral!
Schafft mir die Metaphysik fort!
Preist mir nicht ausgebaute Systeme, zählt mir nicht die
Eroberungen
der Wissenschaft auf! (der Wissenschaft, o mein Gott, der
Wissenschaft! –)
der Wissenschaft und der Künste und der modernen
Zivilisation!

Was tat ich den Göttern allen zu Leide?

Wenn Sie die Wahrheit besitzen, was kümmert's mich?

Ich bin ein Techniker, aber ich habe Technik nur in der
Technik.
Im übrigen bin ich verrückt und bin es mit vollem Recht.
Mit vollem Recht, habt ihr verstanden?

Laßt mich um Himmels Willen in Ruhe!

Wollt ihr mich alltäglich, nichtig, verheiratet,
                                     steuerpflichtig?
Wollt ihr mich wie das Gegenteil, wie das Gegenteil von
                                     irgend etwas?
Wenn ich ein anderer wäre, wär' ich euch allen zu Willen.
So wie ich bin, laßt es gut sein!
Geht ohne mich zum Teufel
oder laßt mich allein zum Teufel gehen!
Warum müssen wir denn gemeinsam gehen?

Packt mich nicht am Arm!
Ich mag es nicht, wenn man mich am Arm packt. Ich will
                                     allein sein.
Ich sagte es schon: ich bin allein.
Wie lästig, daß ich gesellig sein soll!

O blauer Himmel – der gleiche wie in der Kindheit –
ewigleere, vollkommene Wahrheit!
O sanfter, uralter, stummer Tejo!
Kleine Wahrheit, worin sich der Himmel bricht!
O wiederbesuchtes Leid, Lissabon von dereinst, von heute!
Nichts gebt ihr, nichts nehmt ihr, nichts seid ihr von dem,
                                     was ich fühle!

Laßt mich in Ruhe! Ich säume nicht, denn ich säume nie …
Solange Abgrund und Schweigen säumen, will ich allein sein.

Dieses Gedicht aus der Feder von Álvaro de Campos mit dem Titel *Lisbon revisited* (1923) erschien im Februar in der Nummer acht der *Contemporânea* und stellt eines der bekanntesten Gedichte im *drama em gente* dar und zugleich eines der unruhigsten, denn in ihm laufen die extremen Persönlichkeiten, die Unruhen dieses Heteronyms und die des orthonymen Pessoa auf einen Fluchtpunkt zu. Natürlich sind die Metrik und der impulsive Stil eindeutig von Campos, dagegen aber scheint der häufige Bezug auf eine unmittelbare Erfahrung die von Pessoa zu meinen – sein Verzicht auf die Heirat mit Ophélia, die zu vermutenden Ratschläge seitens seiner Mutter und seiner Brüder, das Eingeständnis seines Wahnsinns –; obwohl er bemüht ist, diese Bezugnahmen auf den Techniker zu verlagern, der Techniker nur innerhalb der Technik ist, hebt sich das Gedicht von den großen Oden des graduierten Ingenieurs aus Glasgow und von seiner Persönlichkeit ab, wie sie in den wenigen Texten, die auf die Zeit vor 1923 datiert sind, Gestalt annimmt. Hier in diesem Gedicht kommen sowohl Pessoa wie auch Campos vor, und im weiteren wird letzterer an der Seite seines Schöpfers der produktivste Dichter des *drama em gente* werden, dessen Werk unentwirrbar mit Pessoas verschmelzen, ja identisch werden wird, ohne doch seinen eigenen Stempel zu verlieren.

Wie Campos so beabsichtigte auch Pessoa, sich selbst und die übrigen in dem *Brief an den Autor von Sachá* zu erklären, der in derselben Nummer der *Contemporânea* wie *Lisbon revisited* erschien. Darin räsonierte er über die verschiedenen Schriftstellergattungen:

> Die so wie ich gearteten Geister werden alt geboren und leben geschlagen. Die noch so schöne physische Jugend, wenn wir sie denn haben, reicht niemals an unseren Geist; die größte Berühmtheit [und Pessoa wußte, daß er dabei war, berühmt zu werden] hat für uns immer einen aus Zugrunderichtung

schwermütigen Beigeschmack, einen grausamen Schleier des Unnützen und der Täuschung. Kraft ist, daß wir alles ernst nehmen: Die Nichtigkeit ist uns von daher fremd. Uns dessen bewußt werdend, nehmen wir deshalb für Niedrigkeit, die von Natur her jung ist, eine der Verhaltensweisen der Alten für die Jugend an: bei schlechterer Veranlagung, die Verbitterung und den Zorn des Ausgeschlossenen; bei besserer Veranlagung, die traurige Liebe des Nostalgikers. Ich habe, wie ich glaube, das einzigartige Glück, eigentlich zu diesen, nicht zu den Schlechteren zu gehören.

In einem Interview der Oktobernummer der *Revista Portuguesa,* die Vítor Falcão leitete, zog Pessoa eine Bilanz seiner für diese Zeit geltenden sozialen und ästhetischen Ideen. In diesem Zeitdokument finden wir Äußerungen, die als neuerlich neuheidnische und sebastianistische Offensive angesehen werden können. Auf die Frage, ob es eine wirklich portugiesische Kunst gibt, antwortete Pessoa:

Unter portugiesischer Kunst soll man sich eine Kunst aus Portugal vorstellen, die nichts Portugiesisches hat und nicht einmal das Fremde imitiert. Portugiesisch zu sein in der dezenten Bedeutung des Wortes heißt europäisch sein ohne die schlechte Richtschnur der Nationalität. Portugiesische Kunst wird jene sein, worin sich Europa – Europa hauptsächlich als das alte Griechenland und als abgeschlossenes Universum verstanden – erschaut und erkennt, ohne an den Spiegel zu denken. Nur zwei Nationen – das vergangene Griechenland und das zukünftige Portugal – haben von den Göttern die Konzession erhalten, nicht ausschließlich sie selbst zu sein, sondern ebenso alle übrigen. Ich mache Sie auf die – geographische, aber noch bedeutungsvollere – Tatsache aufmerksam, daß Lissabon und Athen beinahe auf dem gleichen Breitengrad liegen.

Es handelt sich im Grunde um eine Verankerung seiner neu-heidnischen Einstellung, und man wird jetzt verstehen, warum Pessoa, nachdem das Publikationsvorhaben des Jahres 1918 gescheitert war, ein Jahr nach dieser Erklärung eine unter die Obhut der Schutzgöttin Athens gestellte Zeitschrift herausgab, in der er zum erstenmal die Dichtung der großen Heiden Caeiro und Reis vorstellte. Selbstverständlich lehnte der von Pessoa aufgeworfene Kosmopolitismus – und derart äußerte er sich dem Journalisten gegenüber – regionale Literatur und Malerei ab, denn der Regionalismus ist »eine schmierige Degeneration des Nationalismus, ganz wie der Nationalismus selbst«. Er hat wenig Vertrauen in die literarische Vergangenheit Portugals, zumal »sogar Camões nicht mehr war als das, was er zu tun vergaß«, denn er war den Helden des Reiches, der einzigen portugiesische Schöpfung, zu nahe gekommen, um sie träumen zu können. Man ahnt, was den Super-Camões erwarten wird.

Im weiteren Verlauf wiederholt Pessoa seine These, wonach die dichterische Sprache darin besteht, die eigenen Emotionen zu besingen, was einfach ist, wohingegen die dramatische Literatur die eigentliche Schwierigkeit darstellt, weil der Dichter in ihr die Emotionen besingen muß, die er nicht fühlt, er muß sie fingieren. Das Paradox scheint zu sein, daß die *lyrische Literatur* der bevorstehenden portugiesischen Renaissance sich demzufolge in der dramatischen Form ausdrücken muß. Abschließend stellt der Interviewer die entscheidende Frage: »Wie, glauben Sie, wird die Zukunft des portugiesischen Reiches aussehen?« Pessoa hegt keinen Zweifel und antwortet mit dem Fünften Reich; er *kennt* es, denn es ist für denjenigen, der sie zu entziffern weiß, in den Prophezeiungen Bandarras festgeschrieben: »Diese Zukunft besagt, daß wir alles sein werden«, versichert Pessoa. Und aufs neue seine Heteronymie bezeugend, fragt er rhetorisch, und diesmal in sozialem und politischem Jargon, denn die Antwort ist offenkundig: »Welcher Portugiese kann in der Enge einer einzigen Persönlichkeit, einer einzigen Nation, eines einzigen Glaubens leben? Welcher wahre Portugiese kann zum Beispiel in der sterilen Enge des Katholizismus leben, wenn man außerhalb alle Protestantismen und alle toten und lebendigen Heidenkulte durchlesen kann, um sie auf portugiesische Weise zu einem höheren Heidentum zu verschmelzen? Laßt uns nicht dulden, daß uns ein einziger Gott außerhalb uns selbst fremd bleibt. Saugen wir alle Götter auf!« Man muß alles auf jegliche Weise sein, weil die Wahrheit nicht in etwas, das nicht vorhanden ist, verborgen sein kann. »In der ewigen Lüge aller Götter sind nur alle Götter die Wahrheit.«

Daß Pessoa begonnen hatte, die Aufmerksamkeit, wenn auch nicht des großen Publikums, so doch wenigstens der informiertesten Journalisten und Schriftsteller zu gewinnen, beweisen nicht nur dieses und andere Interviews, um die er angefragt wird, sondern auch das 1924 erschienene Buch des einzigartigen Dichters Mário Saa, *A Invasão dos Judeos (Die Invasion der Juden)*. Merkwürdig ist, daß Saa, obwohl er an der *Orpheu* nicht mitgewirkt hatte, dennoch zur orphischen Gruppe gehört hatte und fester Mitarbeiter der *Contemporânea* war, einer Zeitschrift, auf die Pessoa ziemlichen Einfluß ausübte, aber aufgrund seines Antisemitismus behandelt er Pessoa auf wenig schmeichelhafte Weise. Ferner war Saa Mitarbeiter der *Athena*, der Zeitschrift, die Pessoa in ebendem Jahr ins Leben rief, in dem *Die Invasion der Juden* erschien. Wenn Saa in seiner Zeitschrift veröffentlichte, war es Pessoas Toleranz oder vielleicht eine Hilfestellung? Unser Dichter hatte sich daran gewöhnt, die öffentliche Meinung mit Skandalen zu erschüttern, und es konnte ihm gleich sein, daß die Pharisäer sich über das, was sein Freund Saa über ihn erzählte und sagte, echauffierten – und überdies verbarg er niemals seine jüdischen Ursprünge, auf die er sehr stolz war.

Mário Saa war eine einzigartige Erscheinung und reichlich geheimnisumwoben. Man weiß in der Tat nur sehr wenig über ihn, wahrscheinlich weil er seine biographischen Daten und seine persönlichen Lebensumstände stets für sich behielt. Obwohl es sich um einen produktiven Schriftsteller und eine der herausragendsten Persönlichkeiten des portugiesischen Modernismus handelte, sind weder Geburtsort und -jahr noch irgendwelche Angaben zu seinem Tod bekannt. Obwohl man weiß, daß er in Coimbra und Lissabon einige Seminare in Ingenieurwesen und Naturwissenschaften belegte, ist nicht gesichert, ob er einen Universitätsabschluß machte. Er war ein Experte für okkulte Wissenschaften, besonders Astrologie, was ihm gestattete, die brillante Untersuchung *As Memórias Astrológicas de Camões* zu schreiben, die, ungeachtet der strittigen Punkte, einen Ausbund an historischer und esoterischer Gelehrsamkeit.darstellt. Als Dichter war er ein *rara avis,* der im Stile der Liedersammlung des Garcia de Resende satirische Lyrik schrieb, die trotz der Abhängigkeit von jenem Renaissancevorbild höchst originell ist. Später war er eifriger Mitarbeiter bei der *Presença,* einer Zeitschrift, deren Herausgeber wohl die arabesken psychologischen Abstufungen seiner Lyrik bewundert haben.

In der *Invasion der Juden* ruft Saa in Erinnerung, daß Pessoa ein Nachfahre einer neuchristlichen Familie aus Fundão ist, und zwar durch seinen Großvater der fünften Generation, der Astrologe, Okkultist und Psalmist war. Unbestritten scheint, daß er Jude war und von der Inquisition verfolgt wurde. Aber konnte dies nicht eine *blague,* eine Verballhornung von Saa oder sogar von Pessoa selbst sein, was die Psalmen und die Esoterik angeht? Mit seinen Informationen geht Saa beträchtlich weiter zurück als Pessoa.

Sancho Pessoa, gebürtig aus Montemor-o-Velho, war Gefangener der Inquisition von Coimbra und wurde 1706 (Prozeß im Torre do Tombo, Nr. 9478) als militanter Jude mit Konfiskation bestraft; er zog daraufhin nach Fundão, wo er zum drittenmal heiratete und damit das Geschlecht der Pessoa de Amorim, der Familie des Journalisten Alfredo da Cunha, begründete, dessen Vorfahre väterlicherseits er ist und von dem Fernando Pessoa also in direkter Linie abstammt. Fernando Pessoa sehen wir als eine feminine und zitternde Silhouette, wie er seinen Kneifer trägt, wenn er überlegt und in seinem Szenario *mitwirkt*. Wir erkennen seine hebräische Physiognomie mit astrologischen und okkultistischen Zügen, eben ein richtiger Talmud-Priester, zurückhaltend, behutsam, schüchtern, Heimlichtuer bei allen seinen Absichten, der seine schreckensreiche Unruhe nicht verleugnet, die seine Ahnen im Ghetto beherrscht haben mußte. Man könnte sagen, daß auf seinen Schultern die gesamten Vorsicht Israels, der ängstliche Argwohn der im Ghetto zusammengetriebenen Menschen lastet. Genau diese Schreckenserfahrung empfinden Pessoas Denken und Literatur nach. Er ist erfüllt von kleinen, argwöhnischen Empfindungen, aber auch von kleinen Verwegenheiten. Er ist schüchtern und kennt daher die Kühnheiten, die im Naturell der Schüchternen liegen. Er wirft sich nach vorn, hält sich verborgen, versteckt sich und bereitet neue Würfe vor; er ist wahrlich eine Blendlaterne! [Eine Laterne, deren Rückwand mit einem Reflektor versehen ist und die so um so heller leuchtet.] All dies enthüllt sich anläßlich seiner so zahlreichen Pseudonyme, die er hat und gewiß haben wird ... und von denen er nicht weiß, daß er sie haben muß.

Eine Anekdote, die mir ein Freund, ein sehr angesehener Dichter und Kritiker erzählt hat, überliefert, daß die physische Erscheinung Pessoas und gleichfalls seine Abstammung jüdisch waren: Pessoa wurde auf einer Straße in der Baixa von einem dem Aussehen nach sehr vornehmen Herrn, den er nur vom Sehen kannte, angesprochen, welcher ihn unter einem plausiblen Vorwand in das nahegelegene Büro des Vaters meines Auskunftsgebers führte. In diesem Büro stellte er sich vor Pessoa und fragte, ihn sachte beim Arm nehmend: »Haben Sie nicht das Aussehen eines Juden?« Und der auf diese Weise Ausgefragte mußte dies eingestehen.

Saa sagt von Pessoa, daß er außer Prosaist vor allem Dichter ist und daß er als höchst anpassungsfähiger und dramatischer Geist (eine Eigenschaft seiner Rasse) Einflüsse mehrerer Kulturen, hauptsächlich der englischen, aufgenommen hat. Dies erklärt die Erscheinung des Neuen angesichts der »gänzlich von der französischen Literatur versäuerten« modernen Generation. Und er fügt hinzu: »Fernando Pessoa denkt wirklich, aber er ist kein Logiker. Er dürfte Logik mit Analytik verwechseln, aber es ist nötig, dies zu unterscheiden. Er ist Analytiker, sogar ein grundlegender Analytiker, aber von einem Logiker hat er ganz entschieden nichts.« Darin steckt etwas Wahrheit, aber das Folgende ist ganz offensichtlich übertrieben und ungerecht: »Sein ganzer philosophischer Eifer beschränkt sich auf das Unterscheiden (und, wenn es hochkommt darauf, neue Unterscheidungen und Neuzusammensetzungen auszudenken); er beschränkt sich, die Elemente zu scheiden, hauptsächlich in Zweierpaare; das ist eine Philosophie der [graphischen] Schlüssel.« Denn in erster Linie entsprechen die dialektischen Unterscheidungen Pessoas nicht einer Dualität, sondern der hermetischen Triplizität. Und zweitens, wenn sein Denken nicht so logisch ist, wie Saa es sah, so ist es poetisch um so produktiver. Es ist deutlich, daß Saa diese Fehler dem Judentum Pessoas zuschreibt, »einem der größten Dichter seines Geschlechts«, der andererseits nichts weiter als »ein Erfinder und analytischer Expressionist« sein soll. Gegen Ende scheint Saa seiner Bewunderung für Pessoa nachzugeben: »Er leitet seit neuestem eine literarische Zeitschrift, die er *Athena* nennt und die beansprucht, das Organ der klassischen Literatur zu sein! Im Gegenteil dazu scheinen die Tatsachen die Absichten

Lügen zu strafen. Vergessen wir nicht, im Altertum gründeten die Juden Alexandrias eine jüdisch-hellenistische Dichterschule, die den Anspruch verfocht, sich in griechischen Rhythmen auszudrücken. Der Jude Philon war ihr höchster Vertreter. Und Fernando Pessoa, ist er nicht der Vertreter des Juden Philon?« Ihn mit keinem Geringeren als Philon zu vergleichen scheint gleichbedeutend mit einer Anerkennung seiner intellektuellen Verdienste und gleichzeitig eine Werbung zu sein. Auch erscheint das, was Saa von Pessoa sagt – inhaltlich, und was den Stil betrifft –, übertrieben angesichts dessen, was einige der Heteronyme über die anderen mitteilen ... und über Pessoa selbst.

Im Oktober 1924 erschien die erste Nummer der Zeitschrift *Athena*, gegründet und geleitet von Fernando Pessoa und dem Maler Ruy Vaz. Das neue Abenteuer dauerte in editorischer Hinsicht etwas länger als die *Orpheu*, obwohl die monatlich erscheinende *Athena* nicht über eine im Februar 1925 veröffentlichte fünfte Nummer hinauskam. Alles in allem erfüllte die *Athena* wenigstens die wichtige Mission, die Dichtung von Caeiro und von Reis sowie eine Gedichtsammlung des orthonymen *Cancioneiro* bekanntzumachen. Den Löwenanteil bestritt Meister Caeiro, von dem in zwei Ausgaben 39 Gedichte, darunter einige sehr lange, erschienen. Pessoa lauerte auf den richtigen Zeitpunkt – den er Zeit seines Lebens aber nie treffen sollte –, um im Anschluß die neuheidnisch theoretischen Schriften zu veröffentlichen und diese auf der Grundlage der lyrischen Publikationen zu verankern.

In der Einführung zu *Athena* spricht sich Pessoa einmal mehr zugunsten der Griechen aus, »jener Griechen, die uns immer noch von jenseits ihrer eingefallenen Grabhügel her regieren« und die »lehren, daß alles göttlichen Ursprungs ist, das heißt unserem Verständnis fremd und unserem Wollen fern«. Und er schlägt eine Kunst vor, in der sich die Subjektivität der Empfindung und die Objektivität des Verstehens versöhnen, eine Kunst, die, um hervorzubringen, von einem Individuum stammen muß, die aber, um zu sterben, »diesem gleichsam fremdartig« sein muß. Es handelt sich um Passagen, die die gelassene Reife des Denkens Pessoas auf eine viel deutlichere Weise enthüllen als irgendwelche zuvor publizierten: »In der Kunst suchen wir für uns nach einer direkten Vervollkommnung«, die zeitlich ist und doch andauert und, was davon abhängt, unablässig nicht nur unseren Geisteszustand, sondern auch die Gegebenheiten verkündet. Die zeitliche Vervollkommnung besteht im Vergessen unserer Unvollkommenheit. Und dieses Vergessen liefern uns die minderen Künste, der Tanz, der Gesang und die Darbietung, deren Ziel zu zerstören und zu unterhalten ist. Die Dauer ist nichts anderes als das Vorhandensein der permanenten Anregungen hin zur Vervollkommnung, aber da die Anregungen zwingend außerhalb des Angeregten stehen müssen, werden sie äußerlicher sein, je mehr sie physischer und konkreter Natur sind, und sie liefern uns die höherwertigen konkreten Künste wie die Malerei, die Bildhauerei und die Architektur. Die andauernde Vervollkommnung ist das, was den Menschen innerhalb seiner selbst mit jedem Mal ein vollkommeneres Leben führen läßt, und dies liefert uns die Abstraktion, »die das letzte Ergebnis der Evolution des Gehirns ist, die letzte Enthüllung, die«, von der Musik und der Literatur Gebrauch machend, »die Bestimmung von sich selbst in uns gemacht hat […] Und ebenso die Philosophie, die man mißbräuchlich unter die Wissenschaften einordnet, als ob sie etwas mehr wäre als die Übung des Geistes, sich bessere Welten auszudenken.« Genaugenommen ist es die Abstraktion, bei der die Kunst und die Wissenschaft, sich gegenseitig erhebend, zusammenspielen, und »dies ist das Reich der Athene, deren Handlung die Harmonie ist«.

In der ersten Nummer der *Athena* erschienen 20 Oden von Ricardo Reis, der sich seit fünf Jahren in Brasilien aufhielt, wo er seit 1923 seine poetische Produktion fortsetzte, die durch sein Exil unterbrochen worden war; mit Ausnahme lediglich eines im Januar 1921 geschriebenen Gedichts. Unter den ersten befindet sich eine, in der der Topos des kurzen Lebens der Rose sich beispielhaft mit dem Epikureismus seines Autors vereint:

> Die Rosen lieb' ich in Adonis' Gärten,
> die Flügelrosen, Lydia, die am gleichen
>   Tage, an dem sie aufblühn,
>   am gleichen sterben müssen.
> Das Licht scheint ihnen ewig, denn sie blühen,
> wenn schon die Sonne aufging, und verwelken,
>   bevor Apollo seine
>   himmlische Bahn verläßt.
> So sei unser Leben wie *ein Tag*,
> und weigern wir uns, Lydia, zu wissen,
>   daß vor und nach der kurzen
>   Frist unsres Dauerns Nacht ist.

Die von Reis zu Beginn seines brasilianischen Exils geschriebenen Oden unterscheiden sich durch ihre ergebene und mitunter hoffnungsvolle Heiterkeit von der Produktion Pessoas und Campos' aus der gleichen Zeit, was Pessoas Fähigkeit, ihn nicht seine eigenen Gefühle ausdrücken zu lassen, belegt. Ein Beispiel unter den in *Athena* veröffentlichten ist diese Mitte November 1923 geschriebene Ode, in der sein Epikureismus auf der Suche nach der Heiterkeit und der Reis einzig möglichen Lebenshaltung zugunsten des Stoizismus zurückweicht:

Der Bauer, der sein enges Feld pflügend durchfurcht
oder feierlich mit dem Blick umspannt,
wie man sein Kind anschaut, genießt das Leben
   gedankenlos instinkthaft.
Der vorgetäuschten Grenzen Wandlung
beschneidet ihm der Pflug nicht, noch beschwert ihn,
nach welchem Ratschluß sich das Schicksal richtet
   der geduldigen Völker.
Wenig mehr in der Gegenwart der Zukunft
als die von ihm gejäteten Kräuter lebt er
das alte Leben sicher, das nicht wiederkehrt, und
   in seinen Kindern sein bleibt.

Wir befinden uns angesichts dieser Heiterkeit ausstrahlenden
Verse sehr weit von der verängstigten Ungeduld entfernt, die
Campos mit Pessoa teilt, und weit entfernt auch von der Müh-
sal des Stadtbürgers, die das Leben des orthonymen Poeten
zum Zeitpunkt der Entstehung des Gedichts beherrschte. Mit
Reis verwirklicht Pessoa, weit ab und am Rande der Krise der
portugiesischen Gesellschaft, das patriarchalische Ideal des
Lebens, das ihm die Umstände versagen.
   Die ersten veröffentlichten Dichtungen Caeiros erschienen
1925 in den Januar- und Februar-Ausgaben der *Athena*. Warum
Pessoa sie nach den Oden von Reis und nach seinen orthonymen Übertragungen der Gedichte von *The Greek Anthology*
(Griechische Anthologie) von William Heinemann, erschienen in
der Novemberausgabe der *Athena* des Vorjahres, herausgibt, ist
eine – wie so vieles, was Pessoa betrifft – zu Spekulationen
herausfordernde Frage. Trotzdem kann man vermuten, daß er
auf die schockierende Modernität der Form Rücksicht nahm,
die, wie wir wissen, Reis seinem Meister verübelt hatte, oder
vielleicht, weil er überlegte, daß die Kenntnis des Reisschen
Heidentums – mehr zum Zwecke der Schärfung der Sinne der
Leser für die Gegenwart der Götter entstanden – eine unver-

meidliche oder wenigstens ratsame Zwischenstufe hin zum
Verständnis des Heidentums wäre, das noch vor den Numen,
den gestaltlosen Göttern des Autors der »neuen Entwicklung«
steht. Sei es, wie es will, in dieser Auswahl finden sich Gedichte, die Caeiro noch zu Lebzeiten geschrieben hatte und
andere, die, um es so auszudrücken, nach seinem Tod Ende
1915 medial diktiert worden sind. Die Gedichte aus der Januar-
auswahl, alle vor seinem Tod verfaßt, wurden von Pessoa unter
der Maßgabe zusammengestellt, daß sie alles Wesentliche der
Sensibilität und des Denkens dieses Meisters repräsentierten,
also von der Bestimmung als Hüter seiner eigenen Ideen bis
zur Ablehnung jeglicher Metaphysik und dem stets vorausge-
setzten Mysterium der Dinge. Entgegen der Poetik – oder den
Poetiken –, die Pessoa und Campos definiert hatten und weiterhin vorzulegen im Begriff waren, steht hier die Einfachheit
dessen im Zentrum, der die Poesie mit einer Natürlichkeit
lebt, die identisch mit der Existenz der geheimnislosen Dinge
ist. Das ist, auf caeirinische Weise, eine Lektion der Heiterkeit,
parallel zum soeben wiedergegebenen Gedicht seines Schülers, dem dekadenten Heiden. Bei Caeiro heißt es:

> Vom höchsten Fenster meines Hauses
> wink' ich mit einem weißen Tuche
> Lebewohl meinen Versen, die zu den Menschen reisen.
> Ich bin weder heiter noch traurig.
> Das ist das Schicksal der Verse.
> [...]
>
> Schon sind sie fern, als reisten sie mit der Kutsche,
> und ich spüre ungewollt Pein
> wie einen leiblichen Schmerz.
>
> Wer weiß, wer sie lesen wird?
> Wer weiß, in wessen Hände sie fallen werden?

Blume – pflückte mich mein Geschick für die Augen.
Baum – entrissen sie mir die Früchte für die Münder.
Strom – war es das Schicksal meines Wassers, nicht bei mir
zu bleiben.
[...]

Geht nur, geht von mir fort!
Es stirbt der Baum und vereint sich mit der Natur.
Es welkt die Blume, und ihr Staub dauert ewig.
Es strömt der Fluß und mündet ins Meer, und sein Wasser
bleibt immer das seine.

Ich schwinde und bleibe – wie das Weltall.

Das unvermeidliche Verhängnis der Poesie, und das Unterpfand ihres Überlebens, schmerzt ihren Autor auf heitere Weise, wenn das Werk einen unvorhergesehenen Weg einschlägt, ein Abenteuer, das Caeiro zu Lebzeiten nicht überblicken konnte und das er sich sehr wahrscheinlich nicht so weitläufig und holperig vorstellte, wie es uns so viele Jahre nach seinem Tod vorkommt.

Diesem Entwurf des Neu-Heidentums steht, was das neue Glaubensbekenntnis anbetrifft, mindestens die theoretische Prosa eines Mora und eines Reis in der Quere, und genau aus diesem Grund ist der Entwurf nur partiell. Pessoa ließ – wir wissen nicht, aus welchen Gründen – die Gelegenheit verstreichen, die bereits schriftlich vorliegenden Texte der *Rückkehr der Götter* bekanntzumachen, und zog es vor, auf den Seiten der *Athena* sowohl seine grundlegenden ästhetischen Betrachtungen als auch die des mittlerweile nicht mehr von ihm zu trennenden Álvaro de Campos unterzubringen. Er stellte zwei große Dichter vor, aber noch behielt er sich geheimnisvoll die Enthüllung der tieferen Bedeutung ihrer Werke vor. Eventuell wollte er dies erst tun, wenn er seine sebastianistischen Theorien über das kulturelle Fünfte Reich abgeschlossen hatte, in der die lyrische Dramatik seiner Heteronymie noch eine wesentliche Funktion übernehmen sollte. Aber die Götter bestimmten den Zeitpunkt, an dem die Forschung und die Kritik die frohe Botschaft des Neu-Heidentums verkünden sollten, auf viele Jahre nach Pessoas Tod.

Álvaro de Campos veröffentlichte in den Ausgaben drei und vier der Zeitschrift einen grundlegenden Text mit dem Titel *Aufzeichnungen zu einer nicht-aristotelischen Ästhetik*. Es handelt sich dabei um einen derart komplizierten, mit Einwänden gespickten Aufsatz, daß ich mich an dieser Stelle darauf beschränken werde, einige der Ideen zusammenzufassen, die für uns zum Verständnis der neuen Phase seiner Dichtung von Bedeutung sind. Campos wähnt sich in der Lage, eine wohlbegründete Ästhetik zu formulieren, nicht unter dem Begriff der Schönheit,– wie es bei Aristoteles der Fall ist –, sondern unter dem der Kraft, und glaubt demnach an die »Möglichkeit, neue Gattungen von Kunstwerken schaffen zu können, die diejenigen, die die aristotelische Theorie verteidigen – was von ihnen, und dies ist die Wahrheit, die diese Arbeit herausstellt, weder besonders klar noch objektiv erklärt wird –, nicht vorhersehen oder billigen könnten«. Nach Campos' Worten ist die Kunst, wie jede Tätigkeit auch, ein Indiz der Kraft oder der Energie – was sich bald auf die moderne materialistische Ideologie, bald auf die der esoterischen Tradition beziehen kann. Und da die zwei operierenden Kräfte in der Natur die der Integration und Desintegration sind, hängt das Leben im wesentlichen vom Gleichgewicht dieser beiden ab. Wie demnach die Kunst »beschaffen ist, damit man fühlt, um sich zu fühlen«, so ist ihr Leben Empfindungsfähigkeit. Billigen wir das, zumal weil sie das Leben wenigstens der sensationistischen Kunst Campos' ist.

Das Prinzip der Integration oder Kohäsion geht innerhalb

des Sensibilitätsvermögens des Individuums vonstatten, während das der Desintegration oder »Trennbarkeit« in mehreren dem Individuum äußerlichen Kräften anzutreffen ist; ihnen reagiert die Sensibilität assimilierend entgegen. Im Gegensatz zu dem, was in der aristotelischen Ästhetik eintritt, muß demnach das Allgemeine ins Besondere übergehen, das Äußere muß innerlich werden. Dies unterscheidet die Kunst von der Wissenschaft, die vom Besonderen ausgehend zum Allgemeinen gelangt. Wohin möchte uns Campos führen? Wir werden es sofort sehen: »Vor allem anderen ist die Kunst ein gesellschaftliches Phänomen«, aber im Menschen sind zwei unmittelbar gesellschaftliche Eigenschaften anzutreffen, der Herdengeist und der Geist des Einzelmenschen. Der erstere führt zusammen und der zweite trennt, und darum »kennzeichnet eine aggressive Brüderlichkeit den sozialen und gesunden Menschen«, das heißt – wie man gleich anschließend begreifen wird – den Dichter Álvaro de Campos und den Kritiker Fernando Pessoa, obwohl es in diesem Fall sehr wahrscheinlich ist, daß letzterer gar nicht daran dachte.

Es fällt nicht schwer, aus dem Vorhergegangenen zu folgern, daß die Kunst, gesellschaftlich betrachtet, eine Anstrengung darstellt, andere zu beherrschen, ja ihre Willenshandlungen für sich einzunehmen oder gar zu unterjochen. Das sind Herden- respektive Anti-Herden-Methoden; selbstredend wirken sich solche Methoden auf die drei höheren gesellschaftlichen Tätigkeiten, die Politik, die Religion und die Kunst, aus. Der Kreis schließt sich bald, und die Absicht Campos' wird deutlich. In der Politik nennt sich das Für-sich-Gewinnen Demokratie, die Unterjochung, Diktatur. Das vollkommene Modell des demokratischen Für-sich-Gewinnens ist die mittelalterliche, mystische und repräsentative Monarchie, denn allein sie kann vermögens ihres Mystizismus »die Mehrheiten und das Gesamtwesen, beide sind in einem tief geistigen Leben organisch mystisch, für sich gewinnen«. Der Tyrann seinerseits ist wie die verfallenden Imperien und politischen Diktaturen anorganisch und nicht-repräsentativ. Für seinen Fall hat man den Gebrauch der physischen Kraft anzunehmen. Oder es kann sein, daß eine »geistige Kraft« bewirkt, daß man in jemandem den »okkulten Boten« – eine Figur des Sebastianismus? – der unterbewußten Schicksale eines Volkes erkennt.

In Religionsbelangen ist die Religion des Für-sich-Gewinnens die Metaphysik, zumal es sich um eine Einflüsterung durch Vernunftgebrauch handelt. Aber selbstredend unterjocht die Religion, indem sie vom Dogma Gebrauch macht und mit Ritualen auf eine Verwirrung der Seelen hinwirkt. Geht es hier um eine Kritik an Mora und an seinem Bestreben, die Überlegenheit des Heidentums philosophisch zu beweisen? Durchaus möglich, aber der Leser dieses Camposschen Entwurfes würde auf diese Frage keine Antwort finden. Und Pessoa? Legte er die Metaphysik des Heidentums auf den Prüfstein, oder unterwarf er sie schlicht nur einer dialektischen Diskussion? Belassen wir die Angelegenheit bei einem Vielleicht. Die Schlußfolgerung ist, daß die aristotelische Kunst es vermag, für sich einzunehmen – denn sie ist Ergebnis eines *Artefakts,* der sie angenehm macht –, derweil die Kunst, so wie Campos sie begreift, es vermag zu unterjochen, weil sie auf einem Empfindungsvermögen beruht, das individuell ist. Fassen wir zusammen: okkulter Bote – liturgische und dogmatische Religion – natürliche Sensibilität gegen Demokratie – Metaphysik – *Artefakt.* Springen wir über alle Details hinweg und kommen wir zur abschließenden Beurteilung: »Im übrigen hat es bis zum heutigen Datum, dem ersten Erscheinen einer nicht-aristotelischen Ästhetik, nur drei wirkliche nicht-aristotelische Äußerungen der Kunst gegeben. Die erste findet sich in den Gedichten Walt Whitmans; die zweite verbirgt sich in den mehr als erstaunlichen Gedichten meines Meisters Caeiro; die dritte tritt in den zwei Oden zutage, die ich in der *Orpheu* veröffentlicht habe. Ich frage nicht, ob dies unbescheiden ist. Ich behaupte, daß es die Wahrheit ist.« Whitman, den Demokraten, lassen wir beiseite, zumal seine Erwähnung in diesem Zusammenhang lediglich ein Bekenntnis seines Einflusses auf Caeiro und auf Campos zu sein scheint. Demnach bleiben exakt diese beiden übrig – Caeiro als Prophet des Neu-Heidentums, Campos als Entfeßler der Sensibilität – als unverrückbare Meilensteine auf dem Weg, den ihr Erschaffer niemals verlassen wird.

Bald schon wurde Pessoa von zwei seiner innigsten Bezugspersonen verlassen. 1924 sollte der General Henrique Rosa, der griesgrämige und eigenartige Bruder seines Stiefvaters, sterben, der ihn vom ersten Moment an verstanden und ermutigt hatte und für den er eine solche Bewunderung empfunden hatte, daß er schließlich ein paar von dessen nicht gerade hervorragenden Gedichten veröffentlichte. Noch Schlimmeres sollte am 17. März 1925 geschehen: Seine Mutter starb auf ihrem Landsitz, der Quinta dos Mariscales de Buraca. Dieser Schlag, obwohl erwartet, war deshalb nicht weniger verheerend und brachte Pessoa an den Rand einer beunruhigenden Geistesverwirrung. In einer Durchschrift des Briefes, der sich am 31. August an einen uns unbekannten Adressaten richtet, ist zu lesen:

Ich glaube an einem Anfall – einem leichten, vermute ich, und wenn das so ist, heilbaren – von psychasthenischem Wahnsinn zu leiden. Da es nun, falls es richtig ist, was ich von mir annehme – und falls es nicht richtig ist, so ist es wahrscheinlich, daß meine laienhafte Diagnose milde ist –, empfehlenswert sein würde, in ein Irrenhaus eingewiesen zu werden, und das Dekret vom 11. Mai 1911 in einem seiner Paragraphen erlaubt, daß der Kranke selber diese Internierung beantragt, wollte ich Sie um die Freundlichkeit bitten, mir mitzuteilen, wie und an wen dieser Antrag gerichtet werden muß und mit welchen Dokumenten er, falls einige sofort notwendig sein sollten, unterstützt werden muß.

Es ist nicht bekannt, ob Pessoa eine Antwort auf diesen Brief erhalten hat, aber er wurde in keiner Heilanstalt interniert.

Sein familiäres Leben in Lissabon hatte nur fünf Jahre gedauert. Künftig sollte er, und zwar für immer, im ersten Stock des Hauses Nr. 16 der Rua Coelho da Rocha leben, einem zweigeschossigen Gebäude, das für Bürger aus der finanziell nicht priviligierten Mittelschicht errichtet worden war. Pessoa sollte sein Mittag- und Abendessen wieder in irgendeiner der Garküchen der Baixa einnehmen oder auch mit einiger Regelmäßigkeit im Wirtshaus seiner Schwester und seines Schwagers, mit dem er später eine Handelszeitung gründen wird. Er sollte sich in Zukunft um so mehr zwischen seinem konstanten und ein ums andere Mal unvermeidlicher werdenden Schreibzwang, den Firmen, für die er als Korrespondenzleiter arbeitete, seiner eigenen Firma, die schon bald eingehen sollte, der Zeitschriftenherausgabe und der Veröffentlichung seines orthonymen und heteronymen Werkes aufreiben. Die Cafés im Stadtviertel Pombal – und besonders das Martinho da Arcada, das nahe an der unvergleichlichen Praça do Comércio, an der Ecke der Kolonnaden der Rua da Aduana mit der Rua Augusta, gelegen ist –, die Kaffeehäuser an der Praça do Rossio, einen Schritt von der Stelle entfernt, wo weiterhin Ophélia wohnte, das Brasileira do Chiado, wo sich die mehr oder weniger revolutionären Schriftsteller trafen, mit denen er sich nicht vertrug – all diese Cafés waren weiter seine Treffpunkte und Orte der *Tertulias*. Nicht nur deshalb blieb er ein Einzelgänger, und wie es scheint, vertraute er sich künftig beinahe ausschließlich diesem Álvaro de Campos an, dessen Temperamentsausbrüche ihn zu erschrecken schienen, doch den er nicht entbehren konnte, weil er ihm die Sicherheit und den Trost bot, ihn besser als jeder andere zu verstehen – oder eigentlich der einzige zu sein, der ihn verstand.

17

PORTUGAL AUF DEM WEG IN DIE DIKTATUR.
PESSOA UND DIE ÖKONOMIE. *Das Buch der Unruhe*
1923–1926

Kehren wir kurz zurück, und werfen wir einen Blick
auf die politischen Ereignisse in Portugal Anfang der
20er Jahre, denn dies ist unerläßlich, um mit gewisser
Objektivität Pessoas polemische Projektion des politischen
Alltags der unmittelbar der salazaristischen Diktatur vorher-
gehenden Jahre zu überschauen. Man wird Pessoa vielleicht
zurückhaltend zustimmen, wenn man die Intention in Rechnung stellt, mit der er vor einigen Jahren geschrieben hatte:
»Der unparteiische Beobachter kommt zu einer unvermeidlichen Schlußfolgerung: Das Land sollte auf die Anarchie vorbereitet sein; es ist die Republik, auf die [es] nicht vorbereitet
war. [...] Der Soziologe kann feststellen, daß der Antritt der
Republik den Vorteil hatte, das Land in Anarchie zu stürzen, es
mit permanenter Unruhe zu sättigen, und diese Tatsachen
können sich als Vorteile herausstellen, weil sie mit dem Bruch
der Stagnation irgendeine Reaktion vorbereiten können, die
etwas Erhabeneres und Besseres hervorbringt. Aber weder
erstrebten die Republikaner diese Ergebnisse, noch kann dies
als Reaktion gegen sie eintreten.«

Nach dem Mord an Sidónio Pais im Dezember 1918 liefen
die Dinge immer schlechter. In der Nacht vom 19. auf den
20. Oktober, während der Regierungszeit des gemäßigten
Kabinetts von António Granjo, holte ein »gespenstiger Prit-
schenwagen«, der aus dem Arsenal kam und mit Verbrechern
besetzt war, den Premierminister aus dem Haus eines gegnerischen Politikers, der ihm Zuflucht gewährt hatte. Noch
weitere öffentliche Persönlichkeiten wurden entführt und kalt-

blütig und brutal umgebracht. Wer diese Handlanger des Verbrechens steuerte, ist eine der Fragen, die die Geschichte noch nicht mit letzter Gültigkeit beantwortet hat. Das Land erschrak ob dieser Eskalation der Gewalt, die einen Bürgerkrieg anzukündigen schien. In Wirklichkeit gab es ihn schon, wenn auch nicht erklärtermaßen, denn die folgenden Kabinette waren unfähig, die Welle der Bomben, Brände, wilden Streiks, Straßenkrawalle, militärischen Aufstände und die anderen Arten politischer Gewalt, die sich in die schlimmsten sozialen Plagen verwandelt hatten, zu unterbinden.

1923 schlug Afonso Costa – der Politiker, der die Zielscheibe für die Verhöhnung von Álvaro de Campos gewesen war – Manuel Teixeira Gomes vor, der António José de Almeida als Präsidenten der Republik ablösen sollte. Teixeira Gomes, der für das Amt gewählt wurde, war in Wirklichkeit kein Politiker, sondern ein Dilettant im diplomatischen Dienst, der, nachdem er Portugal in Madrid repräsentiert hatte, das Land zu jenem Zeitpunkt gerade bei der Regierung von Großbritannien vertrat. Er war darüber hinaus einer der feinsten und geschätztesten portugiesischen Schriftsteller dieser Zeit, ein elitärer Schriftsteller, dessen Essays sowohl von seinem Kosmopolitismus – »Allein reisen, ohne Plan noch Führer«, ist in einem seiner Bücher zu lesen – wie von einer Esoterik heidnischen Ursprungs – und nicht christlichen wie bei dem Marquês de Bradomim – zeugen. Ebenso deutlich zeigten seine Bücher aber auch den Aristokratismus eines Millionärs, der die »vagen Gerüchte des ruchlosen und dummen Pöbels« haßte, worin er, wenn auch nicht in seinem Republikanismus, mit Pessoa und Mora übereinstimmte.

Teixeira Gomes war damals Mitarbeiter der *Seara Nova (Neue Saat)*, einer aus der Abspaltung einer Gruppe von Intellektuellen der ersten Garde aus der *Renascença Portuguesa* hervorgegangenen Zeitschrift; zu ihnen zählten Raul Proença, Jaime Cortesão, der Dichter Augusto Casimiro und der Antisebastianist António Sérgio, dessen *Essays* zu den wichtigsten Büchern der neueren portugiesischen Literatur gehören. Ob heidnischen oder Gideschen Ursprungs, Gomes war, was Pessoa einen Sensationisten genannt hat – nicht im programmatischen Sinn, denn er war kein Freund von Programmen, sondern ein Individualist, der in Übereinstimmung mit unserem Dichter seinem kundigen oder unkundigen Leser riet: »Um glücklich zu sein, tue weder das Gute noch das Schlechte«, und der, genau wie Pessoa, dachte, daß die portugiesischen Politiker, über die er öffentlich geringschätzig sprach, »fahrlässig und dumm« seien.

War Afonso Costa verrückt geworden, als er Gomes zum Präsidenten der Republik vorschlug, oder dachte er, er könne diesen den Parteien und politischen Intrigenspielen völlig fernstehenden Mann leicht beherrschen? Wenn letzteres zutrifft, dann verkalkulierte er sich, denn Gomes, der bedingungslos an das parlamentarische Kräftespiel glaubte, weigerte sich während seiner Mandatszeit wiederholt, das Parlament aufzulösen und allgemeine Wahlen auszuschreiben, was dazu führte, daß es zu einem nicht enden wollenden Rigaudon der Ministerämter kam. Bereits im Dezember 1923 wußte Gomes den Urhebern einer von dem im Hafen von Lissabon vor Anker liegenden Torpedobootzerstörer *Douro* ausgehenden Revolte seine Autorität aufzuzwingen. Er wollte an Bord gehen, um sie zu Fall zu bringen. Das war gewissermaßen eine heldenhafte Geste, die sich mit seiner Anwesenheit im Gefängnis von Alcántara, das er irrtümlicherweise im Aufstand wähnte, wieder verzehrte. Während seiner Präsidentschaft, in der er sich der von Bomben, Erschießungen und von Volkskrawallen verschuldeten Unordnung nicht beugte, begannen die gegnerischen Politiker nach den Militärs zu rufen, nach, wie sie glaubten, prestigebehafteten und der politischen Korruption abgeneigten Zeitgenossen. Es handelte sich um ein gefährliches Spiel – noch dachte man nicht an die Militärdiktatur, die

Pessoa Jahre später verteidigen sollte –, und es waren gerade die verbrauchten Demokraten und Antidemokraten, die begannen, die Militärs in die öffentlichen Angelegenheiten des Landes zu verwickeln. Interessanterweise sollte die Armee, ihrerseits durch das Bewaffnete Corps vertreten, einige Jahre zögern, bis es sich für den Fortgang des nationalen Lebens verantwortlich fühlte. Zum gegenwärtigen Zeitpunkt handelten einige der Kommandanten und Offiziere in eigener Verantwortung. Dies löste keine umfassende Erhebung des Heeres aus, aber eine Serie von Aufständen. Das einzige, was sie damit erreichten, war die Vergrößerung der Anarchie in Portugal. Am 18. April 1925 wurde eine Gruppe Aufrührer von regierungsloyalen Truppen in der Lissaboner Rotunde niedergemetzelt. Ähnlich war das Schicksal der Aufständischen vom 19. Juli. Teixeira Gomes sah sich gezwungen, Wahlen auszuschreiben, die am 8. November von der demokratischen Partei gewonnen wurden. Am 10. Dezember verkündete der Präsident der Republik seinen Rücktritt, und kurz darauf verließ er das Land auf dem holländischen Schiff *Zeus,* um niemals wieder zurückzukehren und sechzehn Jahre später im freiwilligen Exil zu sterben. 1925 endete so aber der letzte Versuch einer portugiesischen Republik, deren erster Präsident schon ein Schriftsteller gewesen war, in einem gewissen intellektuellen Glanz.

Schließlich trat das Unvermeidbare ein. Die Militärs einigten sich, und die Erhebung vom 28. Mai 1926 beendete die demokratische Republik. Nach der Gründung zweier aufeinanderfolgender Triumvirate kam es zum öffentlichen und sozialen Chaos, das am 9. Juli in eine Diktatur mündete, welcher der General Carmona vorstand und die bis zum April 1928 bestehen sollte, dem Jahr, in dem Pessoa sein *Interregno* veröffentlichte. Kaum war Carmona zum Regierungschef proklamiert worden, versuchte eine Gruppe von Intellektuellen im Februar 1927, sich auf eine liberale Laune einiger Armeekommandanten stützend, die Dissidenten zu organisieren. Porto, eines der Widerstandsnester, wurde von loyal zur Diktatur stehenden Truppen bombardiert, umzingelt und eingenommen. Und in Lissabon schlug eine konzertierte Aktion von Militärs und Zivilisten die demokratische Revolte nieder, die soeben erst begonnen hatte.

Der Triumph der Diktatur unterstrich die Notwendigkeit, ein neues Regime aufzubauen, mit dem Anspruch, das politische und finanzielle Chaos im Land zu beseitigen. Am 15. April 1928 wurde Carmona zum Präsidenten der Republik ausgerufen, und Oliveira Salazar – der sich schnell zum wahren Herrn der Lage wandelte – wurde zum Finanzminister ernannt. Pessoa sollte sehr bald der Überzeugung sein, daß all dies ein Irrtum mit unheilvollen und unberechenbaren Konsequenzen war.

Während dieser für die Zukunft Portugals entscheidenden Jahre schien Pessoa besorgter um seine eigene zu sein. Da die Idee, sich zu verheiraten, für den Augenblick verworfen war – vielleicht nicht allein wegen seines eigentümlichen Charakters, sondern auch wegen seines finanziellen Engpasses, der durch den Zusammenbruch der Firma Olisipo verschlimmert wurde –, blieb ihm nach alldem keine andere Wahl, als weiterhin als Korrespondent in den Auslandsabteilungen mehrerer Lissaboner Unternehmen zu arbeiten und gleichzeitig seine Talente und Fähigkeiten so anzuwenden, daß sie ihm einige zusätzliche Einnahmen verschafften, mit denen er seine Ruhejahre bestreiten konnte. Er war spürbar gealtert, und seine Gesundheit begann, zum einen wegen seiner ohnehin gebrechlichen organischen Konstitution, zum andern wegen seines hohen Alkohol- und Tabakkonsums, schwächer zu werden. Es ist nötig, José Blanco beizupflichten, der schreibt, daß »der Alkohol im Leben von Fernando Pessoa eine wichtige Rolle spielte, und mehr noch bei seinem Tod«, der durch eine Leberzirrhose verursacht wurde.

Pedro Moitinho de Almeida, der Sohn des Eigentümers der Firma Moitinho d'Almeida, Ltda., deren Büroräume sich in der Rua da Prata befanden – einer der zentralsten Straßen im Pombal-Viertel –, gab in einem Vortrag wertvolle Information über die Trinkgewohnheiten von Pessoa, der für diese Firma seit spätestens 1923 arbeitete. Der Vortragende erinnert sich an seine Jugend, in deren Verlauf er einige poetische Unruhen verspürte, und sagt, daß er daher seine Ferien nutzte, um sich im Geschäftsbüro seines Vaters an der Schreibmaschine zu üben, wo er Pessoa kennenlernte und öfter mit ihm zu tun hatte: »Seine Brille, die eher wie ein Zwicker aussah, verlieh ihm einen schüchternen Ausdruck trotz der Aggressivität seines rotblonden, amerikanisch gestutzten Schnurrbarts, und bildete einen Kontrast zu den wenigen grauen Haaren, die er auf dem Kopf hatte«, eine Beschreibung, die sich auf einen reichlich älteren Mann zu beziehen scheint als den damals 35jährigen Dichter. Moitinho berichtet, daß ihn in diesem Büro gewöhnlich Ferreira Gomes, Botto, Raul Leal, sein Schwager, der Hauptmann Caetano Dias und andere seiner Freunde besuchten, und fährt fort: »Oft wohnte ich folgenden Szenen bei: Der *Herr Pessoa*, der üblicherweise an der Schreibmaschine arbeitete, da er für seine Maschinenschrift keine Konzepte brauchte, erhob sich, griff nach seinem Hut, rückte die Brille zurecht und sagte mit feierlicher Miene: ›Ich gehe zum Abel.‹ Niemand wunderte sich über diese Äußerung außer mir, der ich das zum erstenmal in einem Sommer ungefähr im Jahre 1923 mitbekam.«

Einige Jahre später kam Moitinho dahinter, daß es die nächstgelegene Niederlassung der Weinhandlung des Hauses Abel Pereira da Fonseca war, wohin er ging, um ein Glas – oder mehr als eins? – Schnaps zu trinken. »An einem einzigen Tag waren es so viele Gänge zum Abel, daß ich mir erlaubte, dem *Herrn Pessoa* bei seiner Rückkehr ins Büro zu sagen: ›Sie halten das wirklich aus wie ein Schwamm‹, woraufhin er sogleich mit seiner üblichen Ironie und Grazie und dem *sense of humor,* der ihm von seiner englischen Erziehung verblieben war, zur Antwort gab: ›Wie ein Schwamm? Wie ein ganzer Laden von Schwämmen mitsamt dem Lagerschuppen.‹ Das war der einzige Fehler – falls es ein Fehler war –, den ich an ihm kennenlernte. […] Sogar mein Vater, der ihn als Dichter nicht ernst nahm, schätzte ihn sehr und gab ihm Vollmacht, immer auszugehen, wann er Lust dazu hatte, weil er – sagte er – immer in besserer Arbeitsform zurückkäme.«

Moitinho erzählt weiter, daß Pessoa einen Schlüsselbund für die Büroräume hatte, weil sein Vater ihm gestattete, zu jeder beliebigen Tages- und Nachtzeit dort zu sein, was Pessoa dazu nutzte, seine Korrespondenz, seine Übersetzungen, seine Artikel und seine Gedichte zu schreiben. Bei mehr als einer Gelegenheit stellte der Bürojunge fest, daß die Maschine, an die er sich zum Schreiben gesetzt hatte, nicht funktionierte, weil der Dichter, zerstreut wie er war, zwischen den Bügeln einen Zigarrenstummel zurückgelassen hatte.

Eduardo Freitas da Costa, ein Cousin von Fernando, hat geschrieben – und niemand hat ihm widersprochen –, daß dieser »niemals von denjenigen, die mit ihm näher und häufiger zu tun hatten, im Rausch gesehen wurde, […] was neben seiner klassischen die ganz besondere Widerstandskraft gegen die sekundären Auswirkungen des ›Alkohols‹ kennzeichnete, die es ihm erlaubte, sich aufrecht zu halten, nachdem er in der Tat über das Normale hinausgehende Mengen geschluckt hatte. Was Fernando Pessoas äußeren Aspekt für den Verlauf seines Lebens kennzeichnete, waren die tadellose Sauberkeit und Makellosigkeit seiner weißen Hemden, die er stets trug, außerdem die einwandfreie Würde seiner schwarzen oder dunklen Anzüge, die von den Meistern des Hauses Lourenço e Santos geschneidert wurden«, einer Schneiderei – traurig, aber wahr –, die sich gezwungen sah, wenigstens während der 30er Jahre die ausstehenden Rechnungen mit Hilfe der Agentur Procuradoria Fénix einzutreiben.

Pessoas Erfahrung im Handel und sein Wunsch nach einer größeren finanziellen Sicherheit veranlaßten ihn, auf seiner Meinung nach einfach zu verwertende Erfindungen umzusatteln, und von einigen der besten glaubte er, daß sie sich in der kaufmännischen Praxis seiner Zeit würden durchsetzen können. Schon 1919 dachte er daran, allerdings tat er es wohl nicht, eine Erfindung patentieren zu lassen, die er *death of the envelope* (Tod des Briefumschlags) nannte und die in einem auf geniale Weise gefalzten Bogen Papier bestand, der »den Gebrauch des Briefumschlags erübrigte«, eine Idee, die wir alle schon als verwirklicht und verwertet kennengelernt haben, wenn auch nicht unter dem Copyright des Dichters. Aber seine wertvollste Erfindung war die eines »Agendenbuchs oder synthetischen Verzeichnisses für Namen oder alle anderen Klassifizierungen, die in jeder beliebigen Sprache zu Rate zu ziehen ist«. Dieses Mal, und ohne einen Zweifel an der Umsetzbarkeit und Rentabilität dieser Idee, entschied er sich, sie patentieren zu lassen und die nötigen Schritte für eine Verwertung in die Wege zu leiten. Er unterzeichnete am 26. Oktober 1925 einen auf gestempeltem Papier der Firma Olisipo geschriebenen Antrag, in dem er das Handels- und Kommunikationsministerium bat, seine Rechte als Erfinder mittels Patent zu schützen. In dieser Eingabe erklärt er, daß es sich um »ein Agendenbuch oder Verzeichnis nach Namen oder Firmen und akzessorisch nach jeder anderen beliebigen Klassifizierung [handelt], in welchem alle linguistischen Angaben durch gewöhnliche Zeichen ersetzt sind, was das Werk durch einen in dieser Sprache redigierten Schlüssel in jeder Sprache benutzbar macht«. Die Erfindung wurde unter der Nummer 14 345 des Patentamtes registriert und im *Boletim da Propriedade Industrial* veröffentlicht.

Der nächste Schritt war der Vorschlag zur Verwertung des Jahrbuchs, den er auf einem Briefbogen der Firma Moitinho d'Almeida schrieb und an die Angelo-e-Metrópolis-Bank richtete. Pessoa führt in diesem Dokument aus, daß es in Portugal bereits einen *Anuário Comercial* gibt, der, obwohl er einige behebbare Fehler aufweist, zumindest eine traditionelle Vorgabe geschaffen hat. Seiner würde dagegen in einem Band die zwei schon vorhandenen Bände verdichten. Auch wäre er in anderen Ländern zu gebrauchen und billiger, womit die Konkurrenz des anderen auszuschalten sei, von dem »nicht bloß eine alte Scharteke, sondern auch ein zerknautschtes Gesicht« übrigbleiben würde: »Weder im Ausland und noch viel weniger hier ist jemals eine so vollständige und gleichzeitig so bescheidene Lösung für dieses Problem der Katalogisierung und Werbung erschienen. Meine Erfindung hat in keinem Land Vorläufer.« Danach schlägt er den Geschäftsführern der Bank vor, ihnen das Patent zu überlassen und die umfassende Leitung des Vorhabens zu übernehmen. Aber die Inhaftierung ihrer Geschäftsführer zwang ihn, sich einen anderen, sichereren Kunden zu suchen. Er richtete sich daher im Mai des darauffolgenden Jahres über die Firma Moitinho d'Almeida an das Haus Guérin Frères in Paris, um über ein Patent für Frankreich, Belgien und England zu verhandeln. Es sollen hier nicht alle einzelnen Schritte dieses Vorgangs bis zum letztendlichen Scheitern verfolgt werden und auch nicht alle Einzelheiten der Erfindung einer Formel zur Rationalisierung des A.B.C.-Codes der Londoner Firma Eden Fisher & Co., Ltd., an die er sich im gleichen Jahr wendet, um die Antwort zu erhalten, daß es bereits viele Code-Verdichtungen auf dem Markt gäbe. Statt dessen möchte ich auf andere kommerzielle Unternehmungen des Erschaffers der heteronymen Dichter eingehen.

Moitinho de Almeida jr. zufolge »war [Pessoa] vortrefflich in kommerzieller Werbung«, aber nicht so vortrefflich, daß sich seine Werbesprüche nicht auch gelegentlich kontraproduktiv auswirkten. Dies ist aus der unterhaltsamen Geschichte zu entnehmen, die dieser in einem 1983 veröffentlichten Artikel schildert: Pessoa erfand im Auftrag der Hersteller von Coca-Cola, die dieses Getränk in Portugal einzuführen beabsichtigten, diesen paranomastischen und realistischen Werbespruch: »Zuerst sich weigern. Nachher sich steigern«, woraufhin der Dr. Ricardo Jorge, seines Zeichens Gesundheitsminister, die Beschlagnahme aller in Portugal gelagerten Erfrischungsgetränke mit Herkunft aus den Vereinigten Staaten entschied, weil in der Mixtur des Gesöffs ein Rauschgift vorhanden war, das in der Tat eine Gewöhnung erzeugte. »Angesichts des Slogans verstand Dr. Ricardo Jorge [...], daß jener ein Eingeständnis der Giftigkeit des Produkts war, denn wenn man sich zunächst weigerte und dann sich steigerte, traf das genau auf die Erfahrungen mit Rauschgift zu, an das sich der Patient, der es zu Anfang mit Widerwillen konsumiert, schließlich gewöhnt. Überflüssig zu sagen, daß mein Vater einen enormen Schaden durch das Verbot von Coca-Cola erlitt und mit dem damit verbundenen Ende der Vertretung in Portugal.« *O, qui dira les torts de la rime! – Wer rede noch mal schlecht von den Dichtern!*

Der Dichter João Rui de Sousa, dem ich die Kenntnis des Artikels von Moitinho verdanke, teilt seinerseits in einem kürzlich erschienenen Dokument neue Fakten über pessoanische Werbetexte mit. Darunter befindet sich der Beginn eines Artikels, der für ein Lack-Produkt zu werben bestimmt ist und wegen seiner Ironie – so kommt es mir jedenfalls vor – so gefährlich ist wie der Coca-Cola-Werbespruch. Wir wollen den Text in Auszügen zitieren:

> Ich erkläre, wie es gewesen ist (hat der traurige Mann gesagt, der ein fröhliches Gesicht hatte), ich erkläre, wie es gewesen ist ...
>
> Wenn ich ein Automobil habe, wasche ich es. Ich wasche es aus verschiedenen Gründen: um meinen Spaß zu haben, um Bewegung zu haben, damit es nicht schmutzig ist.

Im vergangenen Jahr habe ich mir ein prächtiges blaues Automobil gekauft. Auch dieses Automobil wusch ich. Aber jedesmal, wenn ich es reinigte, verschwand es ein bißchen. Das Blau sollte blaß werden, und ich und das Waschleder waren diejenigen, die blau wurden. Lachen Sie nicht ... Das Waschleder wurde wirklich blau. Demzufolge, dachte ich mir, wasche ich nicht dieses Automobil, ich löse es auf. Noch bevor ein Jahr vergangen war, bestand mein Automobil aus purem Metall: Es war kein Automobil mehr, es war eine Anämie. Das Blau war in das Waschleder übergegangen. Aber ich finde das nicht drollig, diese blaue Bluttransfusion.

Die Geschichte endet mit dem guten Rat eines Werkstattbesitzers, Barryloid, die in Frage kommende Farbe zu benutzen; ein Ratschlag, der überdies zur gewissen Irritation seitens des Herrn Bastos führt, denn »nur eine ziemlich entblödete Kreatur hat es nötig, hierherzukommen, um mir mit einer Frage auf die Nerven zu gehen, auf die der erstbeste Chauffeur in gleicher Weise antworten würde, der um den Unterschied wüßte, den es zwischen einem Automobil und einer Sardinenbüchse gibt«.

Manual Martins da Hora bezeugte in einem 1971 in der Lissaboner Zeitschrift *Eva* erschienenen Interview, daß sich Pessoa schon im Jahr 1925 so intensiv seiner Werbetätigkeit widmete, daß er zu Werbetagen, die in Madrid stattfanden, eingeladen wurde. Er nahm aber die Einladung nicht an. Rui de Sousa zitiert einige Zeilen aus den Äußerungen dieses Freundes von Pessoa: »Er war an allem, was er tat, aktiv und pragmatisch beteiligt. Und er sollte aufs schnellste die treffendste Bedeutung der Dinge entdecken, er improvisierte, ob über Automobile, Eisschränke, Modeartikel, was auch immer, über jedes nur erdenkliche Thema, das er auf die suggestivste und anziehendste Art und Weise behandelte. [...] Meine Verwunderung war folgende: Wie ist es möglich, daß ein so großer

Dichter zur gleichen Zeit so effizient in der Werbung und in der Handelskorrespondenz sein konnte?« Vielleicht weil sie ihn zerstreute oder wenigstens unterhielt, aber auch, weil er verzweifelt eine finanzielle Sicherheit benötigte, die er immer mehr entbehren sollte.

Im Januar 1926 brachten Pessoa und sein Vetter Francisco Caetano Dias die erste Nummer der *Revista de Comércio e Contabilidade* heraus, die von beiden gegründet und geleitet wurde, Dias war Direktor, und Pessoas Privaträume dienten als Geschäftsadresse. Seien wir nicht beunruhigt: schon Mallarmé hatte eine Modezeitschrift herausgebracht. Womit wir uns hier beschäftigen, hatte zweiunddreißig Seiten und erschien monatlich. Da Caetano schon mehrere Bücher über Buchhaltung und Geschäftsverwaltung publiziert hatte und Pessoa in den Lissaboner Wirtschaftskreisen sehr bekannt war – obwohl die politische Rechte, die sie beherrschte, wegen seiner wiederholten antikatholischen Äußerungen eine schlechte Meinung von ihm hatte –, durften die beiden Geschäftspartner eine angemessen starke Verbreitung der Zeitschrift erwarten, von der dennoch nicht mehr als sechs Nummern herausgebracht wurden.

Pessoas Arbeitsaufwand bei dieser Zeitschrift ist erstaunlich: Neben seinen Artikeln und eigenen Aufzeichnungen und den Übersetzungen anderer Autoren deckte er beinahe die Hälfte ihrer Seiten ab. Trotz seiner kaufmännischen Kenntnisse, die er in Durban während seiner Jugend erworben hatte und die weder besonders weitreichend noch detailliert gewesen sein konnten, und trotz seiner schon langen Erfahrung, die er vom Umgang mit verschiedenen Geschäftshäusern Lissabons gewann, die aktiv im Warenimport und -export tätig waren, und selbst, wenn man seine Vorliebe für die Welt des Handels und der Industrie in Rechnung stellt, die sich in den großen Oden von Álvaro de Campos offenbart, mit dem er sich zunehmend identifizieren sollte, ist anzumerken, daß Pessoas Verwandlung in einen Mentor der portugiesischen Kaufleute ein Selbstvertrauen voraussetzt und sogar eine Kühnheit, die selten anzutreffen sind. In der Tat war Pessoa ein kühner Denker – oder doch nur ein »Alchemist der Elemente«, wie Mário Saa es wollte? – und seine Artikel über das Handelswesen wiesen im allgemeinen einen Stil auf, der ihm erlaubte, die unterschiedlichsten Themen, oftmals mit mehr Eleganz als profunder Kenntnis, zu bewältigen. Gewiß ist auch, mögen uns Fachfremden seine Argumentationen und die Art und Weise ihrer Präsentation in kommerziellen Fragen auch fehlerfrei erscheinen, daß sich hier und da Mängel in der Anpassung an die herrschende wirtschaftliche Realität oder theoretische Informationsdefizite finden lassen, die seine Argumentation, wenigstens teilweise, entkräften. Auf jeden Fall ist es ratsam, sich mit diesen Theoretisierungen von Pessoa zu beschäftigen, wenn auch lediglich, um seine Bemühungen um eine kulturelle Synthese besser zu verstehen sowie bestimmte wirtschaftliche Perspektiven, die letztendlich, eher lang- als kurzfristig, eine Krise seiner politischen Überzeugungen verursachen sollten.

Pessoa trifft deutliche Vorkehrungen, wenn er in den »Einleitenden Worten« der Zeitschrift darauf aufmerksam macht, daß es weder ihre Absicht ist, zu tief in die Soziologie des Handels noch in die juristischen oder in ähnliche Aspekte einzudringen. Und dennoch korrigiert er sich sogleich, um zu verbürgen, daß die Zeitschrift sich intensiv um alle sie angehenden Fragen auf eine Art und Weise bemühen wird, daß die vorgetragenen Ideen sowohl für die »ausgebildeten« als auch für die »angehenden Kaufleute« nützlich sein werden. Von der einen wie von der anderen Haltung ausgehend, wird eine Serie von fünf Artikeln entstehen, in denen Pessoa mit einer Gewißheit spricht, die in nichts der in den Artikeln politischen oder literarischen Charakters bewiesenen nachsteht.

Im ersten der uns hier beschäftigenden Artikel mit dem Titel *Die Evolution des Handels* schreibt er, daß diese Aktivität, »so schlecht sie auch von den Theoretikern der unmöglichen Gesellschaften angesehen wird, dennoch eines der zwei distinktivsten Merkmale aller zivilisiert genannten Gesellschaften ist«, was so offensiv anmutet, daß man keine andere Wahl hat, als sich zu fragen, gegen wen sich diese Worte richten sollten. Aber wie wir sehen, ist das nicht schwer herauszufinden, denn genau während dieser Jahre versuchten die Reaktionärsten unter den Monarchisten ihre Kräfte zu vereinigen. Einige unter ihnen sollten schließlich bedingungslos die imperialistische Diktatur von Oliveira Salazar unterstützen. Nachdem sich der exilierte Manuel II. von der Verfassungsstaatlichkeit ab- und einem antiparlamentarischen Integralismus zugewandt hatte, der nicht die im Jahr 1910 abgeschaffte Monarchie, sondern die »hereditäre, katholische, traditionalistische und organische Monarchie« wiederherzustellen beanspruchte, war unschwer vorherzusehen, was Pessoa für den Fall der besagten Restauration aussprach: daß Portugal in einen Agrarstaat und kaum dem internationalen Handel offenstehendes Land zurückfallen würde, weshalb es diese Monarchisten sein konnten, denen er die Warnung zugedachte. Jenen zugedacht, das heißt, António Cabral, Pimenta de Castro, Caetano Beirão, der später ein Faschist ersten Ranges werden sollte, und anderen mehr. Wie auch immer, Pessoa weist in diesem Artikel darauf hin, daß es die Gesellschaften gewesen sind, die sich am stärksten im Wirtschaftsleben hervorgetan haben, die bekannterweise auch in der Schaffung kultureller Werte vornan stehen, wofür Athen mit seinem Heidentum und das merkantile Florenz Beispiele darstellen.

Ohne den Inhalt – oder gar die Struktur – der folgenden Artikel zu analysieren, möchte ich einige der in ihnen vorgetragenen Ideen hervorheben. Im zweiten Artikel mit dem Titel *Die Handschellen* macht Pessoa die Beobachtung, daß der

Staat während des Mittelalters das Leben lediglich individuell reglementierte. Obwohl das 19. Jahrhundert gegen das Andauern einer ähnlichen sozialen Situation reagierte, neige der moderne Staat seit der Vorkriegszeit zum staatlichen Interventionalismus, was die »Beschränkung der Reichweite des wirtschaftlichen Handelns« notwendigerweise nach sich zieht. Er offenbart sich damit als Liberaler und als der theoretischer Verfechter einer Politik, die nahezu diametral entgegengesetzt zu der steht, die Salazars »Estado Novo« einführen sollte, wie diese Politik einige Jahre später, nachdem dieser Artikel publiziert wurde, genannt werden sollte.

Im nächsten Artikel, der die Überschrift *Dirigismus, Monopol und Freiheit* trägt, erklärt Pessoa – und hält die Linie des vorhergegangenen aufrecht –, daß, »was man selbst beobachten kann, die staatliche Steuerung das schlimmste der vorstellbaren Systeme für gleich welche der drei Entitäten ist, die diese Steuerung einbezieht«, das heißt für den Staat selbst, für den Handel und für den Konsumenten.

Aus der *Revista de Comércio e Contabilidade* ragen einige kurze Aufzeichnungen heraus, die nicht nur die angesammelte, sondern gleichzeitig auch die Summe der kaufmännischen Erfahrung Pessoas darstellen. Als Beispiel möge eine genügen: »Ein schroffer und aggressiver Brief ist immer ungerechtfertigt, denn er ist immer nutzlos. Er verstimmt und bringt kein Ergebnis. Wer nicht zahlt, weil er nicht will, kommt nicht zum Bezahlen vorbei, weil Sie ihm sagen, daß er nicht zahlt, weil er nicht will. Das weiß er ja bereits. Und wer nicht zahlt, weil er dazu nicht in der Lage ist, ist nicht erfreut, wenn man ihm sagt oder unterstellt, daß er nicht zahlt, weil er nicht will.«

In dem intimen und zeitweilig unterbrochenen Tagebuch, *Das Buch der Unruhe,* in dem sich Fernando Pessoa unter der durchsichtigen Maske des Hilfsbuchhalters Bernardo Soares zu erkennen gibt, sind unter dem Eintrag vom 27. Juni 1930 einige

Worte zu lesen, die ohne Zweifel aus der angehäuften Verbitterung über seine wiederholten kommerziellen Fehlschläge
geboren wurden.

Ich sage das in keiner bestimmten Absicht … Ich habe viel
geträumt. Ich bin es müde, geträumt zu haben, freilich nicht
müde zu träumen. Des Träumens wird niemand müde, denn
Träumen heißt vergessen, und Vergessen bedrückt nicht und
ist ein Schlaf ohne Träume, in dem wir wach sind. In Träumen habe ich alles erreicht. Ich bin freilich aufgewacht, aber
was macht das schon aus. Wie viele Cäsaren bin ich gewesen! […] Wie viele Cäsaren bin ich gewesen und träume ich
noch immer zu sein!

Wie viele Cäsaren bin ich gewesen, aber freilich keine
wirklichen! Ich war wahrhaft kaiserlich, während ich träumte,
und deshalb war ich nie irgend etwas. Meine Heere wurden
geschlagen, aber die Niederlage war eine matte Sache, und
niemand ist dabei ums Leben gekommen. […] Wie viele
Cäsaren war ich hier in der Rua dos Douradores! Und die
Cäsaren, die ich hier war, leben noch immer weiter in meiner
Phantasie; aber die Cäsaren, die gewesen sind, sind tot, und
die Rua dos Douradores, das heißt die Wirklichkeit, kann sie
nicht kennen.

Wie charakterisierte oder besser, wie entwarf Fernando Pessoa
diese Maske? Die Geschichte ist erzählenswert. Zu Anfang
hatte *Das Buch der Unruhe* nichts mit dem zu tun, was sein
Protagonist werden sollte. Seine ersten Fragmente in überlade-
nem, dekadentem Stil lassen, ausgenommen in seltenen und
umstrittenen Fällen, nicht einmal die Problematik vermuten,
die sich in die perennierende pessoanische Unruhe verwandeln sollte; aber die Dinge änderten sich, als in einem unbestimmten Moment während der 20er Jahre die sich anschließenden Fragmente einen schlichteren und transparenteren Stil

annahmen – hinsichtlich Schlichtheit und Transparenz ist es die beste künstlerische Prosa des Autors – und den Inhalt des Buches in ein äußerst ernstes *Intimes Tagebuch* verwandelten. Nur, es gefiel Pessoa nicht, sein Innerstes auszustellen, weshalb er überlegte, es einem Heteronym mit dem Namen Vicente Guedes zuzuschreiben. Aber diese Zuschreibung war nicht endgültig, und im Jahr 1929 erschien in der Zeitschrift *Solução Editora* ein von Bernardo Soares unterschriebenes Fragment. Immer, wenn er sich entschloß, ein Fragment aus diesem Buch zu veröffentlichen, sollte er so vorgehen, was uns auf zwei Dinge hinweist: daß es ungefähr in dieses Jahr fiel – uns fehlen die Dokumente, um es anders zu sehen, und sollten diese existieren, sind sie unbekannt –, da Pessoa seinen Enthusiasmus für dieses Buch zurückkehren spürte und daß er gleichzeitig die literarische Figur des Bernardo Soares erfand. Dieses Jahr scheint die Überschreibung des *Buches der Unruhe* entscheidend zu sein, denn nachdem er dieses Fragment veröffentlicht hatte, schrieb Pessoa am 28. Juni 1930 einen Brief an J. G. Simões, in dem er verspricht, ihm für die Zeitschrift *Presença* »etwas von den triumphalen Sachen Álvaro de Campos' und noch etwas von mir und nur mir einzuschicken«, was – falls er sich nicht umentschieden hat – schließlich ein Fragment »von ihm und nur ihm« aus dem *Buch der Unruhe* ist. Da scheint offensichtlich ein zeitweiliges Bereuen über die Überschreibung des Werkes auf Soares durch – oder handelte es sich lediglich um eine übersehene Bedeutung? –, denn unbestritten wurde das in der Zeitschrift aus Coimbra veröffentlichte Fragment dieser Persönlichkeit zugeschrieben. Ich glaube, wenn er es, und sei es nur zeitweilig, bereut haben sollte, so aufgrund der komplexen Aufgaben, Soares wie ein Heteronym auszustatten, oder, um es anders auszudrücken, das *Buch der Unruhe* einem Heteronym zuzuerkennen – und wir dürfen nicht vergessen, daß Guedes der Autorschaft enteignet wurde, die ihm schon übertragen worden war. Pessoa hatte bereits bemerkt, daß Soares keine heteronyme Gestalt war, und Beweis dafür ist der Brief an Simões vom 28. Juli 1932, in dem er schreibt, daß Soares »kein Heteronym ist, sondern eine literarische Persönlichkeit«. Durch einen Brief an Casais Monteiro vom 13. Januar 1935 erscheint die Frage als endgültig beantwortet und abgeschlossen, wenn Pessoa bestätigt, daß Soares »ein Halbheteronym ist, weil seine Persönlichkeit nicht die meinige, doch nicht von ihr verschieden, wohl aber eine einfache Verstümmelung von ihr ist. Ich bin es, minus die Vernunftüberlegung und die Gefühlserregbarkeit.« Alles in allem eine Maske.

Daß Soares eine Maske des im Geschäftsleben der Lissaboner Baixa aktiv agierenden Pessoa ist, daran kann kein Zweifel bestehen. Selbstverständlich war Pessoa niemals wie Bernardo Soares ein kleiner Angestellter, und seine Persönlichkeit strahlte in diesem Umfeld um vieles heller als die des vermeintlichen Autors des *Buches der Unruhe*. Aber das gehört zu der gewünschten Dramatisierung eines Pessoa, der sich – nach seinen Bemühungen, zwischen den Handelsleuten, für die er arbeitete, eine Nische zu finden – wie seine Figur als gescheitert betrachtete. Auf den Seiten dieses Tagebuchs erkennt man den Pessoa wieder, der in den Handelsbüros arbeitet, der für seine Arbeitgeber Respekt und Sympathie hegt, der sich während der Arbeitsstunden Zeit zum Schreiben nimmt und der sich, einsam und von Unruhe geplagt, in sein bescheidenes und ruhiges Heim zurückzieht, von dessen Fenster aus er den Himmel und die Straßen Lissabons beobachtet. Und man erkennt den Pessoa wieder, den die Stürme quälen, was ihn dazu veranlaßt, sie minuziös in unvermittelt kathartischen Gefühlsstürmen zu beschreiben; und es fehlen nicht die esoterischen Reflexionen, deren Ergebnis die Heteronymie ist und deren psychologische Grundlagen von Bernardo Soares zum Teil angesprochen werden.

Dieser ist das wirkliche innere Portrait des Fernando Pessoa,

dem es kaum gelingt, sein Gesicht hinter der Maske des Hilfsbuchhalters zu verbergen. Und es widerspricht jenem Portrait,
welches man einem in der *Contemporânea* im September 1926
veröffentlichten Gedicht mit dem Titel *O menino da sua mãe
(Der kleine Junge seiner Mutter)* entdeckt haben möchte. In meiner Lesart reflektiert es nicht einmal symbolisch die Persönlichkeit des Autors, denn es ist nichts weiter als ein Protest
gegen die Menschenopfer bei der Errichtung des portugiesischen Kolonialreichs, was vollkommen seinem Pazifismus
und dem seiner Heteronyme entspricht. Das Gedicht, in dem
sich Fernando Pessoa unter dem Aspekt seines pluralen Lebens
portraitieren wird, sollte erst sechs Jahre später unter dem Titel
Autopsychographie in *Presença* veröffentlicht werden:

Der Poet verstellt sich, täuscht uns so vollkommen und
                                        gewagt,
daß er selbst den Schmerz vortäuscht, der ihn wirklich plagt.

Die dann seine Verse lesen, spüren, lesen nicht die beiden
Schmerzen, die in ihm gewesen, sondern Schmerz,
                                    den sie nicht leiden.

Und so fährt auf ihrem Gleise, unterhaltsam dem Verstand,
eine Spielzeugbahn im Kreise, unser Herz genannt.

18

Der Meister Pessoa und die Zeitschrift *Presença*.
Interregnum und die Militärdiktatur in Portugal
1927–1930

A am 10. März 1927 erschien in Coimbra die erste Nummer einer Zeitschrift mit dem Namen *Presença*, die
den Untertitel *Folha de Arte e Crítica (Blatt für Kunst-
und Kritik)* trug. Eine Gruppe von jungen Leuten, hauptsächlich Universitätsstudenten, gab sie heraus, und zu Anfang
wurde sie von einem Triumvirat geleitet, das sich aus den
Dichtern José Régio und Branquinho da Fonseca sowie dem
Kritiker und Romanschriftsteller João Gaspar Simões zusam-
mensetzte. Aber wer von einer Generation der *Presença* spricht,
übersieht, daß einige der mutmaßlich zu diesem Kreis Gehörenden schon bald ihre abweichende Meinung dieser Generation kundtaten, was nach einiger Zeit den Weg für Adolfo
Casais Monteiro öffnete, der Mitherausgeber wurde. Die Mitglieder dieser Zeitschrift einigten sich, fortan zu behaupten,
daß es sich um eine Gruppe handelte, deren herausragende
Figuren neben den bereits Erwähnten die Poeten Edmundo
de Bettencourt, António de Navarro, Carlos Queiroz, Alberto
de Serpa und Miguel Torga waren, wenngleich der Letztge-
nannte und Branquinho im Jahr 1930 mit den anderen bra-
chen. Aber zu den Mitarbeitern der *Presença* zählten noch
viele mehr – von Pessoa bis zu den ersten Neorealisten der
40er Jahre.

Wie die *Orpheu,* so war auch diese Zeitschrift epoche-
machend für die Geschichte der portugiesischen Kultur, wenn
auch ihre Beweggründe ziemlich verschieden von denen ihrer Vorläuferin waren, denn es handelte sich nicht um eine
Zeitschrift mit revolutionären Ansprüchen. Vielmehr sprach

man mit Blick auf ihre literarische Politik von Bonapartismus, das heißt in anderen Worten, daß sie sich den Impuls der orphischen Dichter und ihrer Nachfolger zunutze gemacht hat, um eine Vermittlerrolle im kulturellen Alltag des Landes einzunehmen. Nicht allein wegen der Rolle, die einige ihrer Anhänger für Pessoa und seinen postumen Ruhm gespielt haben, ist es angebracht – wenn auch sehr komprimiert –, einige ihrer Tendenzen aufzuzeigen, die in ihrer ästhetischen und soziologischen Orientierung zweifellos heterogen waren, und über den literarischen Kosmos dieser Gruppe Auskunft zu geben.

Im gleichen Jahr gegründet, in dem die fortschrittlichen Intellektuellen vergeblich gegen die ein Jahr zuvor errichtete Diktatur rebellierten, und drei Jahre nach dem Erscheinen des Ersten surrealistischen Manifests in Frankreich, ignorierten die Anhänger der *Presença* in ihren Texten sowohl diese neue Avantgarde und diejenigen, die sie eingeleitet hatten, als auch die politische Wirklichkeit des Landes. Das hatte verschiedene Folgen: der portugiesische Surrealismus ließ lange auf sich warten und begann erst seit 1947 als Reaktion auf den Neorealismus, Anhänger zu finden, als die Surrealisten ihr soziales Protestpotential mit ihren Rivalen und unmittelbaren neorealistischen Vorläufern zusammenwarfen, als ginge es darum, die verlorene Zeit aufzuholen. Damit baute sich unter den neuen Schriftstellern eine beinahe einmütige Reaktion gegen den *presencismus* auf, der im kulturellen Leben Portugals während der vierzehn Jahre ihres Erscheinens eine Bedeutung hatte, die auch nach dem Verschwinden der Zeitschrift im Jahre 1941 noch anhielt. Was aus heutiger Sicht in Wirklichkeit vor sich ging, war, daß weder die *Presença* noch ihre Gruppe fähig waren, die politischen und kulturellen Konsequenzen des spanischen Bürgerkriegs und des darauffolgenden Weltkrieges aufzugreifen und zu assimilieren.

Das Neue, das die Mitglieder der *Presença* beisteuerten,

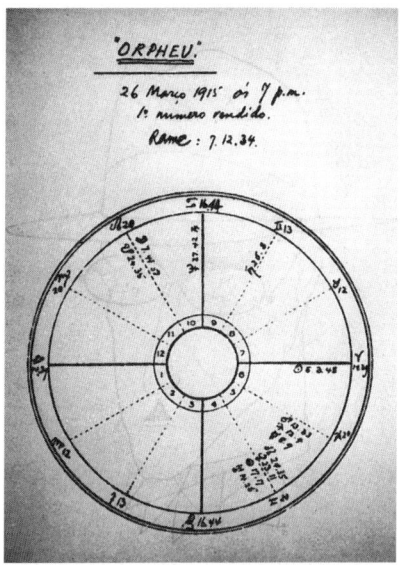

Das von Pessoa erstellte
Horoskop für *Orpheu*

Armando Côrtes-Rodrigues

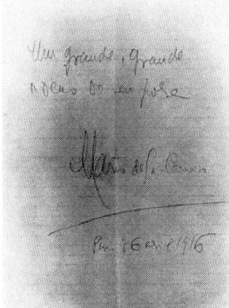

Die zweite Nummer von *Orpheu*, die Pessoa mit Mário de Sá-Carneiro herausgibt.

Mário de Sá-Carneiro

Der Abschiedsgruß von Sá-Carneiro an den Freund: »Ein großes, großes Adieu von Deinem armen Mário de Sá-Carneiro«

Der Studentenausweis Sá-Carneiros, ein weiterer Abschiedsgruß, den Pessoa von ihm aus Paris erhielt.

Die Vorläufer der Moderne in Portugal, eine Seite aus »Notícias Ilustrado« (1928)

Ophélia Queiroz im Alter von 19
Jahren

Ein an Pessoa adressierter
Briefumschlag Ophélias
Sie erlaubt sich eine Spielerei:
Monsieur Ferdinand Personne.

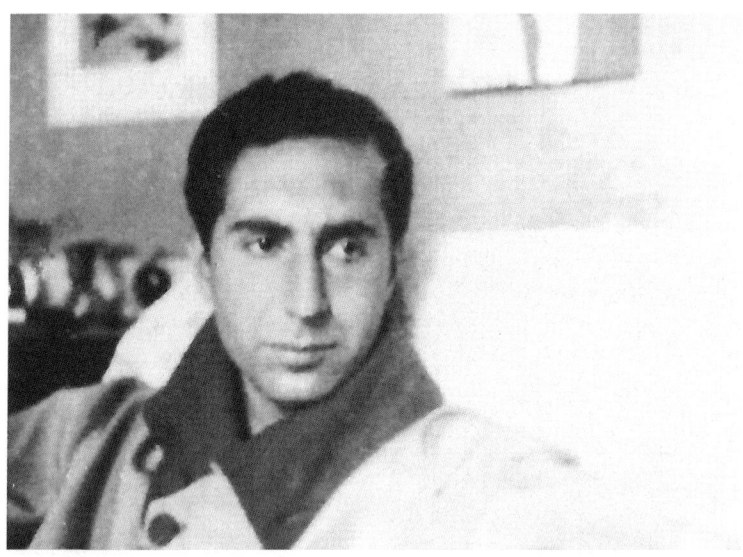

Ophélias Neffe,
der Dichter Carlos Queiroz

Der letzte Brief Ophélias an Pessoa vom 13. Juni 1931

1935
Fernando Pessoa allein im Martinho da Arcada

Pessoa mit seinem Patenkind, der Tochter von A. Teixeira Rebelo, im Botanischen Garten von Lissabon, 1935

Pessoas Bruder Luís Miguel besucht Portugal 1935 auf seiner Hochzeitsreise. Hier macht die Familie einen Ausflug zum Mosteiro dos Jerónimos. Von links nach rechts: Pessoa, sein Bruder Luís Miguel und seine Frau Eve sowie Pessoas Schwester Henriqueta

Die letzte Fotografie des Dichters, aufgenommen von A. Ferreira Gomes

bestand in einer dem Charakter nach introspektiven Poesie und Novellistik, also eines Novums, das sich in vielen Fällen in der Psychoanalyse Freuds gründete wie auch in der Kultivierung einiger Formen, die in den Augen einer konservativen Öffentlichkeit, die sie schnell eroberten, nicht skandalös erschienen – was gewissermaßen eine Wendung hin zur Tradition voraussetzte, die vor der *Orpheu* bestand. Dennoch muß man nuancieren: Mehrere Mitglieder der Gruppe übernahmen den freien Vers und zeigten auch in weiteren Details Einflüsse des orphischen Modernismus – insbesondere Carlos Queiroz und Casais Monteiro waren unbezweifelbar von Pessoa geprägt –, aber nichts von alledem bremste den in dieser Gruppe so sehr vorherrschenden Konservatismus. Ähnliches kann man von der marginalen politischen Bedeutung der Gruppe sagen, wodurch sie größere Schwierigkeiten mit der Zensur vermeiden konnte und die Verbreitung und die Akzeptanz ihrer Werke belebte, wenngleich es in diesem Zusammenhang auch Ausnahmen gab: die politische Verfolgung des Dissidenten Miguel Torga und des nachträglich zur Gruppe gestoßenen und schließlich nach Brasilien ausgewanderten Casais Monteiro.

Am meisten hielten sich die Mitglieder der *Presença*, insbesondere Régio und Simões, darauf zugute, daß sie die »Entdeckung« Pessoas als großen Dichter eingeleitet hätten. In der Tat war Pessoa lediglich einer Gruppe von Freunden und unter Weggenossen bekannt, als sie ihm nach und nach die Türen ihrer Zeitschrift öffneten. Und da sie sich auch ganz besonders für das Werk von Sá-Carneiro interessierten, hatten sie etwas einer Rettung des Modernismus Gleichkommendes zustande gebracht, der seit dem Verschwinden der *Orpheu* dahinsiechte. Wie ihnen also Konservatismus vorwerfen? Als sie die Bilanz ihrer Verdienste zogen, war keinem von ihnen aufgefallen, daß Pessoa in den 20ern – in *Contemporânea*, in *Athena* und in anderen Zeitschriften – mehr von

seinen eigenen Werken und denen seiner Heteronyme veröffentlicht hatte, als verdienstvoll und mit der besten Absicht in
den zwölf Nummern der *Presença* erschienen war, an denen
unser Dichter mitwirkte. Régio hat richtig bemerkt, daß die
Veröffentlichungen in den 20ern »nicht das große Publikum
erreichten; oder ein solches Publikum, das Zweifel hegte«.
Dagegen war eine Veröffentlichung in einer Zeitschrift wie
Presença etwas mehrheitsfähiger und wurde weniger ange-
zweifelt. Gemeinsam mit der Rezeption seines Werkes durch
die jüngere Generation, konnte dies seinen bereits soliden
Ruf verbürgen, denn unser Dichter war *kein,* wie gerade
gesagt und angedeutet wurde, wirklich unveröffentlichter
Schriftsteller. Man muß also auch hier, ohne sich Polemiken
anzuschließen, die den Tatsachen immer feindlich gegenüberstehen, stark nuancieren.

In der Vorstellung der ersten Nummer der *Presença,* die
Régio geschrieben hat, ist zu lesen: »Lebendige Literatur ist
jene, in die der Künstler sein eigenes Leben eingehaucht hat
und die daher dazu übergeht, ein Eigenleben zu führen. Da
dieser Künstler aufgrund seiner Sensibilität, aufgrund seiner
Intelligenz und aufgrund seiner Imaginationskraft ein höherer
Mensch ist, wird die lebendige Literatur, die er schafft, größer sein; aus diesem Grunde ist sie von den Voraussetzungen
der Zeit und des Raumes uneinholbar. Allein aus dem Grunde
sind die Schriften Gil Vicentes verblüffend lebendig und die
Kommödien Sá de Mirandas unabänderlich tot; wie all die Bücher Judith Teixeiras nicht einer Lieddichtung António Bottos
gleichkommen; wie die Sonette eines Camões herrlich und die
eines António Ferreira ermüdend sind; wie ein kleines Vorwort von Pessoa mehr sagt als ein langer Artikel von Fidelino
de Figueiredo …« Abgesehen davon, daß hier die kritische
Bedeutung Pessoas anerkannt wird, nicht aber seine poetische,
sind diese Zeilen interessant, weil sie auf bündige Weise den
Subjektivismus und insbesondere das aristokratische Gefühl

ihres Autors zutage treten lassen, der hier als Sprecher seiner Mitstreiter hervortritt. Anerkennung als großer Dichter wird Pessoa in einem Artikel in der Nummer drei der Zeitschrift mit dem Titel *Über die modernistische Generation* finden, in dem versichert wird, daß »Fernando Pessoa die Veranlagung zu einem Meister hat und er der Reichste in Hinblick auf unsere sogenannten Modernisten ist«. Der Kenntnis dieser Worte schreibt Simões, wie es den Anschein macht, zu Recht die Verbindung zu, die unser Dichter unmittelbar darauf mit der *Presença* knüpfte.

Aber wir sollten nicht annehmen, daß diese Anerkennung von Seiten Régios bedingungslos war. In seinem Buch *Kleine Geschichte der modernen portugiesischen Dichtung,* das sechs Jahre nach dem Tod Pessoas erschien, manifestieren sich die hinsichtlich des Standpunkts und der Sensibilität vorhandenen Differenzen zwischen dem Kritiker und dem Betroffenen wie folgt: »Die Wahrheit, die auszusprechen ist, weil der authentische Ruhm von Fernando Pessoa Gefälligkeitsdienste nicht braucht, besteht darin, daß viele der freien Verse von Álvaro de Campos und von Alberto Caeiro keine Verse werden; mit anderen Worten, sie werden keine Poesie; und, wenngleich sie auch wegen des Talents ihres Autors stets höchst interessante literarische Dokumente sind, so würden einige dieser kleinen Gedichte vielleicht nicht über – obschon höhere – *Übungen* hinauskommen, verliehe man ihnen nicht wegen ihrer psychologischen Verankerung in einer Haltung aus Mattigkeit, Bitterkeit und Sarkasmus des Poeten, mißbräuchlich etwa, ein poetisches Kolorit … (…) Wir wiederholen, daß diese Einheit [der Werke des Orthonymen und der Heteronyme] uns wegen der Intelligenz aus der Mastikation der Inspiration und der Sensibilität zu resultieren scheint.« Oder lesen wir diese andere Passage: Nachdem er die Ähnlichkeiten angesprochen hat, die er zwischen der Dichtung Pessoas und der der Gongoristen des 17. Jahrhunderts entdeckt – die in Portugal, als Régio dies schrieb, und nicht nur aus ästhetischen Gründen, noch kein Thema waren –, betont er, selbstverständlich ganz zu Recht, die »Magie, die wir nicht umhin können, als Poesie anzuerkennen, in der wir andererseits mehrere Begrenztheiten und Dienstbarkeiten spüren«.

Ich glaube nicht, daß Régio übermäßige persönliche Sympathie für Pessoa empfand, als der ihm bei einem Treffen im Café Montanha in der Rua da Assunção in Lissabon an einem Sonntag im Juni 1930 von Simões mit den Worten vorgestellt wurde, daß es sich um den Ingenieur Álvaro de Campos handelte. Régio nahm eine gespannte Haltung ein, die Pessoa nicht unbemerkt geblieben sein dürfte. Vielleicht schickte er aus diesem Grunde und in Erinnerung an jenes Zusammentreffen an Régio ein Glückwunsch-Telegramm zur Herausgabe der Nummer zehn von *Presença* – im Namen von »Pessoa und der heteronymen Gesellschaft«, jedoch unterzeichnet von Álvaro de Campos.

Wer eine lange, durch Briefwechsel gekennzeichnete Freundschaft mit unserem Dichter aufrechterhielt, war Simões, das Faktotum der Zeitschrift zwischen 1930 und 1934 und verantwortlich für die Veröffentlichung einer stattlichen Anzahl von Texten Pessoas. Einige der Briefe, die Pessoa an ihn richtete, haben als Dokumente große Bedeutung. Die Lektüre dieser Korrespondenz erinnert an eine Beziehung zwischen Meister und Schüler, die durch die bedingungslose Bewunderung des letzteren für den ersteren lebt. Simões hatte schon zu Lebzeiten Pessoas zahlreiche kritische Arbeiten über ihn veröffentlicht, intervenierte bei der postumen Veröffentlichung seines Gesamtwerkes und schrieb die erste und monumentale Biographie über den Dichter, die trotz der Korrekturen und Nuancierungen, die die konstant und rasch anwachsende Pessoa-Dokumentation periodisch erfordert, noch immer unentbehrlich ist. Simões trug auf diese Weise und wie kein anderer schon zu Lebzeiten Pessoas zu dessen

Ruhm bei, und erst recht zu seinem postumen. Eindeutig ist sein biographisches Werk stark durch einen Subjektivismus und Psychologismus Freudscher Natur bestimmt, die dem Romancier Simões eigentümlich waren – und darüber hinaus durch bestimmte literarische Archetypen: Baudelaire und Edgar Allan Poe, um Beispiele zu nennen –, was insgesamt – aufgrund des Prestiges des Autors – einer Reihe von Legenden Raum verschaffte.

Pessoa veröffentlichte in der *Presença* einige seiner bekanntesten orthonymen und heteronymen Gedichte und bereitete eine Edition der Dichtungen Sá-Carneiros für diese Zeitschrift vor. Seiner Verbindung zu den herausragenden Figuren ihrer Gruppe verdanken wir nicht nur die Briefe an Simões, sondern ebenfalls die grundlegenden über seine Heteronymie und seinen Esoterismus, die er an Casais Monteiro, einen weiteren seiner frühesten Interpreten, richtete. Aber kehren wir zu den Briefen an Simões zurück, genauer zu dem vom 11. Dezember 1931, in dem Pessoa seine Unvereinbarkeit mit dem freudianischen Psychologismus der Mitglieder der *Presença* erklärt. Anläßlich dessen, was der damals noch junge Kritiker in seinem Buch *Das Geheimnis der Poesie* über ihn sagt, schreibt Pessoa ihm:

> glaube ich, daß Sie sich ein wenig mehr, als Sie sollten, den Einflüssen und Anregungen des intellektuellen Milieus Europas überlassen, mit all seinen Theorien, die sich als Wissenschaft ausgeben, mit all seinen geschickten Talenten, die sich für Genies ausgeben und für solche gehalten werden. Ich mache Ihnen nicht zum Vorwurf, daß Sie das nicht *sehen;* in Ihrem Alter sieht man das nie. [...] Unter den Leitfiguren, die Sie in das Labyrinth eingeführt haben, in das Sie eingetreten sind, glaube ich Freud hervorheben zu können, wobei ich unter Freud ihn und sein Gefolge verstehe. Ich finde das vollkommen verständlich, nicht nur wegen der allgemeinen,

oben dargelegten Gründe, sondern auch aus dem besonderen, daß Freud in Wahrheit ein Mann von Genie ist, Schöpfer eines originellen und anziehenden Kriteriums, bei dem die Sendekraft, die von diesem Kriterium ausgeht, zur offenen Paranoia des deutenden Menschentyps geworden ist. Der europäische Erfolg von Freud läßt sich meines Erachtens zum Teil auf die Originalität des Kriteriums zurückführen; zum Teil darauf, was dieses von der Kraft und Enge des Wahnsinns hat (so bilden sich die Religionen und die religiösen Sekten, wobei in diese, weil sie es ebenfalls sind, die Sekten des politischen Mystizismus eingeschlossen sind, wie Faschismus, Kommunismus und andere ebensolche); aber vor allem, weil das Kriterium (Abweichung bei einigen Gefolgsleuten ausgenommen) auf einer sexuellen Interpretation beruht. Das ermöglicht, daß man als angeblich wissenschaftliche Werke (die sie zuweilen auch wirklich sind) absolut obszöne Bücher schreiben kann und daß man Künstler und Schriftsteller der Vergangenheit und Gegenwart (im allgemeinen ohne irgendeine kritische Begründung) in einem herabwürdigenden und dem Kaffeehaus gemäßen Sinne »interpretieren« kann, indem man auf diese Weise zu dem weiten Netz von Onanismus, aus dem sich die zeitgenössische Zivilisationsmentalität zu bilden scheint, psychische Masturbationen beisteuert.

Pessoa berücksichtigt in diesem Brief, daß der Freudianismus ein unvollkommenes, enges aber äußerst nützliches System ist; unvollkommen, weil es uns, wie auch kein anderes System, den Schlüssel für die Komplexität der menschlichen Seele nicht geben kann; eng, weil es sich auf die Sexualität reduziert, und äußerst nützlich, da es die Aufmerksamkeit der Psychologen für das Unterbewußte, die Sexualität und die »Übertragung« oder Verwandlung gewisser psychischer Elemente in andere geweckt hat, was uns erlaubt, gewisse positive Eigenschaften und Defekte, die scheinbar nicht mit ihnen in Verbindung stehen, zu entdecken. »Aber viele andere Dinge [...] haben mir in der Tat Freud und die Seinigen aufgehellt: Es wäre mir beispielsweise nie eingefallen, daß der Tabak (und ich füge hinzu, ›der Alkohol‹) eine Sublimierung der Onanie ist. Nachdem ich Ausführungen in diesem Sinne [...] gelesen hatte, stellte ich sogleich fest, daß von den fünf perfekten Onanisten-Exemplaren, die ich gekannt habe, vier weder rauchten noch tranken und derjenige, der rauchte, den Wein verabscheute.« Und er fügt hinzu – etwa für seine zukünftigen Biographen? –: »Ich habe niemals Sehnsucht nach der Kindheit empfunden; ich habe in Wahrheit niemals nach irgend etwas Sehnsucht empfunden.«

Von 1927 bis 1935 wirkte Pessoa neben der *Presença* an *O Imparcial,* an den *Notícias Ilustrado,* an *Girasol,* an *Fama,* an *Fradique,* am *Diário de Lisboa,* an *Sudoeste* und anderen Zeitungen und Zeitschriften mit. Eine dieser Publikationen war die *Solução Editora,* die sich dem Namen nach auf einen Verlag bezog, der im Jahre 1928 von einer Gruppe von *Tertulia*-Mitgliedern des am Rossio gelegenen Cafés Martinho gegründet wurde, zu der neben ihm selbst José Paxeco, Mário Saa, António Botto und Albino Lapa zählten. Dieser Verlag, der noch 1932 tätig war, bahnte die Publikation einer *Anthologie moderner portugiesischer Gedichte* an, die von Pessoa und Botto besorgt wurde, deren vollständige Ausgabe aber von Botto nicht vor 1944 veröffentlicht werden konnte. Diese Blütenlese beginnt mit der Coimbrischen Schule *(Escola de Coimbra),* also mit der antiromantischen Reaktion, mit deren Einsetzen, wie Pessoa im Prolog schreibt, »wir wieder zum Vers zurückgekehrt sind«, zumal die portugiesische Dichtung seit dem Ende der mittelalterlichen Dichtkunst »untertänig befremdende Einflüsse« erlebt hatte. Die Schlußfolgerung lautet, ein moderner Dichter in Portugal sein heißt portugiesischer Dichter zu sein.

Gehen wir zur Beurteilung eines Dokuments über, das in der Zukunft laut späterer Äußerung seines Autors »als nicht vorhanden betrachtet werden soll«. 1928 veröffentlichte Pessoa eine Broschüre mit dem Titel *Interregno. Defesa e Justificação da Ditadura Militar em Portugal (Interregnum. Verteidigung und Rechtfertigung der Militärdiktatur in Portugal),* die in Wirklichkeit ein Manifest des Núcleo de Acção Nacional war. Pessoa schrieb es im Einverständnis des kollektiven Charakters des Núcleo, um es anonym erscheinen zu lassen, aber wegen einiger Auflagen der Zensur sah er sich gezwungen, es mit Namen zu unterzeichnen. Wie wir bereits wissen, war die Acção Nacional keine politische Partei, sondern eine Gruppierung von Sidonisten, zu der nicht allein Personen mit monarchistischen Ideen gehörten, sondern auch einige Republikaner, die um die Ordnung des politischen Alltags besorgt waren. Es ist, da vertrauenswürdige Daten fehlen, unmöglich zu ermessen, wieviel Einfluß der Núcleo auf die öffentliche Meinung ausübte, aber alles deutet darauf hin, daß dieser sehr gering gewesen sein muß, denn die Zeitschrift *Acção* hatte eine sehr beschränkte und durch Unterbrechungen gekennzeichnete Verbreitung. In der Tat scheint es, als handelte es sich um eine Gruppe von Freunden, die intellektuell von Pessoa und Anhängern seiner sebastianistischen Ideen angeführt wurde. Dies kann man zumindest den ersten Worten von *Interregnum* entnehmen, die nichts gemein haben mit einem politischen Manifest: »Der Núcleo da Acção Nacional, der zu gegebener Zeit – zaghaft, wie sein Stil war, und dunkel wie sein Behuf – in das Leben der Nation eingreifen wird, hat uns gebeten, denn noch gehören wir nicht zu ihm, eine Skizze, zu der jetzt die Gelegenheit besteht, oder eine kurze Formulierung über das zu schreiben, was nach unserem Verständnis in den verschiedenen Äußerungen seines kollektiven Zusammenlebens das zukünftige Portugal sein könnte oder sollte. In dieser Zuständigkeit fügte der Núcleo die ihm selbst auferlegte

Bedingung hinzu, für gut zu befinden, was wir schreiben würden, und sich mit allem einverstanden zu erklären, als wäre es etwas Eigenes.«

Einiges in diesen Zeilen lenkt sofort die Aufmerksamkeit auf sich, und zwar das, was sich auf die Zaghaftigkeit und die Dunkelheit – eine alsdann gescheiterte Anonymität oder Absicht der geheimen Gesellschaft? – und die zeitweilige Unterbrechung der Tätigkeit des Núcleo und das blinde Vertrauen bezieht, das er in Pessoa legt. Ein Wunder, daß keinem der Entdecker der pessoanischen Heteronyme eingefallen ist, daß die Acção Nacional ein Heteronym etwa kollektiven Charakters sein könnte. Denn, wenn nicht, wie erklärt sich dann dieses Vertrauen in eine so temperamentvolle und überraschungsreiche Person wie ihn? Aber es gibt keinen Zweifel, daß der Núcleo existierte und eine Körperschaft mit Eigenleben war, wenn auch ziemlich enigmatischem.

Interregnum ist gelegentlich – und hauptsächlich von denen, die es anscheinend nicht gelesen haben – nicht nur als Äußerung zugunsten der Tyrannei, die damals vom Militär ausging, interpretiert worden, auf deren Fortsetzung es abzielte, sondern auch als ein Bekenntnis faschistischer Überzeugungen und *ab imo pectore* als ein Bekenntnis seitens seines Autors. Wir aber wollen die Ideen, die Pessoa in diesem glücklosen Schriftstück ausgeführt hat, im Kontext seiner Gedankenentwicklung betrachten, erstens, weil die bevorstehende Erfahrung ihn die portugiesische Diktatur hassen lehren sollte, und zweitens, weil der Text in diesem keinesfalls pamphletischen Opusculum keine Verteidigung des Faschismus ist, eines Regimes, mit dem Pessoa sich niemals einverstanden zeigte. Unterziehen wir *Interregnum* also – welche politischen Ideen auch immer unsere eigenen sind – einer unvoreingenommenen Prüfung, bevor wir zu übereilten Schlußfolgerungen kommen.

Das schmale Werk ist symmetrisch aufgebaut. Drei vernünftige Gründe für die Diktatur, denen ein Hinweis vorangestellt ist, und denen ein weiterer folgt. Der erste Hinweis ist mit diesen Worten zusammenzufassen: *Interregnum* »behandelt ausschließlich die Verteidigung und Rechtfertigung der Militärdiktatur in Portugal«, und seine Überzeugungen und Schlußfolgerungen »sind auf keine andere Diktatur übertragbar, und wenn doch, dann nur zufällig [...] Ebenfalls schließt sich in ihm, explizit oder implizit, keinerlei Verteidigung einzelner Vorgänge der gegenwärtigen Militärdiktatur ein. Nicht einmal, wenn morgen diese Diktatur stürzte, werden mit ihr diese Argumente fallen. Man wird sie, wenn nicht wiederherstellen, so doch für den Interregnum-Staat erneut einrichten müssen«, denn es gibt kein anderes Mittel, um das Land zu retten. Es bleibt dennoch deutlich, daß Pessoa in einem Ton schreibt, der pragmatisch urteilt, und in keiner Weise liefert er eine allgemeine Rechtfertigung der Diktatur als einer Regierungsform, die höher als die anderen steht, und kein Deut weniger schreibt er an einer Apologie des Faschismus. Der Titel *Interregnum* deutet darüber hinaus selbst auf eine Übergangszeit des Regimes hin, was die römische Institution des Diktators nahelegt, der in einem Moment der nationalen Gefahr gerufen wird, um zeitlich begrenzt die Macht auszuüben.

Die erste Rechtfertigung begründet sich in der Tatsache, daß die eine Hälfte der Portugiesen Monarchisten sind und die andere Republikaner. Da die in der Politik die aktive republikanische Minderheit bestimmender, wirksamer und homogener ist als die monarchistische Mehrheit, gibt es in Portugal eine Republik – und dies ist der einzige Grund, warum es eine Republik und keine Monarchie gibt. Erinnern wir uns, daß Pessoa – und nicht allein er – mehr als nur einmal die konstitutionelle monarchistische Regierungsform seines Landes mit der auf sie folgenden Republik verglich, um sichtbar zu machen, daß keine substantiellen Unterschiede vorhanden waren. In einer Aufzeichnung zu *Interregnum* sind diese Worte zu lesen, die unmittelbar auf die soeben besprochene Skizze folgten, aber in den endgültigen Text nicht aufgenommen wurden: »Verteidigen wir also die Republik, ohne daß es irgendeine Gattung des Republikanismus wäre. Verteidigen wir sie, wie sie mit der ›Wirklichkeit‹ übereinstimmt, und stellen wir sie dem ›Recht‹ und der ›Theorie‹ gegenüber. Aber seien wir uns bewußt – und die Regierenden sollten sich dessen bewußt sein –, daß wir sie deshalb zu verteidigen und aufrechtzuerhalten haben.« Eindeutig schrieb Pessoa dies *ex abundantia cordis*, und hätte er, wie er bald feststellen sollte, dies in seinen endgültigen Text mit aufgenommen, würde ihm seine erste Rechtfertigung durchgefallen sein und, infolge eines Domino-Effekts, auch die anderen zwei, die er auszuarbeiten gedachte.

Ist diese Gleichheit der Kräfte gegeben, ist das institutionelle Problem gänzlich unauflösbar. Aber welcher Tatsache ist diese fatale Aufteilung zu verdanken? Dem Fehlen »eines nationalen Ideals, eines sendungshaften Begriffs von uns selbst«. Und er fährt, seine sebastianistische Mystik kaum verschleiernd, fort: »Wir hatten – zum Guten oder zum Schlechten, aber mit gänzlicher Sicherheit ausschließlich zum Schlechten – einen Begriff vom Imperium, den uns unsere Entdeckungen aufzwangen. Dieser Begriff zerfiel in Alcácer-Quibir. Noch gab es in der langen und traurigen Zeit der drei philippischen Dynastien – die der Felipes, der Braganças und die der Republik – mehr als die kleinmütige und passive Sippe der buchstäblichen Sebastianisten, die auf eine Weise lebendig und liebend stets die Erinnerung an die Seele von Portugal bewahrten.« Zwei weitere Punkte sind in diesen Zeilen hervorzuheben: die Ironie, die Dynastie der Braganças von der spanischen Monarchie abstammend zu begreifen, eine Dynastie, die von der Republik gestürzt wurde, einer Regierungsform, die durch eine blutleere ideologische Dynastie schließlich auch ordnungsliebend wird, und die implizite Anrufung eines Sebastianismus, der dem naiven Glauben verfiel, wonach Dom Sebastião in Alcácer-Quibir nicht starb, sondern das Land auf die Rückkehr des Ersehnten in Gestalt einer oder mehrerer anderer Erlöser wartet. Und war nicht Sidónio Pais eine von diesen Gestalten? Wenn die Dinge so stehen – und wie sonst könnten sie anders stehen? –, scheint Pessoa in diesem Schriftstück viel mehr in die Zukunft zu schauen als in die Gegenwart, wenngleich diese Gegenwart, wie wir gleich sehen werden, eine Garantie der von ihm gewünschten Zukunft ist.

Diese gleichgewichtige Teilung der Portugiesen entspricht einem Zustand des latenten Bürgerkrieges, und in einem Bürgerkriegszustand sind es die Militärs, die die Macht übernehmen, indem sie sich bestenfalls einer Regierungsform unterordnen. Aber da es in Portugal keine wirkliche Regierungsform gibt, sondern eine ausweglose Anarchie, müssen die Militärs die Regierung stellen. Pessoa, der ein liberaler Monarchist war, wußte sehr wohl, daß seine Mitstreiter die Macht nicht erobern konnten, zunächst weil die *talassas* aus dem Norden Portugals oder die Reaktionäre unter der führenden Klasse der monarchistischen Minderheit zahlenmäßig überwogen, und dann, weil es unter ihnen an dynastischen Unstimmigkeiten nicht mangelte.

Die zweite Rechtfertigung geht von dem Umstand aus, daß Portugal überdies – denn es ist keine Mehrheit vorhanden – kein gesetzmäßiges institutionelles Leben führt, ja überhaupt keinerlei institutionelles Leben hat. Man wird die Größe der Krise, die das Land erleidet, verstehen, wenn man dem noch die Tatsache hinzufügt, daß die Politiker dazu neigen, die Macht zu mißbrauchen, und sie lediglich »das spürbare, beinahe körperliche Vorhandensein einer direkten, unmittelbaren, spontanen, homogenen, organischen öffentlichen Meinung [hindert], die alle gesunden Völker kraft ihres

sozialen Instinktes besitzen und die sie zu Völkern macht« –
etwas, das in Portugal nicht geschieht, wo es, gemäß den
Schriften Pessoas, zwar Portugiesen gibt, aber kein portugiesisches Volk.

Nach einigen historischen Überlegungen über die europäische Politik weist Pessoa die Idee zurück, daß die Institutionen anderer Länder, zum Beispiel Englands, den Völkern,
die sie nicht geschaffen haben, von Nutzen sein können.
Allein in Großbritannien, das über einen nationalen Entwurf verfügt, werden die schlechten Seiten seines institutio-
nellen Systems – Pessoa nennt es *lato sensu* konstitutionell –
im Vertrauen darauf bedeutungsloser, daß dieses Ideal fähig
ist, Einfluß auf das Unterhaus zu nehmen und den von ihm
eingeschlagenen Weg zu korrigieren. In Portugal gibt es
aber weder eine nationale Idee noch eine öffentliche Meinung. »Auf diese Weise erfahren wir in ganzer Fülle das
Unheil des Konstitutionalismus, den es zu besiegen gilt.
Was aber bringen wir an seine Stelle? Ein Übergangsstaat ist
zu errichten, und die Regierenden im Staate müssen ihre
Tätigkeit auf das Minimum, auf das Unerläßliche beschränken.« Es geht also nicht darum, die Diktatur auf ewig fortzusetzen, sondern darum, daß diese den ersteren einen Wert
aufzwingt, der nichts anderes als die öffentliche Ordnung
ist. Nun, um die öffentliche Ordnung durchzusetzen und
aufrechtzuerhalten genügt, wenn es sich um ein Dorf handelt, die Polizei; in einem Land ist das Militär notwendig.
Dies, schließt Pessoa, ist die zweite Rechtfertigung der Militärdiktatur.

Die dritte Rechtfertigung wird ausgehend von »den drei
Grundlagen der Regierung: der Gewalt, der Autorität und
der Meinung« erörtert. Die Gewaltherrschaft ist typisch für
die barbarischen Gesellschaften, sie kehrt untypischerweise
in den diktatorischen Episoden der zivilisierten Gesellschaften zurück. Daraus folgernd erörtert Pessoa die Diktaturen

nicht als die ideale Regierungsform, sondern – auch mit Blick auf die Geschichte – als eine reaktionäre, die nur ausnahmsweise und nicht für die Dauer eines Lebens geduldet oder gar gewünscht werden kann. Historisch ist es das autoritäre Regime, das, basierend auf dem Prestige, dem vorigen folgt. Das heißt, wenn das Prestige – zum Beispiel, so erlaube ich mir zu glossieren, einer Dynastie – Rückhalt in der öffentlichen Meinung hat – denn wir wissen ja bereits, was Campos und er von den prestigelosen europäischen Politikern, einschließlich der Könige, dachten – und die öffentliche Meinung sich im Instinkt oder in der Intuition, im Brauchtum oder in der Intelligenz niederschlägt. Zur Intuition gehört, neben anderen Phänomenen, der prophetische Geist. Pessoa führt uns hier auf sein Gebiet, denn ist nicht er der Prophet des Super-Camões und des Fünften Reichs, dieses Regimes und seiner Kultur? Und er führt uns an der Hand seiner Esoterik auf sein Gebiet und nicht anhand irgendeiner in jenen Tagen vorkommenden politischen Doktrin?

Die öffentliche Meinung vermag sich nur in der Intuition oder in den Gebräuchen niederzuschlagen, weil die Intelligenz – hier ist von den esoterischen Lehren die Rede – nicht mehr ist als ein Epiphänomen, ein Spiegel der beiden anderen. Sie ist desintegrativ, weil sie analytisch ist, und im Vollzug der Analyse sät sie Zweifel. Aber wenn sie das Brauchtum ansteckt, »überträgt sich die Intuition: Sie überträgt sich vermittels einer unbestimmbaren Emission, eines ›Fluidums‹, wie man es schon genannt hat, und es gibt den Glauben, vielleicht aus gutem Grunde, daß dieses Fluidum nicht nur real ist, sondern materiell«. Dies glauben unter anderen die Theosophen, die Pessoa übersetzte, aber dieses Glaubens sind nicht nur jene, die okkulte Wissenschaften praktizieren. Er fährt fort: »Die Meinung der Gebräuche wirkt stets auf eine restriktive Art; einige Male ist sie nützlich, weil sie die Dekadenz erschwert, andere Male schädlich, weil sie den Fortschritt erschwert.« Wir müssen uns aber noch bei der Intuition aufhalten. »Nur die Intuition – der Glaube, wenn man so will – kann an die Wirksamkeit und die Durchführbarkeit dessen glauben, was man noch nicht versucht hat. Daher kann man sagen, daß jede antikonservative Meinung ein religiöses Phänomen ist, daß jede antikonservative politische Partei eine mystische Zunft bildet.« Es scheint mir nicht zu weit hergeholt, anzunehmen – vor allem nicht, wenn man die Äußerungen über seine Glaubensüberzeugungen und seine Initiation berücksichtigt, die Pessoa in den nicht mehr sehr fernen Abendstunden seines Lebens machen wird –, daß *Interregnum* in Wirklichkeit eine Darreichung an seine Mitbrüder des »Mystizismus« ist – und ich setze das Wort zu Ehren des Meisters Réné Guénon in Anführungsstriche –, von denen der eine oder andere sehr gut mit dem Núcleo in Verbindung gestanden haben könnte. Es ist nicht das einzige Mal, daß Pessoa – möglicherweise unter dem Schleier der Ironie – versichert, auf Gebot Ungenannter zu schreiben. Einer der größten Kenner, Eduardo Lourenço, hat mit Bezug auf eine andere Fragestellung geschrieben, daß »es in der gesamten Dichtung von Fernando Pessoa nichts *Wahreres* – die Hervorhebung stammt von Pessoa – gibt als das okkultistische Pulsieren«.

In Portugal, so Pessoa, sind die mittleren Schichten durch die pfäffische Erziehung »auf eine tierische Stufe« zurückgestoßen worden, und die Intuition der oberen Klassen hat darauf gewaltsam reagiert, indem sie den Konstitutionalismus einführte, der das Land entnationalisiert und in die Anarchie gestürzt hat. Desungeachtet »sind unsere Revolutionen trotz allem auf eine bestimmte Weise ein gutes Symptom. Sie sind ein Symptom dafür, daß wir den Betrug als Betrug kennen; und der Anfang der Wahrheit steckt in dem Wissen um den Irrtum. Den Betrug als das, was er ist, zurückweisend, müssen wir dennoch an die Gewalt appellieren, damit sie das Land regiert; die Lösung liegt darin, deutlich und definitiv an jene Kraft zu appellieren, die mit der Tradition und dem Fortgang des gesellschaftlichen Lebens übereinstimmen kann. Wenn die Argumentation auch subtil ist, führt sie doch zu einer nicht ausreichend überlegten Schlußfolgerung: daß diese Kraft das Militär ist.

Der zweite Hinweis legt besonderen Nachdruck auf das, womit sich die portugiesische Militärdiktatur »heute« rechtfertigt; und Pessoa verspricht im weiteren Verlauf, ein Buch zu veröffentlichen – von dem er bereits anläßlich des ersten Hinweises gesprochen hatte und sagte, daß er es schreiben werde, »wenn der Auftrag und die Stunde gekommen sind« –, ein Buch, in dem er das hier Kondensierte weiterentwickeln würde. Und er schließt: »Dieses ist das erste Signal, das wie angekündigt in der Stunde kam, zu der es sich versprach.« Man müßte Augen und Ohren verschließen, um nicht zu bemerken, daß Pessoa mit diesen letzten Worten an die Deutung und Erfüllung der sebastianistischen Prophezeiungen des Fünften Reiches appelliert, deren Ankündigung die Militärdiktatur sein sollte – das gefährliche Spiel eines Träumers oder vielleicht nur rhetorische Übung als Zeitvertreib, die der Autor schon bald bitter bereuen sollte?

In jedem Fall obliegen dem Autor einer, wenn auch überwiegend und notwendigerweise intellektuellen Biographie, zwei Bemerkungen: eine – selbstverständlich imaginative – an Pessoa, der, wie ihm bereits Álvaro de Campos sagte, unrecht haben möge; die andere knüpft an Kathleen Raines Diktum zu Shelley an, daß »der Dichter, dessen Politik von Unendlichkeit geprägt ist, aufgrund dieser Vernunft eine Verantwortung der Politik seiner Zeit gegenüber hat. Seine politische Besorgnis ist ein Aspekt seiner Größe«, der von Shelley, aber auch der von Pessoa.

19

ERNEUT OPHÉLIA.
ÜBER DIE NEGATION DER LIEBE
1929–1930

Hatte Pessoa Ophélia nach dem Bruch im November 1920 vergessen? Es ist schwierig sich auszudenken, daß ein den Frauen gegenüber so zurückgezogener und Vertrautheiten jeder Art so wenig zugeneigter Mann wie er die einzige Frau, mit der er intim gewesen war, vergessen haben könnte. Nun, seine Dichtung sagt uns ganz deutlich, daß die Erinnerung an »Baby«-»kleine-Ophélia«-»ungezogenes«-»reizendes«-»Babylein« in der Welt seiner Träume, und zwar für immer, lebte, und natürlich in der Erinnerung jenes Álvaro de Campos, der zunehmend weniger heteronym sein sollte und der sich in Pessoas Todesjahr sogar an dessen Briefe erinnern sollte und paradoxerweise versuchte, sie zu rechtfertigen. In wen hatte sich dieses Gespenst Álvaro für Fernando Pessoa verwandelt, das sich in die zweite Phase seiner Liebelei mit Ophélia, wie es den Anschein hat, auf entscheidende Weise einmischen sollte? Ein orthonymes Gedicht, geschrieben am 5. Dezember 1927, scheint, ob Pessoa es beabsichtigte oder nicht, sein Verhältnis zu dem impulsiven Ingenieur zu erklären. Spricht doch dieses Gedicht von einem Jungen, der mit einem Viehkarren spielt:

> Er glaubte zu spielen
> Und sagte: ich bin zwei!
> Einer, der's spielt,
> Und einer, der's denkt,
> Einer, der mich sieht,
> Andrer meine Blicke lenkt.

Ein Kind, das weder Füße noch Hände hat, noch ist es klein, es hat weder Geschwister noch eine Mutter, und wir empfinden es, wenn auch enigmatisch, als eine Dublette des Dichters wie seinen Dämonen oder vertrauten bösen Geist, aber es ist eine in gewisser Hinsicht von seiner Persönlichkeit unabhängige dramatische Person; es geht weiter mit:

Und der an meiner Seite,
Der mir gleicht im Fühlen,
Ist nicht Vater oder Pate,
Kein Leib noch Freund zu spüren.

Seine Seele wohnt hier innen,
Er sieht mich, ohne zu sehen ...

Diese Abschweifung in die lose *ménage à trois,* von der David Murão Ferreira mit Blick auf die zweite Phase der Liebschaft von Pessoa – bei der wir soeben ankommen – so spitz gesprochen hat, soll schon genügen.

Ein Beweis dafür, daß Pessoa Ophélia nicht vergessen hatte, findet sich in einem Gedicht, das, und zwar nicht von ungefähr, an die Ode *Vem a sentar-te comigo, Lídia, a beira do rio (Komm setz dich, Lydia, zu mir an den Fluß),* die 1914 von Reis geschrieben wurde, erinnert. Dieses Gedicht hingegen wurde von Pessoa am 28. August 1927 verfaßt:

Nicht vor mich, noch an meine Seite gemütlich
Setze dich zum Sprechen oder mir zu gefallen.
Ich bin ermüdet im Ganzen, bin ungemütlich;
Möchte schlafen vor allem.

[...]

Niemals lernte ich fühlen noch lieben,
sogar denken war ungewiß bei mir.
Warf in die Nesseln, was an Glauben mir geblieben,
Schrieb das Wort »Ende« auf weißes Papier.

[...]

Und heute bin ich kaum ein säumender Freitod,
Nur der Wunsch zu schlafen lebt weiter in mir.

Aber den wirklichen Schlaf, bar jeglicher Würde,
Gleich einem verlassenen Kahn ...

Auf diese Weise, und sich selbst verleugnend, wies Pessoa
die Erinnerung an Ophélia zurück. Und es ist, bei Kenntnis
eines Gedichts des darauffolgenden Jahres, durchaus möglich,
daß die Sehnsucht nach Ophélia – und selbstverständlich seine
natürlichen Zuneigungen – ihn von einer zweiten Liebe träumen ließ. Das neue Gedicht, in einem sehr traditionellen Stil,
beginnt mit dieser Strophe:

Die Liebe, wenn sie sich enthüllt,
Vermag sich nicht zu zeigen.
Sie schaut gerne auf ihr Bild,
Aber findet nur das Schweigen.

[...]

Wär's möglich, das ihr zu erzählen,
Was zu sagen ich nicht wage,
Müßt' ich zu sprechen mich nicht quälen,
Weil ich dann sagte, was ich zu ihr sage ...

Es gehört nicht zu den besten Gedichten Pessoas, aber in ihm steckt ein erkennbarer psychologischer Wert, der dem Biographen aber dennoch ein Rätsel aufgibt. Denn wer ist diese andere Frau, von der niemand – nicht einmal er selbst, ausgenommen in diesen Versen und in anderen, die zwei Jahre später entstanden – gesprochen hat? Wer auch immer diese unbekannte Geliebte war, so ist dennoch so viel gewiß, daß sich 1929, also in dem Jahr, in dem er sich wieder mit Ophélia treffen sollte, seine Erinnerungen an jene mindestens in zwei neuen Dichtungen äußern. Die eine, entstanden in den letzten Märztagen, erinnert mit folgenden Worten an sie:

> Ihr Antlitz lag in Unschuld,
> Und ihre tiefen Augen lachen.
> Aber unsichtbare Schlangen
> Sie zum profanen Menschen machen.
> Ihr Antlitz lag in Unschuld.
> [...]
> Womit könnt' ich mich begnügen ...
> Wenn Begehren und Un-Verstand
> Der Vollendung oder auch Vergnügen
> Wären der Weltenzulieferant.
> Womit könnt' ich mich begnügen ...

Das andere Gedicht ist im April entstanden, und in ihm mischen sich Sehnsucht und verzweifelter Humor:

> Mein Sinnen ist traurig wegen dir,
> Mein Fühlen wandelt herum in der Welt;
> Und dein Bild wohnt mit Beharren hier,
> Wie stetes Sorgen um das Geld.

Sehr unwahrscheinlich anzunehmen, daß Pessoa diese Gedichte irgendeinem seiner Freunde vorlas, auf deren intime

Vertrautheiten er so eifersüchtig war, und noch unwahrscheinlicher seinem Schüler Carlos Queiroz – dem leiblichen Neffen
von Ophélia, den sie eines Tages »heiraten« zu müssen fürchtete und den er des öfteren sah. Auch war nicht zu vermeiden,
daß er sie selbst, wenn auch nur von weitem, sah, denn sie
lebte, und mittlerweile für immer, in der Wohnung ihrer
Schwester nahe dem Rossio, und Pessoa wickelte den Großteil
seiner kommerziellen und literarischen Tätigkeiten in der
Baixa ab.

Ophélia berichtet, daß Carlos eines Tages eine Photographie bei sich hatte, die von Manuel Martins da Horta aufgenommen worden war und Pessoa in der Taverne Abel Wein
trinkend zeigte. Ophélia sagte zu ihrem Neffen, daß sie gerne
ein solches Photo hätte, was Carlos Pessoa erzählte, und dieser gab ihm einen Abzug mit dem berühmten Schriftzug
»Fernando Pessoa bei flagrantem *delitro*«, vielleicht, damit sie
sich keine Illusionen über seinen Lebenswandel machte. Obwohl dieses Portrait keine Widmung für Ophélia trug, dankte
sie ihm schriftlich. Pessoa antwortete ihr, und Ophélia weiß
zu erzählen: »So fingen wir von neuem die ›Liebelei‹ an.«
Ophélia arbeitete damals nicht mehr und verfügte ganz über
ihre Zeit. »Erst zu dieser Zeit begann Fernando zu mir nach
Hause zu kommen, aber als Freund meines Neffen, mit dem
er sich sehr gut verstand. Er trat ein, begrüßte die Anwesenden, und wir blieben im Wohnzimmer und unterhielten uns
zu dritt. Wir sprachen über Poesie, über Bücher und über
Freunde wie Sá-Carneiro und António Botto. Obwohl die
Zärtlichkeit für mich die gleiche war, fühlte ich, daß Fernando
anders war.« In der Tat, aus den Briefen, die er ihr in jener Zeit
schrieb, liest man heraus, daß er, wenn er sie auch mochte,
nicht mehr in sie verliebt war oder zumindest nicht mehr so
innig wie neun Jahre zuvor. »Er war immer nervös und völlig
mit seinem Werk beschäftigt. Oft sagte er mir, er fürchte, er
werde mich nicht glücklich machen wegen der vielen Zeit,

die er diesem Werk zuwenden müsse. Eines Tages meinte er zu mir: ›Ich schlafe wenig und das mit Papier und Federhalter am Kopfende. Nachts wache ich auf und schreibe, ich muß schreiben, und das ist ärgerlich, weil dann das Baby nicht ruhig schlafen kann.‹ Gleichzeitig fürchtete er, er könnte mir nicht den gleichen Lebensstandard bieten, an den ich gewöhnt war.«

Pessoas finanzielle Probleme wurden von Mal zu Mal größer, und zu ihnen gesellte sich die Furcht, seine literarischen Vorhaben nicht zu Ende führen zu können, denn er wußte sehr wohl, daß der Alkohol, den er weder entbehren konnte noch wollte, dabei war, seine Gesundheit auf alarmierende Weise zu zerstören. Er war nicht mehr der Pessoa, der Ophélia auf der Straße spazierenzuführen bereit war, und er schien, seinen Briefen nach zu urteilen, anspruchsvoller geworden zu sein in seinen Wünschen nach Zärtlichkeit und Erotik.

Die wenigen in diese Periode gehörenden Briefe, die von Ophélia aufbewahrt wurden, sind, um den Charakter der Wiederbelebung ihrer Beziehung zu skizzieren, um einiges hilfreicher als ihre Erklärungen. Auf seiner Seite ist ein obsessives Verlangen auszumachen, die Dinge auf eine Weise klarzustellen, daß Ophélia, falls sie doch heiraten würden, keine falschen Vorstellungen über ihre Zukunft hätte. Er ist ein Trinker und nicht gewillt, eine Gewohnheit aufzugeben, die ihm hilft, seine Unruhe und die Anforderungen der Brotarbeit zu ertragen, und seine größte Illusion ist schließlich das Werk. Ophélia soll beide Seiten kennen und sich nicht auf Täuschung berufen können. Der erste von diesen Briefen, der das Datum vom 11. September 1929 trägt, geben wir vollständig wieder:

Ophelinha:

Ich danke von Herzen für Ihren Brief und sehe wirklich nicht ein, weshalb die Photographie irgendeines Taugenichts, auch wenn dieser Taugenichts der Zwillingsbruder sein sollte, den ich nicht habe, Grund zum Danken bieten könnte. Nimmt denn ein betrunkener Schatten Platz in den Erinnerungen ein?

In mein Exil, das ich selber bin, ist Ihr Brief wie eine wohlbekannte Freude eingedrungen, und ich bin es, der danken muß, meine Kleine.

Ich benutze die Gelegenheit und bitte Sie für drei Dinge um Entschuldigung, die eigentlich dasselbe sind und für die ich nichts konnte. Dreimal habe ich Sie auf der Straße getroffen und nicht gegrüßt, weil ich Sie nicht richtig oder wenigstens nicht beizeiten gesehen habe. Einmal geschah das schon vor längerem in der Rua do Ouro und des Abends; Sie gingen da mit einem jungen Mann, den ich für Ihren Bräutigam oder Bewerber hielt, aber ich weiß wirklich nicht recht, ob er wirklich das war, was er von Rechts wegen sein sollte. Die beiden anderen Male sind noch nicht lange her, es war in der Elektrischen, in der wir beide in Richtung Estrela fuhren. Das eine Mal sah ich Sie nur von der Seite, und bei den Unglückswürmern, die eine Brille tragen, ist der Seitenblick unvollkommen.

Noch etwas … Ach nein, es ist weiter nichts, süßer Mund …

Pessoa behandelt hier seine ehemalige Verlobte zwar mit Zartgefühl, nicht aber mit Leidenschaft; und zum Ende beschränkt er sich, als die Erinnerung ihn ermuntert, zärtlich zu werden, lediglich auf diesen »süßen Mund«, um die einstmaligen intimen Vertrautheiten wachzurufen; aber er schlägt ihr kein Rendezvous vor, obwohl die Geschichte von den gelegentlichen Begegnungen, die unbefriedigt blieben, auf sehr subtile Weise den Wunsch, sie noch einmal zu sehen, anzudeuten vermag.

Der Stil des Briefes vom 14. mutet ziemlich geheimnisträchtig an, denn obwohl Fernando sich in ihm auf eine Straßenbahnfahrt der beiden zwischen der Tau- und Stern-Haltestelle bezieht – also von Ophélias zu Pessoas Viertel –, sagt er von dieser Fahrt, »die üblicherweise keine Sache von transatlantischer Schönheit ist«, sie wäre doppelt angenehm gewesen, »ausgenommen am Ende des zweiten Males, denn da hörte es für gestern auf«, das heißt beim Rossio – und nicht zu Hause bei Ophélia? –, was enigmatisch verschlüsselt klingt.

Wenn es anstatt einer transatlantischen Reise eine transatlantische Irrfahrt (kurioser und unerklärlicher Ausdruck!) gewesen wäre, wäre sie allem Vorzuziehenden vorzuziehen gewesen. Das ist genau das, was Sie mich fragen und worauf ich antworte.

Fernando fügt dem hinzu, daß er ungern lange Briefe schreibt und daß er es vorzieht zu sprechen, außer in dem »schändlichen ›Fall Telephon‹, wo es Stimmen ohne Gesichter gibt«, weshalb er hofft, daß sie sich noch einmal in einer Straßenbahn treffen mögen, deren Fahrstrecke länger sein soll als die vorhergegangene.

Zur gleichen Zeit ödeten Álvaro de Campos diese Liebeleien an, denn in einem seiner, wie es den Anschein hat, häufigen Temperamentausbrüche schrieb er Ophélia am 25. diesen schamlosen Brief:

S. g. Frau Ophélia Queiroz:
Ein verwerfliches, elendes Individuum namens Fernando Pessoa, mein besonders lieber Freund, hat mich beauftragt, Ihnen mitzuteilen – in Anbetracht der Tatsache, daß ihn sein geistiger Zustand hindert, irgend etwas mitzuteilen, und wäre es einer trockenen Erbse (einem Beispiel für Gehorsam und Disziplin) –, daß es Ihnen verboten ist:

1) weniger Gramm zu wiegen,
2) wenig zu essen,
3) überhaupt nicht zu schlafen,
4) Fieber zu haben,
5) an das fragliche Individuum zu denken.

Ich meinerseits rate Ihnen als intimer und aufrichtiger Freund des Taugenichts, dessen Mitteilung ich (widerstrebend) weiterleite, das geistige Bild, das Sie sich vielleicht von dem Individuum gebildet haben, dessen Namensnennung dieses halbwegs weiße Papier beschmutzt, zu packen und es in den Abfluß zu werfen, da es materiell unmöglich ist, dieser vorgetäuschten menschlichen Institution das Schicksal zuteil werden zu lassen, das ihr zukommen würde, wenn es auf der Welt Gerechtigkeit gäbe.

Es grüßt Eure Exzellenz

Álvaro de Campos, Schiffsingenieur

Álvaro de Campos, damals unzertrennlicher Weggefährte von Pessoa, glaubte nicht im geringsten an die Wirklichkeit dieser Liebeleien und hatte am 17. September, seiner Neigung zur dramatischen Literatur entsprechend, diesen synkopischen Monolog mit dem Titel *De la musique* geschrieben, mit dem er seinen Demiurgen davon zu überzeugen versuchte, daß er dabei war, sich von einer Luftspiegelung verführen zu lassen:

Ah, ganz allmählich unter alten Bäumen
taucht ihre Gestalt auf, und ich denke nicht mehr ...

Ganz allmählich tauche ich selbst aus meiner Angst auf ...

Die beiden Gestalten begegnen sich in der Lichtung am
Ufer des Sees ...

... Die beiden erträumten Gestalten,
Denn es war nur ein Mondstrahl und meine Traurigkeit
und eine Ahnung von etwas anderem
und das Ergebnis des Lebens ...

Sollten die beiden Gestalten sich wirklich
auf der Lichtung am Ufer des Sees begegnet sein? (... Aber
wenn sie gar nicht vorhanden sind? ...)

... Auf der Lichtung am Ufer des Sees? ...

Auf jeden Fall scheint Campos nicht so befähigt, sich zu personifizieren. Obgleich seine Perspektive in diesem Gedicht,
das wohl keines Kommentars bedarf, wie so oft die eines Zu-
schauenden ist – eine Perspektive, die es erschwert, herauszu-
spüren, wer da spricht –, ist es hier Pessoa, und nicht er.

Obwohl Ophélia ihm in ihren Briefen Liebesbeteuerun-
gen gemacht hat, glaubt Pessoa ihnen nicht oder verstellt sich
wie am 24. September:

Meine kleine Kratzbürste mag mich wohl wirklich gut leiden? Warum hat sie denn eine so sonderbare Vorliebe für
ältere Leute?

Trotz allem möchte sie sich auch nicht von ihren Gefühlen
tragen lassen und schon gar keine voreiligen Schritte unternehmen. Sie umgibt sich folglich mit einer Mischung aus
Besonderheit und unvermeidlicher Koketterie. Pessoa schrieb
weiter:

Da Sie nun sagen, daß Sie mich sehen wollen und daß es Sie
etwas kostet, mich nicht sehen zu wollen, und daß Sie
wollen, daß ich Sie anrufe, weil telephonieren zumindest
heißt, nicht anwesend zu sein, und daß ich Ihnen schreiben

soll, weil schreiben heißt auf Distanz bleiben, nun, Kratzbürste, die nicht mein ist, habe ich Sie schon angerufen und
schreibe Ihnen gerade, oder, so kann ich sagen, ich habe
Ihnen schon geschrieben, denn ich werde hier eben Schluß
machen.

Ich bereite gerade die schwarze Aktentasche vor, um Sie
einzupacken. Haben Sie gehört

Wenn Ophélia Pessoa auf Distanz halten wollte, so etwa, weil
er aufdringlicher geworden war als während der ersten Phase
ihrer Leidenschaft – in der er es ganz bestimmt gewesen war –
oder weil sie einige ihr schon bekannte Kühnheiten befürch-
tete? Solche, die uns weder seine Briefe noch ihre Äußerungen
anvertrauten? Jedenfalls sollte einige Zeit vergehen, bis Pessoa
Ophélia – immer in Begleitung ihres Neffen, des Dichters? –
im Hause ihrer Schwester besuchte.

Einen Tag nach dem Brief von Campos gab Pessoa einen
weiteren in die Post:

Ophelinha, Kleine:

Ich weiß nicht, ob Sie mich gerne haben, aber gerade deshalb schreibe ich Ihnen diesen Brief.

Da Sie mir gesagt haben, daß Sie es morgen vermeiden
werden, von Viertel nach fünf bis halb sechs mich an der
Straßenbahnhaltestelle, die nicht dort ist, zu sehen, werde
ich genau dort sein, weil Sie es nicht sind.

Da sich jedoch der Umstand ergibt, daß der Ing. Álvaro de
Campos mich morgen während eines großen Teils des Tages
begleiten muß, weiß ich nicht, ob es möglich sein wird, die –
übrigens angenehme – Gegenwart dieses Herrn zu vermeiden während der Reise zu irgendwelchen Fenstern, deren
Farbe ich vergaß.

Mein alter Freund, den ich gerade erwähnte, hat Ihnen
überdies irgend etwas zu sagen. Er weigert sich, mir irgend-

eine Erklärung darüber zu geben, um was es sich handelt, aber ich hoffe und vertraue darauf, daß er in Ihrer Gegenwart Gelegenheit dazu haben wird, mir oder Ihnen oder uns zu sagen, um was es sich handelt.

Bis dahin schweige ich also, wachsam und sogar hoffnungsvoll.

Und bis morgen, süßes Mündchen.

Was wollte der Pessoa vertraute Teufelsgeist ihr und ihm sagen? Wollte er sich für seinen unangebrachten Brief entschuldigen? Das ist sehr wahrscheinlich, er war immerhin eine höfliche Person, aber es ist ebenfalls möglich, daß er ihr Ähnliches schreiben wollte wie Pessoa am 29. September:

Was ich Ihnen von meiner Absicht gesagt habe, nach Cascais zu gehen (Cascais heißt irgendein Punkt außerhalb von Lissabon, aber in der Nähe, und kann ebensogut Sintra oder Caxias heißen), ist die reinste Wahrheit: Wahrheit zumindest der Absicht nach. Ich habe ein Alter erreicht, in welchem man die eigenen Fähigkeiten völlig beherrscht und die Intelligenz, die Stärke und Geschicklichkeit erreicht hat, die sie haben können. Es ist also an der Zeit, mein literarisches Werk zu verwirklichen, einige Dinge zu vervollständigen, andere umzuordnen und wieder andere, die noch zu schreiben sind, niederzuschreiben. Um dieses Werk zu verwirklichen, brauche ich Ruhe und eine gewisse Isolation. Leider kann ich die Büros nicht aufgeben, wo ich arbeite (ich kann es nicht, selbstredend, weil ich keine Einkünfte habe), wohl aber kann ich, indem ich zwei Wochentage (die Mittwoche und die Samstage) für den Dienst in diesen Büros reserviere, die fünf verbleibenden Tage ganz für mich haben. Da haben Sie die berühmte Geschichte von Cascais.

Könnte Campos Ophélia beunruhigt haben, als er ihr sagte, daß Pessoa in Cascais leben wollte, ohne ihr zu erklären, warum? Und nahm Pessoa an, daß Ophélia zwischen den Zeilen lesen konnte? Wenn er es annahm und ihr das darauf Folgende schrieb, dann wohl, damit sie sich nicht zu viele falsche Vorstellungen über seine Zukunft machte:

Mein ganzes zukünftiges Leben hängt davon ab, ob ich das, und zwar in Kürze, zustande bringe oder nicht.

Das klingt wie eine Ahnung seines nicht mehr allzu fernen Todes – eine abschreckende Taktik, auf die er weiter schonungslos baut:

Im übrigen kreist mein Leben um mein literarisches Werk – so gut oder schlecht, wie es ist oder wie es sein kann. Alles übrige im Leben hat für mich sekundäres Interesse: Es gibt natürlich Dinge, die ich gerne haben würde, und andere, bei denen es mir gleich ist, ob ich sie erreiche oder nicht. Jeder, der mit mir zu tun hat, sollte zu der Überzeugung gelangen, daß ich so bin und daß es, wenn man von mir die im übrigen sehr ehrenwerten Gefühle eines normalen und banalen Menschen verlangt, eben so ist, als ob man von mir verlangte, daß ich blaue Augen und blondes Haar haben sollte. Und mich so zu behandeln, als ob ich eine andere Person wäre, ist nicht die beste Art und Weise, sich meine Zuneigung zu erhalten. Es ist besser, denjenigen so zu behandeln, der wirklich entsprechend ist, und in diesem Falle heißt das ›sich an jemand anderes wenden‹ oder etwas Ähnliches.
Ich mache mir viel – wirklich viel – aus Ihnen, Ophelinha. Ich schätze sehr – außerordentlich – Ihre Wesensart und Ihren Charakter. Falls ich heiraten sollte, werde ich nur Sie heiraten. Es bleibt offen, ob die Heirat, ein Heim (oder wie immer man dies nennen mag) Dinge sind, die sich mit

meinem gedanklichen Leben vertragen. Ich bezweifle das. Einstweilen und in nächster Zeit möchte ich *mein* gedankliches Leben und meine Arbeit regeln. Wenn mir das nicht gelingen sollte, kann ich natürlich nicht entfernt daran denken zu heiraten. Wenn die Regelung so ausfallen sollte, daß ich sehe, die Heirat wäre ein Hindernis, werde ich selbstverständlich nicht heiraten. Aber wahrscheinlich wird das nicht so sein. Die Zukunft – und zwar eine nahe Zukunft – wird es lehren.

Nun, da haben Sie es, und zufällig ist es sogar die Wahrheit.

Der Tag, an dem Pessoa diesen Brief schrieb, war ein Sonntag, und er nutzte ihn nicht, um Ophélia zu sehen – vielleicht weil er merkte, daß die Avancen, zu denen sie ihn antrieb, wegen der bürgerlichen Gepflogenheiten eine Aufgabe seiner Freiheit als Schriftsteller nach sich ziehen konnten. Für eine andere Frau als Ophélia wäre dieser Brief gleichbedeutend mit einem Bruch gewesen, und fürwahr, sie hat erklärt, daß sie bereits wußte, daß »ein anderer Mensch wahrscheinlich nicht fähig gewesen wäre, Fernando zu lieben. Aber ich verstand ihn sehr gut.« Der folgende Brief vom 2. Oktober erinnert wegen seines vertrauten und leidenschaftlichen Charakters an die Korrespondenz von vor neun Jahren, was darauf hinzudeuten scheint, daß Ophélia in ihrem Umgang mit ihm über die Vorurteile und Anforderungen eines konventionellen Verhaltens hinweggesehen hätte, zumindest für eine gewisse Zeit.

Selbst aus der Ferne haben Sie Einfluß, aber auf dem Schoß sitzend (wo Babys doch hingehören), haben Sie noch mehr. Und Abel hat süßen Schnaps, aber ihr Mund ist süß und vielleicht auch recht glutvoll, aber so ist es gut. Sie mögen mich? Weshalb? Ja?

Am Schluß des Briefs nennt er sie »Raubtier« und sagt, daß er noch am selben Tag, nach dem Abendessen, zu ihr kommen würde und bittet sie, ihm ihr Mündchen zu geben, um es zu vernaschen. Den Schritt, sich in ihren Räumen zu sehen, haben sie folglich schon gemacht, auch wenn es scheint, daß Ophélia sich, wenn sie ihn auf die Straße bestellt, sträubte. Und es ist unbestritten, daß sie sich gelegentlich alleine gesehen und sich mehr oder weniger ihrer Leidenschaft hingegeben hatten. Im Brief vom 9. Oktober ist zu lesen:

> und es kehrt alles an den Anfang zurück, und es scheint mir, daß ich Sie noch heute anrufe, und ich möchte Ihnen einen Kuß auf den Mund geben mit Exaktheit und Naschhaftigkeit und Ihnen den Mund aufessen und die Küßchen essen, die Sie dort versteckt halten, und mich an Ihre Schulter lehnen und zu den Zärtlichkeiten der Täubchen herunterrutschen und Sie um Verzeihung bitten, und die Bitte ist Verstellung, und oft wiederholen und Schlußpunkt bis zum Wiederbeginn, und warum hat die kleine Ophélia denn überhaupt einen Schurken gern, einen Grobian […], ich hätte so gerne, daß das Kindchen meine Puppe wäre, und ich würde wie ein Kind tun und sie ausziehen.

Der letzte datierte Brief ist vom 11. Januar 1930: »Wir schrieben und sahen uns bis Januar 1930/31«, sagt Ophélia. Und ihre Trennung, ist sie vielleicht verschuldet durch diesen Dämon mit Namen Álvaro de Campos? Denn wahrlich sandte Pessoa ihr mit diesem letzten Brief, nachdem er »die Erlaubnis von dem Herrn Ing.« erhalten hatte, ein Gedicht, welches »nachts und in einem Zimmer ohne Licht gelesen werden muß«. Es handelt sich nicht um ein wirkliches Gedicht, sondern um einige Bilderreigen, bei denen der Reim durch die ersten zehn Ziffern erzwungen wird, was Absurditäten und Sätze bar jeden Sinnes entstehen läßt. Es ist ein Rückfall in die kindlichen

Verse aus dem Jahr 1920. Aber Campos beschränkt sich nicht darauf, das, was Pessoa ihr zusandte oder zuzusenden unterließ, zu überwachen. Und es scheint nicht allzu riskant – wegen der fehlenden dokumentierenden Details –, zu denken, daß er schließlich die beiden Verliebten trennte, weil sie nicht gewillt war, eine Rolle in einer *ménage à trois* zu übernehmen.

Von Pessoas Seite gibt es eine Erläuterung *a posteriori* in einem kleinen Gedicht vom 13. Oktober 1930, das im Inhalt mit einem der Briefe, die wir schon kennengelernt haben, übereinstimmt:

> Wie ich einst den Blick auf dich gebannt,
> Wen konnte er nicht aus mir machen?
> Leg nur deine in die meine Hand,
> Und schick mir nicht die Blicke, sondern ein Lachen.
>
> Lache nur zu über das, was du dachtest,
> Denn allein daran will ich denken,
> Daß es aus mir, nur mir gemacht ist,
> Und daß es unbedingt und mir zu schenken.
>
> Dann halte feste meine Hand
> Und richte deinen Blick auf mich …
> Wen konnte er nicht aus mir machen,
> Dieser Blick aus deinem Gesicht?

Sie gingen auseinander, aber sie zerstörten ihre Freundschaft nicht, so daß sie sich in jedem Jahr telegraphisch zu ihren Geburtstagen gratulierten. »Das letzte Telegramm, das ich erhielt, ist vom Juni 1935, dem Jahr, in dem er starb«, sagt Ophélia.

Weder die Aussagen von Ophélia noch die Briefe von Pessoa – wenn diese auch als Reflex auf das, was beide erlebt hatten, informativer sein mögen – sind, was die einzige von Pessoa

erlebte Beziehung anbelangt, sehr erhellend. Es ist daher unmöglich, sich mit Hypothesen weiter hervorzuwagen. Alfredo
Margarido kommentiert dies in einer Studie so: »Ophélia
Queiroz betrachtete sich als so mit Pessoa verbunden, daß sie
erst nach dem Tod des Dichters ans Heiraten dachte. Hier ist
ein klassisches kleinbürgerliches Verhalten zu erkennen, was
bedeuten kann, daß die körperlichen Beziehungen zwischen
ihnen weiter gegangen waren, als man es bereits durch den
Briefwechsel und durch die spärlichen Äußerungen der Dona
Ophélia Queiroz wissen kann.« Selbstverständlich offenbaren
die Briefe der zweiten Phase – einschließlich die Kürze derselben, wahrscheinlich aufgrund einer Entscheidung von Ophélia –, daß sich das psychologische Klima in mehreren Aspekten
von der Atmosphäre der ersten Phase, die die beiden Verliebten neun Jahre zuvor erlebt hatten, unterschied, als sie die
Liebe erlebt hatten … und die Erotik vollends entdeckten.

Die aus den Briefen an Ophélia zitierten Ausschnitte nennen
uns ausreichende, vor allem praktische Gründe, warum zumindest aus der Sicht dessen, der sie schrieb, diese Liebelei
nicht auf eine Heirat hinauslief. Pessoa lebte nicht in wirt-
schaftlichem Wohlstand, noch konnte er sein poetisches und
literarisches Werk aufgeben, um seine Verhältnisse zu verbessern. Aber es gibt auch Gründe psychologischer Art. Der wichtigste ist vielleicht, daß Pessoa kein gewöhnlicher Mensch war
und nicht bereit, so zu tun, oder wenigstens nicht bereit, sich
den Gepflogenheiten anzupassen und sich so zu benehmen,
wie es die wohlhabende Mittelschicht von einem Familienvor-
stand verlangte. Das sind zwar überzeugende Gründe, aber da
sie letztendlich die Tiefe dieser komplexen Persönlichkeit
nicht zeigen, keine ausreichenden.
    In meinem Essay *Die Negation der Liebe im »Buch der Unruhe«*
habe ich mir, in Anbetracht dessen, daß Bernardo Soares eine
Maske von Pessoa ist, die Erforschung der tieferen Gründe

seines allgemeinen Verhaltens gegenüber dem weiblichen Geschlecht vorgenommen – von dem er sich, wie man bereits gesehen hat, stark angezogen fühlte. Dabei berücksichtigte ich, daß Pessoa, sogar mit Maske, teilweise schamhaft war, seine Gefühle in dieser Richtung zu zeigen, was allerdings kaum der Fall war, wenn er seine Ideen ausbreitete. Lassen Sie mich den letzten Teil des Essays resümieren:

»Wir lieben nicht einmal mit Gedanken. / Kein Kuß einer Frau, nicht einmal im Traum, ist unser Gefühl.« Eine solch harsche Behauptung von Soares steht grundlegend im Kontrast zu dieser ebenfalls von ihm stammenden Reflexion: »Ich gehöre zu jenen Seelen, von denen die Frauen sagen, daß sie sie lieben, und die sie nie erkennen, wenn sie auf sie treffen.« Daß ein Mann, der sich in der Lage weiß, geliebt zu werden, und der sich auf der anderen Seite von den Frauen angezogen fühlt, es leugnet, sie unter den Umständen, die wir gerade gesehen haben, zu lieben, muß einem gewichtigen Motiv oder einer Reihe gewichtiger Motive gehorchen. Und in der Tat werden diese Motive wiederholt vom Autor des *Buches der Unruhe* nicht nur gezeigt, sondern angelegentlich nach Vernunftgründen erörtert. Bernardo Soares verneint die Liebe aus zwei Motivreihen, von denen eine aus jenen Überlegungen besteht, die wir objektive oder philosophische Gründe nennen könnten, denn sie gründen sich auf einer Vernunftüberlegung, die beansprucht, von Subjektivität frei zu sein, derweilen die andere sich mehrheitlich aus Motivketten zusammensetzt, die sich als persönliche oder subjektive herausstellen. Und bei ihrer Darlegung ist, wenn nicht ein »Hirngespinst«, so doch wenigstens das Vorherrschen einiger Gefühle zu beobachten, die der Autor im allgemeinen nicht objektiv zu rechtfertigen versucht. Untersuchen wir also, ohne den Vorsatz, es erschöpfend zu tun, die wesentlichen der einen wie der anderen Motive, und fangen wir mit denen an, die wir objektive oder philosophische genannt haben.

Ein Motiv darunter ist nach Soares, daß die Liebe eine Suche voraussetzt, und dieser Standpunkt läßt ihn die folgenden Überlegungen formulieren: »Jede Annäherung ist ein Konflikt. Der andere ist stets ein Hindernis für den, der sucht. Nur der, der nicht sucht, ist glücklich; weil nur, wer nicht sucht, findet, so betrachtet, daß der, der nicht sucht, schon besitzt, und bereits besitzen, was auch immer es ist, ist glücklich sein ...« In dem Fragment, zu dem diese Worte gehören, entwickelt sich eine Vernunft des Nicht-Liebens, die sich auf eine gewisse Weise, und zwar wegen ihres esoterischen Hintergrunds, an die Seite der dekadenten Prosa von *Im Wald der Entfremdung* stellen läßt. Soares sagt: »Jeder von uns ist zwei, und wenn zwei Personen sich treffen, sich vereinen, ist es selten, daß die vier einverstanden sein können.« Dieses Thema dehnte sich auf die Vorstellung hin aus, demzufolge »lieben sich ausliefern ist. Je größer die Auslieferung, desto größer die Liebe. Aber die totale Auslieferung liefert ebenfalls das Bewußtsein des anderen aus. Die größte Liebe ist daher der Tod, oder das Vergessen, oder der Verzicht«.

Ferner ist sich Soares nicht sicher, ob jene Sache, der man den Namen Liebe gibt, es verdient, so genannt zu werden: »Die Zivilisation besteht darin, einer Sache einen Namen zu geben, der nicht zu ihr gehört, und hernach über das Ergebnis zu träumen. Und tatsächlich, der falsche Name und der wahre Traum schaffen eine neue Wirklichkeit. Der Gegenstand geht wirklich in einen anderen über. [...] Eine Liebe ist ein sexueller Instinkt, aber wir lieben nicht mit dem sexuellen Instinkt, sondern mit der Annahme dieses Glücks. Und diese Voraussetzung ist tatsächlich schon ein anderes Gefühl«, was bedeutet, daß es in der Liebe eine Täuschung gibt, eine Verschleierung der Wirklichkeit; doch darüber hinaus gilt, daß diese Täuschung unsere Selbsttäuschung provoziert. »Wir lieben niemals irgend jemanden. Wir lieben ganz allein die Vorstellung, die wir uns von jemandem machen«, woraus man erkennt, daß

Soares die vulgäre Philosophie nicht verschmäht oder den Topos, wenn er sie beide für wahrhaftig hält, und in diesem Fall
ohne Zweifel dank der während der Beziehungen zu Ophélia
von Pessoa gemachten Erfahrungen.

Ein weiteres Hindernis objektiven Charakters ist die Schwierigkeit der Kommunikation, denn »die Beziehungen zwischen
zwei Seelen vermittels so ungewisser und divergierender Dinge, wie es die üblichen Wörter und Gesten sind, sind stofflich
von sonderbarer Komplexität. [...] Beide sagen, ›ich liebe dich‹,
oder denken oder fühlen es im Austausch, und jeder von ihnen
will eine andere Vorstellung, ein anderes Leben aussagen, [ja
sogar vielleicht eine andere Farbe oder einen anderen Duft]
innerhalb der abstrakten Summe von Eindrücken, welche die
Tätigkeit der Seele ausmacht.«

Nach der Meinung Soares' gibt es weitere Gründe für das
Nichtlieben, und einer der wichtigsten besteht darin, worin
sich, gemäß der Lebenserfahrung, die Liebe gründet, im Be-
trug und im Ungewissen: »Wir verstehen uns, weil wir nichts
voneinander wissen. Was würde aus so vielen glücklichen
Ehegatten, wenn der eine in die Seele des anderen hinein-
schauen könnte, wenn sie sich verstehen könnten, wie die
Romantiker sagen, die die Gefahr – wenngleich die nichtige
Gefahr – ihrer Worte nicht ahnen. Alle Ehepaare der Welt sind
schlecht verheiratet, denn jeder Partner bewahrt bei sich in den
Geheimkammern, wo die Seele dem Teufel gehört, das subtile
Bild des Idealmannes, der nicht mit dem Vorhandenen über-
einstimmt, die flüchtige Gestalt der sublimen Frau, die seine
Gefährtin nicht verkörpern konnte.«

Wie es bei einem so stark individualistischen Temperament
wie dem von Pessoa-Soares zu erwarten ist, widmet *Das Buch
der Unruhe* mehr Raum den subjektiven Grundlagen für die
Abweisungen der Liebe als den objektiven. »Bei mir reichen
alle Gefühlsregungen nur bis an die Oberfläche, jedoch aufrichtig. Ich bin immer Schauspieler gewesen, und das wahr-

haftig. Immer, wenn ich geliebt habe, habe ich fingiert, daß ich liebe, und für mich selber fingiere ich.«

Vielleicht ist eine der Möglichkeiten, sich von der Bedrohung der wahren Liebe zu befreien, diejenige, die Soares die romantische Liebe nennt, welche in Übereinstimmung mit dem Gesagten eine Liebe der Oberfläche ist, eine durch den Liebenden geschaffene Oberfläche und daher eine künstlichen Charakters. Bei dieser Betrachtung ist das folgende Fragment erhellend und benötigt keinen Kommentar:

Jeder Mensch von heute, dessen moralische Struktur und geistiger Umriß nicht die eines Pygmäen oder Primitiven sind, liebt, wenn er liebt, auf romantische Weise. Die romantische Liebe ist ein extremes Produkt von vielen Jahrhunderten christlicher Beeinflussung; was ihre Substanz und ihre Entwicklungsstadien angeht, kann man sie dem, der das nicht versteht, näher erklären, indem man sie mit einem Kleid oder einem Kostüm vergleicht. Seele oder Phantasie stellen es her, um damit die Wesen zu bekleiden, die ihren Lebensweg kreuzen und von denen der Geist meint, daß sie zu ihnen passen.

Aber jedes Kostüm hält, da es nicht ewig ist, nur so lange, wie es eben hält; und binnen kurzem taucht dann unter dem Kleid des Ideals, das wir uns eingebildet haben und das in Fetzen geht, der wirkliche Körper der menschlichen Person auf, dem wir es angezogen haben.

Die romantische Liebe ist infolgedessen ein Weg der Enttäuschung. Sie ist es nur dann nicht, wenn man die Enttäuschung von Anfang an einkalkuliert und beschließt, das Ideal ständig auszuwechseln und ständig in den Werkstätten der Seele neue Kleider zu weben, durch die der Anblick des Wesens, das man mit ihnen bekleidet, ständig erneuert wird.

Es ist unnötig zu sagen, daß diese Absätze in großem Maße die Haltung Pessoas Ophélia gegenüber erhellen: diese Briefe, die Campos wenig später als »lächerlich, lächerlich, lächerlich« qualifizieren sollte, die er aber nicht fürchtete zu schreiben, diese heftigen Gemütsbewegungen – einschließlich des Flanierens in den Straßen –, die die junge Geliebte so sehr belustigten und reizten, die Liebesmüdigkeit schließlich, die ihm nicht gestattete, mehr als zwei Kostüme zu schneidern, mit denen er sie ankleidete … und mit einem Intervall von neun Jahren zwischen den beiden.

Die Motive subjektiven Charakters sind so zahlreich, daß es übertrieben wäre, sie in Gänze zu zitieren. Aber der Leser des *Buches der Unruhe* weiß, daß Pessoa-Soares ein Zurückgezogener ist, aus mangelnder Adaptation an das Leben und weil er vitale und soziale Verantwortungen anders gewichtet, was ihn wiederholt seine Kindheit heraufbeschwören läßt, ein zu jenem Zeitpunkt idealisiertes Alter, in dem »sich die Liebe durch das Nichtvorhandensein des Geschlechts vereint«, woher sich abzuleiten scheint, daß es nötig ist, das Geschlecht zu vergessen, um das beschwerliche Leben weiterhin verneinen zu können.

Ohne die Notwendigkeit, zu Spitzfindigkeiten zu greifen, öffnet sich hier ein durch Soares sehr gut zurechtgelegtes und ausgearbeitetes aktuelles Motiv, das der Freundschaft, welches schließlich mit dem der Liebe in Zusammenhang gebracht wird. Soares anerkennt, daß Freundschaft »ein Wesen [ist], mit dem die anderen, einschließlich eines vagen und seltsam anmutenden Respekts, sympathisieren«, etwas, von dem wir wissen, daß es mit Pessoa geschah. »Aber ich erwecke keine überwältigende Sympathie. Niemand wird jemals auf bewegende Weise mein Freund sein.« Und er erklärt auf luzide Weise im weiteren Verlauf: »Der natürliche Preis meiner Distanzierung vom Leben war die von mir bei meinen Mitmenschen heraufbeschworene Unfähigkeit, mit mir zu fühlen«, was – hier scheint die Maske aufgehoben – sein Schwanken in der Beziehung mit Ophélia sehr gut zu erklären vermag.

Ebenso haben bei der Negation und der Zurückweisung der Liebe die Langeweile und das Leiden sowie die Eifersüchteleien – Ophélia berichtet, Pessoa wäre sehr eifersüchtig gewesen – ein Gewicht, so sagt Soares, »es gibt keine angst machende Empfindung des Geheimnisvollen, die wie die Liebe, die Eifersucht, die Sehnsucht schmerzen kann …« Daher negiert Bernardo die Leidenschaften und die normalsten Ambitionen.

Vielleicht ist das aristokratische Gefühl – das nichts anderes ist als das Bewußtsein um den eigenen und unerkannten Wert – das Moment, um das sich die Motive der Negation der Liebe gruppieren. Ein weiteres Motiv ist vielleicht, anders bedacht, die Verteidigung der persönlichen Freiheit oder zumindest die Ablehnung der Kumpanei, ein – genaugenommen – heroischer Akt. Betrachten wir, um dies zu belegen, die beiden Maxime des *Buches:* »wir müssen die Invasion in unserer Persönlichkeit durch die anderen verhindern. Jedes nicht zu uns gehörende Interesse ist eine ungleiche Geschmacklosigkeit«; »Lieben ist ermüden, allein zu sein: es ist eine Kumpanei und ein Betrug an uns selbst (es kommt überhaupt darauf an, daß wir nicht lieben)«.

Man kann viele Dinge zurückweisen, nicht aber den Ruf der Instinkte verhindern, seien diese spiritueller Art wie der ästhetische Instinkt, oder physischer Natur wie der sexuelle. Acht Monate, nachdem er endgültig mit Ophélia gebrochen hatte, schrieb Pessoa dieses herrliche Gedicht:

Sie gibt Überraschung dem Sein.
Sie ist groß, und ihr Haar dunkelblond.
Nicht ohne Verlockung, zu schauen allein
Ihren Körper, der zur Hälfte schon rund.

Ihre großen Brüste gleichen
(Würde sie nur dort liegen)
Kleinen Bergen zum Nachtlichtentweichen,
Doch das Tageslicht müßt' nicht siegen.

Mit weißem Arm ruht eine ihrer Hände,
Leicht nach außen greifend nur,
Aus auf dem Vorsprung der Lende
Ihrer verhüllten Kurvenstruktur.

Sie begehrt wie die Schiffe,
Und hat was von einer Knospe.
O Gott, wann, daß ich mich einschiffe?
Hunger, wann, daß ich von ihr koste?

Diese auf der Hüfte aufgestützte Hand – eine in keiner Weise
aristokratische Geste – und dieser Bezug auf das Meer, sollen
sie bedeuten, daß die in diesem Gedicht bewunderte Frau
eine *varina*, eine jener hübschen Fischverkäuferinnen jenes
Lissabons ist? In diesem Fall würde Pessoa diese Bewunderung
mit seinen Freunden Almada Negreiros und Carlos Queiroz
teilen, welche beide jene mythischen und volkstümlich um-
herwandelnden Schönheiten besungen haben, die heute leider
aus den Straßen Lissabons verschwunden scheinen.

20

DIE BESTIE 666. GNOSIS UND EINWEIHUNG.
ESOTERISCHE SCHRIFTEN
1930–1934

Das Jahr 1930 war wichtig im Leben von Fernando Pessoa, nicht allein wegen seiner intensiven heteronymischen Produktion, sondern auch wegen seines endgültigen Bruchs mit Ophélia und wegen des Zusammentreffens mit einer der Hauptfiguren des Esoterismus seiner Zeit. Die vier wichtigsten Personen des *drama em gente* hatten viel zu sagen im Verlauf dieses Jahres, auf das, wenn ich mich nicht verzählt habe, siebzig Gedichte von Pessoa-*ipse* datiert sind, zwölf von Ricardo Reis und fünf von Campos. Dazu kommen sechs von Alberto Caeiro, in denen wir, wenn wir das szenische Spiel Pessoas ernst nehmen, nichts anderes sehen dürfen als mediumistische Gespräche mit dem Dichter von *Der Hüter der Herden*. Wir beobachten also eine Wiederbelebung der im Verlauf der letzten Jahre etwas pausierenden heteronymischen Präsenz, die, mit Ausnahme des Jahres 1934, nicht auf den Dialog zwischen Pessoa und Campos beschränkt bleiben sollte.

1930 kam es auch im Café Martinho da Arcada zu einem Treffen mit dem ersten ausländischen Pessoa-Kenner, dem französischen Gelehrten Pierre Hourcade. Ihm verdanken wir aufgrund dieser ersten und der darauffolgenden Begegnungen ein physisches und moralisches Porträt des Dichters, in welchem mit Scharfsichtigkeit die bemerkenswertesten Züge seiner Erscheinung und seines Charakters zutage treten: »An einem hohen Marmortisch sitzend, auf ihm der ewige portugiesische Kaffee, bemühte ich mich, die Szenerie zu vergessen, und war ganz Auge für den Eintritt des Magiers. Ich stellte ihn mir klein vor, melancholisch und von bräunlicher Gesichtsfarbe, an den düsteren Zauber der ›saudade‹ gefesselt, mit dem sich seine ganze Rasse vergiftet – und stieß plötzlich auf den lebhaftesten Blick, ein sicheres, boshaftes Lächeln, ein von geheimem Leben überquellendes Antlitz.« Bei einer anderen Gelegenheit erzählt er, wie ihn sein Gegenüber faszinierte. »Von diesem zarten Mann, dessen Augen von dicken Brillengläsern geschützt wurden, strahlte ein undefinierbarer Zauber aus: äußerste Höflichkeit, vollkommene Einfachheit und Wohlgelauntheit – jawohl: auch Wohlgelauntheit bei diesem verzweifelten und wie kein anderer zerquälten Menschen – und dazu eine Art fiebriger Intensität, die unter der scheinhaften Fassade der guten Umgangsformen brodelte. Mein Herz schlug geschwinder, meine übermäßig konzentrierte Aufmerksamkeit war verwirrt, als ob die Luft, die man um Fernando Pessoa her einatmete, im Halbschatten des Cafés Martinho da Arcada sauerstoffhaltiger wäre als die gesunde, helle Brise, die vom Tejo aufstieg und über ›den nobelsten Platz Europas‹ hin an die Schwelle dieses Grabmals stieß, das durch die Gegenwart des Dichters und nur durch sie in eine Grotte der Sibylle verwandelt wurde.« Ohne Zweifel spürte Hourcade außerordentlich sensibel die äußeren Signale, die die Anwesenheit jener verraten, die, wie Pessoa, zur geheimnisumwobenen Minderheit der Betreiber der okkulten Wissenschaften gehören.

War Pessoa, wie es sein Freund Pierre Hourcade wollte, ein Magier? Die Wahrheit ist wohl, daß nicht einmal er selbst sicher sein sollte. Wir wissen bereits, ausgehend von einigen Gedichten aus seiner Kindheit, dann über einige, die er in seiner Jugend mit dem Pseudonym Alexander Search zeichnete, und weitergehend bis zum *Im Wald der Entfremdung*, das 1913 veröffentlicht wurde, daß die Anziehung des Geheimnisvollen das eine oder andere Mal seine Feder führte. Und natürlich kennen wir seine heterodoxen, aber festen religiösen

Überzeugungen sowie jene, sich zu einer für die Menschheit transzendentalen Mission berufen zu fühlen. Durch seine Korrespondenz mit Sá-Carneiro kennen wir den tiefen Eindruck, den, vermischt mit einer Unruhe, bei ihm die theosophischen Werke verursachten, die er 1915 zu übersetzen begann. Und durch den berühmten Brief an seine Tante Anica wissen wir von den parapsychologischen Phänomenen, die sich in ihm zu Beginn der Veröffentlichung der *Orpheu* zu manifestieren begannen. Auch wenn es sicher ist, daß das Neu-Heidentum von Caeiro, Reis und Mora keine esoterischen Charakterzüge trägt – obwohl man hier einiges differenzieren müßte –, ist andererseits nicht abzustreiten, daß die Leidtragenden, Pessoa und Campos, vom Esoterismus durchdrungen sind, und zwar, und das gilt für Pessoa, vom Esoterismus eines Julian Apostata. Und wir wissen von seinem sebastianistischen Messianismus, den er mit einer Gruppe von Freunden teilte, unter denen Vitoriano Braga und sein beinahe unzertrennlicher Freund Ferreira Gomes, den Simões seinen »okkultistischen Laienbruder« genannt hat, noch hervortraten. Aber nichts von dem bestätigt uns, daß Pessoa ein Magier war, denn dazu ist eine hohe Einweihung nötig, und zumindest in jener Zeit, in der wir uns jetzt aufhalten, scheint sie ihm nicht unbezweifelbar zuteil geworden zu sein. Und dennoch, denn insofern die Magie adäquaterweise die tätige Ausübung einer der okkulten Wissenschaften ist, neigt die Antwort entschieden, ohne Anspruch auf Eindringlichkeit, in diesem Fall zu einem Ja.

Man weiß seit langem, daß Pessoa viele Horoskope erstellte, und nicht allein von Personen, denn er verfaßte neben anderen – für nicht-menschliche Entitäten – das von Portugal und das der Zeitschrift *Orpheu*. Und man weiß ebenso, daß er den Gedanken verfolgte, sich in Lissabon als Astrologe zu etablieren, ein Projekt, von dem er schließlich abließ. Erst kürzlich entdeckte man in seiner Hinterlassenschaft eine beinahe – oder vielleicht sogar ganz – vollendete Abhandlung über Astrologie, deren Erscheinen man mit Interesse erwartet. Trotzdem, ein Astrologe ist nicht notwendigerweise ein Eingeweihter, wenn man das exoterische Konzept bedenkt, das viele Praktiker von der Astrologie gehabt haben und viele noch haben, die sie, auch wenn sie ihre Mysterien nicht verkennen, beinahe wie eine exakte Wissenschaft behandeln; und wo sie nur beinahe exakt ist, schreiben sie ihre Irrtümer den Fehlern bei der Wahrnehmung, der Information und der Berechnung seitens der Astrologen zu.

Auf der anderen Seite besteht auch die Möglichkeit der Selbstinitiierung durch Studien und die Praktizierung – immer unter dem Vorbehalt des Dazu-Bestimmtseins – einer oder mehrerer okkulter Wissenschaften. Und uns ist bekannt, daß der Astrologe Pessoa ein Gelehrter eben jener Disziplinen war, denn er hatte nicht nur die Theosophen – die in dieser Hinsicht nicht besonders exemplarisch sind – gelesen; ferner bewahrte er in seiner Bibliothek die Werke der Sebastianisten und mehrerer Propheten und Visionäre auf, die ihnen zeitlich vorausgingen, sowie Werke von A. E. Waite, von MacGregor Mathers, von den Portugiesen João Antunes, Caetano Munhoz de Abreu und Castelo Branco, um nur einige zu nennen. All dies läßt uns eine Selbstinitiierung annehmen, ebenso wie der Vorschlag von António Quadros, demzufolge die Heteronymie als ein alchemistischer Prozeß interpretiert werden kann, was sogar zu der Vermutung verleitet, daß Pessoa wirklich ein Eingeweihter gewesen ist. Aber die Wahrheit ist, daß der Punkt, an dem die Kenntnisse über diese wichtige Frage angelangt sind, aber auch der Zeitpunkt, an dem wir uns auf seinem Lebensweg befinden, uns anraten, von einer kategorischen Meinungsäußerung abzusehen.

Obwohl noch keine umfassende Untersuchung des Esoterismus Pessoas vorliegt, haben die diesem Thema gewidmeten Kapitel in der Biographie von Simões und die Untersuchungen von Dalila Pereira da Costa, die des bereits erwähnten

Quadros, die von Georg Rudolf Lind, Yvette Centeno und anderen mehr, unter denen bescheidenerweise auch ich mich befinde, vollauf die Behauptung von Eduardo Lourenço belegt, der zufolge »die okkultistische Dichtung den gesamten Orbit des Lebens und des Werkes von Pessoa abdeckt«, was auch für einen Teil seiner Prosa gilt. Und im Verlauf seiner letzten Jahre, und dem Anschein nach aufgrund eines für ihn wichtigen Ereignisses im Jahre 1930, intensivierten sich, was Prosa- und Versdichtung gleichermaßen betrifft, seine esoterischen Schriften.

Daß Pessoa ein großes Vertrauen in seine Befähigung zum Astrologen hatte, belegt folgende Begebenheit. Nachdem er in den *Konfessionen* von Aleister Crowley (1875–1947) das Horoskop gelesen hatte, welches dieser berühmte Sterndeuter für sich erstellt hatte, fand Pessoa heraus, daß es schlecht aufgebaut war, und er wandte sich über dessen Londoner Verleger an ihn, um ihn auf seinen Fehler aufmerksam zu machen und die korrekte Lösung anzudeuten. Crowley antwortete ihm beipflichtend, und vor diesem Hintergrund entwickelte sich zwischen ihm und Pessoa eine Korrespondenz.

Aleister Crowley, dessen Leben eines der schillerndsten seiner Zeit war, wurde 1898 im *Golden Dawn* initiiert und nahm danach den esoterischen Namen »Die Bestie 666« an, mit anderen Worten, den Namen der aus der kanonischen *Apokalypse* bekannten Bestie. Der *Order of the Golden Dawn* ist wahrscheinlich der einzige Bewahrer des vollständigen Korpus der magischen Wissenschaft, und seine Anhänger schätzen, daß alles Authentische bei den zeitlich nach ihm gegründeten Orden nicht mehr ist als lediglich eine Filtration seiner Kenntnisse. Diese esoterische Vereinigung, deren Grundlagen starken Einfluß auf die Schriften Pessoas ausgeübt zu haben scheinen, wie es Yvette Centeno angedeutet und in Teilen bestätigt hat – wovon noch später zu reden sein wird –, wurde in London im Jahre 1887 von William Robert Woodman, William Wynn Westcott, MacGregor Mathers und der Deutschen Anna Sprengel gegründet. Die drei Erstgenannten hatten der Fraternität (oder Sozietät) der Rosenkreuzer in Anglia angehört, die 1865 von einer Gruppe leitender Persönlichkeiten der Freimaurerei gegründet worden war. Die durch den *Golden Dawn* gelehrte Wissenschaft drehte sich strukturell um die kabbalistischen Schemen und ganz besonders – und hier sephirotischer Natur – um das Mysterium des Baums des Lebens, und ihr Zweck war, die Mitglieder zum Reich des Unendlichen Lichts, dem Ursprung des menschlichen Geistes, zurückzuführen. In diesem Zusammenhang ist es interessant, den Schwur der Initiierten der unteren Grade kennenzulernen, um ihn mit den Aufzeichnungen zur Religion und den uns bereits bekannten Briefen des jungen Pessoa vergleichen zu können sowie mit einigen seiner späteren Erklärungen, unter denen einer der 1935 an Casais Monteiro geschriebenen Briefe herausragt. Der Schwur lautet: »Ich verspreche und schwöre, daß ich mich, mit Göttlicher Zustimmung, von diesem Tage an dem Großen Werk« – ein alchemistischer Begriff –, »das heißt, der Läuterung und der Erhöhung meiner Geistigen Natur widmen werde, damit ich mich, mit Göttlicher Unterstützung, in mehr als einen Menschen verwandeln und mich so zu meinem höchsten göttlichen Genie stufenweise emporheben und vereinen kann, und ich für diesen Fall nicht die große, mir anvertraute Macht mißbrauchen werde.«

Zum Golden Dawn gehörten neben anderen herausragenden Intellektuellen und Künstlern der Dichter William Butler Yeats, Arthur Machen und sehr wahrscheinlich Arnold Bennet. Zu Anfang waren sowohl seine Statuten als auch seine liturgischen Bücher absolut geheim – diese sind, wegen der vorherrschenden Rolle, die in dieser Vereinigung die zeremoniale Magie spielte, die Eliphas Levi schließlich sosehr gefürchtet hatte, von großer Wichtigkeit. Trotzdem hatte Pessoa sie ohne Zweifel kennengelernt, wie seine späteste Dichtung es beweist; noch später sollten die Bücher, was bei einem Teil der Mitglieder dieser Vereinigung einen Skandal auslöste, sogar publiziert werden.

Crowley, dessen esoterische Gedanken äußerst originell und erneuernd waren, stieß schließlich mit MacGregor Mathers zusammen; in diesem Zusammenhang bildete sich eine Gruppe von Fürstreitern, zu der neben anderen Yeats gehörte. Als Konsequenz aus diesem inneren Kampf kam es zum Ausschluß Crowleys und zur Unterstellung, daß seine magischen Machenschaften im Zusammenhang mit dem unerwarteten Tod von MacGregor Mathers stünden. Der Meister Therion, ein weiterer der von Crowley angenommenen Namen, fühlte sich von seinen Verpflichtungen gegenüber dem Golden Dawn entbunden und begann Jahre später in der von ihm gegründeten Zeitschrift *The Equinox* die geheimen Rituale des Ordens zu veröffentlichen. Dieser heterodoxe Okkultist praktizierte später die Schwarze Magie unter Betonung ihres sexuellen Elements und führte ein abenteuerliches Leben in Europa und in Amerika. Er stand in Kontakt mit Carl Albert Theodor Reuß, seines Zeichens Kopf des *Ordo Templi Orientis (Orientalischer Templerorden),* der ihn in der Anwendung des Sexus und des Eros als magische Instrumente auf dem Weg zur spirituellen Transzendenz unterwies. Aber was uns in dieser Angelegenheit am meisten interessiert, ist, daß Pessoa, der später noch erklären sollte, dem *Christus-Orden,* einem Folgeorden der Templer in Portugal, anzugehören, in Crowley wenn nicht einen Laienbruder, so doch einen Initiierten in einem der Orden erkennt, die sich als von dem der Templer abstammend bezeichneten.

Therion gründete in den 20er Jahren unter dem Namen *Stella Matutina* einen vom Golden Dawn abgeleiteten Orden, dessen Rituale 1942 unter dem Titel *Die Magie des Golden Dawn* von Israel Regardie, seinem Sekretär, veröffentlicht wurden. In Wirklichkeit blieb Crowley entschieden geprägt von dem

.Orden, in dem er sich initiiert hatte, und zwar derart stark, daß er, da das Tarot eines der wichtigsten magischen Instrumente des Golden Dawn gewesen war, selbst eines erfand, daß es erst viele Jahre nach seinem Tod veröffentlicht wurde. Dies sei anläßlich der Tatsache gesagt, daß sich im Nachlaß von Pessoa, der sich im wesentlichen nicht von der Kunst des Kartenlegens angezogen zu fühlen schien, einige Notizen, über den symbolischen Wert der höchsten Geheimnisse des Tarots befinden, die ich habe einsehen können, und die wie ein Beleg des späten Einflusses des Golden Dawn auf sein esoterisches Denken aussehen.

Aber kehren wir zur Korrespondenz zwischen Pessoa und Crowley zurück, die schließlich zu einem Treffen beider in Lissabon führte. Gaspar Simões hat diese wichtige Episode im Leben unseres Dichters sorgfältig rekonstruiert, die scheinbar eine Folge seines unüberlegten Vorgehens in der Angelegenheit mit Crowleys Horoskop war. So ist gewiß, daß Pessoa, man kann es nicht milder ausdrücken, nicht gerade begeistert war, als ihn einige Zeit, nachdem er den Brief erhalten hatte, in dem die Bestie 666 ihm beipflichtete und ihren Dank ausdrückte, und sich so der erwähnte Briefwechsel etabliert hatte, die Ankündigung des Walisers erreichte, daß er nach Portugal kommen werde, um ihn kennenzulernen. Nun, uns ist schon bekannt, daß Crowley die Schwarze oder dämonische Magie praktizierte, und dies war es, was Pessoa, dessen hermetische Wege andere waren, mit Beklemmung und Furcht erfüllte. Aber wie konnte er diesen Besuch verhindern?

Susan Roberts, deren Biographie von Crowley ich auf der Suche nach Spuren Pessoas durchgesehen habe, sagt darin, daß Crowley, und zwar im September 1930, in Lissabon war, um sich vor einer finanziellen, durch den Zusammenbruch von *Mandrake Press,* dem Verlag seiner Bücher, heraufbeschworenen Katastrophe in Sicherheit zu bringen, und erwähnt Pessoa mit keinem Wort. Es handelt sich dabei um unentschuldbar mangelnde Sorgfalt – oder eher noch um Ignoranz –, die an den Methoden dieser nordamerikanischen Schriftstellerin zweifeln läßt, und zwar stark, denn Pessoa nahm eine merkenswerte Rolle während Crowleys Aufenthalt in Lissabon ein. Auch die Biographie des Magiers von Francis King übergeht dieses Treffen.

Im Jahr 1930 beging Crowley seinen fünfundfünfzigsten Geburtstag – und nicht seinen fünfzigsten, wie Simões behauptet, dessen Sicht dieser Angelegenheit ich in den folgenden Zeilen zusammenfassen werde –, und er befand sich in einem der kritischsten Momente seines Lebens, ruiniert und willens, eine Scheidung einzuleiten. Als Pessoa das Telegramm, in dem ihm Therion Tag und Stunde seiner Ankunft ankündigte, erhielt, wünschte er sich innigst, daß sein Besucher nicht nach Lissabon kommen würde. Aber er kam: Am 2. September machte an der Mole Rocha do Conde de Óbidos der Dampfer *Alcântara* fest, welcher, laut Simões, »durch dichten Nebel aufgehalten worden war, der gerade dann an der Küste aufgekommen war, als die *Alcântara* in Vigo losmachen sollte, und der sie dazu zwang, ihr Auslaufen um circa vierundzwanzig Stunden hinauszuschieben. An Land dann sah Pessoa, erstarrt und verschüchtert, einen großgewachsenen Mann mit breiten Schultern, umhangen von einem schwarzen Cape, auf sich zukommen, dessen arglistige und zugleich satanische Augen ihn tadelnd anschauten, während er ausrief: ›Was war das bloß für eine Idee, mir Nebel nach dort oben hin zu schicken?‹«

Crowley kam in Begleitung seiner damaligen Geliebten, der Deutschen Anni L. Jaeger, und nahm in einem zentral gelegenen Hotel in Lissabon Quartier. Zweifelsfrei mußten Pessoa und er eine Menge bereden und, nachdem der Argwohn des ersten ausgeräumt war, wurden sie Freunde. Sie hatten viele Dinge zu diskutieren, und sie hatten Zeit dazu. Der folgende Vorfall ereignete sich nach etwas mehr als anderthalb Monaten: Am 25. Oktober wurden das Zigarettenetui von Crowley

401

und ein von ihm in vollkommen hermetischem Stil geschriebener Brief auf der Landstraße von Boca do Inferno de Cascais (Höllenschlund von Cascais), einem Ort in der Nähe Lissabons, gefunden. Da man in dem kurzen Brief las: »Ich kann nicht leben ohne Dich. ›Der andere Schlund der Hölle‹ wird mich packen, er wird nicht so heiß sein wie Deiner«, dachte man an einen Selbstmord aus Leidenschaft. Nun, Crowley bieb verschwunden, und was man auch tat, um ihn aufzuspüren, er war nicht zu finden. Man glaubte auch an ein Verbrechen oder sogar an eine von dem Magier, Pessoa, und Ferreira Gomes angezettelte Simulation. Letzterer war der erste, der in einer Reportage, die in den *Notícias Ilustrado* erschien, die soweit bekannten Umstände dieses mysteriösen Zwischenfalls beschrieb. Durch die Reportage alarmiert, belegte die Polizei anhand ihrer Akten, daß Crowley am 23. des Monats die Grenze nach Spanien passiert hatte, aber Pessoa, der bereits gerufen worden war, um das Zigarettenetui zu identifizieren und um eine Dechiffrierung des Briefes zu versuchen, erklärte in einem Artikel, der ebenfalls in den *Notícias Ilustrado* gedruckt wurde, daß er am selbigen 23. mit Aleister gesprochen hätte und daß dieser ihm gesagt hätte, er fahre in Richtung Sintra, einer Stadt in der Nähe von Cascais; darüber hinaus, und dies wäre das Verwirrende, hätte er ihn am 24., also am darauffolgenden Tag seines vermeintlichen Grenzübergangs, an zwei zentralen Orten in Lissabon gesehen. Ansonsten sprechen die Reflexionen Pessoas in diesem Artikel für das Mysteriöse des Verschwindens Crowleys.

Simões schreibt: »Die Pariser Presse übersetzt die Reportage von Augusto Ferreira Gomes, und einige Tage später interviewt eine Lissaboner Tageszeitung – *Girassol* – Pessoa zu dem enigmatischen Schicksal seines Gefährten, des Dichters, Magiers, Astrologen und ›mysterienhaften‹ Engländers, der im bürgerlichen Leben Aleister Crowley hieß und der sich auch als die Bestie 666 bezeichnete: ›Ich weiß mit aller Gewißheit, daß zwei englische Geheimpolizisten hier gewesen sind, um den Fall von Crowley zu untersuchen.‹«

Susan Roberts berichtet, daß der Magier auf direktem Wege nach London fuhr, nachdem er Lissabon verlassen hatte. Aber, wann verließ er die Stadt? Wem glauben, Pessoa, der schließlich sogar nahelegte, daß das, was er am 24. Oktober zweimal gesehen hatte, durchaus der Astralleib von Crowley gewesen sein könnte, oder Roberts, die so schlecht informiert ist, daß sie sich nicht einmal auf diese Episode bezieht? Könnte sich Crowley nicht in Spanien oder vielleicht in Frankreich aufgehalten haben, bevor er sich endgültig entschied, nach England zurückzugehen, und könnte er sich nicht für die Publikation des Artikels von Ferreira Gomes in der Pariser Presse verwendet haben, um dem Scherz internationale Ausmaße zu verleihen, und einen möglichen Aufenthalt in dieser Hauptstadt dazu genutzt haben? Wie es auch immer war, der Vorfall beweist einmal mehr die großen Fähigkeiten Pessoas für die Werbung, sei sie geschäftlicher oder anderer Natur.

Der Esoterismus Pessoas verdient eine lange und arbeitsaufwendige Monographie, die bei weitem den Umfang dieses Buches sprengen würde. Deshalb werde ich mich im weiteren Verlauf darauf beschränken, einige seiner interessantesten Aspekte sehr komprimiert zu behandeln, wobei ich mich ausschließlich auf die orthonymen Dichtungen und die Aufzeichnungen gleichen Ursprungs im Nachlaß Pessoas beziehen werde.

Der erste – bereits weiter oben angedeutete – Aspekt ist die mögliche Initiierung Pessoas. Die Essayisten, die sich mit der Übermittlung esoterischer Geheimnisse befaßt haben, waren verschiedener Meinung und sind es immer noch, was die Möglichkeit einer Selbstinitiierung betrifft. Psello und Guénon halten daran fest – eine Ansicht, die schon der mittelalterliche Mystiker Ibn Arabí de Murcia vertrat –, daß eine

Initiierung ohne die Hilfe eines Meisters nicht möglich ist, was ihrer Meinung nach von der asiatischen Tradition abzuhängen scheint, in der ein Guru in jeder Hinsicht unerläßlich ist; das weist ihr gewiß einen sakramentalen Charakter zu, selbst wenn man die fehlende Notwendigkeit bedenkt, daß der Initiierte – *chela* in der erwähnten Tradition – auch *ad hoc* einem Orden angehören muß. Trotzdem betonen diejenigen, die so argumentieren wie Pessoa, daß, wo auch immer ein spirituell vorbereiteter Anwärter auf eine Initiierung erscheint, mit absoluter Sicherheit ein Meister auftaucht, der ihn initiiert. Nach dieser asiatischen Tradition ist die Verbindung zwischen Meister und Schüler dauerhaft, und letzterer benötigt die Inspiration des ersteren, auch nachdem er initiiert worden ist. Dem widerspricht die Ansicht – die durchaus eine Adaptation an den Individualismus der westlichen Hemisphäre sein kann –, die neben anderen Gelehrten von A. R. Schwaller von Lubicz vertreten wird, der betont, daß »das Ziel aller in die Geheimnisse einführenden Institutionen war, die Befähigung an den zu vermitteln, der sie nach den *Mitteln zur Selbstinitiierung* fragte«. Dieser Autor bezieht sich auf die ältesten der nämlichen Institutionen, und die von ihm stammende Hervorhebung im Zitat bekräftigt seine Überzeugung, in der er mit mehreren Mitgliedern des Golden Dawn und mit dem bereits genannten Regardie übereinstimmt. Was diese letztgenannten Autoren genaugenommen glauben, ist, daß die Unterweisung der Neophyten – oder der Wißbegierigen, wenn wir einen weniger sakralen Terminus verwenden wollen – und die sich anschließenden, in die Geheimnisse einweisenden Zeremonien gleichbedeutend sind mit der Vorbereitung auf einen Weg, der allein zu beschreiten ist und der infolgedessen eine Eigenleistung verlangt, deren Erfolg aber die Erleuchtung sein könnte.

Was Pessoa anbelangt, der zweifelsohne beharrlich die okkulten Wissenschaften studierte, so neigte er entschieden zur

Selbstinitiierung, wie es verschiedene seiner in Englisch verfaßten Aufzeichnungen beweisen, die bereits von Georg Rudolf Lind und von Yvette Centeno untersucht worden sind.
Nachdem er sich der Leichtigkeit bewußt geworden war, mit
der man sich auf diesem Weg verirren kann, fragt Pessoa sich:
»Wie soll sich ein Mensch, der die Initiierung sucht, denn auf
sie vorbereiten? Wie, in anderen Worten gefragt, wird er die
neophytischen Grade des höchsten Ordens zu verinnerlichen
haben?« Die Antwort ist deutlich und spiegelt seinen intellektuellen Werdegang wider: »Er muß beginnen, sich mit den
philosophischen Systemen vertraut zu machen und mit der
Philosophie, die, wohl oder übel, aus den allerjüngsten Erfahrungen der Wissenschaft hervorgeht. Mit dieser stützenden
Grundlage muß er, System gegen System, Theorie mit Theorie und Teile eines jeden Systems mit denen anderer Systeme
konfrontierend, reflektieren und vergleichen. Er wird eine
abstrakte Intelligenz entwickeln, ohne die die Intuition, die zu
enthüllen trachtet, nichts anderes sein wird als Emotion.« Man
hat schon gelegentlich angemerkt, daß die Dichtung Pessoas
auf den Altären der Intelligenz manchmal arm an Emotionen
ist – was man nicht notwendigerweise als einen Verlust ästhetischer Qualität übersetzen muß –, und tatsächlich schrieb Pessoa, möglicherweise in einem Moment, in dem er glaubte, die
Ausgewogenheit von Intellekt und Emotion erreicht zu haben,
den bekannten Vers: »Was ich in mir spüre, wurde gedacht«,
der die soeben zitierten Vorsätze zu antizipieren scheint. Unmittelbar auf diese Vorsätze schreibt Pessoa, daß sich der Anwärter von allen dogmatischen Vorurteilen, die aus der Erziehung oder dem Habituellen herrühren, befreien muß, folglich
»kann der Weg der Initiierung nicht durch die Portale irgendeiner Kirche erreicht werden, sondern zuvorderst nur gleichzeitig durch die Portale aller oder durch keine.« Er muß sich
überdies mit den religiösen Systemen aller Gattungen vertraut
machen und danach ein eigenes System, behutsam aufgebaut,

erarbeiten, welches er, wenn es abgeschlossen ist, verlassen muß. »Auf diese Weise wird er die vier Stadien der Versuchungen der Welt zu durchlaufen haben: das Dogma, die konkrete Intelligenz, die abstrakte Intelligenz, auch Philosophie, und die kritische Intelligenz.«

In demselben Fragment sagt Pessoa, daß die Stufen der Skala, die zur Wahrheit führen, zehn an der Zahl sind, also genau die Anzahl der Bestimmungen im Golden Dawn, und daß sie mit den Zehnen des Sephirot, des Baums des Lebens, korrespondieren, was einen Einfluß Crowleys in der esoterischen Reflexion während der letzten Lebensjahre des Dichters zu belegen scheint, in die diese Aufzeichnungen, die wir gerade untersuchen, hineingehören. Und deshalb stellt sich die Frage, ob es nicht Crowley gewesen sein könnte, der, in Übereinstimmung mit den Ideen von Schwaller von Lubicz und seiner ehemaligen Brüder im Golden Dawn, Pessoa die Mittel zur Selbstinitiierung verschafft hat. Unter einem literarischen Blickwinkel ist sehr interessant, was Schwaller darüber schreibt: »Der Neophyt ist, vermittels der drei Grade, die diesen Ausdruck umschreiben, im wesentlichen ein Anfänger; der Weg, der ihm befugt ist, führt zur Vervollkommnung der Kenntnisse in der externen Sphäre. Durch seine drei Grade gibt es bei dem Eingeweihten einen Prozeß der Vereinigung des Wissens mit dem Leben. Beim Meister gibt es, oder man sagt, daß sie erfolgt, eine Zerstörung dieser auf diese Weise erreichten Einheit zugunsten einer nächsthöheren Einheit.« Diese Grade sind vergleichbar mit denen der Initiierung in die Schreibkunst der großen Poesie, nämlich insofern der Grad des Neophyten mit der Ausbildung der Grammatik, der allgemeinen Kultur und der literarischen Kultur im besonderen übereinstimmen wird; der Eingeweihte wird stufenweise einfache lyrische Poesie schreiben, komplexe lyrische Poesie und lyrisch-philosophische Poesie, wie es bei der Ode der Fall ist; der Meister wird lyrische Poesie, epische Poesie und dramatische

Poesie schreiben und die Fusion der ganzen Poesie, Epik und Dramatik in etwas bringen, das jenseits davon liegt. Auf diese Weise sind die zehn Grade der poetischen Initiierung abgedeckt.

Man muß sich fragen, ob Pessoa dieses Beispiel nicht wählte, um uns glauben zu machen, daß die Dichtung im Grunde eine Initiierung sei. Obwohl man sich durchaus denken kann, daß seinem Verständnis nach die Parallelen zwischen der Dichtung und dem Beschreiten des in die Geheimnisse einweihenden Weges eine gute Vorbereitung seien für den, der sich auf poetischen Pfaden versucht.

Über diesen Essay oder dieses kleine hermetische Traktat zur Initiierung hinaus machte Pessoa Aufzeichnungen zu weiteren Versuchen mit den Titeln *Der Weg der Schlange, Erdinneres* und *Atrium,* die von Centeno veröffentlicht worden sind. Es kann an dieser Stelle nicht jede einzelne Aufzeichnung analysiert werden, und daher beschränke ich mich hier auf einige Feststellungen, die in Zusammenhang mit dem übrigen Werk Pessoas wichtig sind, insbesondere mit jenen Dichtungen, in denen sich seine Lebenserfahrung widerzuspiegeln scheint und eine Symbolik entfaltet, die wesentlich ist für das Verständnis seines Lebens und seines Werkes.

In *Der Weg der Schlange,* einem Tier oder eher einem Numen, das für Pessoa von großer Bedeutung gewesen sein muß, denn es ist das Symbol Portugals, dessen frühester bekannter Name Ophiussa oder Land der Schlange war, bezieht er sich mit den folgenden Worten auf die Häutung dieses Ophits: »Die Schlange stammte aus dem Paradies, aber nur in ihrer Haut, und sie häutete sich; Saturn stammte von der Welt, aber nur in seiner Haut, und er häutete sich. / Ihre Flucht ist ein Geheimnis und ihr Weg der Schlüssel zu allen Geheimnissen. Aber sie kennt weder ihr Geheimnis noch alle Geheimnisse, weil sie weiß, und wissen heißt nicht existieren.« Zwei der wichtigsten Themen Pessoas spiegeln sich in diesen Zeilen: die

Furcht des Dichters vor der Nicht-Existenz und die vor der – der Heteronymie verwandten – Gestaltvertauschung, die aber keinen Persönlichkeitstausch voraussetzt. Es scheint nicht, als verlangte der Aphorismus nach einem Kommentar, dem zufolge »es notwendig ist, wenn man eine Schlange ist, an Satan vorbeizugehen, um Gott zu werden«, denn die Fortbewegung des Ophits ist nicht geradlinig, und er gelangt an das Ziel seines Weges, ohne ihn in Wirklichkeit beschritten zu haben.

Ein weiteres Thema, das in diesen Aufzeichnungen zutage tritt und dessen autobiographischer Charakter, wie ich glaube, nicht abgestritten werden kann, steckt in den Worten dieses Präludiums: »Jeder Mensch, der sich einen Weg zum Höheren öffnen muß, wird unbegreifliche und stetige Hindernisse vorfinden«; und derselben Charakter prägt den aphorischen Satz, dem zufolge »wir im Innersten das zu leben haben, was wir zurückweisen […], alles auf jede Weise fühlen und nicht Nichts zu sein haben«, was ferner der Intention seiner Heteronymie entspricht. Wir spüren seinen Atem in Vorsätzen wie diesen: »Die Schlange steht über den Ordnungen und den Systemen und, obwohl sie in der Richtung wie jene emporsteigt, verzichtet sie auf die Linien und die Wege« – Die Schlange »vereint die wahrhaftigen Gegensätze«.

In den Aufzeichnungen zu *Erdinneres* finden sich neben kabbalistischen Bezugnahmen weitere, die mit dem Sebastianismus in Verbindung stehen. Eine davon, die wir in einem folgenden Kapitel kennenlernen werden, berührt mit großer Originalität das Thema der Templer, das unter biographischer Sicht gleichfalls sehr wichtig ist. In *Atrium* wird sich Pessoa ebenfalls auf dieses Thema beziehen.

Diese Aufzeichnungen sind Ergebnis sowohl seiner esoterischen Studien und Reflexionen hinsichtlich des Weges bis zur Initiierung als auch Resultat der Reflexionen des Dichters über seine eigene Lebenserfahrung. Wenn ihn der Tod auch überraschen wird, bevor er diese Essays fertigstellen konnte, so sichern die gesammelten Notizen ihm doch, neben Yeats, Miloz und Guénon und seinem Freund Aleister Crowley, einen Platz an vorderster Stelle in der esoterischen Literatur seiner Zeit.

Es ist nicht zu bezweifeln, daß die soeben untersuchten Aufzeichnungen von Pessoa nach dem persönlichen Zusammentreffen mit Crowley geschrieben wurden. Unter anderem weist die nach dieser Zeit datierte Dichtung zahlreiche Berührungen mit diesen Texten auf und ist Zeugnis eines seelischen Klimas, das dem, was ihnen Form gibt, in allem ähnelt. Neben der Erinnerung an Ophélia finden wir in den spätesten Gedichten Pessoas seine konstante Unruhe, seine Todesahnung und seine Unlust zu leben wieder, aber ebenso von 1932 an zahllose Kompositionen esoterischen Charakters.

Über den Weg dieser Dichtungen ist es angebracht, dem Weg zur Inititiierung Pessoas zu folgen und dabei, sofern es möglich ist, eine chronologische Ordnung im Auge zu behalten. Dies wird uns die Gelegenheit geben, einige Bezugspunkte zwischen der esoterischen Prosa- und der Versdichtung festzustellen.

Daß Pessoa die Literatur zu den Zeremonien des Golden Dawn studiert hatte, belegt ein Gedicht, das er am 22. September 1932 schrieb:

Die goldgetriebenen Kessel schwanken,
aus ihnen quillt der Weihrauch auf,
und ich begleite in Gedanken
des trägen Rituals Verlauf,

und doch kein Blick den Arm gewahrt,
und niemand die Gesänge hört,
und jene Kessel andrer Art,
die mir mein Herz heraufbeschwört.

Bis hierhin wäre es zulässig zu denken, das in diesem Gedicht evozierte Ritual könnte das jedweder esoterischen Vereinigung sein, aber die letzte Strophe des Gedichts läßt weiteren Zweifeln keinen Raum:

> Im Tempel vor dem großen: Werde!,
> vor Gott, der Seele, vor dem Leben ...
> sind heute Himmel uns und Erde
> zum Schachspielritual gegeben.

Denn bei den Zeremonien des Golden Dawn zur Weihung des Hierophanten (Oberpriester) und denjenigen zum Ritual des Zelator Adeptus Minor [laut Crowley das Ritual zum Gesellen 5. Grades des Priesters 10. Grades, A. d. Ü.] verlangt man das Erlernen und die Ausübung des enochianischen Schachspiels, benannt nach dem Propheten Enoch – es handelt sich also um ein Detail, das den Sinn dieses Gedichts erhellt. Ein weiteres, das im Mai 1932 in der *Presença* veröffentlicht wurde, dessen Entstehungsdatum jedoch unbekannt ist, ergänzt das dieses soeben besprochene Gedicht. Es ist mit *Einweihung* überschrieben und stellt eines der am häufigsten zitierten Gedichte unseres Autors dar. Es ist in reinster esoterischer Sprache gehalten, denn es erinnert, und zwar aufgrund der Mehrzahl seiner Vorstellungen, an die gnostischen Ursprünge des zeitgenössischen Okkultismus, dem zufolge eine Vorstellung des »Dein Leib ward dir als Schatten zugemessen / Des Kleides, das dein Sein verborgen hält« mit der Allegorie des Neophyten, die einige Verse später ausgebreitet wird, in Verbindung steht, der – seiner Kleider entledigt – entschwindet. In der Tat das *Siebte Hermetische Traktat* sagt mit stark gnostischen Anklängen: »Aber zunächst mußt du die Kleidung, die du trägst, vernichten, das Gewebe der Ignoranz, die Grundlage des Bösen, die Verbindung der Korruption, die schwarze Wand, den lebendigen Tod, den sichtbaren Kadaver, das Grab, das um dich herum du trägst.« Und der nackte Anwärter hört dann den Satz, mit dem das Gedicht endet: »Neuling, der Tod ist nicht vorhanden.« Es handelt sich um die Eschatologie des Golden Dawn, wie unter anderem die Tatsache beweist, daß Westcott, einer seiner Gründer, den Wahlspruch *Non omnis moriar* angenommen hatte.

Dies will nicht sagen, daß Pessoa bis zum Grad des Adepten (Eingeweihten) aufgestiegen wäre, was unerläßlich für die Anwärterschaft zu höheren Graden ist, noch daß er die rituelle Magie auf autodidaktische Weise praktizierte, wie es damals die entkrampfte Disziplin des Golden Dawn schon erlaubte. Es gibt zwar keine Beweise dafür, daß er die Etappen des Weges genau kannte, den nicht zu gehen, er sich möglicherweise mit Blick auf seine Widrigkeiten entschieden hatte. Dies scheint einem anderen seiner bekanntesten Gedichte entnehmbar zu sein:

In des Mont' Abiegno Schatten
ruhte ich, des Grübelns satt,
und erblickte das ersehnte
hohe Schloß auf hohem Grat.
Doch ich lag, vom Grübeln matt,
in des Mont' Abiegno Schatten.

[...]

Möglich, daß ich einst erstarkter,
sei's durch Kraft, sei's durch Verzicht,
doch den steilen Weg versuche,
der das Felsenschloß verspricht.
In des Mont' Abiegno Schatten
rast' ich jetzt, doch rast' ich nicht.

[...]

Doch für heute schlaf' ich bloß,
denn ein Schlaf ist dies Nichtwissen,
schaue auf zum fernen Schloß,
schaue nicht auf mein Verlangen.
Ach, wer reißt mich endlich los
aus des Mont' Abiegno Schatten?

Diese Verse sind hoch bedeutsam. Wie Yvette Centeno beobachtet hat, bezieht sich Pessoa in den Aufzeichnungen, die wir
bereits kennen, »auf Zacharias Werner, Autor der *Kinder des
Tals* (1803), eines esoterischen Dramas, das in seiner Zeit viel
Beachtung fand«. Henry Corbin hat in *Tempel der Kontemplation*
(1980) dieses Werk detailliert analysiert. Er erkennt darin den
Wunsch, den Templerorden wieder zu errichten, welcher der
des Dritten Zeitalters, der Anrufung des Heiligen Geistes sein
sollte, ein Wunschbild, das im Portugal der Entdeckungen
einen großen Widerhall fand und das eines der Themen von
Botschaft ist. Ich werde auf das Thema der Templer noch zurückkommen, doch folgen wir Yvette Centeno, die feststellte,
daß das angesprochene Tal das biblische Josafat ist und der
Berg der heilige Heredom. Um zu ihm zu gelangen, muß man
das Tal durchqueren, was nur den Eingeweihten möglich ist.
Und fügen wir hinzu, daß der heilige Berg, der auf dem
Mittelpunkt der Erde steht, mindestens seit den Ursprüngen
des Mazdaismus mit dem Berg Hara ein universales esoterisches Symbol darstellt, das bald unter den bereits genannten
Namen bekannt ist, bald neben vielen anderen unter den
Namen Meru oder Sumeru, Kailas, Ararat, Olymp, Sinai, Kal-
varienberg. Nachdem der Adept des Gedichts auf seine Initiierung hingearbeitet hat, fühlt er sich zu erschöpft und kraftlos,
um den höheren Grad zu versuchen, den der Ipsation, der der
einzige ist, der ihm erlaubt, den Gipfel des Wissens – das
Schloß – zu erreichen. Dem Wortlaut des zuletzt zitierten
Verses zufolge, scheint er der Ankunft des unbekannten Mei-

sters zu mißtrauen, der ihm die letzten Geheimnisse der Gnosis zu enthüllen hat. »Was ich auch mache oder überlege, / Reicht stets nur bis zum halben Wege. / Im Wollen will ich Unendlichkeit. / Doch im Handeln ist nichts Wahrhaftigkeit«, sagte er in einem elf Monate später geschriebenen Gedicht, das, obwohl es sich durchaus auf sein literarisches Werk beziehen kann, seine volle Bedeutung erst mit dem Licht erhält, das das kurz zuvor zitierte und ganz entschieden initiierte Gedicht ausstrahlt.

Gleiches gilt für ein nur wenige Tage später entstandenes Gedicht:

> Vom Tal zum Gebirge,
> vom Gebirge zum Berg,
> ein Rappe aus Schatten,
> ein mönchischer Reiter,
> durch Häuser und Wiesen,
> Gehöfte und Quell,
> vereint und schnell,

das mit diesen enthüllenden Versen endet:

> Vom Tal zum Gebirge,
> vom Gebirge zum Berg,
> ein Rappe aus Schatten,
> ein mönchischer Reiter,
> durch Endlosigkeit,
> kein Mensch weit und breit,
> in mir reitet weiter.

Nun, die Templer waren mönchische Ritter, und, wie wir bald sehen werden, sollte sich Pessoa fast am Ende seines Lebens zum portugiesischen Templerorden zugehörig bekennen. Der biographische Wert dieser Gedichte ist unschätzbar, denn er trägt zur Erhellung der Bedeutung – oder wenigstens einer der wichtigsten Bedeutungen – der letzten Lebensjahre Pessoas bei.

Im Januar 1933 scheint die Krise der Entmutigung überwunden, wie es dieses kleine Gedicht belegt:

> Ich trachte, werde reich –
> Wenn nicht hier,
> Andernorts, den ich noch nicht weiß.
> Nichts verlor ich.
> Alles werde ich sein.

Es vermittelt den Eindruck, als machte der Dichter – oder er glaubt es so für einen Moment – von einer Ankündigung der ersehnten Gnosis Gebrauch, von einer intuitiven Gewißheit, die nur den Tod abwartet, um ihm seine Früchte einzubringen. Aber bis dahin ist der noch zurückzulegende Weg, der in die Geheimnisse einweiht, lang, und es fehlen auf ihm nicht die Schrecken, von denen die Meister berichten. Am 2. Oktober 1933 schreibt Pessoa:

> Große Rätsel halten sich
> auf an meines Daseins Schwelle,
> dort wo große Vögel mich
> mustern, während ich
> späte Blicke auf sie schnelle.
>
> Vögel sind's aus tiefer Höhle,
> wie man sie im Traum gewahrt;
> ob ich mich auch grübelnd quäle,
> ein Verhängnis für die Seele
> ist die Schwelle, wo sie harrt.

Diese großen Vögel können die uranfänglichen – in ihrem Existenzgrad unter dem des Menschen liegenden – oder sogar die verlockenden Teufel der Lüfte sein, von denen das *Buch der Ursprünge* sagte, daß sie sich wie die Fliegen vermehrten, und von denen die Kabbala glaubte, sie würden aus dem Schmutz der Nacht und aus dem Samen der Masturbationen geboren. Oder sogar – und nur Pessoa hätte das erklären können – die schreckliche Monster seiner eigenen Mythologie. Auf jeden Fall scheinen sie hier die Rolle der Verführer einzunehmen, die versuchen, den Neophythen von seinem Weg der Vervollkommnung abzubringen.

Dieses Kapitel darf nicht über die Kommentierung – zumindest – zweier sehr bekannt gewordener Gedichte Pessoas hinweggehen, deren biographischer Wert offensichtlich ist. Es handelt sich um die mit *Eros und Psyche* beziehungsweise mit *Auf das Grab von Christian Rosenkreutz* überschriebenen Gedichte. Keines von beiden ist datiert, aber beide scheinen in die letzte Zeitspanne der orthonymen Produktion zu gehören. Das erste erschien in der *Presença* im Mai 1934, das zweite wurde postum veröffentlicht.

Dem Gedicht *Eros und Psyche* ist dieses Zitat vorangestellt: »... Und so seht Ihr, mein Bruder, daß die Wahrheiten, die Euch als Lehrling und jene die Euch als Geselle zuteil wurden, obwohl entgegengesetzt, dieselben Wahrheiten sind. *(Aus dem Ritual des Meisters der Vorhalle im Templerorden Portugals)*«. Der starke gnostische Hauch der Doktrin verdient hervorgehoben zu werden, der zufolge die Gegensätze auf dem Boden der Wahrheit aufgelöst werden. Um das zu belegen, soll der Verweis auf diese Verse des alten Gedichts *Donnerschlag: der vollkommene Geist* genügen, in denen Sophia, göttlich und unverweslich, sagt: »Ich bin Schweigen und Ignoranz, / Ich bin Vorsicht und des Fernseins Glanz, / Ich bin Schamlosigkeit und bin beschämt. / Ich bin Kraft und habe Angst ...« Möglicherweise standen die Unterweisungen, auf die sich das Zitat bezieht, in direktem Zusammenhang mit dem Geist, das dieses Gedicht atmet. *Eros und Psyche* ist augenscheinlich die Erzählung der schönen Schlafenden, mit der Änderung, daß Eros als Prinz das Verlangen ist und sie als Psyche die schlafende Seele. Nachdem das Gedicht den Weg der Initiation Eros' nachzeichnet, der das Gute und das Böse hat niederringen müssen, um sich zu befreien, schließt es mit den Versen:

> Ob auch Gefahren ihn umlauern,
> der ganze Weg in Dunkelheit,
> er geht ihn doch in Sicherheit,
> dringt über Weg und über Mauern
> in ihres Schlafes Einsamkeit.
>
> Und noch im Taumel der Gedanken
> hebt er, weil ihm die Sinne schwanken,
> die Hand zur Stirn, spürt Efeuranken
> und sieht: er selber – wunderbar! –
> die schlafende Prinzessin war.

Die Efeuranken sind jene, die Psyches Stirn umgaben. Yvette Centeno sagt dazu, daß »die in seinem Gedicht schlafende Prinzessin und die Einweihung, von der es berichtet, das Echo auf die manichäische Legende sind, in der der Liebende, nachdem er eingeweiht ist, von einer jungen Frau empfangen wird, die ihm sagt, ›ich bin du selbst‹«. Ohne den Wert dieser Interpretation zu schmälern, ist es angebracht, daran zu erinnern, daß das Ziel der Initiierung nichts anderes als das *gnosce te ipsum* der alten Mysterien ist und daß der Zustand der Ignoranz, der diese Kenntnis verhindert, in gnostischen Texten – und der Manichäismus war eine Überlebensform der Gnosis – mit dem Schlaf verglichen wird. Auf diese Weise äußert sich die gnostische Apokalypse mit dem *Gedanken der großen Macht*: »Noch immer schläfst du und träumst. Erwache«, in *Epheser* 5, 14 finden wir eine gleichlautende Aufforderung:

»Wache auf, der du schläfst, steh auf von den Toten, und als Licht wird dir erstrahlen Christus.«

Im vermutlich ersten Manifest der Rosenkreuzer, dessen abgekürzter Titel *Fama Fraternitatis* lautet, wird ein Mönch, Christian Rosenkreuz, beschrieben. Dieser soll im 14. Jahrhundert ein Kloster gegründet haben, das er Sanctus Spiritus nannte und in dem er eine Neuauflage der okkulten Wissenschaften erarbeitet hatte. Auf diese legendäre Gestalt führte die Bruderschaft ihren Ursprung zurück. Er verband sich mit der joaquimistischen Spur des Reiches des Heiligen Geistes, die stark auf die geheime Geschichte Portugals wie auf das Denken Pessoas einwirkte. Einhundertzwanzig Jahre nach Rosenkreuz' Tod will man sein Grab in einer Krypta entdeckt haben, und man erblickte seinen unverwesten Körper, umgeben von zur geheimen Wissenschaft gehörenden lateinischen Inschriften, die in die Wände gehauen waren. Unbekannt ist, wie Rosenkreuz diese Kenntnisse übermittelt wurden und auf welchem Wege die *Fama Fraternitatis* genau zur Societas Rosea Crucis in Anglia, der Vorläuferin und *alma mater* des Golden Dawn, gelangte. Allerdings ist bekannt, daß die Figur des Gründers eine wichtige Rolle in dem Ritual einnahm, durch das im zuletzt genannten Orden der Einweihungsgrad eines Adeptus Minor verliehen wurde: In seinem Verlauf mußte sich der Anwärter vor dessen symbolischem Grab, das gleichfalls das des ägyptischen Gottes der Auferstehung, Osiris, repräsentierte, auf die Knie niederwerfen.

In dem Orden, in dem Crowley initiiert wurde, stimmt der angesprochene fünfte Einweihungsgrad mit dem sechsten Sepher oder der göttlichen Offenbarung überein, die Tiphareth heißt, was Schönheit und Harmonie bedeutet, zwei der großen Ziele – oder sogar die wichtigsten –, zu denen Pessoa zu gelangen trachtete. Seinem Gedicht *Auf das Grab von Christian Rosenkreutz* geht ein Zitat aus der *Fama Fraternitatis Rosea Crucis* voran. Das Gedicht ist in drei Teilen gegliedert –

drei ist die Anzahl der Grade des zum Adepten Geweihten –, und seine Sprache ist dem Gesamten der esoterischen Überlegung Pessoas gemein. Der erste Teil beginnt so: »Wenn wir, erwacht aus diesem Schlaf, dem Leben, / einst wissen, was wir sind und was dies hieß: / Der Sturz zum Leib hin, dieses Abwärtsschweben / in Nacht, die unsre Seele finster ließ«. Im Fortgang des Gedichts werden die Übereinstimmungen zu *Eros und Psyche* immer offensichtlicher. Hervorzuheben ist, daß die Idee des Sturzes der Seele in der zur Gnosis gehörenden Sprache zum Ausdruck kommt. Weitere Anspielungen gleicher Herkunft – der »höchste Adam«, Abbild des Adam Kadmon aus der Kabbala, das »grenzenlose Licht« und die »Schattenhände […], die wir streifen« – sagen uns viel, wenn nicht alles über die Religiosität der Reifezeit Pessoas. Insoweit sie anhand der Schriften des *drama em gente* erhellt werden kann, stellt sie nichts anderes dar, als die gnostische, durch die Intelligenz vermittelte Erlösung, um es mit einer Referenz an Julian Apostata auszudrücken.

21

DER SEBASTIANISMUS UND DAS FÜNFTE REICH.
Mensagem–Botschaft
1934–1935

Der Sebastianismus – ein wesentlicher Teil des esoterischen Denkens von Fernando Pessoa – prägte dessen Bewußtsein und Phantasie immer deutlicher, so daß es sich schließlich zum wichtigsten Motiv der Portugal gewidmeten Schriften verwandelte. Während die Gnosis eine Religion der Eingeweihten ist – einen Beleg für diese These kann man in der fehlenden kirchlichen Organisierung sehen, die seit den schon weit zurückliegenden Anfängen eher eine Ausnahme geblieben ist –, ist der durch unseren Dichter aufgeworfene Sebastianismus nicht eigentlich eine Religion, sondern der Versuch, einen Mythos wiederzubeleben und dem politischen und kulturellen Handeln der Gesamtheit des portugiesischen Volkes eine Orientierung zu geben. In dieser Hinsicht, und obwohl seine Wurzeln ganz entschieden esoterischer Natur sind, bewirkt sein volkstümlicher Charakter, daß seine Propagandisten keine Einweihung benötigen – denn dies wäre ein Widerspruch – und sie ganz im Gegensatz dazu an eine eigentümliche kollektive Bedeutung der Geschichte und der Gegenwart Portugals appellieren. Wer den Sebastianismus Pessoas zu verstehen versucht, muß diese doppelte Ausrichtung – die esoterische und die exoterische – berücksichtigen und, wenn auch nur kurz, die schon fernliegenden Ursprünge dieses besonderen, von Pessoa auf intelligente wie idealistische Weise verwerteten Phänomens betrachten. Dazu werde ich auf eine Untersuchung von mir zurückgreifen.

König Dom João III. überließ im Jahre 1530, und zwar als Hochzeitsgeschenk, die Villa von Trancoso seinem Bruder

Fernando. Aber seine Nachbarn, die aus Tributgründen von der Krone abhängig bleiben wollten, opponierten gegen die Inbesitznahme der Ortschaft seitens des Beschenkten, was sie den Monarchen wissen ließen. Dieser antwortete mit der Eröffnung von Verhandlungen, die noch nicht abgeschlossen waren, als der Infant Dom Fernando 1534 starb. Auf diese Weise hatte sich die Streitsache abrupt gelöst.

In Trancoso lebte ein Schuhmacher mit Namen Gonçalo Anes (oder Eanes) de Bandarra, der ein verschroben aufmerksamer Bibelleser war und der die Zweifel, die in ihm seine Lektüre weckte, sowohl einigen Neu-Christen, die unter dem Verdacht des Kryptojudaismus standen, als auch bestimmten Rabbinern, die ihr priesterliches Amt nur im verborgenen ausübten, auseinanderzusetzen pflegte. Mit dem auf diese Weise erlangten Wissen und mit einigen esoterischen Kenntnissen, die er aus Ritterromanen zog, wo sie häufiger sind, als man landläufig annimmt, komponierte Bandarra einige Verse. Deren Absicht sollte in nichts anderem liegen – schenkt man den Antisebastianisten Glauben –, als für seine Nachbarschaft in der Streitsache wegen Überlassung der Villa Partei zu ergreifen – eine Ansicht, die jeden unvoreingenommenen Leser der besagten poetischen Dichtungen verblüffen wird.

Obwohl der Widerhall dieser Lieddichtungen Bandarras, die sich in handschriftlicher und mündlich überlieferter Form verbreiteten, so scheint es jedenfalls, nicht sehr groß war, vermutete die Inquisition schließlich doch, daß ihr Autor ein Anhänger des jüdischen Glaubens war, und zwar aufgrund des Messianismus, der sich in einigen dieser Vierzeiler zu äußern schien. Diese sprachen in der Tat von einer Figur, bei der man gewisse Ähnlichkeiten mit dem »Verhüllten« der Prophezeiungen des San Isidoro de Sevilla und den valencianischen *Coplas* des Bruders Pedro de Frías erraten konnte. Nachdem die früheren Lebensumstände Bandarras ermittelt waren, darunter sein Kontakt zu den Neu-Christen und anderen der

Häresie Bezichtigten, und ihn das kirchliche Tribunal wahrscheinlich nicht als sehr gefährlich einstufen mußte – oder es dachte, es wäre besser, diesen Fall nicht weiter zu untersuchen –, wurde er ohne allzu große Verzögerung freigelassen. Dies ist, kurzgefaßt, die Geschichte der ersten Phase des Präsebastianismus. Die *Troven* Bandarras kursierten weiterhin, und aufgrund ihres kryptischen und unterschiedlichen Charakters waren sie Gegenstand von bald scheinbar, bald tatsächlich disparaten Interpretationen.

Die zweite Phase des Präsebastianismus – die zuletzt von António Quadros exzellent untersucht wurde – begann mit der Regentschaft von Dom Sebastião, dem Neffen von Dom João III., der ihm im Alter von drei Jahren auf den Thron folgte und 1568 an seinem vierzehnten Geburtstag für volljährig erklärt wurde. Der neue König von Portugal war alles andere als eine gewöhnliche Persönlichkeit. Ich glaube jedenfalls nicht, daß er der Degenerierte war, den einige in ihm haben sehen wollen. Denn was sich als gesichert herausstellt, nachdem man sein Temperament und seine Taten erforscht hat, ist, daß es sich um einen Erleuchteten handelte, dessen Träume von der nationalen Größe durch einige der privilegiertesten Geister seiner Zeit genährt wurden. Er war extravagant, das gewiß, und offenbar kapriziös und von Ungeduld befallen. Von dieser Extravaganz zeugt Costa Lobo, der das Folgende von ihm berichtet: »Mit einem Grabesergötzen, das er von seiner Urgroßmutter Juana la Loca geerbt hatte, befahl er, die Grabstätten in Alcobaça zu öffnen, in denen Afonso II., Afonso III. und ihre Frauen begraben lagen. In der Igreja de Batalha ließ er das Skelett von Dom João II. aus seiner Gruft heben und legte zwischen die Handknochen den Degen, der einmal seiner gewesen war und den man im Konvent aufbewahrte, und brach in Stoßgebete der Verehrung, der Gunstbezeugung und der soldatischen Verherrlichung aus.«

Es gab in der komplexen Persönlichkeit dieses jungen Monarchen etwas, was der wahrhaftige und tiefer gehende Grund seiner Extravaganzen sein konnte, was aber sehr kontrovers diskutiert wird; Costa Lobo: »Im inbrünstigen Alter stießen ihn weibliche Annäherungen ab, denn entweder war sein Organismus wegen eines aus seiner Familie resultierenden Fehlers darrsüchtig oder aber aufgrund einer Nebenwirkung seiner geistigen Umnachtung.«

Dom Sebastião befand sich, als er seine Herrschaft antrat, in einer beinahe katastrophalen Finanzlage. Dessenungeachtet betrieb er eine kostspielige Afrika-Politik, die die Grundlage seines Verderbens werden sollte. In unserem Zusammenhang ist höchst interessant, daß einige der bedeutendsten Schriftsteller seiner Zeit ihn anregten, jene Selbstmordpolitik voranzutreiben; darunter war Diogo de Teive einer derjenigen, die die expansionistischen Ideen von Dom João herausforderten – Ideen, die, wie der Gelehrte Sampaio Bruno beobachtet hat, mit dem nationalen Konsens rechneten; es ist auffällig, daß Pessoa den Namen Barão de Teive einem seiner geheimnisumwitterstesten Heteronyme gab. Aber Teive war nicht der einzige, der, indem er auf das poetische Wort zurückgriff, das afrikanische Unternehmen Dom Sebastiãos unterstützte; Pedro d'Andrade Caminha, António Ferreira und Luís de Camões zählten ebenfalls zu den Befürwortern der Eroberung Marokkos. Und der König stürzte sich in das Unterfangen. Es entwickelte sich, das muß man anführen, eine nationale Begeisterung, deren Ergebnis ein spärliches Heer war, das, schlecht ausgerüstet und mehr durch Enthusiasmus als Strategie geleitet, 1578 vor den Mauern von Alcácer-Quibir aufgerieben wurde. Nach diesem Desaster blieb der Thron von Portugal leer, und es kam zur iberischen Union, die von 1580, also von Felipe II. bis zur Herrschaft Felipe IV., insgesamt über sechzig Jahre dauern sollte und die mit der Revolution von 1640 endete.

Nach dem Verschwinden des jungen Königs, den niemand hat sterben sehen und dessen Leichnam niemals gefunden wurde, sah man in den *Troven* des Bandarra eine neue Bedeutung: Der Messias, den sie ankündigten, war kein anderer als der König Dom Sebastião, der bloß zurückkehren mußte, um ein neues und immerwährendes Reich zu gründen, das sich als wahrhaftiger Seinsgrund Portugals erweisen sollte. Geburt und Erfolg des sebastianischen Mythos gründen in der Geschichte Portugals: Die Portugiesen, ein im Vergleich zu den Spaniern oder Franzosen auf einem kleinen Territorium ansässiges Volk, waren die ersten großen Entdecker in der modernen Zeitrechnung, die mit Imagination und heroischen Taten ein Reich zu schmieden wußten, das kommerziell und kulturell größer war als das eigene Territorium. Sie sahen sich unerwartet einer anderen großen Macht unterlegen, was sie dazu veranlaßte, sich in den messianistischen Traum des Sebastianismus zu flüchten, der möglicherweise der Hauptanstoß zu ihrer Rebellion gegen die Könige aus dem Habsburger Geschlecht und zu der darauffolgenden Wiedererlangung ihrer Unabhängigkeit war. Und da es nicht genügte, daß dieser Messianismus durch die Prophezeiungen des Bandarra ausgedrückt wurde, suchten sie nach entfernteren Vorläufern, auf die man sich stützen könnte. Eine weitere messianistische Schrift, die Pessoa in seinen sebastianistischen Aufzeichnungen aufgriff, ist die des Mönches Rolando, die im 14. Jahrhundert in lateinischen Versen verfaßt wurde und einen joãoistischen Duktus zeigt, welcher, folgt man der Übersetzung Pessoas, einen Bruch Portugals mit der Römischen Kirche ankündigt – sechs Jahrhunderte später von António Mora in *Die Rückkehr der Götter* verteidigt –, der ein sicheres Signal dafür sein würde, daß sich *o Encoberto (der Verhüllte)* in Kürze manifestieren sollte. »[Dann]«, sagt Rolando zu Portugal, »wirst du das Reich in Besitz nehmen; du wirst im gesamten Orbit herrschen, und die Mauern Jerusalems [Transkription fraglich] werden unter deinen Zeptern einstürzen *(sub tua sceptra cadent)*.«

Die pessoanische Glossierung dieser Prophezeiung findet sich in einer anderen Aufzeichnung:

> Laßt uns mit Rom brechen. Mit der monarchischen Idee brechen. Mit der Idee des Vaterlandes brechen als einer jedem anderen Ding auf dieser Welt entgegengesetzten Wesenheit.
>
> Laßt uns mit Rom brechen. Werfen wir dieses Bündel aus Finsternis und Entmutigung hinaus, das seit Jahrhunderten mehr oder minder auf unserer Intelligenz und auf unseren Entscheidungen lastet. [...] In unserem patriotischen Gefühl darf kein Element existieren, das nicht uns gehört. Treiben wir also das römische Element aus! Wenn es Religion in unserem Patriotismus geben muß, ziehen wir sie aus diesem Patriotismus heraus. Glücklicherweise besitzen wir sie: den Sebastianismus.

Die oft gesagten Worte sind Ergebnis eines verständlichen Enthusiasmus, denn der Sebastianismus ist vor allem anderen eine Äußerung der *saudade*, die ein Gefühl, aber kein System von Dogmen ist.

Wenngleich mit eher rationalistischer denn idealistischer Tinte debütierte Pessoa – wie wir bereits wissen – im Jahre 1912 als Schriftsteller mit der Prophezeiung des Super-Camões, die durch den *saudosismo* inspiriert war, und natürlich mit der Hoffnung auf eine nationale Regeneration, in der das biblische und das heidnische Gefühl das neue religiöse Bewußtsein Portugals synthetisieren würden. Mit dem Jahr 1914 begann der Sebastianismus ein wichtiger Teil seiner intellektuellen Interessen zu beanspruchen. In diesem Jahr schrieb er in einem Brief an den Philosophen Sampaio Bruno (1857–1915): »Wegen einer natürlichen Neigung zu den Feinheiten der einfachen Dinge, in diesem Fall ist es der Patriotismus, wie auch aufgrund einer unzulänglich definierten messianischen Ader – die schon in einigen Artikeln in *A Águia* zum Ausdruck kam, wo das baldige Erscheinen des Super-Camões angekündigt wurde – fühle ich, daß mich das mysteriöse, zufällig höchst interessante nationale Phänomen, Sebastianismus genannt, anzieht.« Und er fährt fort: »Ihre Bücher, die mir bekannt sind, sind mir ein Kompaß, der Sie mir zum Norden werden läßt: Ich würde Sie darum gerne fragen, in welchem Buch ich dieses Phänomen studieren könnte. Ich beziehe mich nicht allein auf die Geschichte seines Erscheinens und Überlebens, sondern auch auf seine innere religiöse Facette. Ich wüßte schließlich gerne, ob es analoge Phänomene in der Geschichte anderer Nationen gibt.« Natürlich gab es sie – und vor allem in der jüdischen Nation seiner Vorfahren –, und Pessoa sollte sie schließlich gut kennenlernen, wenngleich uns unbekannt ist, ob aufgrund einer Orientierung seitens Sampaio Brunos, der 1915 starb. Was wir allerdings dank der Forschungen von Teresa Rita Lopes wissen, ist, daß »eines der ältesten Vorhaben Pessoas ein dramatisches Werk war, das sehr bezeichnend mit *Portugal* überschrieben werden sollte (gefolgt von, wie es in einer unveröffentlichten Aufzeichnung heißt, diesem Hinweis: ›epischer Entwurf‹). Der unveröffentlichte ›Epilog‹ eines dramatischen Gedichts dieses Namens trägt das Datum ›August-September 1910‹. […] Neben diesem Vorhaben und in enger Beziehung zu ihm […] verfolgte Pessoa zwei weitere dramatische Projekte: *O Encoberto* und *Catástrofe.*« Nun, wenn wir bedenken, daß *Botschaft,* 1934 veröffentlicht, *Portugal* heißen sollte und daß es sich in Wirklichkeit um ein episch-lyrisches Gedicht handelt, fällt uns dank jener Forscherin auf, daß wir der Entstehung nicht allein eines so wichtigen Werkes beiwohnen, sondern sogar der des pessoanischen Sebastianismus. In der Tat hinterließ Pessoa von *O Encoberto (Der Verhüllte)* 105 mit Versen beschriebene Seiten und eine Anmerkung, in der er sagt, daß es »die Beschreibung eines Ritters ist, der mit König D. Sebastião fiel und der mit ihm fortgegangen ist, ein wunderbares Land zu finden«. Wir sind hier noch in der phantastischen Welt des historischen Symbolismus und nicht am Beginn seines Theaters, wenngleich man in einer weiteren Aufzeichnung von einem Vorhaben eines symphonischen Gedichts, *Dom Sebastião,* liest. Was *Catástrofe* betrifft, so möge der Hinweis genügen, daß es sich auf die Niederlage von Alcácer-Quibir bezieht.

Daß Pessoa, besorgt angesichts des politischen Zustands von Portugal, in Sidónio Pais eine Verkörperung des »Verhüllten« sah, ist jetzt ohne weitere Schwierigkeit zu verstehen, zumal sein Hang zum Prophetismus in gewisser Hinsicht nicht aufhörte, Widersprüche zu produzieren. Denn war Pessoa auch ein Antirevolutionär, so ging die kurzlebige Regierung des Präsidenten-Königs doch aus einer Revolution hervor, die erst nachträglich auf demokratische Weise legitimiert wurde. Jedenfalls ließ ihn seine pazifistische Haltung als Ausweg den sebastianistischen Glauben, der von einer stattlichen Anzahl von Portugiesen zwecks Rehabilitierung des Landes übernommen wurde. Wenn wir uns jetzt an die Aufzeichnung erinnern, die er vierzig Jahre nach seiner Geburt geschrieben hatte und der zufolge jenes Datum aus dem vergangenen Jahrhundert das bedeutendste Ereignis im nationalen Leben Portugals seit den Entdeckungen darstellte, ist die Frage erlaubt, ob er hoffte, daß das Werk der Personen seines *drama em gente,* dessen Veröffentlichung er damals, im Jahre 1928, gerade vorbereitete, eine epochale Erkenntnis einleiten könnte, die in der Lage wäre, Portugal bis an einen neuen kulturellen Horizont zu führen.

Waren demnach Pessoa und seine Heteronyme die intellektuellen Protagonisten der künftigen Wiedergeburt Portugals, die lyrischen Antriebskräfte eines Fünften Reiches, das, wie wir bald sehen werden, kulturellen Charakters sein sollte und nicht vorwiegend militärischer oder politischer Natur, obwohl es seine logischen Rückkoppelungen im Kriegswesen und in der Verwaltung hatte? Mit anderen Worten, war das poetische Werk von ihm oder seiner Heteronyme die sebastianistische Erfüllung der Prophezeiung des Super-Camões? Und wenn sich Pessoa sicher fühlte, weiterhin zu prophezeien, woher nahm er seine Autorität?

Eine positivistische oder ausschließlich rationalistische Kritik würde daraus den Schluß ziehen – und sich dabei auf den Vers Pessoas beziehen, wonach »der Dichter sich verstellt« –, daß die gesamte Angelegenheit nichts anderes als eine Spielerei oder vielleicht der verzweifelte Wunsch war, wenn nicht die öffentliche Meinung, an die er wenig glaubte, so doch wenigstens einige träumende Geister mitzureißen, also letztlich reine Fingierung. Und dennoch ist die Hypothese nicht von der Hand zu weisen, daß Pessoa spürte, ein Inspirierter, ein in mehrere Mysterien Initiierter zu sein – wie auch Dante es eines Tages von sich selbst glaubte, als er sich als *scriba Dei* bezeichnete. Das gestattete ihm vielleicht intuitiv, mittels der Deutungen der *Troven* Bandarras und der Ideen des von ihm bewunderten António Vieira, der während des Spätbarocks Autor einer *Geschichte der Zukunft* gewesen war, Prophezeiungen auszusprechen. So wie er es mit Unvorhergesehenem nicht belassen wollte und überdies ein Freund von windschiefen Erklärungen war, schrieb er, indem er sich auf Bandarra bezog, sich selbst aber nicht ausschloß, diese Zeilen, die sich mit den uns bereits bekannten verknüpfen: »Schließlich ergibt sich die göttliche Initiierung. Diese verleihen weder die Exoteriker noch die niedrigen Esoteriker, nicht einmal Meister oder große Esoteriker; sie kommt, und über all jene, direkt von denselbigen Händen, die wir Gott nennen. Der höchste Typus dieser Initiierung ist der von Jesus, den Gott mit Beginn seiner Geburt in seine eigene Wesenheit verwandelte und zu Christus machte«, was eine gnostische Vorstellung ist, obwohl einige gnostische Meister meinen, daß Gott dies erst nach der Taufe in den Wassern des Jordan vollzog. Die Sicherheit, mit der sich Pessoa in diesen Zeilen ausdrückt, läßt denken, daß er sich vielleicht als einen von jeglichem Typ der institutionalisierten okkultischen Tradition unabhängigen Initiierten empfand, oder anders gesagt, daß er bei sich selbst die prophetische Inspiration erkannte.

Aber betrachten wir jetzt, wie Pessoa im Lichte seiner Interpretationen der Texte Bandarras und Vieiras das Fünfte Reich entwarf. Dazu werden wir zunächst die von ihm konzipierten verschiedenen Gattungen der Imperien untersuchen. »Diese Einteilung ist die folgende: Griechisches Reich (womit alle Kenntnisse und die gesamte Erfahrung der vorkulturellen antiken Imperien gemeint sind); Römisches Reich (das die gesamte Erfahrung und Kultur der Griechen zusammenfaßt und in seinem Umkreis als Völker verschmilzt, die damals oder später unsere Zivilisation ausgemacht haben); Christliches Reich (das den Raum des Römischen Reiches mit der Kultur des Griechischen Reiches verschmolzen und ihm orientalische Elemente jeglicher Art, darunter das hebräische, hinzugefügt hat); und das Englische Reich (das die Errungenschaften der drei anderen Reiche über die gesamte Erde verteilt hat). [...] Das Fünfte Reich wird notwendigerweise diese vier Reiche mit allem verschmelzen, was außerhalb von ihnen steht, und also das erste wahrhaft weltumspannende oder universale Reich darstellen.«

Laut Pessoa gibt es drei Arten des Imperialismus: den der Herrschaft, den der Expansion und den der Kultur, und das Fünfte Reich gehört zur dritten. Was er glaubt, begründet er so: »Als Portugal zum erstenmal die Aufmerksamkeit Europas erregte, geschah dies durch ein literarisches Phänomen, nämlich die *Cancioneiros* [Troubadour-Lieder] und noch ausgeprägter durch die Ritterromane und hier vorzugsweise durch den *Amadis*. [...] Portugal ist endgültig durch die Entdeckungen in der europäischen Zivilisation aufgetreten, und die Entdeckungen sind ein kultureller Vorgang; mehr noch als ein kultureller

Vorgang sind sie ein **Akt** der zivilisatorischen Schöpfung.«
Darüber hinaus ist die portugiesische Sprache ein besonders
geeignetes Instrument, um das Fünfte Reich literarisch zu
formulieren, und dies, weil die gesprochenen Sprachen jener
Nationen, die seit ihrer Gründung die meisten fremden Elemente in ihre Kultur mitverschmolzen haben – wie das Englische, gefolgt von dem Portugiesischen und von dem Spanischen –, die drei Sprachen sind, die eine zuverlässigere
Grundlage für den kulturellen Imperialismus bieten.

Nach einer Durchsicht zahlreicher Fragmente Pessoas zu
diesem Thema gelangen wir zu einigen Schlußfolgerungen,
die stark nietzscheanische Züge aufweisen (uns interessiert
hier nicht, daß Nietzsches Methoden und Ziele gänzlich verschieden von denen unseres Dichters waren). Pessoa ging es
aber nicht um die Schaffung eines Übermenschen, der den
Rest der Menschheit beherrschen sollte, sondern um eine
Überkultur, die sich nicht durch Macht, sondern aufgrund
ihrer Brillanz allen übrigen Kulturen, die sie natürlich einst
globalisieren und beinhalten sollte, aufdrängte.

»Wenn wir eine eigene geistige Zivilisation schaffen, werden
wir alle Völker bezwingen; denn gegen die Kräfte und die
Künste des Geistes gibt es keinen wirksamen Widerstand, vor
allen Dingen dann nicht, wenn sie gut organisiert und mit den
Seelen der Generäle des Geistes verstärkt sind.« Dieses Vertrauen in die Macht des Geistes und des Pazifismus, der zu ihm
gehört, erinnert stark an die Ideen des Sabbatai Zwi, der sich
im Verlauf der zweiten Hälfte des 17. Jahrhunderts zum Messias von Israel ausrief, und seines kabbalistischen Propheten
Nathan Ben Gaza. Beide glaubten an die Macht der Poesie, als
sie ihr Volk mit Hilfe der Verfassung der Psalmen (überdies
dank der Hilfe des *tikkun* oder der Abbuße) und auf eine
gänzlich friedliebende Weise freizukaufen und so die Herrschaft ihrer Kultur dem Rest der Welt aufzuzwingen beabsichtigten. Nicht umsonst war Pessoa ein Abkömmling Abrahams.

Solche Ideen konnten unserem Dichter direkt von seiner mitunter sephardisch geprägten geistigen Erbfolge zukommen, denn man darf nicht vergessen, daß, wie es in *Kaf ha-Quethoreh,* einem kurz nach der Vertreibung der Juden aus Spanien geschriebenen Buch, heißt, sich viele von ihnen nach Portugal flüchteten und die Waffen, mit denen Israel zu kämpfen hatte, die Psalmen und die ihnen innewohnende Macht waren; und diese ist nicht selten in apokalyptischen Schriften der Kabbala, wie Gershom Scholem aufgezeigt hat.

Ferner mußte der kabbalistische Grundsatz der Versöhnung und der Vereinigung der Gegensätze Pessoas Geist beeinflußt haben, und zwar in der Hinsicht, daß Dom Sebastião, der Verantwortliche für diese nationale Katastrophe, gleichzeitig um die Hoffnung auf seine Auferstehung wußte. Wenn er ein Reich zerstörte, mußte er ein neues gründen. Dies ist reinste Logik aus der Sicht der Gnosis, die in die Interpretation der geheimnisvollen Größe mündet, die nach C. G. Jung das kollektive Unterbewußtsein darstellt. Es ist bedauerlich, daß Pessoa sein Traktat *Der Weg der Schlange* nicht zu Ende brachte, denn in ihm wäre möglicherweise die unerläßliche Beziehung zwischen Gnosis, Kabbala und Sebastianismus zutage getreten. Unser Dichter hätte nämlich nicht übersehen können, daß die numerischen Werte, den die Kabbala den Worten *Schlange* und *Messias* zuteilt, exakt übereinstimmen, was man so zu deuten hat, daß der Weg von Dom Sebastião die gleichen Eigenschaften aufweist, die Pessoa, wie wir bereits wissen, der Schlange zuspricht. Und wenn er sich dessen nicht bewußt war, so war seine Intuition wahrlich bewunderungswürdig.

Aber vielleicht zählt zu den interessantesten Aspekten unseres Themas jener, daß wir letztlich der Idee eines ludischen, vom Spiel geprägten Imperiums gegenüberstehen, denn sein Ziel ist die Erlangung der Lust vermittels der kulturellen Herrschaft. Pessoa bestätigt, daß das wahrhaftige Ziel eines Imperiums nichts anderes ist als das, »zu herrschen, aus der bloßen Lust zu herrschen«, und daß dies, obwohl es absurd scheint, das fundamentale Sehnen allen wirklichen Lebens ist, jedes lebendigen Strebens. Somit hätte die von ihm lobgepriesene Kultur kein anderes Anliegen als die vollständige Verwirklichung des Menschen, welcher zuvor vom Ablauf der Geschichte – so haben wir es zu interpretieren – pervertiert und gefesselt worden ist. Letzteres ruft durchaus die Ideen Rousseaus in Erinnerung, aber es ist unangebracht, voreilige Schlüsse zu ziehen, denn die Gedanken des Genfers und des Lissaboners verfolgen sehr unterschiedliche Richtungen. Pessoa denkt nämlich, daß ein »androgyner Imperialismus« geschaffen werden muß, der die maskulinen und femininen Eigenschaften vereint und den Geist des Apollo verwirklicht, und »nicht eine Vereinigung des Christentums mit dem Heidentum, wie es Teixeira de Pascoaes und Guerra Junqueiro wollen, sondern eine Entrückung des Christentums, eine einfache und direkte Transzendisierung des Heidentums, eine transzendentale Rekonstruktion des heidnischen Geistes«. Dies erläutert er in einem Fragment über die Kultur des künftigen Fünften Reiches: »So wird nun deutlich, daß es im Fünften Reich eine Vereinigung der beiden seit langem getrennten, aber seit langem aufeinander zustrebenden Kräfte geben wird: der linken Seite der Weisheit, also Wissenschaft, Vernunftüberlegung und geistige Spekulation, und der rechten Seite, also okkulte Erkenntnis, Intuition sowie mystische und kabbalistische Spekulation.«

Jetzt also versteht man den tieferen Sinn der Prophezeiung des Super-Camões, der kein anderer als der unter Verwendung seines orthonymen und heteronymen Werkes erstehende Pessoa selbst zu sein scheint, der die zukünftigen Auswirkungen des ihm entspringenden neuen Glaubens theoretisiert, nachdem er einmal die saudosistischen Positionen der *Renascenca Portuguesa* überwunden hat. Aber diese Frage sei erlaubt: Wird das Imperium, das sich auf die Literatur, also auf Dichter, begründet, das wirksamste und stabilste sein? Betreten wir beim Lesen der Antwort Pessoas den Gipfel seines Idealismus?

> Ist das ein Imperialismus von Grammatikern? Der Imperialismus der Grammatiker dauert länger an und reicht tiefer als derjenige der Generäle. Ist das ein Imperialismus von Dichtern? Sei's drum. Dieser Satz ist nur lächerlich für jemanden, der den älteren lächerlichen Imperialismus in Schutz nimmt. Der Imperialismus der Dichter dauert fort und herrscht weiter; derjenige der Politiker geht vorbei und wird vergessen, wenn ihn nicht der Dichter in Erinnerung bringt, der ihn besingt. Wir sagen: Cromwell *hat* dies und das *getan,* aber Milton *sagt.* Und in fernen Zeiten, in denen es kein England mehr geben wird (denn auch England hat nicht die Eigenschaft, ewig zu sein), wird man sich nur an Cromwell erinnern, weil Milton auf ihn in einem Sonett angespielt hat. Mit Englands Ende wird auch enden, was man als Cromwells Werk ansehen kann, oder vielmehr das Werk, an dem er mitgearbeitet hat. Aber die Dichtung Miltons wird erst zu Ende gehen, wenn der Mensch auf Erden ans Ende gelangt ist oder die ganze Zivilisation, und man selbst weiß nicht, ob sie wirklich enden wird.

Damit scheint Pessoa innerhalb der großen Dichtung eine Stelle im Plerom, von der in der Gnosis gesprochen wird, vorbestimmt zu sein, was gleichbedeutend ist mit einem Glauben an das mysteriöse Überdauern der Geschichte der Literatur jenseits der Möglichkeit der historischen Zeit und an die mögliche Extrapolierung der Poesie in eine Welt jenseits der Zeit und des Raumes.

All dies läßt denken, daß Pessoa und Ferreira Gomes im Jahr 1934 eine sebastianistische Kampagne anstimmten. In jenem Jahr veröffentlichte Augusto da Costa ein Buch mit dem Titel

Portugal, Vasto Império (etwa: *Portugal, ein weites Reich*), dem Pessoa einige interessante Erklärungen (im Zuge einer Umfrage) beisteuerte; Ferreira Gomes brachte sein Buch *Quinto Império* (*Fünftes Reich*) heraus, das Pessoa mit einem Vorwort versah; und letzterer veröffentlichte sein Buch *Mensagem (Botschaft)*, das im Oktober gedruckt und zwei Monate später ausgeliefert wurde. Es war Pessoas erster auf Portugiesisch publizierter Poesie-Band, und jetzt verstehen wir die Absicht hinter seinem Erscheinungsdatum.

In den Antworten auf Augusto da Costa definiert Pessoa die Großmächte als jene Nationen, die auf beachtenswerte Weise auf die Geschicke der Zivilisation Einfluß nehmen, und sagt, daß es von ihnen zwei Klassen gibt: »die ursprünglich wirtschaftlichen Mächte, wie Deutschland und die Vereinigten Staaten, und die kulturellen, wie ehemals Italien und darauf folgend Frankreich«. Er fährt fort, daß Portugal die »organischen« Bedingungen hat, um eine konstruktive Großmacht zu sein – und keine destruktive, wie die militärischen – oder Erschaffer eines Reiches zu werden, das natürlich jenes Fünfte ist. »Für die Bestimmung, die ich mir anmaße, sind die Kolonien nicht notwendig, wenngleich sie wegen des Prestiges, das sie verleihen, gelegentlich einen Vorteil darstellen.« Und als Costa ihn fragt, welchen Weg man verfolgen sollte, um eine kollektive Mentalität zu erzeugen, die fähig wäre, »den Politikern eine Politik nationaler Größe aufzuzwingen« – man erkennt sofort, daß dies nicht die damals herrschende Diktatur meint –, antwortet er mit den Worten:

Es gibt nur eine Art der Propaganda, mit der man die Moral einer Nation heben kann: die Konstruktion oder Erneuerung und die anschließende und vielgestaltige Verbreitung eines großen nationalen Mythos. Aus Instinkt haßt die Menschheit die Wahrheit, weil sie aus dem gleichen Instinkt heraus weiß, daß es keine Wahrheit gibt oder daß die Wahr-

heit unerreichbar ist. Die Welt steuert sich durch Lügen; wer
sie wecken oder lenken will, wird sie delirierend belügen
müssen, und der wird es um so erfolgreicher tun, je mehr er
sich selbst belügt und sich mit der Lüge durchtränkt, die er
geschaffen hat. Zum Glück haben wir den sebastianistischen
Mythos mit tiefen Wurzeln in der Vergangenheit und in der
portugiesischen Seele. Unsere Arbeit ist darum um so leich-
ter; wir müssen keinen Mythos schaffen, sondern ihn erneu-
ern. Beginnen wir uns mit diesem Traum zu berauschen, ihn
in uns zu integrieren, ihn zu verkörpern. Ist dies für jeden
einzelnen unter uns und alleine vor sich gegangen, wird sich
der Traum ohne Anstrengung in alles, was wir sagen oder
schreiben, ergießen, und die Atmosphäre wird hergestellt
sein, in der alle übrigen ihn einatmen wie wir. Danach wird
sich in der Seele der Nation das unvorhersehbare Phänomen
einstellen, von wo aus die Neuen Entdeckungen, die Erschaffung der Neuen Welt [nicht der »Estado Novo«, das müssen
wir festhalten], das Fünfte Reich geboren werden. Der König
Dom Sebastião wird zurückgekehrt sein.

Das ist eine öffentliche Erklärung für Skeptiker, auch für Antisebastianisten, in der Pessoa seinen anerkannten und unbe-
zweifelbaren esoterischen Glauben kaschiert, um so die Verlo-
genen zu überzeugen, indem er vorgibt, einer von ihnen zu
sein; eine Taktik, die parallel zu der der »Konversion« zum
Islam des bereits erwähnten Sabbatai Zwi verläuft. Der Ton
der anderen 1934 veröffentlichten Schriften unterscheidet sich
hiervon. In ihnen »verstellt sich der Dichter *nicht*«. Derart
ist der Prolog zu *Quinto Império* von Ferreira Gomes ein Ge-
lübde sebastianistischer Überzeugung, in dem verschiedene
der Ideen, die wir schon kennen, neben der Bestätigung, daß
nicht alle der Bandarra zugesprochenen Prophezeiungen auch
von ihm geschrieben wurden, eine Rolle spielen, was ihrem
Wahrheitsgehalt aber keinen Abbruch tut. Es ist ein außerge-

wöhnliches Zeugnis der kabbalistischen Spekulation Pessoas, die er für die Interpretation dieses Vierzeilers des Dritten Korpus der Prophezeiungen anstellt:

In euch, die ihr einst das Fünfte seid,
Und nach des Zweiten Ende,
Gründe ich, was ich prophezeit
In diesen Zeichen, die ich EUCH sende.

Das Wort EUCH im vierten Vers hat in einigen Texten die Variante HIER. Aber einerlei, die Interpretation wird nicht unterschiedlich sein.

Das Lemma der Triplizität berücksichtigend, dem zufolge alle Prophezeiungen drei unterschiedliche Verwirklichungen zu drei verschiedenen Zeiten haben, wird diese in bezug auf drei Epochen Portugals zu interpretieren sein, die die »Zeichen« gemäß »senden«. Wenn die Zeichen [eigtl. Buchstaben, A.d.Ü.] die des Wortes EUCH [portug.: VOS] sind, deuten sie, wie es zu erfahren bestimmt wurde, auf *Vis, Otium, Scientia* hin. Und wenn die Buchstaben die des Wortes HIER [portug.: AQUI] sind, deuten sie, dem gleichen Prinzip folgend, auf *Arma, Quies, Intellectus* hin, die man sogleich als synonyme Begriffe der anderen erkennt.

Um dem Leser den Rest dieser pessoanischen Deutung abzukürzen, werde ich seine Schlußfolgerung andeuten, der zufolge es sich beim dritten Zeitalter – Wissenschaft oder Intelligenz – um das Fünfte Reich handelt, das auf das Zweite, das Römische, folgen wird, nachdem dieses untergegangen ist. »Was auch immer dieses Rom betrifft, auf dessen Ende oder Tod das Portugiesische Reich oder *Fünfte Reich* folgen wird, oder was immer die Wissenschaft oder die Intelligenz sein möge, die dieses Reich definieren wird, ich werde es nicht sagen, ob ich es weiß oder nicht, ob ich es mutmaße oder nicht.

Wissen wäre zuviel; mutmaßen zuwenig. Wer das begreifen kann, möge begreifen.« Durch Mora wissen wir bereits, daß das Zweite Reich das Römische ist und zugleich die Kirche, und seinen Worten zufolge ist diese nicht die Nachfolgerin des Römischen Reiches, sondern das Römische Reich selbst. Wartete Pessoa etwa ab, bis die Exemplare des Buches von Ferreira Gomes, das im Dezember erschien, im Umlauf waren, um dann die *Botschaft* in den Handel zu bringen? Das erscheint uns nun als sehr wahrscheinlich.

Mensagem (Botschaft) besteht aus drei Teilen – »Brasão«, »Mar Portuguêz« und »O Encoberto« (»Wappen«, »Portugiesisches Meer« und »Der Verhüllte«) –, in denen man zu Gruppen angeordnet vierundvierzig Gedichte findet, die um die Symbole, Figuren und wesentlichen Begebenheiten der Geschichte Portugals kreisen, so wie sie ihr Autor verstand, der betonte, daß das gesamte Buch in Wirklichkeit ein einziges Gedicht darstellt. Dieses Werk wurde, noch bevor es in den Buchhandlungen erschien, für ein vom Sekretariat für Nationale Propaganda, das damals António Ferro leitete, ausgerichtetes Preisausschreiben eingesandt. Doch der Gewinner dieses Wettbewerbs war nicht Pessoa, sondern der Mönch Vasco Reis mit seinem Buch *A Romeria (Die Pilgerfahrt),* zu dem Pessoa in seinem literarischen Supplement im *Diário de Lisboa* vom 4. Januar 1935, unter dem Deckmantel einiger eleganter Lobanstimmungen, in denen er mit einigen seiner Ideen zur volkstümlichen Religion überbrauste, eine Kritik veröffentlichen sollte, die man keineswegs anders als ironisch lesen kann.

Wie zu erwarten, ist viel über die Entscheidung der Jury – der verschiedene Motive unterstellt worden sind – gesprochen worden, warum hatte sie das Buch eines poetisierenden Dilettanten ohne wirkliches Talent dem großartigsten je auf Portugiesisch erschienenen Gedichtband vorgezogen? Doch wurde ihm von derselben Jury ein Trostpreis verliehen, der nicht in einer Rangfolge zu dem Vasco Reis zugesprochenen stand, was, wie unser Dichter erklärte, ihn sehr zufrieden stimmte. Eduardo Freitas da Costa erläutert, daß der große Preis nicht auf *Mensagem* fiel, da dieser Band nicht die 100 Seiten Umfang erreichte, was die Grundvoraussetzung des Wettbewerbs war, und so wurde ihm der *Antero-Quental-Preis* zuerkannt, der einen solchen Seitenumfang nicht verlangte. Derselbe Freitas da Costa schildert in einem Artikel, der am 16. Dezember 1935 in *Avante!* erschien, wie Caetano Dias, Pessoas Schwager, Pessoa am Tag nach der Prämierung im Zug aus Estoril sitzend traf: »mit seinem für ihn typischen leicht traurigen und verträumten Ausdruck; natürlich horchte er ihn munter aus: ›Hallo Fernando, na was …!‹ Fernando Pessoa warf ihm einen schüchternen Blick zu: ›Und wie … was?‹ Die Verwunderung des Freundes wuchs an: ›Und was? Hast du die Zeitungen nicht gelesen?‹ Die Antwort kam im gleichen Ton wie die vorige heraus, mit der gleichen Ruhe, als ob man angekündigt hätte, daß im fernen China ein Sack Reis umgefallen sei: ›Ah! Ich habe sie gelesen. Es stimmt. Sie haben mir den Preis gegeben.‹« Worüber verwunderte sich Caetano? Pessoa hatte keinen Grund, sehr glücklich zu sein.

Aufschlußreicher ist der Kommentar des Dichters in dem Brief an Casais Monteiro vom 13. Januar 1935:

Ich bin völlig mit Ihnen einverstanden, daß es keine glückliche Idee von mir gewesen ist, mit einem Buch wie der *Botschaft* die literarische Bühne zu betreten. Ich bin in der Tat ein mystischer Nationalist, ein rationaler Sebastianist. Aber ich bin, davon abgesehen und sogar im Widerspruch dazu, noch viele andere Dinge. Und diese Dinge sind in der *Botschaft* wegen der Art dieses Buches nicht auffindbar.

Ich habe meine Publikationen mit diesem Buch aus dem einfachen Grunde begonnen, weil es das erste Buch war, das ich, ich weiß nicht warum, in eine Ordnung bringen und fertigstellen konnte. Da es fertig war, forderte man mich auf, es zu publizieren: Dem habe ich entsprochen. Ich habe es wohlgemerkt nicht im Hinblick auf den möglichen Preis des Sekretariats getan, obwohl das keine schwerwiegende geistige Sünde gewesen wäre. [...]

Ohne daß ich es geplant oder vorausbedacht hätte (ich bin zu einer praktischen Vorausüberlegung unfähig), fiel es mit einem der kritischen (im Wortsinn kritischen) Augenblicke der Umformung des nationalen Unterbewußtseins zusammen. Was ich zufällig geschaffen und dank einem Gespräch abgeschlossen hatte, war bereits vom Großen Architekten mit Zirkel und Winkeleisen vorbereitet worden.

Bedeutungsvoll scheint, unter Berücksichtigung der gnostischen Ursprünge der Freimaurerei, mit der wir uns in Kürze befassen werden, die Zuflucht zu deren Sprache.

Botschaft, auf dessen Struktur und Details wir nicht weiter eingehen können, sollte gewissermaßen der ideologische und mystische Beleg der Prophezeiung des Super-Camões sein, zumindest in dem Sinne, daß es ein »nationalistisches« Buch ist, nach Auffassung seines Autors sogar noch mehr als *Die Lusiaden,* die nicht aus einer eigentlichen portugiesischen Kultur resultieren. Wir erinnern uns, daß gemäß der traditionellen sebastianistischen Glaubensvorstellung Dom Sebastião an einem Tag in dichtem Nebel zurückkehren wird, aus dem er auf einem weißen Pferd reitend, hervorkommen wird; und, ähnlich wie bei allen Versionen des Messianismus, wird der Tag dieser Epiphanie, jener Rückkehr des Ersehnten, dann eintreten, wenn das Land sich in einer unheilvollen Situation befindet. Pesso᪶ identifiziert den tatsächlichen Zustand Portugals zu Beginn der 30er Jahre – also den des faschistischen »Estado novo« eines Salazar – mit den Nebeln, auf die sich die Prophezeiung bezieht. Daher versichert er, daß der Moment der Rückkehr Dom Sebastiãos gekommen ist und die Erscheinung dessen, was dieser Monarch repräsentiert – denn Pessoa unterstellt, daß er in der Schlacht von Alcácer-Quibir starb –, unmittelbar bevorsteht. Schließen wir also dieses Kapitel mit dem Schlußgedicht, das die Überschrift *Nebel* trägt und die angesprochene Epiphanie ankündigt:

Nicht König noch Gesetz, nicht Krieg noch Frieden
verleihen eigenes Profil und Sein
dem matten Dämmerschein,
der dem verzagten Portugal geblieben –
Glanz ohne Glut und wenig rühmlich,
wie er dem Irrlicht eigentümlich.

Niemand weiß, was er wirklich will.
Niemand kennt seinen eigenen Mut,
weiß nicht, was böse ist, was gut.
(Welch fernes Sehnen weint ganz nah?)
Alles ist ungewiß und spät die Zeit.
Nichts ist mehr ganz, und alles ist zerstreut.
O Portugal! Heut' nur ein Nebelreich …

Die Stunde kam!

Das sind Worte von einem, der in seinem Herzen wie in seinem schriftstellerischen Werk dem *Interregnum* abgeschworen hatte, und es ist höchst wahrscheinlich, daß das Datum 10. Dezember 1928, das dieses Gedicht im Buch trägt, symbolischen Wert besitzt. Und es wäre nicht das erste Mal, daß Pessoa aus dem einen oder anderen Grund die Datierungen seiner Gedichte geändert hätte.

22

Die letzten Jahre. Das Leben ins reine bringen.
Gegen den ›Estado Novo‹.
Verteidigung der Freimaurerei.
Die französischen Liebesgedichte. Das Ende
1932–1935

Gehen wir nun ein paar Jahre zurück, um innerhalb der letzten Pessoa verbleibenden Jahre die wichtigsten öffentlichen und privaten Ereignisse, denen er sein Hauptaugenmerk schenkte, zu überschauen. (Die Veröffentlichung von *Botschaft* habe ich lediglich aus thematischen Gründen vorgezogen.) Die letzten Jahre sind eine an Überraschungen reiche Zeit, die Antworten auf einige der wichtigsten Fragen geben, die das plurale Leben unseres Dichters aufwirft.

Pessoa, der mit seinen etwas über 40 Jahren aufgrund des starken Alkoholkonsums vorzeitig gealtert war, wurde ein um das andere Mal besorgter wegen seiner ungewissen finanziellen Zukunft. Zudem sah er sich vor die Notwendigkeit gestellt, seine Papiere in Ordnung zu bringen und zugleich die Herausgabe eines enorm umfangreichen Werkes vorzubereiten, das immer noch im Werden begriffen war oder sogar nur im Entwurf existierte. So verspürte er den Zwang, eine Arbeit zu finden, die einigermaßen vergütet sein und ihm ein weniger mühevolles Leben in Aussicht stellen sollte, als das, was ihn täglich von Büro zu Büro gehen ließ und ihn darüber hinaus kostbare Zeit durch Bekanntschaften und Gespräche kostete, die wenig oder gar nicht anregend waren.

Durch die letzten Briefe an Ophélia wissen wir bereits von seinem Wunsch, sich in eines der Dörfer in der Umgebung von Lissabon zurückzuziehen, ohne deshalb auf feste Besuchstermine in der Hauptstadt zu verzichten; und es gab einen Zeitpunkt, da er die Erfüllung dieses bescheidenen Wunsches in erreichbarer Nähe sah. In der Tat brachte *O Século* am 1. September 1932 eine Anzeige, in der die Stelle eines Bibliothekskonservators der Museumsbibliothek Conde de Castro Guimarães, die in einem herrlichen Palast in Cascais untergebracht war, ausgeschrieben wurde. Am 16. unterzeichnete Pessoa in dieser Stadt einen Antrag, der mit mehreren akkreditierenden Dokumenten über seine bisherigen Leistungen versehen war, mit denen er sich um die ausgeschriebene Stelle bewarb, und übergab sie dem Sekretariat der besagten Einrichtung. Bei den ersten beiden Dokumenten handelt es sich um einen Brief, aus dem sein Erfolg an der University of the Cape of Good Hope ersichtlich wurde, und einen weiteren, der über die Zuerkennung des *Queen Victoria Prize* dieser Universität Auskunft gibt. Im folgenden führt er seine »ausgedehnte Mitarbeit an, die über mehrere portugiesische Zeitschriften versprengt ist, woraus eine landesweite, bis zu einem gewissen Punkt für denjenigen, der sich zurückgehalten hat, diese Beiträge in einem Band zu vereinen, beinahe nicht zu rechtfertigende Bekanntheit, insbesondere unter den jüngeren Generationen, resultiert«. Direkt nennt er *A Águia, Orpheu, Centauro, Contemporânea, Presença, Athena* und *Descobrimento,* und zwar in dieser Reihenfolge und mit dem Hinweis, daß er einer der Direktoren der *Orpheu* und Kodirektor der *Athena* war. Da er keine weiteren Bücher veröffentlicht hatte, fügt er, zweifellos in der Absicht, so seine Kenntnisse in dieser Sprache auszuweisen, dem Antrag – zugleich als ein Geschenk an die Bibliothek – seine vier Broschüren »englischer Versdichtung« hinzu.

Aber ist es nicht eine Unbesonnenheit anzunehmen, daß der Skandal um die *Orpheu* vergessen sei, und zudem als Meriten einige Gedichte wie *Antinoos* und *Epithalamium* vorzulegen? »Die Frage, ob diese Schriften ein ›anerkanntes Verdienst‹ darstellen, was jede beliebige Dokumentation auf wahrlich überzeugende Weise beweisen würde, werden Sie mit einem zufälligen Blick in die portugiesischen Literatur- und Kunstmedien eruieren können.« Das ist eine Mischung aus Bescheidenheit und Stolz, die jeden Leser erstaunt, der die Anforderungen kennt, nach denen für gewöhnlich Stellen dieser Art vergeben werden. Pessoa zitiert im weiteren Verlauf die seinem Werk gewidmeten Studien in den Büchern *Temas* und *O Mistério da Poesia* des »jungen – und es ist nicht verwegen zu sagen, notablen – Kritikers João Gaspar Simões aus Coimbra« und den Artikel von Pierre Hourcade *Panorama du modernisme littéraire au Portugal,* der im *Bulletin des Etudes Portugaises* veröffentlicht worden war; und er legt dem Antrag die kurzen Meldungen bei, die in den Literaturbeilagen der *Times* und des *Glasgow Herald* erschienen, die er als »Kritiken« seiner englischen Bücher einstuft, »die in gewisser Weise repräsentative Meinungen der englischen und schottischen Presse darstellen«.

Noch nicht zufrieden mit der Anführung dieser bisherigen Leistungen und »in Ermangelung eines wirklich beweiskräftigen Belegs« seiner Französischkenntnisse, legt er eine Seite aus der *Contemporânea* vor, auf der seine »Trois chansons mortes« abgedruckt sind; und er schließt mit einer als Kritik anzusehenden, ganz augenscheinlich unangebrachten Bemerkung über die sprachliche Formulierung der Stellenausschreibung. Dazu schreibt er: »Vorbehaltlich der Befähigung und Tauglichkeit – Eigenschaften, die von den Kandidaten verlangt werden –, ist der in den Absätzen des Artikels (§ 6 des Reglements) als ein unter den angedeuteten Fähigkeiten genannter Schwerpunkt selbstverständlich und folglich durch die Dokumente, die sich auf den Wortlaut aller Absätze beziehen, urkundlich belegt, wohingegen die Befähigung und die Tauglichkeit sich einer Belegbarkeit entziehen. Gleiches gilt darüber hinaus für Faktoren wie äußere Erscheinung und Erziehung, die naturbedingt nicht zu beurkunden sind.« Mit diesen Worten schließt sein Schreiben, das durchaus, hätte die Einsicht in die Lächerlichkeit oder vielleicht in seine eigene Würde es Pessoa nicht unmöglich gemacht, von Briefen einflußreicher oder sogar bekannter Persönlichkeiten hätte begleitet sein können. Mit ihnen hätte er, soweit es möglich ist, den zweiten der »Faktoren«, den er als keinesfalls beurkundbar beteuert, belegen können. Es wird uns folglich nicht verwundern, daß die Stelle nicht von unserem Antragsteller besetzt wurde.

Könnte es aufgrund dieses Scheiterns gewesen sein, wenn Fernando, in Tränen aufgelöst, seinem Freund Francisco Peixoto gegenüber seine Angst vor der Zukunft zeigte, wie dieser es in einem im Jahre 1973 veröffentlichten Artikel berichtet hat? Wir können es nicht mit Sicherheit sagen, aber gewiß ist, daß Tränen – ein wirkliches Weinen und nicht ein metaphorisches – insbesondere in der Dichtung jener letzten Lebensjahre auftauchen. Es handelt sich um eine Schaffensphase, in deren Verlauf Ricardo Reis zwischen den Jahren 1932 und 1933 mindestens siebzehn Oden schreibt, um nach dem 13. Dezember endgültig zu verstummen, in der Álvaro de Campos, wenngleich nicht in dem Umfang wie Pessoa, bis zum Oktober 1935 weiterschreibt, eine Phase, in der die orthonyme Dichtung, um nach dem zu urteilen, was von ihr veröffentlicht ist, in einem überwältigenden und scheinbar ununterbrochenen Tempo anwächst. Die neurasthenische Krise des Jahres 1933 sowie ihre Vorgeschichte und Auswirkung spiegeln sich in der enormen Anzahl von Gedichten wider – abgeschlossen die einen, skizziert die anderen, viele wegen Unleserlichkeit oder aus anderen Gründen unveröffentlicht –, in denen sich die Themen der Einsamkeit und des Trostes, die ihm seine Wahnvorstellungen, bald in nüchternem Zustand, bald unter den Einflüssen der Trinkerei, diktieren, mit den Themen, auf die ich mich im Verlauf dieses Kapitels beziehen werde, abwechseln sowie mit weiteren, deren Untersuchung hier in der Tat zu ausschweifend wäre.

Das Schaffen der letzten Jahre umfaßt eine wenig bekannte, da nur spärlich untersuchte Dichtung, in der der Dichter nicht mehr der Fingierer seiner selbst ist, auf den er in einem seiner bekanntesten Gedichte anspielt. Seine Gefühle treten jetzt direkt zutage, in der Tat mit mehr Zurückhaltung, als es bei Álvaro de Campos üblich ist, aber mit demselben Beben, mit der gleichen Verzweiflung wie bei diesem Dämon. Pessoa ist dabei, sein Leben ins reine zu bringen – und dies nicht nur in seiner Versdichtung, sondern auch in seiner Prosa –, indem er es sich selbst und, indirekt, seinen Lesern verdeutlicht. Die Vorahnung des Todes ist eines der Motive, die in dieser letzten orthonymen Schaffensphase häufig auftreten. Einige Male betrachtet er es mit der Erwartung des Gnostikers, andere Male mit einem materialistischen Gefühl, das wir »epochal« nennen könnten. Am 13. März 1933 schreibt er:

Unbeteiligt assistiere
Ich dem Geschehen
Der Verwesung dessen, was ich bin.
In welcher Seele, welchem Körper ich einst existiere?
Werde ich schlafen oder auferstehen?
Wo bin ich, wenn ich nicht mehr bin?

Wenn er in diesem Gedicht schwankt zwischen dem Tod als immerwährender Schlaf oder Wachen – man bedenke, so nennt die Gnosis die Erleuchtung –, so ist in einem anderen Gedicht, siebzehn Monate später Pessoas Gemütszustand ein ganz anderer:

Was ich im Leben verfehlte,
im Tod find' ich den Sinn,
geteilt ist das Lebenbeseelte
in das Schicksal und den, der ich bin.

Was mir das Schicksal gegeben,
nahm es auch mit sich fort,
nur was ich selbst war im Leben,
behielt ich am eigenen Ort.

Und wenn ich irrte wie einer,
dem das Geschick nicht gewogen,
und im Himmel find' ich den Grund,
wenn Tod den Schleier von meiner
Unbewußtheit gezogen.

Die Sprache ist schlicht, unverstellt, beinahe harmlos und sehr
auf der Linie der volkstümlichen Vierzeiler, die Pessoa ebenfalls – und zwar zu Hunderten – während dieser letzten Jahre
schrieb. Diese beiden Beispiele mögen ausreichen, um dieses
Leitmotiv der letzten Lyrik Pessoas zu veranschaulichen.

Der Dichter fährt fort, sein Leben ins reine zu bringen. Seit der
Publikation von *Interregnum* haben sich die politischen Ereignisse überschlagen. In ebendiesem Jahr 1928 wurde Oliveira
Salazar durch den General Carmona zum Finanzminister ernannt. In seiner Antrittsrede, und schon in einem Ton des
wirklichen Herrn der Lage, erklärt er, daß »er genau weiß, was
Portugal will und wohin es geht«, und bringt seine Wünsche
zum Ausdruck, daß Portugal »lerne, repräsentiere, beanspru-
che, diskutiere, aber gehorche, wenn der Moment zu gehorchen für es gekommen ist«. Eine gelungene finanzielle Ge-
sundung dank der dem Land auferlegten Opfer verursacht in
Kürze einen Überschuß im Staatshaushalt, und diese finanzielle Leistung wird rekompensiert, indem sie den Urheber
1932 auf den Posten des Regierungschefs hebt. Am 11. April des
folgenden Jahres wird in einer Verfassung faschistischen Zuschnitts der »Estado Novo«, der neue Einheits- und Ständestaat
errichtet. Die Diktatur wird weiter gestützt, und schon ist es

nur noch eine Frage des Gehorsams ... Fernando Pessoa war dazu nicht bereit. Der alte Liberale in ihm fühlte sich durch die neue Situation unterdrückt und protestierte gegen sie; zunächst im privaten Bereich, das heißt in den Schriften über Politik und Soziologie, die er zu verfassen nicht aufhörte; später in den Briefen an seine Freunde und in den Gesprächen mit ihnen; und zuletzt öffentlich. Er tat es in Prosa wie in Vers – manchmal in schlechten Versen –, und es kam ein Moment, an dem er angesichts des allgemeinen Zustands überzeugt war, daß der literarische Schöpfer in ihm für eine Zeit verstummen müßte. Das bedeutete, den schon erfahrenen Verbitterungen mehr hinzuzufügen. In der Zwischenzeit setzte er – mit plötzlichen Vorstößen und jähem Stillstand, ohne eine gerade Linie zu verfolgen, die Schlange imitierend – den Weg in Richtung Wahrheit fort, nach der er sich von allen Anfängen an so sehr sehnte und die ihm in jedem Fall den Tod zu enthüllen vermochte; und wie die Schlange ist er dabei, seine Haut abzustreifen.

Er versteht jetzt, daß er – Álvaro de Campos und er – zu hart mit Afonso Costa verfahren ist, und nicht allein aufgrund seines berühmten Sturzes aus der Straßenbahn. Weder jener noch die anderen demokratischen Politiker waren die Monster, für die Pessoa sie einst gehalten hatte. »Für nichts oder für wenig sind Afonso Costa, António José und Camacho wirklich schuldig zu erklären; ihr wahrhaftiger Fehler liegt darin, daß sie drei waren und nicht einer«, daß sie sich untereinander nicht verstanden. Er sagt dies in einer Aufzeichnung, in der auch diese Worte stehen: »Die Zeitspanne zwischen dem 28. Mai 1926 und dem 27. April 1928 [jene, in der sich die Militär-Diktatur schmiedete] ist möglicherweise eine der gefahrenvollsten Perioden, die die Nation in ihrem langen Bestehen gehabt hat. Nicht aufgrund dieses oder jenes äußeren oder sichtbaren Faktors, sondern aufgrund der dumpfen Konfusion, wegen der Permanenz – unter veränderter Erscheinung – der

Anarchie, die am 28. Mai, ohne zu wissen wie, erloschen war.« Die Militärdiktatur ist nicht die von Pessoa so unpassend lobgepriesene Lösung gewesen; es wird uns nicht verwundern, daß er *Interregnum* infolgedessen verleugnet, er es ungültig zu machen beabsichtigt, es für nicht geschrieben erklärt. Er begreift jetzt gut, was die Natur des Faschismus ist – der eines Mussolini, aber die folgende Metapher verlangt nach einer Übertragung auf den Salazar-Faschismus –, als er schreibt: »Das italienische Volk – dem zu unterstellen ist, daß es eines ist und nicht faschistisch noch kommunistisch – erhielt vor Jahren auf der rechten Seite des Gesichts die Ohrfeige des Kommunismus. Der Faschismus, um es wieder geradezurichten, gab ihm um einiges stärker eine Ohrfeige auf die linke Seite.« Und sich auf Portugal beziehend, verfaßt er ein Gedicht, das mit diesen Versen beginnt: »Ja! Das ist der Neue Staat, und das Volk / Hat gehört, gelesen und beigepflichtet. / Ja! Dies ist ein Neuer Staat, / Denn es ist ein Staat der Dinge, / Die man zuvor niemals hat gesichtet.« In einem anderen sagt er von Salazar: »Er trinkt keinen Wein, / Nicht einmal für sich allein. / Er trinkt die Wahrheit / Und trinkt die Freiheit. / Und mit solchen Wonnen, / Daß sie beginnen / Nicht mehr auf den Markt zu kommen.« Das sind zweifelsfrei Verse, die geschrieben wurden, um sie den Freunden in der *Acção,* der *Tertulia* des Martinho da Arcada, den Partnern seiner gescheiterten Firmen vorzulesen. Und sie sollten unentdeckt bleiben und erst kurz nach der Nelken-Revolution von Jorge de Sena veröffentlicht werden, aber natürlich fanden sie den, der sie während der schwierigen Jahre feierte.

Die Cámara Corporativa, die Ständekammer des »Estado Novo«, begann im Januar 1935 mit den Beratungen zu einem Entwurf des »Gesetzes der Geheimorden«, vorgelegt am 19. desselben Monats. Pessoa glaubte sich, wie bei anderen Gelegenheiten, in der Verantwortung, seine Stimme öffentlich gegen das zu erheben, was sich gegen seine moralischen und politischen Prinzipien richten sollte. Dieses Mal ging es nicht darum, die integristischen Monarchisten anzugreifen, noch um die Verteidigung eines zu Unrecht angegriffenen Freundes, sondern einer diktatorischen und repressiven Regierung die Stirn zu bieten. Und Pessoa zauderte nicht: Am 4. Februar veröffentlichte er im *Diário de Lisboa* einen langen Artikel, in dem er – hauptsächlich im Namen der Freimaurerei – das Recht auf freie Zusammenarbeit verteidigte und die wirkliche Natur des »Estado Novo« bloßzustellen versuchte:

Der Entwurf ist von Herrn José Cabral vorgelegt worden, der, wenn er kein Dominikaner ist, wie seine Arbeit sowohl nach ihrer Natur als auch nach ihrem Inhalt aussieht, es in bester Tradition der Inquisitoren werden sollte. Die Gesetzesvorlage, die alle in den Zeitungen gelesen haben werden, führt verschiedene und drakonische Sanktionen (mit Ausnahme der Todesstrafe) für alle diejenigen ein, die an ›geheimen Vereinigungen‹, wie ihr Autor sie nennt, ›welche auch immer ihre Ziele und ihre Organisation sein mögen‹, teilnehmen.

Aufgrund der Weite dieser Definition und unter Berücksichtigung, daß man unter ›Vereinigung‹ eine Gruppierung von Menschen versteht, die ein gemeinsames Ziel eint, und daß man unter ›geheim‹ das versteht, was man, zumindest teilweise, nicht unter den Augen der Öffentlichkeit macht oder, wenn es geschehen ist, nicht völlig in die Öffentlichkeit trägt, kann ich von jetzt an dem Herrn Cabral eine geheime Vereinigung anzeigen: den Ministerrat. Darüber hinaus, alles, was man in dieser Welt an Ernsthaftem und Wichtigem in Zusammenkünften macht, wird geheim gemacht. Wenn die Ministerräte nicht öffentlich zusammentreten, tun es auch nicht die Führungen der politischen Parteien, die finsteren Gestalten, die die Sportclubs steuern, oder die sinistren Kommunisten [sic], die die Verwaltungsräte der Handels- und Industriegesellschaften bilden.

Dieser aggressive Ton und die Ironie, die ohne Zweifel darauf abzielt, die öffentliche Meinung aufzurütteln, erinnern an den jungen Schriftsteller, der in den Jahren der *Orpheu* und *Portugal Futurista* seine Ideen mit Bissigkeit darlegte, nur daß er es seinerzeit in Herausforderung eben dieser öffentlichen Meinung tat, während er sich jetzt, und dies mit einer niederschmetternden Logik, mit einer totalitären Macht anlegt. Er sagt tatsächlich, daß, falls sich der Templerorden in Portugal in einer Schlafphase befindet und der Kohlenmarkt verschwunden ist, es deutlich wird, daß sich das Gesetz gegen die Freimaurer richtet. »Über die sogenannten Jesuiten werde ich nicht sprechen, und zwar aus drei Gründen, von denen ich den ersten verschweigen werde. Die übrigen zwei sind: daß ich aus mehr als nur einem Grund nicht glaube, daß diese, wenn die Gesetzesvorlage verabschiedet würde, Gefahr laufen, daß die Sanktionen auf sie angewendet werden; und daß ich, diesmal aus nur einem Grund, nicht glaube, daß der Herr Cabral beabsichtigt hat, daß sich eine solche Anwendung ereignen könnte.« Das ist eine Demaskierung der Diktatur und jener, die für Pessoa zu ihren Gunsten wirken, und infolgedessen ist das bis hierhin in Betracht Gezogene eher eine Denunzierung als eine Argumentation. Pessoa sagt, daß er kein Freimaurer sei, obwohl er mit der Freimaurerei sympathisiert, weil er über seine Studien, »deren Natur an den okkulten Teil der Freimaurerei angrenzt« – es drehte sich um die zwecks der Initiierung betriebenen Studien –, notwendig angehalten worden war, diesen Sachverhalt zu untersuchen.

Aber die Freimaurerei, versichert er, ist von außen nicht zu zerstören. Das einzige, was infolge der Verabschiedung des Gesetzes geschehen würde, wäre, daß sich die Regierung in Zukunft verpflichtet sieht, eine große Anzahl von Beamten in der Verwaltung und von Offizieren des Heeres und der Marine zu verfolgen, während sich die internationale Politik Portugals durch die sechs Millionen Freimaurer, die es auf der ganzen Welt gibt, erheblich bedroht und behindert sähe – von denen überdies die überwältigende Mehrheit englischer Sprache sei, in anderen Worten jener, die in dem traditionell mit Portugal alliierten Land gesprochen wird. Der Artikel ist zwischen den – teilweise historischen – Argumenten, mehr noch als mit Ironie, mit gegen Cabral gerichtetem Spott angereichert, der ihm, da er sich schwer beleidigt fühlte, mit einem wütenden Artikel antwortete und eine Hetze in der Presse gegen Pessoa anstiftete. Der seinerseits begann, ohne die Fassung zu verlieren und etwas herausgefordert von den wenigen Stimmen, die sich öffentlich zu seinen Gunsten erhoben, eine Arbeit vorzubereiten, in der er sich vornahm, ausführlich seinen Verleumdern zu antworten. Er konnte sie nicht zu Ende bringen und wollte es auch nicht, aber sein Artikel aus dem *Diário de Lisboa* wurde von unbekannter Seite in einer Broschüre reproduziert und kursierte durch ganz Portugal.

Am 13. Januar schrieb Pessoa dem jungen Dichter Adolfo Casais Monteiro den unter seinen Briefen am häufigsten zitierten und diskutierten, jenen, in dem er ihm von der Genesis der Heteronyme berichtet und in dem er ihn von dem Vorhaben der Publikation seiner Werke unterrichtet. Aber es gibt ein drittes Thema, von dem er Casais bittet, in keiner seiner Publikationen zu sprechen, weshalb dieser den gesamten Wortlaut des Briefes bis nach dem Tod seines Verfassers nicht bekanntmachte. Pessoa schreibt:

Sie fragen mich, ob ich an den Okkultismus glaube. So gestellt, ist die Frage nicht ganz klar; ich verstehe jedoch die Absicht und antworte auf sie. Ich glaube an die Existenz von Welten, die höher sind als die unsrige, und von Bewohnern dieser Welten, erfahren in verschiedenen Graden von Geistigkeit, die sich verfeinern, bis man zu einem höchsten Wesen gelangt, das vermutlich diese Welt erschaffen hat. Es mag sein, daß es andere, ebenfalls höchste Wesen gibt, die andere Universen geschaffen haben, und daß diese Universen mit dem unsrigen koexistieren, mit ihm verbunden oder auch nicht. [...] Diese Leitern von Wesen vorausgesetzt, glaube ich nicht an eine direkte Verbindung zu Gott; wohl aber werden wir gemäß unserer geistigen Zurichtung mit immer höheren Wesen in Verbindung treten können.

Wenn wir das so interpretieren, daß diese höchsten Wesen die Demiurgen sind und daß nur Gott die einzige unerreichbare und undefinierbare Gottheit ist – und ich glaube, daß es keine andere taugliche Interpretation des soeben Zitierten gibt –, werden wir zugeben müssen, daß wir hier einem gnostischen Glaubensbekenntnis im historischen Wortsinne gegenüberstehen.

Es gibt drei Wege zum Okkulten: den magischen Weg (der Praktiken wie jene des Spiritismus einschließt, die sich geistig auf dem Niveau der Zauberei befinden, die ja ebenfalls Magie ist), ein in jeder Hinsicht äußerst gefährlicher Weg; den mystischen Weg, der nicht eigentlich Gefahren birgt, aber unsicher und langsam ist; und das, was man den alchemistischen Weg nennt, den schwierigsten und vollkommensten von allen, weil er eine Umformung der eigenen Persönlichkeit einbezieht, die sie *vorbereitet,* ohne große Risiken, ja sogar mit Schutzvorrichtungen, welche die anderen Wege nicht besitzen.

Das ist exakt der Weg, der Pessoa »an den Fuß des Mont' Abiegno« führte; aber um ihn bis zum Ende zu gehen, oder in anderen Worten, um das Große Werk zu vollenden, muß der

Alchemist ein Leben führen, das, wenn nicht asketisch, so doch bis zum Äußersten organisiert und diszipliniert ist, und unter anderem darf er keinen Mißbrauch mit Alkohol noch mit anderen Suchtmitteln begehen. Dies soll heißen, falls Pessoa die Etappen der Initiierung intellektuell durchlaufen hat, wenngleich auch nicht alle, so war er doch weit davon entfernt, sie körperlich zu durchlaufen. Diese Auslassung zur Kenntnis zu nehmen, gehört zu den wichtigsten Voraussetzungen, um das Werk unseres Poeten und die vorzeitige Lösung von seiner irdischen Existenz zu verstehen. Möglicherweise hatte er den abrupten Weg der hohen Einweihung viel zu spät beschritten.

Simões berichtet, daß Pessoa sich während seiner letzten Lebensjahre allein in seiner Wohnung – im ersten Stockwerk – in der Rua Coelho da Rocha einzuschließen pflegte und daß seine Schwester auf dem Heimweg nach Estoril den Herrn Trindade, der Milchhändler an der Ecke war, bat, daß er sie benachrichtigte, falls etwas Ungewöhnliches vorfallen sollte. Sie war beunruhigt, weil der Dichter vorher an einem Tag, als sie sich in ihrer Lissaboner Wohnung aufhielt, einen Anfall von Delirium tremens erlitten hatte. Und ihre Befürchtungen wurden bestätigt, als Pessoa zur Nachtzeit hinter der Tür des Badezimmers in seiner Wohnung in Bewußtlosigkeit fiel. Es war nötig, die Türen einzuschlagen, um ihm Hilfe leisten zu können. »Wenn du dich töten willst, warum nicht?« fragt Álvaro de Campos in einem 1926 geschriebenen und vermutlich an Pessoa gerichteten Gedicht; und dieser entschied sich für einen zähen und angstvollen Selbstmord, weil, wie der Dichter in einem orthonymen Gedicht sagt: »Der Rausch verursacht dann und wann / Eine bemerkenswerte Luzidität.«

Am 30. März 1935 tippte Fernando Pessoa eine *Nota Biográfica (Biographische Notiz),* die er handschriftlich unterzeichnete und die vermutlich für irgendeine Veröffentlichung oder sogar für einen der bisher noch wenigen Gelehrten seines Werkes bestimmt war, aber dieses Dokument blieb, möglicherweise absichtlich für die Nachwelt bestimmt, zwischen den Papieren seines Archives zurück. In dem Absatz, in dem er über seine Publikationen Rechenschaft ablegt, ist etwas zu lesen: »Die Broschüre *O Interregno (Das Interregnum)*, 1928 publiziert, stellt eine Verteidigung der Militärdiktatur in Portugal dar und muß als nicht existent angesehen werden. All dies muß überprüft werden und vieles vielleicht ausgeschieden werden.« Als ihn der Tod überraschte, hatte er in der Tat lediglich nur verschiedene Notizen aufsetzen können. Und er erklärt, mit dieser Angelegenheit eingehend beschäftigt, in einem anderen Absatz: *»Politische Ideologie:* Er ist der Meinung, daß das monarchische System für eine organisch imperiale Nation wie Portugal das geeignetste sein würde. Gleichzeitig ist er der Ansicht, daß die Monarchie in Portugal völlig aussichtslos ist. Deshalb würde er, wenn es eine Volksabstimmung über die Staatsform gäbe, zu seinem Leidwesen für die Republik stimmen. Konservativ englischen Stils, das heißt liberal innerhalb des Konservatismus, und vollständig anti-reaktionär.«

Pessoa wünscht alles, was sich auf ihn bezieht, zu verdeutlichen, und anläßlich der Bestimmung seiner *»religiösen Position«* – nicht seiner »Glaubensgrundsätze« – schreibt er: »Gnostischer Christ und daher gegen alle organisierten Kirchen, vor allem gegen die Kirche Roms. Aus Gründen, die aus dem Folgenden hervorgehen, der Geheimtradition des Christentums treu, die enge Beziehungen zur Geheimtradition in Israel (der heiligen Kabbala) und der okkulten Essenz der Freimaurerei unterhält.« Dies ist einer der Gründe, warum Pessoa davon abließ, sich dem Gesetzesvorhaben gegen die Geheimorden entgegenzustellen. In einer der Notizen zu *Subsolo (Erdinneres)* hatte er etwas geschrieben, das er, meiner Meinung nach sehr nachvollziehbar, in seinem Artikel im *Diário de Lisboa* zu sagen sich enthält. Diese Notiz verdient, zitiert zu werden:

Wenngleich die Freimaurerei eine untere Ordensgemeinschaft ist, so ist sie trotzdem durch die höchsten Geheimnisse
mit magischen Instrumenten versiegelt; und jeder Angriff,
der unter dem Vorwand der Inferiorität ihrer Aktivitäten sich
gegen ebendiesen Orden ereignet, schneidet in die magischen Kräfte ein, zumal er, ist er erst einmal gegen
zweitrangige Obmänner gerichtet, zum Angriff gegen die
höchsten Obmänner wird.

Es gibt ein schreckliches historisches Beispiel der unein-
geweihten Unvorsichtigkeit, einen Orden mit Hilfe minder-
wertiger Methoden anzugreifen – in diesem Fall eine hohe
Ordensgemeinschaft. [Ich vermute, Pessoa will sagen, vermittels politischer Maßnahmen und nicht magischer.] Der
Templerorden war satanisch geworden; der Obmann seines
satanischen Rituals war der äußere Magister Templi, der
Adeptus Exemptus Jacques de Molay. Als die Kirche zu
Recht den Satanismus des Ordens angreifen wollte, löste sie
den Templerorden auf, aber weil sie die zu beachtenden Vor-
gehensweisen ignorierte oder sogar durch feindliche magische Kräfte angetrieben wurde, tat sie dies mit materiellen
Methoden; mehr noch, sie richtete ihn durch das Feuer auf
dem Scheiterhaufen hin. Die bei den Templern aufbewahrten magischen Kräfte waren derart mächtig, daß der Irrtum
in der richtigen Vorgehensweise die Vergeltung in Gestalt
der Reformation verursachte; und die Vergeltung war um so
vieles gewaltiger und um so dauerhafter, als man zur Hin-
richtung des Großen Meisters sich des Feuers bediente, denn
es war so, daß die Eingeweihten des Ordens es im Namen
des Feuers waren. Auf diese Weise erhielt der Adeptus
Exemptus, nachdem er zum Tempelmeister aufgestiegen
war, den Grad des Magiers, der befähigt war, die Losung
des künftigen Äons auszusprechen. Und er sprach sie gegen
die Kirche aus.

In einer Aufzeichnung für das gleiche Traktat versichert Pessoa, daß »jede moderne Zivilisation seit der Reformation bis in unsere Tage nichts anderes als den Widerspruch gegen die Kirche sowie ihre Konspiration und ihre Prinzipien darstellt; das ist die leibhaftige Rache des Jacques de Molay. Der Scheiterhaufen, auf dem der Große Meister der Templer verbrannt wurde, war das Feuer, das den Brand entfachte, in dem wir heute alle brennen.« Wir sind also nun in der Lage, nicht allein Pessoas Verteidigung der Freimaurerei zu verstehen – welche Auswirkung konnte ihre Verfolgung ferner für das eigene Land haben, das das Fünfte Reich zu begründen hatte, und welche für dieses Reich insbesondere? –, sondern auch weitere Erklärungen aus der *Biographischen Notiz*. In deren Verlauf bezeichnet er sich in einem Absatz als eingeweiht durch direkte Kommunikation vom Meister zum Schüler bezeichnet, eingeweiht in die drei unteren Grade des scheinbar ausgelöschten Templerordens von Portugal, womit er enthüllt, daß es eine verständliche und angeratene Vorsicht war, als er in dem Artikel des *Diário de Lisboa* bestritt, irgendeinem Orden anzugehören.

Von seiner »patriotischen Stellung« sagt er, sie sei die eines Parteigängers des mystischen Nationalismus, aus dem jede römisch-katholische Infiltration ausgeschieden ist, »wozu nach Möglichkeit ein neuer Sebastianismus geschaffen werden sollte«. Mit Blick auf die Gesellschaft bezeichnet er sich als Antikommunisten und Antisozialisten. Daran schließt er eine Notiz mit dem folgenden »*Resümee dieser letzten Überlegungen:* Immer im Gedächtnis behalten den Märtyrer Jacques de Molay, Großmeister der Tempelritter, und immer und überall seine drei Mörder bekämpfen – Unwissenheit, Fanatismus und Tyrannei.« Die Eckpunkte von Pessoas Denken haben sich untereinander vertäut, und wenn irgendeiner unvertäut geblieben ist, so schlicht deshalb, weil er verworfen worden ist, denn in dieser *Notiz* scheint der Dichter aus sich selbst heraus einen synthetisierenden Kraftakt unternommen zu haben, der dem Zweck dient, der Nachwelt ein authentisches Portrait seiner selbst zugänglich zu machen – möglicherweise authentischer und solider als das unter anderer Hinsicht bewunderungswürdige Zeugnis, das Francesco Petrarca – ein anderer in Unruhe Lebender – in seiner Epistel *Posteritati* überlieferte.

Wie Petrarca in einem seiner lateinischen Sendschreiben versichert, daß alle vier Jahre in seinem Leben etwas Entscheidendes geschah, schrieb Pessoa auf englisch eine Notiz ähnlichen Tenors:

> Jedes auf die Zahl 5 endende Jahr ist wichtig in meinem Leben gewesen.
> 1895: Zweite Heirat meiner Mutter; Ergebnis: Afrika.
> 1905: Rückkehr nach Lissabon.
> 1915: *Orpheu.*
> 1925: Tod meiner Mutter.
> Alles Anfänge von Perioden.

Und tatsächlich, dieses Jahr 1935, an das er möglicherweise dachte, als er diese Notiz schrieb, sollte diesen dekadischen Rhythmus nicht unterbrechen. Aber wie würde diese neue Periode sein, in der Zeit nicht mehr zählen sollte?

Weder all das, was wir erkennen – das Resümieren seines Lebens, die Abrechnung politischer und religiöser Konten, die poetische Reflexion über den Tod und über das Jenseits –, noch das, was wir noch betrachten werden, kann als zufällig qualifiziert werden. 1934 hatte Pessoa sein Horoskop erstellt, und er war zu dem Ergebnis gekommen, die durch Konsultation Raul Leals bestätigt wurde, daß ihm sehr wenig Zeit zu leben bliebe; und der unmittelbar bevorstehende Tod trieb ihn an, vielleicht mit weniger Unterlaß als jemals zuvor, Gedichte zu schreiben, in denen sich alle seine Ängste und Frustrationen spiegeln, und ein solches Sehnen und eine solche Nostalgie, die er vielleicht niemals gefühlt hatte und bereits vernarbt sein sollte: Neben dem Blatt für Prosa lag stets das für den Vers. Dieses Jahr 1935 ist mit Gedichten nur so angefüllt, und jedes einzelne scheint unter Zeitdruck geschrieben worden zu sein und ohne Zeit für Korrekturen, um gleich zum nächsten überzugehen. Vom 26. bis zum 28. April schreibt er Tag für Tag insgesamt drei Gedichte auf französisch, die sich um das Motiv der Frau drehen: um seine Mutter und um die ideale Geliebte, die er sich so häufig gewünscht hatte, eventuell ohne zu wagen, es sich einzugestehen. Aber welche geheimnisvolle Frau ist jene, die ihn zum ersten dieser Gedichte inspiriert hat?

> Je vous ai trouvée.
> Je vous ai retrouvée.
> Car je vous avait rêvée
> Depuis tant de jours,
> Et je vous ai aimée,
> Oh, je vous ai aimée,
> Et je vous aimerai toujours.
>
> Non je ne sais pas
> Si vous existez même,
> [...]
> Êtes vous reine,
> Êtes vous sirène?
> Qu'importe à cet amour
> Que vous en fait souveraine?

Dies scheinen Verse zu sein, die von einem Heranwachsenden geschrieben wurden, der schnelle Fortschritte in den Grundlagen des Französischen gemacht hat; und es ist genau die spontane Offenherzigkeit, ihre Ungekünsteltheit, die bei der Lektüre ergriffen macht und die vielleicht die Umstände, unter denen sie geschrieben wurden, rechtfertigt.

Wenn er in diesem Gedicht in sein Jünglingsalter zurückkehrt, so bringt er in dem folgenden, das von der Erinnerung an seine Mutter inspiriert ist, kummervoll seine Kindheit ins Bewußtsein zurück: »Maman, maman. / Ton petit enfant / Devenu grand / N'en est que plus triste. [...] Quelque part où tu m'écoutes / Vois: je suis toujours ton enfant, / Ton petit enfant / Devenu grand, / Et plein de larmes et de doutes.« Das letzte schließlich dieser drei Gedichte ist im Grunde eine Fortsetzung der ersten beiden, und in ihm enthüllt Pessoa, daß seine ideale Geliebte jung und schön ist und »la femme d'autrui«, was an mehrere Fragmente aus dem *Buch der Unruhe* erinnert und aufgrund ebendieser Übereinstimmungen unbestreitbar nahelegt, daß sie die letzte Frau war, die durch ihre Begehrlichkeit die vielschichtige Poesie Pessoas prägte.

Am 2. Juni 1935 schrieb Pessoa ein langes Gedicht mit der Überschrift *Elegie im Schatten*, in dem seine schmerzvolle Ungeduld angesichts der Verspätung des sebastianischen Messias lodert, dessen Erscheinen er in *Botschaft* für unmittelbar bevorstehend ankündigte. Das Gedicht ist aber vor allem anderen auch ein vehementer Protest gegen die portugiesische Diktatur; seine Diktion ist nobel, klassisch und mit unruhevollen Bildern angereichert:

Wann kommt deine Zeit, wann wirst du Exempel?
Wann kommst du aus der Gegebenheiten Tiefe,
Deinen Ritus zu schließen und zu öffnen neu den Tempel,
Die Augen zu verschließen, was im Schicksal glänzen hieße?

Wann endlich in der Wüste der Seele erklingt,
Nicht, daß sie vernehmbar wäre, deine Stimme,

Daß Portugal heute ist wie eine Palme, die schwingt
Am Rande der Oase, deren Fortsetzung hier beginne.

Wer, mein Land, hat dich verletzt und vergiftet?
Und wer, mit sanftem und verderblich falschem Spiel,
Dein Herz, das angeblich alles ruhig nur verrichtet,
Mit ungenießbarer Speise und davon zuviel.

Und wer verleitet dich zur Säumnis dessen,
                                        was du träumtest?

In einem Verzweiflungsanfall fordert das Land der Dichter
auf, weiter zu schlafen, denn möglicherweise ist der Ersehnte
nichts anderes als ein verrückter Traum von jenem, den die
Amme ebenfalls ohne Ausweg so erträumt, daß er im Traum
erkennt, wie sie sich nicht auflehnt und wie sie so gar keinen
Hoffnungsdurst und -hunger empfindet. Natürlich gab es eine
Minderheit, zu der auch Pessoa gehörte, die, obwohl sie sich
noch nicht aufgegeben hatte, doch nach und nach die Hoffnung verlor. Unser Dichter schien sie bis zum äußersten verloren zu haben, bis zum Verzicht auf weitere Veröffentlichungen. In einem am 10. Oktober geschriebenen Brief an seinen in
London lebenden Bruder Miguel nimmt er die Einladung an,
nach England überzusiedeln, was ihn von der portugiesischen
literarischen Umgebung abgeschnitten haben würde. Am
30. Oktober begann er einen Brief an Casais Monteiro, der,
unvollendet geblieben, sich unter seinen Papieren gefunden
hat:

> Es ist jedoch etwas geschehen – und zwar vor fünf Minuten
> geschehen –, was mich in einer bis dahin unsicheren Ent-
> scheidung bestärkt und mich hindert, der *Presença* oder ir-
> gendeiner anderen Publikation dieses Landes Beiträge zu-
> kommen zu lassen oder irgendein Buch zu publizieren.

Seit der Rede, die Salazar am 21. Februar dieses Jahres bei der Verteilung von Preisen im Nationalen Propaganda-Sekretariat gehalten hat, wußten wir, wir alle, die wir schreiben, daß die einschränkende Regel der Zensur, »man darf nicht dies oder jenes sagen«, durch die sowjetische Machtregel ersetzt worden ist: »man soll dieses oder jenes sagen«.

Vier Tage nach der Datierung dieses unvollständigen Briefes erschien in Lissabon die Nummer drei der Zeitschrift *SW (Südwest)*, die von Almada Negreiros herausgegeben wurde, in der es einen Text von Fernando Pessoa und einen weiteren von Álvaro de Campos gibt. Die Nummer war dem zwanzigsten Jahrestag der ersten Nummer der *Orpheu* gewidmet und beinhaltet Texte, darunter einige unveröffentlichte, der Mitarbeiter dieser avantgardistischen Zeitschrift. Der erste unter jenen Texten ist eine Einführung von Pessoa mit der Überschrift *Wir, die von der Orpheu,* die mit drei kurzen Sätzen endet – »Hier stehen wir immer. *Orpheu* ging zu Ende. *Orpheu* geht weiter.« Sie wurden umgehend berühmt, denn sie sind Ausdruck einer Wirklichkeit der zeitgenössischen Literaturgeschichte Portugals.

Als diese Nummer der *SW* erschien, blieb Pessoa weniger als ein Monat zu leben. Sein Gesundheitszustand wurde zunehmend schlechter, aber er beharrte um jeden Preis darauf, seinen gewöhnlichen Lebensrhythmus aufrechtzuerhalten. Tagsüber schaute er für einige Stunden in den Handelsbüros vorbei, um Geschäftspost zu erledigen, spazierte durch die Baixa, aß irgendwo und ging gelegentlich in die Weinkeller und Cafés, vorzugsweise in das Martinho da Arcada. Nachts schloß er sich zu Hause ein und trank, vielleicht auf der Suche nach jener »Luzidität«, die das exzessive Trinken gelegentlich hervorruft. Dort, in der Abgeschlossenheit, hatte er wohl sein Leben weiter Revue passieren lassen, indem er – davon zeugen seine Gedichte aus jener Zeit – vor allem anderen sich an seine Entbehrungen und an sein Scheitern erinnerte, sich aber auch mit seinem Werk tröstete, um dessen Unvergänglichkeit er wußte. Das Werk eines Dichters – mehrerer Dichter –, das Werk eines Kritikers, eines Philosophen des Heidentums, eines Gelehrten der okkulten Wissenschaften, eines Theoretikers der Politik, der Soziologie und der Handelsökonomie, eines Erzählers – denn neben *Ein anarchistischer Bankier* hatte er einige Kriminal-Erzählungen begonnen, die überreich an Humor und deren Fragmente unvergeßlich sind –, das Werk eines dramatischen Autors ... Und es ist durchaus möglich, daß er in einer jener Nächte auf französisch sein letztes Liebesgedicht schrieb, zu dem diese Verse gehören:

> Peut-être dans un autre tour
> Ou ronde
> Tu m'aimeras, et rien qu'un jour,
> Qu'un baiser, fera tout l'amour,
> Ma blonde.
> Je n'ai que faire de ces cieux
> Du monde
> Que parce que les cieux sont bleus
> Et font rêver de tes beaux yeux
> Ma blonde.

Dieses Mal ist es keine Dichtung eines heranwachsenden Schülers, sondern die des großen Dichters und Beherrschers seiner Kunst; und es ist etwas mehr als eine Liebesdichtung. Pessoa, der als Gnostiker wußte, daß ausschließlich jene, die die vollständige Illumination erhalten haben, sich beim Sterben aus dem Zyklus der Reinkarnationen befreien, tröstet sich in seinem Scheitern bei der Initiation mit der Hoffnung, »rien qu'un jour«, einen einzigen Tag lang, der Geliebte der geheimnisvollen Frau zu werden, die er auf diese Weise kurz vor seinem Ableben beschworen wird.

Simões schildert in seinem Buch *Retratos de poetas que conheci (Portraits der Dichter, die ich kannte)*, das 1974 veröffentlicht wurde, daß Almada Negreiros und er Pessoa zwei oder drei Tage vor seinem Tod im Martinho da Arcada trafen. Er saß an einem Tisch »mit tief auf den Kopf gedrücktem Hut und im hellgrauen Regenmantel, der im übrigen recht schmutzig war«, und stand nicht auf, um sie zu begrüßen. »Ich erinnere mich jedoch, daß ich ihn niemals so erregt gesehen habe.« Während dieses Gesprächs mit seinen zwei Freunden lachte Pessoa laut auf, »auf eine noch nervösere und hüstelndere Art und Weise als üblich«, und tat, soviel er konnte, um ihnen zu verbergen, daß er sich am Rande des Abgrunds fühlte.

Die letzte Krise begann im Morgengrauen des 26. auf den 27. November, während er im Bett lag. Als er aufstand, fühlte er sich etwas besser, aber am 28., er befand sich in Begleitung seines Freundes Teixeira Rebelo, verschlimmerte sich sein Zustand erneut, und er entschied sich, einen Arzt zu rufen. Rebelo, Francisco Gouveia und Moitinho de Almeida – die beiden letzteren, wie man sich erinnern wird, waren Eigentümer einiger Büros, für die Pessoa arbeitete – sorgten dafür, daß er ins Saõ-Luís-Krankenhaus gebracht wurde, wo er schon bald den Besuch seines Schwagers und anderer Familienangehöriger sowie einiger Freunde empfing; seine Schwester kam nicht, da sie in Estoril bettlägerig war. Am 29. verlangte Pessoa nach Papier und Bleistift und schrieb diese Notiz, die noch erhalten ist: »I know not what to-morrow will bring.« Am Nachmittag des 30. schien der Anfall von Leberzirrhose, der den Dichter heimgesucht hatte, überstanden zu sein, aber es handelte sich in Wirklichkeit um jenes trügerische Wohlergehen, das das unmittelbare Bevorstehen des Todes ankündigt. Es soll etwa acht Uhr gewesen sein, als er sein Sehvermögen verlor, und, nachdem er, vermutlich unwissend, an wen er sich richtete, ein ängstliches »Reiche mir die Brille« gemurmelt hatte, verlosch sein Leben endgültig.

Der Dichter wurde am darauffolgenden Tag in der Gruft seiner Großmutter Dionísia im Beisein einer vielköpfigen Gruppe von Familienangehörigen und Freunden beigesetzt, zu denen neben seinen engsten Freunden Ferreira Gomes und Vitoriano Braga, die Weggefährten der *Orpheu* Alfredo Guisada, António Ferro, Raul Leal und Luís de Montalvor zählten, der die Grabrede hielt.

Im Jahr 1985, als sich sein Tod zum fünfzigsten Mal jährte, wurden die sterblichen Reste von Fernando Pessoa vom Prazeres-Friedhof zum Jerónimos-Kloster überführt, in dessen Kirche sich die Überreste von Vasco da Gama und Camões befinden – und ein leeres Grab, dessen lateinische Inschrift gemahnt, nicht zu zweifeln, daß der König Dom Sebastião von Portugal lebt, weil der Tod ihm unendliches Leben gegeben hat. Die sterblichen Reste von Fernando António Nogueira Pessoa wurden in einem Grabmal im Kreuzgang des Klosters beigesetzt, auf dem sich, neben seinem eigenen, die Namen von Alberto Caeiro, Ricardo Reis und Álvaro de Campos befinden – ein Zeugnis der magischen Pluralität seines Lebens.

1888   Fernando António Nogueira Pessoa wird am 13. Juni, um
        15.20 Uhr, im vierten Stock links des Hauses Largo de São
        Carlos 4 in Lissabon geboren.
        Getauft wird er in der Kirche der Märtyrer.

1893   Im Januar wird sein Bruder Jorge geboren. Im Juni stirbt
        sein Vater.
        Die Familie versteigert einen Teil ihrer Habe und zieht um
        in die Rua de São Marçal 104, 3. Stock.

1894   Sein Bruder Jorge stirbt. In diesem Jahr schafft sich Fer-
        nando Pessoa ein erstes Proto-Heteronym: Chevalier de
        Pas.

1895   Sein erstes Gedicht, der Vierzeiler *Meiner lieben Mama*,
        datiert vom 26. Juli.
        Am 30. Dezember heiratet seine Mutter in der Kirche São
        Mamede in Lissabon den Diplomaten João Miguel Rosa,
        portugiesischer Konsul in Durban (Südafrika).

1896   Im Januar verläßt er zusammen mit seiner Mutter und
        seinem Großonkel Lissabon in Richtung Südafrika (auf
        dem Segelschiff *Funchal* vorerst nach Madeira, dann weiter
        auf dem englischen Dampfschiff *Hawarden Castle* zum Kap
        der Guten Hoffnung).
        Im Oktober wird seine Schwester Henriqueta Madalena
        geboren.

1897   Besuch der Primarschule West Street, die von irischen

Nonnen geleitet wird, wo er die normalerweise fünfjäh-
rige Schulzeit in nur drei Jahren absolviert.
Hier erhält er auch seine erste Kommunion.

1898   Seine Schwester Madalena Henriqueta wird geboren.

1899   Im April wechselt er auf die Durban High School, wo er
        drei Jahre bleibt und einer der besten Schüler seines Jahr-
        gangs ist. Aller Wahrscheinlichkeit nach übt der charismati-
        sche Direktor der Schule großen Einfluß auf die Bildung
        des jungen Pessoa aus. W. H. Nicholas ist Lateinlehrer, ein
        großer Humanist und ein profunder Kenner der englischen
        Literatur. Pessoa bildet das Pseudonym Alexander Search.

1900   Sein Bruder Luís Miguel wird geboren.

1901   Im Juni legt er sein erstes Examen ab, das »Cape School
        Higher Certificate Examination«, mit Auszeichnung. Im
        gleichen Monat stirbt seine Schwester Madalena Henriqueta.
        Erste Gedichte in englischer Sprache. Im August verbringt er
        mit der Familie die Ferien in Portugal. Auf dem Schiff, dem
        deutschen Dampfer *König,* wird auch die Leiche der Schwe-
        ster in die Heimat überführt. In Lissabon wohnen sie in
        Pedrouços, danach Avenida D. Carlos 109, 3. Stock links.

1902   Sein Bruder João Maria wird in Lissabon geboren.
        Im Mai besucht die Familie die Azoren-Insel Terceira, wo
        die Familie seiner Mutter lebt. Er schreibt sein Gedicht
        Quando ela passa (Ihr Vorübergehen).
        Im Juni reist die Familie nach Durban zurück, Fernando
        folgt ihr allein im September auf dem deutschen Schiff
        Herzog. Er schreibt sich an der Handelsschule ein.
        Versuche, Romane in englischer Sprache zu schreiben.

1903   Besuch der Abendkurse der Commercial School. Tagsüber
        bereitet er sich für die Aufnahme an die Universität vor. Im
        November besteht er das Examen hierfür mit ansprechen-

den Noten und erhält die begehrte Auszeichnung »Queen Victoria Memorial Prize« für den besten Essay in englischer Sprache.

1904   Er kehrt an die Durban High School zurück, deren Direktor immer noch Mr. Nicholas ist. Er besucht die »Form VI« (was dem ersten Semester einer Universität entspricht). Er liest Shakespeare, Milton, Byron, Shelley, Keats, Tennyson und Poe, interessiert sich für Carlyle. Vertiefung seiner klassischen Bildung.
Er schreibt Prosa und Gedichte in englischer Sprache.
Die sprechenden Pseudonyme Charles Robert Anon und H. M. F. Lecher treten auf.
Seine Schwester Maria Clara wird geboren.
Im Dezember veröffentlicht er in der Schulzeitschrift den Essay *Macaulay*. Mit gutem Erfolg legt er ein weiteres Examen ab, »Intermediate Examination in Arts«, welches den Abschluß seiner Studien in Südafrika bildet.

1905   Im August definitive Rückkehr nach Lissabon, an Bord der *Herzog*.
In Lissabon wohnt er für einige Zeit bei seiner Großtante in Pedrouços, anschließend bei der Schwester seiner Mutter, seiner Tante Anica, Rua de São Bento 19, 2. Stock links.
Er schreibt weitere englische Gedichte.

1906   Er schreibt sich an der Philosophischen Fakultät der Universität ein (»Curso Superior de Letras«).
Im Oktober kommen seine Mutter und sein Stiefvater für die jährlichen Ferien nach Lissabon. Pessoa zieht zu ihnen in die Calçada da Estrela 100, 1. Stock.
Im Dezember stirbt seine Schwester Maria Clara in Lissabon.

1907   Nach der Rückkehr der Familie nach Durban zieht Fernando Pessoa zu seiner Großmutter Dionísia um, Rua da Bela Vista à Lapa 17, 1. Stock.

Er gibt die Universität auf.

Er liest griechische und deutsche Philosophen, französische »décadents« und ein Buch, »welches einen großen Teil jenes Einflusses wieder zerstört«: *Die Entartung* von Max Nordau.

Im August stirbt seine Großmutter und hinterläßt ihm eine kleine Erbschaft. Mit diesem Geld begibt er sich nach Portalegre, um die Einrichtung für eine Druckerei zu kaufen. Er gründet in der Rua da Conceiçao da Glória 38/40 die Firma »Ybis« – Buchdruckerei und Verlag – welche bald Konkurs macht.

Er lehnt verschiedene interessante Stellenangebote ab, weil ihm durch die festen Arbeitszeiten nicht genügend Zeit zum Schreiben, zur Realisierung seines dichterischen Werkes bliebe.

1908   Im Februar werden König Carlos I. und der Kronprinz in Lissabon ermordet.

Er wohnt alleine in der Rua da Glória 4, Erdgeschoß, und arbeitet für verschiedene Firmen als Handelskorrespondent.

Er zieht um in ein möbliertes Zimmer am Largo do Carmo 18, 1. Stock.

In autobiographischen Schriften hält er den Einfluß von einigen portugiesischen Dichtern auf seine Poesie fest, so von Antero do Quental, António Nobre, Almeida Garrett und António Correia de Oliveira.

Die einzige Person, mit der er seine dichterischen Experimente besprechen kann, ist der Bruder seines Stiefvaters, General Henrique Rosa, ein Mann von großer Bildung.

Er schreibt die ersten *Faust*-Fragmente.

1910   Er schreibt in portugiesischer, englischer und französischer Sprache Gedichte und Prosa, offenkundig beeinflußt von den französischen Symbolisten und dem portugiesischen Dichter Camilo Pessanha.

Am 5. Oktober wird die Republik proklamiert. Im Dezember wird in Porto die Zeitschrift *A Águia* gegründet.

1911   Er nimmt den Auftrag an, eine Anthologie der Weltpoesie ins Portugiesische zu übersetzen, die ein amerikanischer Verleger in Brasilien publizieren will.

1912   Im Januar wird in Porto die Bewegung *Renascença Portuguesa* ins Leben gerufen, die Zeitschrift, *A Águia*, nun unter der Leitung des Dichters Teixeira de Pascoaes, ist Organ der Bewegung.

Beginn seiner Tätigkeit als Literaturkritiker. Im April veröffentlicht er in der Zeitschrift *A Águia* den Artikel *A nova poesia portuguesa sociologicamente considerada (Die neue portugiesische Poesie soziologisch betrachtet)*; im Mai eine polemische Schlußfolgerung: *Reincidindo (Rückfällig werden)*. Die beiden Artikel führen zu einer umfangreichen Kontroverse, welche vornehmlich in der Zeitung *República* ausgetragen wird, im Zuge einer Befragung zum Stand der Literatur, initiiert von Boavida Portugal.

Im Oktober verläßt der Dichter Mário de Sá-Carneiro Lissabon und fährt nach Paris, wo er sich an der Sorbonne immatrikuliert. Damit beginnt der Briefwechsel der beiden Freunde.

Im November publiziert Pessoa in drei Folgen in der Zeitschrift *A Águia* den Essay *A nova poesia portuguesa no seu aspecto psicológico (Die neue portugiesische Poesie unter ihrem psychologischen Gesichtspunkt)*. Er zieht wieder zu seiner Tante Anica, Rua Passos Manuel.

1913   Intensive kritische und polemische Aktivitäten. Mitarbeit an der Wochenzeitung *Teatro*, geleitet von Boavida Portugal, und immer wieder in *A Águia*; er schreibt *Epithalamium, Hora absurda (Absurde Stunde), O Marinheiro (Der Seemann)*. Es ist eine Periode intensiver Zusammentreffen und Diskussionen mit anderen jungen Künstlern seiner Generation.

1914   Er sammelt und übersetzt für einen englischen Verleger
dreihundert portugiesische Sprichwörter; er publiziert in
der einzigen Nummer der *Renascenca Paúis (Sümpfe)* und *O
sino da minha aldeia (Die Glocke meines Dorfes)* unter dem
Titel *Impressões do crepúsculo (Impressionen der Dämmerung)*.
Sá-Carneiro kehrt nach Portugal zurück.
8. März: »dia triunfal« seines Lebens: erster Auftritt des
Heteronyms Alberto Caeiro und der Gedichte *Guardador
de rebhanos (Der Hüter der Herden)*. Fast wie eine Antwort auf
Caeiro schreibt Pessoa unter eigenem Namen die sechs
Gedichte *Chuva oblíqua (Schräger Regen)*, den Schlüsseltext
des Intersektionismus. In dieser Zeit tritt auch das Heteronym Álvaro de Campos erstmalig auf.
Fernando Pessoa zieht mit Tante Anica und seiner Familie
um in die Rua Pascoal de Melo und schreibt die Fragmente
seiner *Teoria da república aristocrática (Theorie der Aristokratischen Republik)*. Im Juni tritt das erste Gedicht von Ricardo
Reis hervor.

1915   Erste Fassung von *Antinoos*.
Die erste Nummer von *Orpheu* erscheint im März, sie wird
irritiert und sarkastisch von den Rezensenten und der
Öffentlichkeit aufgenommen. Die Nummer enthält, unter
anderem, *O Marinheiro (Der Seemann)* von Pessoa und *Opiário (Opiumhöhle)* und *Ode triunfal (Triumph-Ode)* des Heteronyms Álvaro de Campos. Für diese erste Nummer
zeichnen Luís de Montalvor und Ronald de Carvalho verantwortlich. Weitere Beiträge sind von Mário de Sá-Carneiro, Alfredo Pedro Guisado, José de Almada Negreiros,
Armando Côrtes-Rodrigues sowie Luís de Montalvor und
Ronald de Carvalho.
Pessoa mietet ein Zimmer in der Rua D. Estefânia und
arbeitet sporadisch für die Tageszeitung *O Jornal*, die von
Boavida Portugal geleitet wird; seine Rubrik heißt *Crónica
da vida que passa*. Ein Artikel mit einem stark widersprüchli-
chen Ton wird schlecht aufgenommen, und so findet diese
Arbeit ein Ende.

Im Mai publiziert er im Pamphlet *Eh Real!* von João Ca-
moesas den Artikel *O preconceito da ordem (Der Grundsatz der
Ordnung).*

Im Juni erscheint die zweite Ausgabe von *Orpheu.* Die
Herausgeber dieser Nummer sind Mário de Sá-Carneiro,
Fernando Pessoa und der Verleger António Ferro. In
dieser Ausgabe veröffentlicht Pessoa unter eigenem Na-
men *Chuva oblíqua (Schräger Regen)* und unter dem Heteronym Campos die *Ode marítima (Meeres-Ode).* Bei dieser
Nummer wirken außerdem Sá-Carneiro, Violante de
Cysneiros (Pseudonym von Armando Côrtes-Rodrigues),
Eduardo Guimarães, Raul Leal, Santa-Rita Pintor und
Ángelo de Lima mit. Letzterer schreibt, seitdem er im
Irrenhaus von Rilhafoles interniert ist. Im Juli veröffent-
licht die Zeitung *A Capital* einen sarkastischen Text gegen
die *Orpheu*-Gruppe. Sein Antwortschreiben an den Leiter
der Zeitung beendet Álvaro de Campos mit einer re-
spektlosen Anspielung auf den Unfall, der kurz zuvor
Afonso Costa, dem Ratspräsidenten, zugestoßen ist. Ent-
rüstet verlassen daraufhin Alfredo Pedro Guisado und
António Ferro *Orpheu*; Mário de Sá-Carneiro und José de
Almada Negreiros distanzieren sich von Álvaro de
Campos' Verhalten.

Sá-Carneiro kehrt nach Paris zurück, von wo er Pessoa im
September in einem Brief mitteilt, daß das Projekt einer
Orpheu 3 aus finanziellen Gründen aufgegeben werden
muß. Pessoa übersetzt für die Livraria Clássica das *Compên-
dio de teosofia* von C. W. Leadbeater.

Im Dezember erleidet seine Mutter in Pretoria einen
Schlaganfall.

1916   Im April veröffentlicht Pessoa in der Zeitschrift *Exílio* das
Gedicht *Hora absurda (Absurde Stunde).*

Am 26. April begeht Sá-Carneiro Selbstmord in Paris, im
Hôtel de Nice an der Rue Victor-Massé. Seine letzte
Nachricht an Pessoa lautet: »Ein großes, großes Adieu von
Deinem armen Mário de Sá-Carneiro.« Fernando versi-

chert in einem Brief an seine Tante Anica, daß er aus der Ferne die große Krise seines Freundes gefühlt hat.

Er zieht mehrmals um: ein Zimmer in der Rua Antero de Quental, ein anderes in der Rua Almirante Barroso, ein anderes, endlich, in der Rua Cidade da Horta. Im September kündigt er Côrtes-Rodrigues die dritte Nummer von *Orpheu* an, in der er seine englischen Gedichte veröffentlichen will; im Dezember erscheinen in der einzigen Ausgabe des *Centauro*, herausgegeben von Luís de Montalvor, die 14 Sonette aus *Passos da cruz (Kreuzweg)*.

Zu den wichtigsten Ereignissen dieses Jahres gehört die Veröffentlichung des *Manifesto anti-Dantas* von Almada Negreiros sowie eine Einzelausstellung des Malers Amadeo de Souza-Cardoso in Lissabon.

1917   Portugal tritt in den Ersten Weltkrieg ein und entsendet ein Expeditionskorps an die französische Front. Pessoa zeichnet seine Gedanken und Ängste zum Weltkonflikt in persönlichen Notizen auf.

Am 14. April hält Almada Negreiros im Teatro República seinen Vortrag *Ultimatum futurista às gerações portuguesas do século XX*. Im November erscheint die erste und zugleich letzte Nummer des *Portugal Futurista*, welche Gedichte von Fernando Pessoa orthonym sowie das *Ultimatum* von Álvaro de Campos enthält.

Mit A. Ferreira Gomes und Geraldo Coelho de Jesus eröffnet er ein Kommissions- und Konsignationsbüro in der Rua S. Julião 45, 2. Stock, welches bald darauf an die Rua Ouro 87, 2. Stock verlegt wird. Pessoa wohnt ab jetzt in der Rua Bernardim Ribeiro.

1918   Santa-Rita Pintor stirbt im April, auf seinen Wunsch wird sein Werk verbrannt.

Die drei Partner Pessoa, Ferreira Gomes und Coelho de Jesus lösen ihre Firma auf.

Pessoa veröffentlicht drei Broschüren im Eigenverlag (mit der editorischen Angabe »Monteiro & Co.«) mit seinen englischen Gedichten *Antinoos* und *35 Sonette*, welche seitens der englischen Kritik in der *Times* und dem *Glasgow Herald* Beachtung finden.

Amadeo de Souza-Cardoso stirbt im Oktober.

Im Dezember wird der Diktator Sidónio Pais in Lissabon ermordet. Portugal stürzt in eine schwere politische Krise.

Pessoa wohnt nun in der Rua Santo António dos Capuchos.

1919   Er schreibt die *Poemas inconjuntos (Verstreute Gedichte)* des Heteronyms Alberto Caeiro, fiktiv datiert auf 1913–1914, da dieses Heteronym 1915 verstorben ist.

Sein Stiefvater João Miguel Rosa, der portugiesische Konsul, stirbt am 5. Oktober in Pretoria.

Pessoa, der nun in der Avenue Gomes Pereira in Benfica, im Norden Lissabons wohnt, widmet sich dem politischen Essay. Er veröffentlicht *Como organizar portugal (Wie Portugal organisieren)* und *A opinião pública (Öffentiche Meinung)* im Organ des Núcleo de Acção Nacional: *Acção*.

1920   Er publiziert in der englischen Zeitschrift *The Athenaeum* das Gedicht *Meantime* und in der portugiesischen Zeitschrift *Ressurreicão* das Sonett *Abdicação (Abdankung)*. Im März lernt er Ophélia Queiroz im Import-Export-Büro Félix, Freitas & Valladas kennen, in dem er halbtags als Übersetzer arbeitet; und er beginnt eine empfindsame Beziehung zu ihr.

Seine Mutter, seine Brüder und seine Schwester kehren nach Portugal zurück. Er bewohnt mit ihnen ein Haus in der Rua Coelho da Rocha. Unter dem Namen A. A. Crosse nimmt er beharrlich an den Rätselwettbewerben der *Times* teil. Er schreibt eine Reihe von Epitaphen in Englisch. Im Oktober überkommt ihn eine große nervenbedingte Depression, und er spricht davon, sich in eine Heilanstalt einweisen zu lassen. Im November bricht er seine Beziehung zu Ophélia ab.

1921   Er gründet die Edition Olisipo, in der er seine *English Poems I, II und III* sowie *Invenção do dia claro* von Almada Negreiros veröffentlicht.
        In Lissabon gründen Antonio Sérgio, Raul Proença, Aquilino Ribeiro und Jaime Cortesão die Zeitschrift *Seara Nova*.

1922   Pessoa schreibt regelmäßig für die Zeitschrift *Contemporânea*, gegründet von José Paxeco. In der ersten Nummer, im Mai, erscheint die Geschichte *O banqueiro anarquista (Der anarchistische Bankier)*; in der dritten Nummer, im September, *António Botto e o ideal estético em Portugal (António Botto und das ästhetische Ideal in Portugal)*, welche ihm eine polemische Antwort mit dem Titel *Literatura de Sodoma* von Álvaro Maia in der Nummer 4 im November einträgt. Die Edition Olisipo bringen die zweite Auflage der *Canções* von António Botto heraus.

1923   Die Edition Olisipo veröffentlicht *Sodoma divinizada (Göttliches Sodom)*, gezeichnet von Henoch (alias: Raul Leal), welches eine moralistische Attacke der Studentenvereinigung Lissabons auslöst. Das Blatt wird per Verfügung des Gouverneurs von Lissabon beschlagnahmt, gleich wird mit demjenigen von António Botto verfahren. Álvaro de Campos veröffentlicht daraufhin, um seine Freunde zu verteidigen, zwei kleine Schriften: *Sobre um manifesto de estudantes (Eine Morallektion für die Lissaboner Studenten)* und *Aviso por causa da moral (Warnung wegen der Moral)*.
        Pessoa arbeitet weiterhin für die Zeitschrift *Contemporânea*, in der er, unter anderem, in Heft 7 die *Trois chansons mortes* veröffentlicht und in Heft 8, unter dem Heteronym Álvaro de Campos, *Lisbon revisited (1923)*.
        Am 17. Juli unterzeichnet er eine Petition von portugiesischen Intellektuellen (darunter Raul Brandão, António Sérgio, Aquilino Ribeiro, Luís de Montalvor, Jaime Cortesão) gegen die Zensur von *Mar Alto* von António Ferro.
        António Botto publiziert *Motivos de Beleza* mit einer Notiz von Pessoa.

1924   Tod des Generals Henrique Rosa.
        Im Oktober erscheint die erste Nummer der Monats-
        schrift *Athena*, welche Pessoa zusammen mit dem Maler
        Ruy Vaz führt und in dem im Dezember die *Apontamentos*
        para uma estética não-aristotélica des Heteronyms Campos
        publiziert wird *(Aufzeichnungen zu einer nicht-aristotelischen*
        Ästhetik).

1925   Nach der Februar-Nummer wird die Zeitschrift *Athena*
        eingestellt.
        Am 17. März stirbt die Mutter in Lissabon.
        Mário Saa veröffentlicht das Buch *A invasão dos judeus (Die*
        Invasion der Juden). Pessoa ist eine der Personen, die dieser
        sonderbare Essayist in diesem Buch analysiert.

1926   Die erste Nummer des Magazins *Revista de Comércio e*
        Contabilidade erscheint im Januar. Es wird von Pessoa und
        seinem Schwager, dem Oberst Francisco Caetano Dias,
        geführt. Pessoa veröffentlicht darin den Artikel *A evolução*
        do comércio (Der Evolution des Handels).
        Am 28. Mai beendet ein Putsch des Militärs die Ära der
        Ersten Republik und führt wieder die Diktatur ein. Zufäl-
        lig erscheint am gleichen Tag im *Jornal do Comércio e das*
        Colónias die Antwort Pessoas auf eine politische Untersu-
        chung.
        Im August läßt Pessoa seine Erfindung eines »Anuário
        indicador sintético, por nomes e outras quaisquer classifi-
        cações, consultável em qualquer língua« patentieren (ein
        »Agendenbuch oder synthetisches Verzeichnis für Namen
        oder alle anderen Klassifizierungen, das in jeder beliebi-
        gen Sprache zu Rate zu ziehen ist«).
        In der ersten Nummer des *Sols* veröffentlicht Pessoa die
        Schauergeschichte *Narração exacta e comovida do que é o Conto*
        do Vigário und in Nummer I, dritte Serie, der *Contemporâ-*
        nea, das Gedicht *O menino de sua mãe* (Der kleine Junge
        seiner Mutter).

1927   Im März erscheint die erste Nummer der Zeitschrift *Presença*. In der dritten Nummer vom April erkennt José Régio in Pessoa den Meister der neuen Generation.
Im Juni beginnt Pessoa die Zusammenarbeit mit *Presença* mit dem Gedicht *Marinha*.

1928   António de Oliveira Salazar wird zum Finanzminister ernannt.
Pessoa veröffentlicht das Pamphlet *O interregno. Defesa e justificação da ditadura militar em portugal (Interregnum)* und den Artikel *O provincianismo português* in den *Notícias Ilustrado* vom 12. August.
Zusammen mit José Paxeco, Mário Saa, António Botto und einigen anderen gründet Pessoa das Verlagshaus Solução Editora.

1929   Zusammen mit António Botto stellt er eine Anthologie moderner portugiesischer Dichter zusammen, die erst 1944 erscheint. In der Zwischenzeit wird die Beziehung zu Ophélia erneuert.
Die erste kritische Arbeit über die Poesie Pessoas von João Gaspar Simões erscheint.

1930   Der berühmte Magier Aleister Crowley besucht Pessoa in Lissabon. Crowley verschwindet angeblich unter mysteriösen Umständen bei den Atlantikfelsen von »Boca do Inferno« in Cascais, östlich von Lissabon. Pessoa wird dazu von den *Notícia Ilustrado* befragt. Intensive Schaffensperiode unter Heteronym.

1931   In *Presenca* veröffentlicht Pessoa die Übersetzung der *Hymne an Pan* von Aleister Crowley. Er schreibt einen langen Brief an João Gaspar Simões, in dem er seine Theorien zur Fiktion in der Literatur darlegt und seine substantielle und ironische Ablehnung der Freudschen Theorien ausdrückt.
In diesem Jahr bricht er seine Beziehung zu Ophélia ab.

Während der ersten drei Monate schreibt ihm Ophélia zwölf Briefe, der letzte datiert vom 29. März.

1932 Im September bewirbt sich Pessoa erfolglos um die Stelle des Konservators an der Museumsbibliothek Condes de Vastro Guimarães in Cascais.
Er schreibt das Vorwort zum Gedichtband *Alma errante* seines Freundes Eliezer Kamenezky. Im November veröffentlicht Pessoa den Artikel *O caso mental português (Der Geist Portugals)* in der Zeitschrift *Fama*, die von Augusto Ferreira Gomes geleitet wird.

1933 Pessoa durchläuft eine weitere schwere psychische Krise, ohne jedoch auf seine literarische Arbeit zu verzichten. Intensive Schaffensperiode unter Orthonym und als Kritiker; er kopiert erneut das Original von *Indícios de ouro* von Mário de Sá-Carneiro, damit es in *Presença* veröffentlicht werden kann, und er schreibt eine neue Arbeit über António Botto.

1934 Er schreibt das Vorwort zu *Quinto Império (Fünftes Reich)* von Augusto Ferreira Gomes.
Er veröffentlicht *Mensagem (Botschaft)* und bewirbt sich mit diesem Buch um den Antero de Quental-Preis des Nationalen Propaganda-Sekretariats. Er erhält nur den Preis der Kategorie B wegen einer undurchsichtigen Frage über die Seitenzahl. Der Preis der Kategorie A (Band mit über 100 Seiten) wird dem Priester Vasco Reis für sein Buch *A romaria (Eine Pilgerfahrt)* verliehen. In der Jury sitzen Alberto Osório de Castro, Mário Beirão, Acácio de Paiva und Teresa Leitão de Barros.

1935 Im Januar schreibt Pessoa einen sehr langen Brief an den Kritiker Adolfo Casais Monteiro, in dem er ihm die Genese der Heteronyme auseinandersetzt. In der Tageszeitung *Diario de Lisboa* veröffentlicht er am 4. Februar den Artikel *Associações secretas (Geheimbünde)* gegen einen Gesetzesvorschlag der Nationalversammlung, der die Abschaffung von Geheimbünden, namentlich der Freimaurer, vorsieht.

Pessoas Bruder Luís Miguel kommt auf seiner Hochzeitsreise das erste Mal seit fünfzehn Jahren wieder nach Portugal. Pessoa drückt den Wunsch aus, ihn in England zu besuchen.

In Nummer 3 der Zeitschrift *SW (Südwest)*, die von Almada Negreiros geleitet wird, publiziert Pessoa den Aufsatz *Nós, os do »Orpheu« (Wir, die von der »Orpheu«)*. In der gleichen Nummer wird unter dem Heteronym Campos *Nota ao acaso (Zufällige Notiz)* gedruckt.

Am 29. November wird Pessoa ins Hospital São Luís dos Franceses in Lissabon eingeliefert. Eine Leberkolik wird diagnostiziert. Sein letzter Satz, mit Bleistift in Englisch notiert: »I know not what to-morrow will bring.« Er stirbt am 30. November um 20.30 Uhr, Doktor Jaime Neves und seine Freunde Francisco Gouveia und Victor Silva Carvalho sind bei ihm. Am 2. Dezember wird er auf dem Friedhof Prazeres in der Familiengruft seiner Großmutter Dionísia Seabra Pessoa beigesetzt, gelegen an der Straße I, rechts, Nr. 4371.

1985 werden seine sterblichen Überreste anläßlich seines 50. Todestages in den Kreuzgang des Jerónimos-Klosters überführt.

Der Ammann Verlag dankt dem Portugiesischen Buch-Institut (Instituto Português do Livro) für die freundliche Überlassung der Negative.

INHALT

479